三聯學術

礼以义起

传统礼学的义理探询

吴 飞 著

Classics & Civilization

生活·讀書·新知 三联书店

图书在版编目（CIP）数据

礼以义起：传统礼学的义理探询 / 吴飞著. —北
京：生活·读书·新知三联书店，2023.6
（古典与文明）
ISBN 978-7-108-07572-7

Ⅰ.①礼… Ⅱ.①吴… Ⅲ.①礼－中国－古代－文集
Ⅳ.① B2-53

中国版本图书馆 CIP 数据核字 (2022) 第 227692 号

特约编辑　苑　琛
责任编辑　钟　韵
装帧设计　薛　宇
责任校对　曹秋月
责任印制　宋　家
出版发行　生活·讀書·新知 三联书店
　　　　　（北京市东城区美术馆东街 22 号　100010）
网　　址　www.sdxjpc.com
经　　销　新华书店
印　　刷　河北鹏润印刷有限公司
版　　次　2023 年 6 月北京第 1 版
　　　　　2023 年 6 月北京第 1 次印刷
开　　本　880 毫米 × 1092 毫米　1/32　印张 20.25
字　　数　402 千字
印　　数　0,001－6,000 册
定　　价　88.00 元

（印装查询：01064002715；邮购查询：01084010542）

"古典与文明"丛书
总　序

甘阳　吴飞

　　古典学不是古董学。古典学的生命力植根于历史文明的生长中。进入 21 世纪以来,中国学界对古典教育与古典研究的兴趣日增并非偶然,而是中国学人走向文明自觉的表现。

　　西方古典学的学科建设,是在 19 世纪的德国才得到实现的。但任何一本写西方古典学历史的书,都不会从那个时候才开始写,而是至少从文艺复兴时候开始,甚至一直追溯到希腊化时代乃至古典希腊本身。正如维拉莫威兹所说,西方古典学的本质和意义,在于面对希腊罗马文明,为西方文明注入新的活力。中世纪后期和文艺复兴对西方古典文明的重新发现,是西方文明复兴的前奏。维吉尔之于但丁,罗马共和之于马基雅维利,亚里士多德之于博丹,修昔底德之于霍布斯,希腊科学之于近代科学,都提供了最根本的思考之源。对古代哲学、文学、历史、艺术、科学的大规模而深入的研究,为现代西方文明的思想先驱提供了丰富的资源,使他们获得了思考的动力。可以说,那个时期的古典学术,就是现代西方文明的土壤。数百年古典学术的积累,是现代西方文明的命脉所系。19世纪的古典学科建制，只不过是这一过程的结果。随着现代研究性大学和学科规范的确立，一门规则严谨的古典学学科应运而生。但我们必须看到，西方大学古典学学科的真正基础，乃在于古典教育在中学的普及，特别是拉丁语和古希腊语曾长期为欧洲中学必修，才可能为大学古典学的高深研究源源不断地提供人才。

19世纪古典学的发展不仅在德国而且在整个欧洲都带动了新的一轮文明思考。例如，梅因的《古代法》、巴霍芬的《母权论》、古朗士的《古代城邦》等，都是从古典文明研究出发，在哲学、文献、法学、政治学、历史学、社会学、人类学等领域带来了革命性的影响。尼采的思考也正是这一潮流的产物。20世纪以来，弗洛伊德、海德格尔、施特劳斯、福柯等人的思想，无不与他们对古典文明的再思考有关。而20世纪末西方的道德思考重新返回亚里士多德与古典美德伦理学，更显示古典文明始终是现代西方人思考其自身处境的源头。可以说，现代西方文明的每一次自我修正，都离不开对其古典文明的深入发掘。正是在这个意义上，古典学绝不仅仅只是象牙塔中的诸多学科之一而已。

由此，中国学界发展古典学的目的，也绝非仅仅只是为学科而学科，更不是以顶礼膜拜的幼稚心态去简单复制一个英美式的古典学科。晚近十余年来"古典学热"的深刻意义在于，中国学者正在克服以往仅从单线发展的现代性来理解西方文明的偏颇，而能日益走向考察西方文明的源头来重新思考古今中西的复杂问题，更重要的是，中国学界现在已经超越了"五四"以来全面反传统的心态惯习，正在以最大的敬意重新认识中国文明的古典源头。对中外古典的重视意味着现代中国思想界的逐渐成熟和从容，意味着中国学者已经能够从更纵深的视野思考世界文明。正因为如此，我们在高度重视西方古典学丰厚成果的同时，也要看到西方古典学的局限性和多元性。所谓局限性是指，英美大学的古典学系传统上大多只研究古希腊罗马，而其他古典文明研究例如亚述学、埃及学、波斯学、印度学、汉学，以及犹太学等，则都被排除在古典学系以外而被看作所谓东方学等等。这样的学科划分绝非天经地义，因为法国和意大利等的现代古典学就与英美有所不同。例如，著名的西方古典学重镇，韦尔南创立的法国"古代社会比较研究中心"，不仅是古希腊研究的重镇，而且广泛包括埃及学、亚述学、汉学乃至非洲学等各方面专家，在空间上大大突破古希腊罗马的范围。而意大利的古典学研究，则由于意大利历史的特殊性，往往在时间上不完全限于古希腊罗马的时段，而与中世纪及文艺复兴研究多有关联（即使在英美，由于晚近以来所谓"接受研究"成为古典学的显学，也使得古典学的研究边界越来越超出传统的古希腊罗马时期）。

从长远看，中国古典学的未来发展在空间意识上更应参考法国古典学，不仅要研究古希腊罗马，同样也应包括其他的古典文明传统，如此方能参详比较，对全人类的古典文明有更深刻的认识。而在时间意识上，由于中国自身古典学传统的源远流长，更不宜局限于某个历史时期，而应从中国古典学的固有传统出发确定其内在核心。我们应该看到，古典中国的命运与古典西方的命运截然不同。与古希腊文字和典籍在欧洲被遗忘上千年的文明中断相比较，秦火对古代典籍的摧残并未造成中国古典文明的长期中断。汉代对古代典籍的挖掘与整理，对古代文字与制度的考证和辨识，为新兴的政治社会制度灌注了古典的文明精神，堪称"中国古典学的奠基时代"。以今古文经书以及贾逵、马融、卢植、郑玄、服虔、何休、王肃等人的经注为主干，包括司马迁对古史的整理、刘向父子编辑整理的大量子学和其他文献，奠定了一个有着丰富内涵的中国古典学体系。而今古文之间的争论，不同诠释传统之间的较量，乃至学术与政治之间错综复杂的关系，都是古典学术传统的丰富性和内在张力的体现。没有这样一个古典学传统，我们就无法理解自秦汉至隋唐的辉煌文明。

从晚唐到两宋，无论政治图景、社会结构，还是文化格局，都发生了重大变化，旧有的文化和社会模式已然式微，中国社会面临新的文明危机，于是开启了新的一轮古典学重建。首先以古文运动开端，然后是大量新的经解，随后又有士大夫群体仿照古典的模式建立义田、乡约、祠堂，出现了以《周礼》为蓝本的轰轰烈烈的变法；更有众多大师努力诠释新的义理体系和修身模式，理学一脉逐渐展现出其强大的生命力，最终胜出，成为其后数百年新的文明模式。称之为"中国的第二次古典学时代"，或不为过。这次古典重建与汉代那次虽有诸多不同，但同样离不开对三代经典的重新诠释和整理,其结果是一方面确定了十三经体系,另一方面将四书立为新的经典。朱子除了为四书做章句之外,还对《周易》《诗经》《仪礼》《楚辞》等先秦文献都做出了新的诠释,开创了一个新的解释传统,并按照这种诠释编辑《家礼》,使这种新的文明理解落实到了社会生活当中。可以看到,宋明之间的文明架构,仍然是建立在对古典思想的重新诠释上。

在明末清初的大变局之后,清代开始了新的古典学重建,或可称为"中国的第三次古典学时代":无论清初诸遗老,还是乾嘉盛时的各位大师,虽然学问做法未必相同,但都以重新理解三代为目标,以汉宋两大古典学传统的异同为入手点。在辨别真伪、考索音训、追溯典章等各方面,清代都取得了巨大的成就,不仅成为几千年传统学术的一大总结,而且可以说确立了中国古典学研究的基本规范。前代习以为常的望文生义之说,经过清人的梳理之后,已经很难再成为严肃的学术话题;对于清人判为伪书的典籍,诚然有争论的空间,但若提不出强有力的理由,就很难再被随意使用。在这些方面,清代古典学与西方 19 世纪德国古典学的工作性质有惊人的相似之处。清人对《尚书》《周易》《诗经》《三礼》《春秋》等经籍的研究,对《庄子》《墨子》《荀子》《韩非子》《春秋繁露》等书的整理,在文字学、音韵学、版本目录学等方面的成就,都是后人无法绕开的,更何况《四库全书总目提要》成为古代学术的总纲。而民国以后的古典研究,基本是清人工作的延续和发展。

我们不妨说，汉、宋两大古典学传统为中国的古典学研究提供了范例，清人的古典学成就则确立了中国古典学的基本规范。中国今日及今后的古典学研究，自当首先以自觉继承中国"三次古典学时代"的传统和成就为己任，同时汲取现代学术的成果，并与西方古典学等参照比较，以期推陈出新。这里有必要强调，任何把古典学封闭化甚至神秘化的倾向都无助于古典学的发展。古典学固然以"语文学"（philology）的训练为基础，但古典学研究的问题意识、研究路径以及研究方法等，往往并非来自古典学内部而是来自外部，晚近数十年来西方古典学早已被女性主义等各种外部来的学术思想和方法所渗透占领，仅仅是最新的例证而已。历史地看，无论中国还是西方，所谓考据与义理的张力其实是古典学的常态甚至是其内在动力。古典学研究一方面必须以扎实的语文学训练为基础，但另一方面，古典学的发展和新问题的提出总是与时代的大问题相关，总是指向更大的义理问题，指向对古典文明提出新的解释和开展。

中国今日正在走向重建古典学的第四个历史新阶段，中国的文明复兴需要对中国和世界的古典文明做出新的理解和解释。客观地说，这一轮古典学的兴起首先是由引进西方古典学带动的，刘小枫和甘阳教授主编的"经典与解释"丛书在短短十五年间（2000—2015年）出版了三百五十余种重要译著，为中国学界了解西方古典学奠定了基础，同时也为发掘中国自身的古典学传统提供了参照。但我们必须看到，自清末民初以来虽然古典学的研究仍有延续，但古典教育则因为全盘反传统的笼罩而几乎全面中断，以致今日中国的古典学基础以及整体人文学术基础都仍然相当薄弱。在西方古典学和其他古典文明研究方面，国内的积累更是薄弱，一切都只是刚刚起步而已。因此，今日推动古典学发展的当务之急，首在大力推动古典教育的发展，只有当整个社会特别是中国大学都自觉地把古典教育作为人格培养和文明复兴的基础，中国的古典学高深研究方能植根于中国文明的土壤之中生生不息茁壮成长。这套"古典与文明"丛书愿与中国的古典教育和古典研究同步成长！

2017 年 6 月 1 日于北京

目　录

前　言　　　1

第一部分　经学与中国文明理想　1

从古史重建到经义新诠　3

今人如何读郑学？　26

大同抑或人伦？——现代中国文明理想的探索　39

《礼运》首章再考辨　50

圣人无父——《诗经》感生四篇的诠释之争　89

第二部分　　"差序格局"与"亲亲尊尊"　119

从丧服制度看"差序格局"——对一个经典概念的再反思　121

丧服图考论　145

三年丧起源考论　179

人道至文——《三年问》释义　210

《礼记·三年问》与《荀子·礼论》关系再讨论　234

第三部分　　再议经典礼学问题　247

　　王昌前母服议　249

　　若子与降等——论为人后丧服的两个方面　325

　　论"妇人不杖"　347

　　说辟领　406

第四部分　　礼学中的"汉宋兼采"　429

　　祭及高祖——宋代理学家论大夫士庙数　431

　　精义之学——程瑶田之义理学、宗法学与丧服学　461

　　礼学即理学——定海黄氏父子的思想脉络　525

　　风雨难摧伏氏壁，弦歌终剩窦公音——张闻远先生学述　570

参考文献　610

前　言

　　本书中收录的，是我十余年来一些礼学研究的习作。我对礼学的关注，是从 2007 年开始的，经过数年对丧服制度的研读，首先写了《从丧服制度看"差序格局"》一文，刊于《开放时代》（2011 年第 1 期），是从社会理论角度解读丧服礼制的开端，但只是一些初级的想法，很多问题尚无法深入，又找不到门径。2011 年，我发现了张闻远先生的《丧服郑氏学》，顿时有拨云雾见青天之感。其后一边考究张先生生平与学问，一边跟随他追溯古代礼学，尤其是丧服学的渊源，渐渐形成了一些自己的看法，十多年下来，尝试写了不少文章，从中挑选出十八篇还有些价值的，辑为此书。

　　2011 年春季，为了能对礼学问题有一个直观感受，我根据《丧服郑氏学》中的线索，全面梳理了《通典》中关于王昌前母服的争论，写成《王昌前母服议》一文，在我召集的"婚与丧"礼学研讨会上宣读，后收入会议论文集《婚与丧》（宗教文化出版社，2012 年版）。此文虽为尝试之作，但其故事性和复杂性，为我进入礼学问题打开了一个非常好的入口。而每隔一二年组织朋友们召开或大或小的礼学会议，亦由此开端，后来于 2014 年正式成立北京大学礼学研究中心，希望能对推动礼学研究有所贡献。

2012 年，我又因初步点校《丧服郑氏学》第一卷而遇到"妇人不杖"的争论，复又由此争论入手，全面梳理辨析丧礼用杖之礼意，而成《论"妇人不杖"》一文，提交彭林先生召集的礼学研讨会，那是清华大学礼学研究中心的第一次会议，也是我尝试研究《丧服经传》的开端。蒙彭林先生不弃，此文后收入其主编的《礼乐中国》（上海书店出版社，2013 年版）。

对于礼学这样一门相当复杂琐碎的专门之学，我的研究方式是从学术争论入手。在浩如烟海的礼学著作中，学术争论就是一把钥匙，可为我们这些极度缺乏经学训练的后辈找到治学门径。我与学生们长期关注的一个大的争议，就是明代大礼议。《若子与降等》和《祭及高祖》二文皆由大礼议而作，前者涉及濮议与大礼议争论的核心问题为人后之礼，刊于《能仁学报》第 15 期；后者则关乎大礼议与宋明之后祭礼改革的关系，刊于《中国哲学史》（2012 年第4 期）。

我与周飞舟兄带学生读《丧服》的时候，恰也是乔秀岩、叶纯芳二先生在北大带学生做礼学研究的时候，当时他们刚刚发现杨复重修的《仪礼经传通解》之《祭礼》部分。颇受益于他们对朱子礼学的研究，《祭及高祖》也是这一交往的成果。小文《说辟领》亦是辨析朱子礼学的一个副产品，刊于《中国经学》（第 13 辑）。

通过对《丧服》的深入研读，我对礼学的一些基本问题有了体会，但也深感这种过于专门的学问，进去是有可能出不来的。如果完全深入到对丧服琐碎问题的辨析，在当今学术界，很容易变成自说自话，而无法与他人对话。进入礼学，本是为了更好地理解中国文明，岂能越做越窄？因而，一方面需要熟悉礼学的细节，另一方面不可忘记研读礼学的初衷，即从更宏观的角度理解礼学的意义。于是，由丧服学出发，我注意从几个方面拓展自己的思考：第一，我试图从更全面的视角看经学体系中的礼学问题，因而除了三《礼》本身，必须旁及他经；第二，我试图从蔚为大观的清代学术做一个更总体的思想性理解；第三，不断回到最初研究礼学时所关注的社会理论问题。其后的许多思考，大多与这三个方面有关。《圣人无父》一文（刊于《经学研究》，2013年秋季号），即是因社会理论的兴趣而审视现代中国学术中从母系社会角度解读上古神话，并结合诗经学与礼学的一篇成果。

《张闻远先生学述》一文，是经虞万里老师鼓励，梳理闻远先生生平学术的一篇文章，刊于《经学文献研究集刊》第12辑，而由先生上溯，试图窥见清人礼学之思想面貌，便有研究黄氏父子（刊于《南菁书院与近世学术》，生活·读书·新知三联书店，2019年版）与程瑶田（刊于《徽学》第15辑）的两篇文章。我一直以为，清人学术绝非仅为考据饾饤之学，其表面的朴学背后，应有相当大的理论关怀。戴震、凌廷堪、段玉裁、阮元、焦循等概莫能外，而程瑶田是一个比较方便的入手点，他的《通艺录》中诸多考据著作名重一时，而其宗法、丧服二书之理论关怀，乃在于《论学小记》与《论学外篇》中对心性之学的重审，故由程氏之学，颇可窥见乾嘉义理学之一斑。晚清黄氏父子，也有同样特点，无论在心性之学还是礼学上均有相当深入的研究，且两个方面都有密切的内在关联，其思想总体究竟为何，应做一总体讨论。相较而言，张闻远先生为清代礼学之殿军，其丧服学足称经典，而其论性理学之文字却颇寥寥，然而读其《日记》，却知先生家学出自桐城派，终生服膺程朱，每日以四书为日课。故张先生亦为晚清汉宋兼采之成果。

对张闻远先生丧服学的反复研读，使我逐渐明了其学说的核心为《正尊降服篇》，对此篇之详细解读具于《点校重刊〈丧服郑氏学〉序》（《丧服郑氏学》书前，上海书店出版社，2017 年版），而其主要理论内容，亦纳入本书《张闻远先生学述》一文。《人道至文》（刊于《史林》2016 年第 3 期）、《〈礼记·三年问〉与〈荀子·礼论〉关系再讨论》（刊于《中国典籍与文化论丛》，第 20 辑）的基本问题都来自对《正尊降服篇》的解读。《丧服图考论》（以《五服图与古代中国的亲属制度》之题刊于《中国社会科学》2014 年第 12 期），是在读了几年丧服之后，对"差序格局"问题更进一步的思考。

《三年丧起源考论》（刊于《文史》2020 年第 3 期）是对丧服理论中最重要的三年丧问题的历史考证。此文之作呈现出我思考礼学问题的另一个面向，即我们不可能假装自己是古人，完全无视现代社会科学的角度，而接受古人的一些学术信仰。清人尊郑，实与郑君有重大不同，今人仍可尊孔尊郑、重解经义，但必须建立在现代学术的基础上。一方面，我们需要客观地看到，经学问题的产生有其历史背景；另一方面，历史性这一点并不能否认其思想意义。此篇论文曾与陈鸿森先生反复讨论，非常感谢陈先生的帮助。

《〈礼运〉首章再考辨》（刊于《传统中国研究集刊》，第 19 辑）之用意与《三年丧起源考论》相反相成，是对康有为以来对大同小康之解读的全面批判与重审，意在回归《礼运》之本义，并由此看礼学思想之下的历史演进。为唐文明《彝伦攸斁》（中国社会科学出版社，2019 年版）一书写的序《大同抑或人伦》，则与之相呼应，是对康有为问题更直接的讨论。

为孙庆伟《追迹三代》和《鼏宅禹迹》所写的书评《从古史重建到经义新诠》（刊于《中国文化》，2018 年秋季号）有平衡这两方面的考虑。古史辨破除了古人的许多神话，考古学却证明古史辨的很多怀疑是不必要的。考古学可以证明三代确为中华文明的起源，不过它无法证明尧舜禹是圣人。既是经义新诠，就不可能像古人那样尊信六经。此篇书评确立了我对待经学的一个基本态度：六经之所以重要，是因为它们是三代文明精神的记录与提升，而三代文明，在许多重要方面确立了中华文明的思维方式。新时代的经学，并非将六经中的每一部、每一句都当作颠扑不破的信条，而是通过解读六经义理，诠释出中华文明的基本精神。这一思路，与现代西方学者对待《圣经》的态度，亦颇类似。经学传统中的两个高峰，郑学与朱学，便曾是经义思想之基本精神的两个诠释体系。为华喆《礼是郑学》所写的书评《今人如何读郑学？》（刊于《读书》2019年第5期）则是借助了乔秀岩、华喆一系对郑学的精彩解读，来看郑学的经义体系。

以上略述了书中所收诸文的撰作缘起、思考所在，以及原刊之处。这些文章收入本书，并未按照写作时间次序，而是根据所写内容，分成四部分，重新排序。最先的五篇（《从古史重建到经义新诠》《今人如何读郑学？》《大同抑或人伦？》《〈礼运〉首章再考辨》《圣人无父》）意在重审现代学术的相关问题，尝试解读经学研究的现代意义。随后五篇（《从丧服制度看"差序格局"》《丧服图考论》《三年丧起源考论》《人道至文》《〈礼记·三年问〉与〈荀子·礼论〉关系再讨论》）是围绕丧服之核心理论问题的讨论，虽然角度不同，但对"差序格局"与尊尊亲亲关系的思考贯穿了所有五篇文章。再后面的四篇（《王昌前母服议》《若子与降等》《论"妇人不杖"》《说辟领》）则是对丧服学具体问题的讨论，是亲亲尊尊原则在丧服制度细部的落实方式。最后四篇（《祭及高祖》《精义之学》《礼学即理学》《张闻远先生学述》）则集中于由宋至清的礼学思想史，包含了对汉宋学术关系的思考。

"礼以义起"，是古人对礼学与礼制的精要概括，而作为本书的书名，则包括了三个方面的含义：作为历史制度的礼与经学义理之间的关系、汉学与宋学之间的异同与兼采、现代学术中经义新诠的方式及其意义。三条线索相互交错，虽千条万绪，皆可归结于性命之义。

　　本书的写作，要感谢孔子研究院和凯风基金会的支持，感谢三联书店钟韵女史和苑琛先生的辛苦工作，感谢诸多老师、朋友、学生，特别感谢黄秋怡对书稿的全面校对。最后，感谢我的家人，特别是内子卢奕的全力支持，使艰难的学问之路，终有现实生活中的落脚之处。

吴飞

乙丑岁末于仰昆室

第一部分

经学与中国文明理想

从古史重建到经义新诠

一　从孙庆伟的考古学研究谈起

2018 年，考古学家孙庆伟教授的大著《鼏宅禹迹：夏代信史的考古学重建》出版，旋即引起学界内外的广泛关注，夏代是否存在，这个中国考古学的"哥德巴赫猜想"再次成为各界讨论的热点话题。此书副标题中的"信史"二字尤其引起读者的注意，在不少人还不确定夏代存在与否的时候，他居然大谈夏代信史，这不是有意引发争论吗？

此书与作者三年前出版的《追迹三代》是姊妹篇。在《追迹三代》的"后记"里，孙庆伟写道："这里的十篇文章基本上都是'照着讲'前贤的成就，照理我还应该有我的考古学《贞元六书》，写一部阐述自己学术观点的书，才算得上是一项完整的研究。'接着讲'无疑比'照着讲'更为艰难，但还是愿意立此存照，以敦促自己黾勉前行。"[1] 在《鼏宅禹迹》的后记里，作者也坦承这两本书之间的关系，并郑重表示，要花十年时间完成三代五书，即"对夏、商、

---

[1]　孙庆伟《追迹三代》，上海古籍出版社，2015 年版，第 577 页。

周、秦、楚各写一书，将五族的文化来源问题做一彻底的清理"。[1] 这五部书，应该就是孙庆伟的"贞元六书"，而这部《鼏宅禹迹》便是其中第一部了。向公众庄严承诺自己的研究规划，并逐步践行，这是一个学者最值得敬佩的品质。

我是考古学的门外汉，读考古学的书只能是看看热闹。多年前，我曾经随一批考古学家看过辽宁牛河梁红山文化遗址，完全不明所以；近年来，因为对礼学的兴趣，也越来越关注考古学家发掘的各种礼器和礼制建筑；去年与庆伟兄合作，在周原考古基地开了一个研讨会，深入到考古发掘现场，既有了更多的感性认识，也愈加意识到自己对考古学的一窍不通。只有在认真读了庆伟兄的这两本书之后，我才真正明白了考古学的学科使命，并对自己的研究有了深切的反思，这便是草此小文的初衷。

在《追迹三代》里，孙庆伟首先以一个考古学史家的面目出现。他不仅将三代考古学最主要的问题脉络梳理得异常清晰，使我这样的外行读起来完全不费力，而且像一个说书人一样，将考古学家那么专业枯燥的观点之争描述得跌宕起伏、惊心动魄，使学术争论像宫斗剧般引人入胜，但读者们并不会由此觉得考古学家心胸狭窄、党同伐异，反而看到了三代考古学在争论中前行的勃勃生机。此书是孙庆伟"考古学通论"课程的教材，通过这样一个个生动的故事学习考

---

〔1〕 孙庆伟《鼏宅禹迹：夏代信史的考古学重建》，生活·读书·新知三联书店，2018 年版，第 596 页。

古学，学生们真是有福了。孙庆伟反复强调，他在此书中是"照着讲"，尽可能忠实地叙述三代考古学的发展，而不轻下判断。书中呈现的学术争论一个回合接着一个回合，往往在意想不到的地方发生戏剧化的逆转，作者不断吊起读者的胃口，却始终不给出自己的观点，哪怕在描述他非常尊敬的前辈、老师、同门、同事的时候，孙庆伟也丝毫不露痕迹。

可以说，《追迹三代》中异常细致和深入的学术史梳理，为作者自己后来的研究，不仅打下了坚实的基础，更是埋下了足够的伏笔。读过此书的读者，应该就等着他的三代五书了，因为孙庆伟自己的著作，会是考古学史的下一个章节，将读者期待很久的答案隆重推出。果然，孙庆伟不负众望，《鼏宅禹迹》中回答了《追迹三代》中夏代部分提出的考古学问题，以翔实的史料和考古发掘，高调推出了作者对夏代信史的论证，当然，同时也使读者更加好奇，他将如何回答关于商、周的问题呢？对此，我们只能继续期待着他的另外四本书了。

《鼏宅禹迹》与《追迹三代》的口吻明显不同，作者不再像那个悠然神往于前贤身影又不时狡黠地卖卖关子的说书人，而成为一个正襟危坐的著史者，因为他要立一家之言了。《鼏宅禹迹》的文笔更加严肃、更加专业，作者已经不再需要刻意讲故事，因为这本书处理的本来就是一个大故事。《追迹三代》中曾经把李济与邹衡的商代研究分别概括为"著史"与"分期"，但在《鼏宅禹迹》中，孙庆伟却以著史为目的，以分期为方法，充分吸收了前贤的双重遗产——其实，邹衡先生的分期，又何尝不是一种著史？这种分期工作的意义，就在于以更加可靠的方法重建古史。我这样的外行读者在看《追迹三代》时，对于那些争论的细节，往往不太能理解，但学者之间的唇枪舌剑，可以逼迫我记住争论的焦点究竟在什么器皿，在哪些地层，等等。但到了《鼏宅禹迹》就不一样了，书中不厌其烦地介绍各个考古遗址，详细对比各个文化地层，比前书更加细致地比较不同说法，有大量的插图、表格、数据，引导我们接着前书，对二里头遗址、偃师商城、郑州商城等诸多问题进行更加深入的探讨，从而相当自信也足够审慎地，确定了作者对夏代上下限的判断。

此前，我们会关注博物馆中的各种精美文物和珍贵的出土文献，以为这就是考古学的价值所在。但后来听庆伟兄讲，若是考古学的意义仅仅在于寻宝，那与盗墓有何区别？他曾经说："盗墓贼之所以可恨，不在于他可能毁坏文物，而在于他破坏了文物所在的语境，这就对考古学研究造成了不可弥补的损失。"读了他的这两本书，才知此说渊源有自。傅斯年就说过："近代的考古学更有其他重大之问题，不专注意于文字、彝器之端也。"[1]李济也说："现代考古家，对于一切挖掘，都是求一个全体的知识，不是找零零碎碎的宝贝。"[2]因而，像某些考古学家那种不顾地层专门找甲骨文的

---

〔1〕傅斯年《本所发掘殷墟之经过》,《安阳发掘报告》,1930 年第 2 期，转引自孙庆伟《追迹三代》,第 395 页。

〔2〕李济《现代考古学与殷墟发掘》,《李济文集》卷五，第 3 页，转引自孙庆伟《追迹三代》,第 395 页。

做法，在傅斯年和李济看来，就不仅缺乏专业意识，甚至会破坏研究的进展。

所以，读这两本书的第一感觉是，虽然庆伟兄也会经常向朋友们炫耀他发掘出的文物精品，但那其实只是他对外行说的话，真正的考古学家更关注的是墓葬、地层、陶片、灰坑。其貌不扬但大量出土的小物件，可能要远比难得一见的奇珍异宝重要。通过各地遗址中的灰坑、陶片上的蛛丝马迹，根据挖破与叠加的痕迹来判断年代先后，是相当烦琐而又巧妙的推理游戏，我读起来虽然觉得扑朔迷离，却连连叹服，比起自己熟悉的哲学思辨、丧服计算、注疏比对，其考验智商的程度一点也不弱。中国考古学家将这种推理游戏发展到炉火纯青的程度，高手可以准确地推测出附近某地可能有的埋藏物，其对年代的分期与测定令人叹为观止。

中国考古学起步虽晚，却很快走到了世界前列，训练有素，硕果累累，这不仅是因为中国历史久远，考古对象异常丰富，更重要的是，中国考古学家一开始就为自己确立了一项神圣使命：重建古史。这是孙庆伟反复强调的主题。读他的著作，给我印象最深的还不是那些考古争论，也不是某个遗址的发掘过程或考古细节，而是这个始终挥之不去的主题。

如此强调"信史"的孙庆伟，为什么会在《追迹三代》里花了两章的篇幅先来谈疑古的顾颉刚，并且不是以批判的语气，而是充满同情的态度？这是理解"古史重建"的一个要害。他自己说："高举'疑古'大旗的顾颉刚其实并不认为疑古是古史研究的主要工作，反而是认为'要建设真实的古史，只有从实物上着手的一条路是大路'，而他本人对古史系统的破坏，也是为了'使得破坏之后得有新建设，同时也可以用了建设的材料做破坏的工具'。"[1]孙庆伟之所以首先讨论疑古派，而不是简单批判，在于他深知顾颉刚是现代中国学术界古史重建的一个关键环节。无论疑古、信古，还是释古，其自身都不是目的，而是古史重建的一条思路。孙庆伟谦虚地说，此书要为古史重建提供一个个案，这何止是提供个案，简直是确立新的典范和标杆，是对考古学者的当头棒喝：千万不要忘了古史重建的学科使命。

自从王国维提出二重证据法，地下出土材料被当作古史重建的有力工具，考古学也就逐渐成为古史重建的担纲学科，而中国考古学家在近百年的探索中，逐渐摸索出一套行之有效的学术路数，稳步走在现代学术的专业之路上。但也正像孙庆伟所担忧的，"中国考古学者对于理论方法的探讨天然地缺乏热情"[2]，本来，考古材料是用来补充历史文献的，但现在，情况逐渐颠倒了过来，很多考古学家不再相信文献材料，当然更不相信文献中有什么信史，他们不愿意使用传世文献中的概念，不愿参照传世文献来解释考古发掘，甚至将传世文献完全当作虚构。这样一来，考古学与古史重建的使命渐行渐远，成为一个完全自娱自乐的学科。正是因

---

〔1〕 孙庆伟《鼏宅禹迹：夏代信史的考古学重建》，第522—523页。
〔2〕 同上书，第582页。

为这样的研究倾向，才会有许多学者在找到文字材料之前，不能认可夏的存在。考古学界的主流是要脱离"证经补史"的阶段[1]，但孙庆伟的工作恰恰反其道而行，以大量的古史材料与考古学发现相互参证，拒绝"考古学纯洁性"。

孙庆伟著作的最大意义不在于对考古细节的描述或是他个人的某个观点，而在于他反复提醒，三代考古的使命是古史重建。他对我们这些考古学门外读者最大的启发，正在于对古史重建的强调。

二 古史重建与三代之治

从梁启超、王国维、胡适、顾颉刚、徐旭生、傅斯年、李济、夏鼐、苏秉琦、邹衡、张光直、李学勤，一直到徐天进、雷兴山和孙庆伟，一百多年来，这些立场不同的学者关心的都是古史重建。那么，到底何为古史重建？它对我们的意义究竟何在？

20世纪初，中国学术界先后发生了两件具有里程碑意义的大事：甲骨文的发现和古史辨学派的兴起。前者将商史定为信史，后者却将大禹说成一条虫，这两件看似相反的事件，却有内在关联，都极大影响了其后古史重建的走向。而这两件事，虽然是在现代学科建立之初发生的，又都与清代学术界的文字学研究、历史研究、经学研究有千

---

〔1〕 详见孙庆伟《鼏宅禹迹：夏代信史的考古学重建》，第14页。

丝万缕的关联，与阎若璩、段玉裁、章学诚、崔述等人的工作一脉相承。[1]简单说来，所谓古史重建，就是以现代学术方法重新理解中国文明的源头。但是，这绝不仅是一个简单的史学问题。在中国几千年的历史中，为什么学者们对后来的王朝没有那么深的情感，为什么就特别钟情于夏商周三代，以至当代还会有"夏商周断代工程"这样的项目？李济先生说：

> 现代中国新史学最大的公案就是中国文化的原始问题。要研究这个问题，我们当然择一个若明若昧的时期作一个出发点，这个时期，大部分的学者都承认在秦汉以前的夏商周三个朝代。因为我们中国文化的基础是在这"三代"打定的。[2]

李学勤先生在谈到"夏商周断代工程"的时候也说：

> 中国古代文明的发展有一个升华、提高的过程。文明从远古一直到夏商周，逐渐演变过来，到西周形成了一套很系统、非常发达的礼乐制度，到东周的时候它就升华到了学术的高度，这就好像希腊、罗马，出了苏格拉底、柏拉图、亚里士多德这些哲人一样，我

---

〔1〕 林庆彰《顾颉刚的学术渊源》，台北万卷楼图书股份有限公司，2017 年版。
〔2〕 李济《发掘龙山城子崖的理由及成绩》，《李济文集》卷二，第 203 页，转引自孙庆伟《追迹三代》，第 210 页。

们国家也出现了一批圣贤哲人。[1]

相隔半个多世纪的两位先生讲得都非常清楚，三代古史之所以重要，是因为这是中国国家文明的起源时期。现代中国人的古史重建，焦点是文明起源，因而才会出现中国文化西来说、传说与信史的辨析、夏代有无等种种争论。其他朝代的考古学和历史学研究，固然有其独立的学科意义，却与此有相当大的差别。正是主流考古学家所不喜的"证经补史"，道出了三代古史重建的意义。

说考古学"证经补史"，并不是取消考古学的独立价值，不是将它贬为依附性的学科，而是强调中国考古学虽然是从西方输入的现代学科，却已经深深扎根于深厚的经史传统，这一传统恰恰赋予考古学无限的生命力，而不是将它局限于现代学科体系中的小小一隅。作为中国传统学问主干的经史之学，无不是围绕三代之治展开的。

在古代经学家的眼中，五帝三代都是圣王，其中三代更加切实，是六经形成的时期，无论在文明理想还是政治制度上，都是后人向往的黄金时代，所以恢复三代之治，曾经成为历代儒生的梦想。[2]六经，便是三代文明的载体。"行夏之时，乘殷之辂，服周之冕"，寄托着孔子的文明理想。

---

〔1〕 李学勤《中国古代文明及其研究》，《齐鲁学刊》，2002 年第 4 期。

〔2〕 五帝与三代之间的关系也反映在考古研究中。如陶寺遗址的早中期，研究者已多把它纳入尧舜时期，见孙庆伟《鼏宅禹迹：夏代信史的考古学重建》，第 290 页。

在汉代，经学体系形成之时，究竟该如何区分夏、商、周三代之治，并如何以此标准确立汉家制度，成为经生争论的核心问题。郑君经学"述先圣之元意，整百家之不齐"，之所以能超出其他经学家，原因之一就是，他在诸经之中（特别是三《礼》之间）划分出夏、商、周三代的明确区别，且为后人所普遍接受，成为理解三代异同的标准。[1]简单说来，经学作为一个学术体系，就是将三代之治为什么是理想的圣王之治，三代的异同何在，为后世确立了怎样的原则，系统阐发出来。郑君更关心的是经书文字和义理疏通，将许多彼此矛盾、不易讲通的地方解为三代差异，而不是特别关心从史实、制度的角度去考证真伪，他所谓的夏殷之制，也往往缺乏历史学的依据。但他能更好地贯通群经，形成一个较为系统的经义体系。[2]

司马迁的《史记》之所以成为正史之祖，并不是因为他要与经学区别开来，另立史学学科。太史公的观念中本就没有经史之间的学科差别，又与董仲舒等经学家颇有渊源，对于当时的今古文之学都极为留意。两代太史公的志向，都是继承孔子，"绍明世，正《易传》，继《春秋》，本《诗》《书》《礼》《乐》"（见《史记·太史公自序》）。其书起于陶唐，终于武帝获麟，五帝三代史事，首先取材于诸经，且颇参考当时经师之说。比起董仲舒到郑君的经师来，司马迁当

〔1〕 参考陈壁生《经史之间的郑玄》，《哲学研究》，2020 年第 1 期。
〔2〕 参考华喆《礼是郑学：汉唐间经典诠释变迁史论稿》，生活·读书·新知三联书店，2018 年版。

然更加看重历史的真实，因而才会"南游江、淮，上会稽，探禹穴，窥九疑，浮于沅、湘，北涉汶、泗，讲业齐、鲁之都，观孔子之遗风，乡射邹、峄，厄困鄱、薛、彭城，过梁、楚"。太史公的"田野工作"几乎遍布九州，当时要有考古学方法，他一定会使用。这样的治学精神，使我们很难轻易否定《史记》的可信度。他不会像郑君那样，为了经文之间的协调而牺牲史事，这是经史之学的差别所在。但从对待诸经的基本态度上，两条路向并无根本不同。司马迁说的"厥协六经异传，整齐百家杂语"，与郑君说的"述先圣之元意，整百家之不齐"简直如出一辙。可以说，太史公是以另外一种方式，将六经勾连成了一个史事体系。《史记》作为正史之首，并不仅仅因为它是第一部，也不仅仅因为写得好，而是因为书中包含了五帝三王的历史。后世人读经，很难不参考《史记》中记载的传记、制度、世系、年表、史事等，其价值恐怕不输于注疏。而后世的正史，虽然不可能有《史记》这样直讲三代的机会，但其对《史记》的继承并不仅仅在于体裁、写法等上面，更重要的是史观上的接续。

因而大致可以说，司马迁缔造的史学系统和由郑君集大成的经注系统，从不同的角度，以不同的方式，各自构成了对三代文明、六经义理的诠释体系：经义体系与史事体系。经义体系更加注重经书文本的一致，史事体系更加注重三代制度的演进；经义体系重在阐发先圣的元意，史事体系重在考察圣人的生活世界。两个体系之间当然有张力，但更多的是相辅相成，基于对三代文明的共同信念，为后世儒生描绘了这个文明理想的丰富面向：尧、舜、禹各自的理想人格、丰功伟绩和禅让制度，其后夏、商、周的天命转移与礼乐传承，特别是周公制礼与一系列基本制度和基本原则的确定，到孔子述六经，以及七十子之徒的传经活动。尧、舜、禹、汤、文、武、周公、孔子的传承，便成为此一文明理想的主轴。对于这一文明理想，经生通过辨析六经文本予以传承，史家通过考察史事予以澄清，二者实为你中有我、我中有你，密不可分。

但由诸经经义与三代史事共同构成的经史体系，一直存在很多层面，留下了争论的空间。在《史记》庞大的史事体系和郑注繁复的义理体系中，都有诸多解释的可能性，因而就潜藏着多种角度、多种学派的可能性。可以说，传统中国大的学术争论与范式转移，关键即在于对三代理想的重新理解，因而就少不了对经义体系与史事体系的重新清理。

郑玄以《周礼》为纲统摄三《礼》与群经，本就面临着很多质疑。在义疏学衰亡之后[1]，唐宋之间的儒生中更是涌动着重新理解诸经和三代史事的要求，而其思想实质，乃是重新理解三代文明理想。于是，对经学架构的重新调整、对道统传承的重新认定，乃至对经书真伪的重新讨论，就逐渐成为越来越多人关心的问题。特别是在经历了盛汉强唐之后，距离三代越来越远的儒生们，也需要重新思考三代之治到底意味着什么。经过相当复杂的学术和文化论

---

[1] 乔秀岩《义疏学衰亡史论》，生活·读书·新知三联书店，2017 年版。

争，四书成为新的经书，《孝经》《周礼》《仪礼》的地位都有不同程度的下降，《诗》《易》《春秋》的解释都有巨大的变化，孟子被放进了道统之中，《古文尚书》中的十六字心传被当作连接三代圣王与孔子和思孟学派的纽带，而成为三代文明理想的概括。继郑君之后，朱子再次将经学体系讲得极为高明。但与此同时，《古文尚书》的地位却在逐渐被撼动。一旦对《尚书》生疑，相关的一些史事就必然会受到怀疑。

清代是对中国古代学术做全面整理和总结的时代，对三代经书与史事的重新考辨与诠释蔚然成风。阎若璩、毛奇龄、姚际恒、崔述、程瑶田等对经书、史事、经义等都在不同程度上产生了怀疑，因而也推动了对很多具体问题的考辨。和汉学、宋学一样，清学的新范式背后是对三代文明理想的重新认识。随着小学各个领域的展开，清代学者重构文明理想的努力也逐渐显露出来。如章学诚著名的"六经皆史"说，便是对经义体系与史事体系的一个综合解读。其言曰："六经皆史也，古人不著书，古人未尝离事而言理，六经皆先王之政典也。"其释《易》道云："夫子憾夏、商之文献无所征矣，而坤、乾乃与夏正之书同为观于夏、商之所得，则其所以厚民生与利民用者，盖与治宪明时同为一代之法宪，而非圣人一己之心思，离事物而特著一书以谓明道也。"[1] 所谓六经皆史，绝不是说六经都应划归历史学，更不

---

〔1〕 章学诚《文史通义》卷一《易教上》。

是将六经都当成史料，而是强调经义都在政典史事当中。[1]
清代今文经学的兴起，也是在民族与国际环境发生巨大变化
之际，通过对春秋公羊学的重新解读，寻找中国在新的世界
格局中的可能走向。[2]晚清康有为的孔子托古改制之说，对
三代史事、经书真伪、六经经义都有一个全方位的重新解
读，而其核心，则落在《礼记·礼运》一篇对五帝之大同与
三代之小康的辨析上。

孙庆伟谈道，顾颉刚晚年说对自己影响最大的是康有
为[3]，固然有抹杀胡适的知遇之恩之嫌，却也未必没有道理。
古史辨派承清儒疑经辨伪之余绪，将康有为托古改制说发挥
到极致，以上古的许多人物与史事为伪造，其实质含义，乃
是不再相信历代相传的文明理想，试图通过对古史的重新解
读，来重构一个文明理想。康有为就是非常自觉地这样做
的，因为他依然将自己当作一个经学家，许多现代学者自觉
不自觉地使自己投入到重建文明理想的事业当中，其工作可
能只是这一宏大事业中的某个环节，所以其意义未必那么清
晰。顾颉刚所认的另一个学术渊源王国维[4]，在《殷周制度
论》中，则也是非常自觉地，以现代历史研究的方法，重述
了周公制礼的过程与意义。民国时期章太炎、刘师培、刘咸

---

[1] 顾涛《论"六经皆礼"说及其延伸路径》，《中国哲学史》，2018 年第 2 期。
[2] 汪晖《现代中国思想的兴起》上卷第一部，生活·读书·新知三联书店，2004 年版，第 589—736 页。
[3] 孙庆伟《追迹三代》，第 32 页。
[4] 同上书，第 33 页。

炘等人的工作，都算是比较自觉地通过重建古史阐释现代中国人文明理想的学者，尽管其成功与否还有商榷的余地。中国考古学，便是在这样的大背景之下，毅然承担起了古史重建的使命。

三 古史重建呼唤经义新诠

若是顾颉刚这样极端疑古的做法都可以被当作古史重建，是否凡是对夏商周三代的研究，都可以看作古史重建呢？当然不是。古史重建，并不只是对夏商周三代历史、制度、人物、文化的研究，更是围绕三代所体现的文明理想的研究。在古代的疑经辨伪学当中，有学者否定某本书、某个人、某件事的存在，对某些经说和某些记载产生怀疑，但很少有人否定《史记》中的史事体系和经注中的经义体系。即如康有为的孔子改制说，其怀疑已经到了极限，但仍未推翻史事体系和经义体系的基本架构。顾颉刚在最极端的时候，怀疑大禹是条虫，但也并未否认夏代的存在，而只是试图以层累进化的方式理解古史诸说的形成，观点虽然惊世骇俗，却标志着现代中国古史重建的一个新阶段，其意义不在于疑古，而与甲骨文研究类似，在于以现代的学术方法来重构古史。像钱穆先生认为老子在庄子之后，认为孙武、孙膑为同一人，进一步推进疑古的范围，却并不妨碍他对三代文明精神的认同与敬意。李济开启的三代考古学，沿着现代学术的思路继续前行，当这一研究路径成熟起来之后，却使得很多被民国学者乃至清人怀疑的经典与历史，得到了出土材料的证明，使我们发现，古人的记载比我们想象的准确得多，今天才有可能走出疑古时代。但走出疑古时代并不意味着回到古代。无论如何，我们对待经义体系和史事体系的态度，都已经被现代学术方法大大改变了。因而，现代学术史中的疑古、释古和信古的态度，都是以现代人为主体，无论哪一种都不是简单地回到从前，而是从现代人的角度对中国文明理想的重构。孙庆伟以陶片分类、地层分期、族群辨析构成的信史研究，使我们清晰地感到这一点。正是在这个意义上，无论甲骨文对商史的确证，还是古史辨对大禹的怀疑，都是现代古史重建的起点，这是一个现代学术范式的开端，使我们必须在新的语境下，以新的工具、新的方法、新的范式来面对几千年前的史事体系和经义体系。

但是，若是使"六经皆史"变成"六经皆史料"[1]，使考古学放弃"证经补史"的定位，甚至连传世文献都完全无视，放弃古人建构的经义体系与史事体系，将三代研究等同于随便一个朝代的历史研究，各专业固守其学科畛域，那就完全忘记了古史重建的使命。孙庆伟一再强调，"考古材料自身有着难以克服的局限性"[2]，出土材料再多，也有着极大的偶然性和限制，不可能单靠考古材料建构一个古史系统。完全放弃传世文献，不仅是对大量宝贵史料的放弃，更是对

---

〔1〕 参考陈壁生《经学的瓦解：从"以经为纲"到"以史为本"》，华东师范大学出版社，2014年版，第143—144页。

〔2〕 孙庆伟《鼏宅禹迹：夏代信史的考古学重建》，第582页。

理论架构与文化使命的丢弃。

古史重建，就是史事体系的现代形态，是以现代眼光重构三代古史。《史记》中确有相当多的观念，现代人不可能再无条件地接受。夏、商、周之间的朝代更迭，《史记》中的叙述与后世周、秦、汉的更迭似无不同，但现代学者不会再以这样的方式来看待三代关系，而是认为它们来自不同的族群；《尚书》和《史记》中所称颂的尧舜禹盛德禅让，今天的学者也不会轻易接受，而会以更加客观的历史眼光来看待其族群之间的关系，而禅让制变为世袭制，现代学者也多理解为国家的出现；包括汤武革命，今天的学者也不会简单以道德话语来理解，而是认为其间的力量对比、族群兴衰，自有其可解释的原因；至于对具体史事的记载和判断，今人凭借现代手段，发掘出司马迁未曾见过的史料，推测出司马迁不可能有的判断，当然是非常自然的事。现代人面对三代古史，会思考中国国家制度的形成、族群文化的融合、宗教形态的演变、文字的出现与演化等，这些现代学者特有的问题，成为解决中华民族文明起源的关键之处，当然不在古人的视野当中。视角的转换使现代人必须依赖现代的学术工具，依赖出土文献与地层划分，但这并不意味着要全盘否定《尚书》和《史记》中的古史系统，反而需要现代人对这一系统重新解读。

面对三代文明，古人的史事体系与经义体系，是不可或缺的两翼；面对中华文明的丰厚遗产，现代人除了古史重建，也必然需要经义新诠。孙庆伟的书让关注经义的我们非常羡慕考古学，同时也不免汗颜。现代人古史重建的工作在疑古的风潮中蹒跚而行，终于初具规模，时时都在呼唤着经义新诠携手同行。古史重建的同人，通过大量的发掘工作，已经牢牢确立了商、周历史的基本脉络，在夏代的问题上争论正酣，却也卓有成效；考古学家发掘出来的大量卜辞、铭文、简牍、帛书，已也为经义新诠提供了丰富的材料。中国考古学家能够有效地将考古材料与传世文献相互参证，成功地把现代考古学技术纳入传统经史的大传统中，这个传统赋予了中国考古学以灵魂，而现代考古学又为传统经史之学打开了新局面。与之相比，六经义理的现代诠释，还只是在摸索阶段。

与古史重建相配合的经义新诠，当然也不是简单的复古，而是对六经义理的现代诠释。三代作为中国国家文明的起源，不仅因为在时间上是源头，而且因为确立了基本的文明精神，就像希腊罗马确立了西方文明的基本精神一样。古史重建的任务，是以现代学术方法描述中国国家文明在这个时期如何起源、如何兴盛、如何建立一系列基本制度，形成一系列文化观念，以及形成一系列著述的；经义新诠则要告诉人们，三代所形成的这些制度、这些观念、这些著述，究竟传达了怎样的文明理想，诸如如何看待天地自然，如何思考人伦物理，如何理解家国天下，与其他文明的观念有何不同，并如何将它阐释得更高明。

郑君在区分三代异物之时，主要依据的是经书文本，史学家既没有什么材料证明，也没有什么材料反驳。清代以来，文字、文献、制度等方面的丰富考证，现代古史重建的诸多成果，以及古人未见的大量出土文献，都已经在相当大的程度上决定了今日解经的空间，使郑君、朱子、康有为的做法都已不可能。

近些年，经学研究异军突起，方兴未艾，但对于经学研究该如何做，究竟什么是经学，在儒家不再独尊的时代为什么称之为"经学"，研究者讲不清楚，旁观者满腹狐疑，使得经学研究要么只能限于小学研究或经学史的清理，要么完全失去学术趣味，变成民族主义的空话。古史重建的经验启示我们，现代经义新诠的使命，并不是将十三经重新奉为圭臬，而是诠释其中的文明理想。我们未必将尧舜禅让当作最高的礼法境界，但可以研究中国古代国家形态中蕴含着中华文明对国家制度的独特理解；我们未必靠《周易》占卜来看待死生祸福，却可以在阴阳五行的思想体系中体会生生的智慧之源；我们未必将《诗经》中的每一篇都与天子诸侯联系起来，却可以在风雅颂中看到中国思想的情感之维。现代学者不大可能以复见三代之治为志业，却可以辨析三代文明体系中对天地、人伦、家国的思考方式，从而寻求更适合现代人的生活形态。就如同现代西方民主政治与希腊民主已完全不同，却始终从古希腊吸收思想资源；现代法律体系与古罗马的《十二铜表法》早已大异其趣，却仍然自称来自罗马法传统；信息时代的基督徒与中世纪的基督徒早已判若云泥，却仍然在解读同一部《圣经》。我们之所以对经学体系仍然有信心，不是因为它碰巧是中国的，我们碰巧又是中国人，而是因为我们相信，其中所蕴含的三代文明构成了一个力量强大的文明体系，其深度与广度都不输于希腊、罗马或希伯来的文明体系，其最高明之处，可以帮助我们面对现代世界的问题，建构新的文明理想。从这个角度出发，各经文字之间的矛盾，具体说法之间的差异，乃至史事上的一些错误，都是小节，并不妨碍这个文明理想的表达。

《周礼》和《礼记》诸篇，在宗庙庙数上有相当大的差异，郑玄为了弥合矛盾，就将不同的说法解释成三代异礼，我们今天知道这并无根据，也不需要再弥合矛盾，却需要结合考古挖掘来理解，宗庙为什么那么重要，为什么需要确定宗庙庙数的不同。商祖契与周祖稷，究竟是否天帝感生，在《诗经》的古文家和今文家之间曾有激烈争论，我们今天清楚地知道，这应该来自各个族群的传说，不必再陷入争论，却需要理解争论背后的义理趋向。天子祭天，所祭究竟是一个天帝还是六个不同的天帝，不仅是郑玄与王肃争论的焦点，而且影响了其后历代祭天大礼的设置，我们今天已经没有祭天之礼，当然不必再参与这种争论，却需要理解，天帝在经学体系中意味着什么，"一天说"和"六天说"共享怎样的宗教观念，分歧出在什么地方。诸如此类，不一而足。今天的经学与古代的经学已经相当不同，究竟是一天还是六天，对于我们不再重要；但为什么经学争论会在六天和一天之间展开，而不会往三位一体的方向发展，对我们却相当重要。古代经师的那些争论背后，其实有一些共享的前提，没有人会质疑，因而不必争论，就不需要多说，甚至根本就不说。但在今天的世界文明格局中，这些不说的前提反而变成最重要的，我们需要在经书的字里行间去研究、去探索、去分析，这便是今日经义新诠的一个使命。

从今日的学术角度看，六经体系，便是在三代中逐渐形成，到东周趋于成熟，再经汉人整理诠释而系统化的文明理想。对《尚书》中周代的部分，多数学者还是认为反映了相当大程度的历史真实，周代以前的部分或为后人假托，或为相传多年的政令制度，在后人手中整理成文，但都体现了古代帝王的政治理想。即如《古文尚书》，其书或为后代写定，其中传达的内容与思想，未必没有研究价值。《诗经》被认为是产生于先秦的诗歌总集，现代人无论是像古人那样，将它理解为与典礼密切相关，还是仅仅当作文学作品，都会关注其中面对自然、家国、祸福的情感表达，即礼乐文明中诗言志的方式。《周易》本是周人卜筮之书，因其中包含了对天地万物的基本理解，而逐渐成为群经之首，它的现代意义也不在于可被用于占卜、预测，而在于其中理解天地万物的丰富资源。《仪礼》为孔门弟子记录周代诸礼，且予以整合、调整之作，其中反映了孔门对礼乐文明之基本理解。《周礼》为战国之时一规模宏大的政治理想，且以天地四时的自然架构安排，虽然几乎已无人相信是周公致太平之迹，但对中国政治架构产生了深远影响，也是不可否认的。今本《春秋》是否为孔子所作，仍有巨大的争论空间，但《左传》被当作春秋历史的第一可靠文献，《公羊传》《穀梁传》中蕴含着对历史、政治、礼制的理论解释，都有待进一步的阐发。这些经书既来自三代圣王典章制度之遗迹，亦无不经过孔子及其弟子整理诠释而成。《孝经》、《论语》、《孟子》以及大小戴《礼记》诸篇，则是对六经体系所蕴含的文明理想的义理阐发，其体裁虽为儒家子书，却逐渐获得了经的地位。

经学体系越是发展，便越体系化。《书》《诗》可谓原始经书，保留了三代典章制度的更多遗存，体系性的义理阐发较少；但《春秋三传》《仪礼》《周礼》《周易》却有了更加严密的架构、更明确的理论取向；到了《孝经》、《礼记》、四书，其理论更加系统和明晰；至如汉注唐疏，宋人著述，则将其经义体系更系统地阐述出来。后代经师的体系化工作，可以帮我们把握经学义理的整体，但直接记录三代典章的原始经书，却又不断突破过于整齐的体系化总结，丰富我们对经学的理解。经学因其能够更系统、更全面、更深刻地阐释三代文明理想，而成为中国古代学术的制高点，历数千年演进仍保持着旺盛的生命力。现代学者曾在经子诸家中寻找到不少的思想资源，或于老庄见其自然，或于岐黄见其脉理，或于玄学见其旷达，或于仙佛见其虚寂，或于陆王见其心性，这些当然都属于中国文化的精华，需要仔细参详，却都仅是一个方面，一个完整的文明理想远为丰富和广阔，需要我们不断从原始经书中汲取资源。今日谈经学，当然也不可执着于门户之见，对外需要参照诸多文明体系，对内需要兼顾诸子之学，方能体会经学体系的全面与丰富，可使我们更好地理解和阐发三代文明理想之精髓。

因而，古史重建与经义新诠的共同使命，乃是诠释中国的文明理想。在中华文明起源的夏、商、周三代，是这个文明理想形成的时期，三代之治与六经文本的丰富性，使这一文明理想有着诸多解释的可能性。汉代形成的史事体系和经注体系，开辟了诠释其基本精神的两条脉络，其后的学术形态，在重新诠释三代文明时给出了不同于汉学的答案，却无不借助于汉人确立的这两条脉络。现代中国的时代气质与文明格局，与古代的任何时期都已不同，因而对这一文明理想提出了严峻的挑战。疑古派是这种挑战的一个集中体现，却也为古史重建提供了新的可能性。中国考古学家借助西方考古学的方法，已经逐渐走出一条古史重建的路来，这无疑是这一文明理想伟大生命力的体现。与古史重建相比，经义新诠面对着更多困难和挑战，其成熟必将更加滞后。但古史重建的成果激励着对经学义理有兴趣的同人，共同面对现代学术的挑战和古代文明的遗产，以建构现代中国的经史之学。

今人如何读郑学?

传统中国的学问有两个公认的高峰：一个是东汉的郑玄，一个是南宋的朱熹。前者被尊称为郑君，是两汉经学的集大成者，虽然死后不久就遭到了王肃的批评，却塑造了魏晋至唐的经学研究范式和礼法制度；后者被尊称为朱子，是宋明理学的集大成者，虽然也常常面临来自各方面的批评，还是奠定了元明清的思想范式与意识形态。二位大师各领风骚数百年，相继构成了中国学术史的主干。对于今人而言，无论喜欢还是不喜欢，人们心目中大多有个朱子的形象；但对于郑君，不仅一般人一片茫然，甚至专家也难以给出稍微系统一点的描述。郑君，似乎距离现代人太遥远了。

郑君的这一模糊形象，并不是今天才出现的，由于他的思想主要体现在经注当中，而郑注又惜墨如金，如果不在不同经文的郑注之间反复比对分析，是很难理解他到底在想些什么的，因而在郑君之后不久，要真正系统把握郑学，就已经不是一件容易的事；但毕竟郑学有笼罩性的影响，当时研究各经郑注的人总能一鳞半爪地获得对他的一些理解。宋代之后，郑学为朱学取代，其形象自然就日渐淹没。清人是经过了相当长的摸索，才逐渐转回郑学，但也很难说究竟在多大程度上把握了郑学。

因而，重新认识郑学，不仅是一个持续了千年之久的问题，而且本来就是一个极为艰深的课题。但对于想要全面了解中国学术传统的现代人而言，郑君却是一个无论如何都绕不开的人物。在某种意义上，了解郑君比了解朱子还重要一些。经学，是在郑君手里才成为一个完整的体系的，宋明理学虽然大大改变了对各经的理解，且将思想讨论推到一个非常高明的层次，但没有郑学开辟的基本面貌，是不可能有宋明的局面的。另外，大大依赖于郑学的隋唐礼法架构，成为以后千年的基本政治架构，宋明儒不再讨论汉唐学术的很多问题，并不是因为这些问题不再重要，而是因为很多问题已经落实在了政治制度当中，不再构成需要争论的问题。

对郑君学术之文献、训诂、考据的研究，现代人基本接续了清代学者的传统，固然极为精深，但用华喆的话来说，还都是比较外缘性的研究。但对于郑君的思想体系，他更内在的经学面貌，现代人仍然很难摸到门径，似乎郑君就只是一个训诂学家而已。

但在近二十年中日学者的深入研究中，郑君的面目渐渐得到了改变。乔秀岩先生的《论郑王礼说异同》《论郑何注论语异趣》等论文，特别是《郑学第一原理》，将郑君经注的基本原则确定为"结构取义"，可以说颠覆了郑君"训诂学家"的形象，为从内部理解郑学体系撕开了一个口子。在乔秀岩看来，郑君和我们通常以为的训诂学家非常不同，他并不追求对文字的准确解释，反而为了照顾语境和经义的完整，对一些文字乃至史实和制度的解释都可能违背常识，在不同的地方会对同样的词句给出截然相反的理解，甚至会改变经文。这和朱子对待一些经文的态度非常相似。这不是说明，郑君的经注背后，应该有一个更值得重视的经学体系吗？其后，李霖的《从〈大雅·思齐〉看郑玄解〈诗〉的原则》和其他几篇文章，对《毛诗郑笺》做了非常深入的考察，认为郑君解《诗》一直带有《诗经》全经乃至群经总体的视野，为了照顾经学义理和经书结构，宁可牺牲文字和文本的合理性。郑君既非通常意义上的训诂学家或考据学家，后世那些以训诂立场或史事考据来诟病郑君的人，不仅自己没有读懂郑学，而且往往没有对经学整体的考虑，他们对郑君的批评大多是不成立的。这些研究提示我们，郑君和朱子一样，是有一个思想体系的。郑学之所以能够终结两汉经学的讨论，并形塑了此后的经学形态乃至礼法架构，当然不只是因为他考据做得好，更是源于这个思想体系的力量。理解郑学体系，其实质是理解盛汉强唐的精神气质、学术品格和制度考虑。

华喆的《礼是郑学：汉唐间经典诠释变迁史论稿》与乔秀岩的研究深入对话，是沿着这条思路理解郑学传统的又一重要成果，不仅非常系统地考察了郑君本人的经学体系，而且将郑学在汉唐之间的影响、变迁，乃至宋代以后的经学转变与郑学的关系，都做了一个非常深入、系统、详细的梳理，这对于郑学体系的研究，无疑是相当重要的推进。

对于中国古代制度的精神，尤其是礼制的实质，现代人常常被一些似是而非的印象所左右，犹如扣盘扪烛、雾里看花。对于郑学的印象，也有很多类似的成见，其中不少也是千百年前就形成的成见。华喆这本书给人的第一印象就是，他不仅要打破现代人的许多成见，甚至要和古人对话，因而，细密比对与辨析的功夫，就非常难能可贵了。

这类成见，被华喆称为"识障"。一个非常著名的识障，就是郑君与汉代经学史的关系。以郑君为汇通今古文经学的"通学"，终结了汉代今古文经学相争的局面。这是我们在一般的经学史叙述中常见的说法，涉及对郑学的定位，乃至汉魏经学转化的基本判断。华喆却认为："汉代今古文学的终点并非郑玄，而是汉王朝在历史舞台上的谢幕。……所以郑玄经学与两汉以来的今古文学之间存在比较大的差异，不能轻易地把郑玄视为今古文学传统的延续，这是我们重新认识汉魏经学史的关键。"[1] 为了分辨郑玄与今古文经学的关系，他举了《郑志》中的一段话："为《记》注时，执就卢君，先师亦然。后乃得毛公《传》，既古书，义又宜，然《记》注已行，不复改之。"郑君注《礼记》时竟然根本没有看过古文学的《毛诗》，而是依据三家《诗》作注，后来见了《毛诗》也没有再改。以此可见，郑学并非简单地综合今古文之学。当然，这一则材料还略显单薄，而且也还只是外缘性的材料。更实质的讨论，是对郑君与马融、卢植、

---

〔1〕 华喆《礼是郑学：汉唐间经典诠释变迁史论稿》，生活·读书·新知三联书店，2018 年版，第 90 页。

蔡邕等人关系的考察，其中首先要了解的，当然是马、郑师生之间的关系。

郑与马的关系，是一个非常著名的争论，且与今古经文问题密切相关。《后汉书》明确记载了郑君从学马融之事，但郑君经注中却从未提到过马融，而且一般认为马融是古文家，郑君是兼通今古。以往学者，大多还是在《后汉书》《世说新语》有限且不那么可靠的史料中兜圈子，从外围考察马、郑的学术传承。华喆却以五祀为例，深入到经注本身。五祀之祭，三《礼》当中均有提及，但相互抵牾之处甚多，因而也就成为汉代经学史中不断被讨论的问题，石渠阁和白虎观两次会议都有深入探讨。华喆梳理了《白虎通》、王充、贾逵对这个问题的讨论，特别深入分析了《通典》中保留下来的马融之说，认为是吸收了贾逵在《左传解诂》中的观点，并有所发挥，认五祀实质为五行之祀，以五时祭祀配食五官之神。华喆并由此看到马融的解经原则，是坚持古文经学的立场，且注意五经之间的一致性。而郑君却完全不同。他注《周礼·春官·大宗伯》"以血祭社稷、五祀、五岳"时，以为五祀是四郊迎气祭祀五德之帝时配食的五官之神，这是在贾逵、马融等人解释基础上的新说。而汉儒传统所说的"户、灶、中溜、门、井"五祀，则被郑君归入群小祀，五帝时创立此五祀，后发展为宫室制度，至周代则形成《礼记·祭法》中所说的七祀，而按照周制，天子立七祀，诸侯立五祀，大夫三，士二，庶人一。而天子七、诸侯五、大夫三这样的降杀次序，与周代宗庙礼制等各个方面的降杀是一致的。郑君与贾逵、马融、许慎等人的解释都非常不同，那么，郑君为什么要发展出一套如此迂曲的解说，与先儒为敌呢？因为这样区分之后，《周礼》《祭法》之间关于五祀之说的字面矛盾就消失了。而对于《礼记》各篇之间的矛盾，郑君也按照类似的原则做出一个解决。《曲礼》下说到，无论天子、诸侯、大夫都会祭五祀，显然与前两处的说法矛盾，郑君便说："此盖殷时制也。"以三代异制来解释不同经文之间的矛盾，是郑君常用的策略。但对于《周礼·春官·小祝》和《礼记·王制》中的五祀，以及《论语》中与五祀相关的奥灶之辨，又与此各处不同，郑君只能再给出另外的解释。

华喆能够细致地比照郑注中这数处对五祀的解释，总结出郑君的解经策略，再与马融的处理相比，其异同也就非常明显了。马融试图以尽可能简单的方式消除经文中的矛盾，将小异化为大同。但郑君的做法不是消除矛盾，反而将小异变为大异，制造更多的不同，从而使本来容易出现矛盾的经文变得没有关系。由此，华喆对马、郑之间的关系有了一个较明确的理解："郑玄是位真正的经学理论家，他对什么是周礼有一种超乎寻常的执着追求。在郑玄学术体系中，我们可以读到三种不同的表达，也就是周礼、夏殷礼、不合礼。其中周礼是郑玄基于《周礼》等经书的构想，夏殷礼是他解决矛盾的手段，不合礼是他对违戾周礼的批评。"[1]在作者看来，郑君并不是刻意与马融立异，而是与此前无论今文

---

〔1〕 华喆《礼是郑学：汉唐间经典诠释变迁史论稿》，第118页。

学还是古文学的所有经学家立异，因为汉代的今古文学家都没有郑君如此复杂的礼学设想，"所以郑玄的经学是一种个人创造，不能笼统地用今古学的眼光进行归类"。[1]

郑君与王肃的关系，是经学史上又一个著名问题。相比而言，马、郑关系是后世学者在晦暗不清的文本中依靠不断猜测和推理来建构的，郑、王之间则表现出更加系统性的差异，无论是王肃自己的表述，还是在魏晋之际礼学实践中的差异，都以郑王之争为基本背景。因而，王肃经学被当作经学史上对郑学的第一个系统攻击。对于这个问题，乔秀岩《论郑王礼说异同》中已经指出，王肃基于现实生活对郑学做了改造。华喆书中进一步做了非常详细的历史与文本梳理，他的看法是："我们可以把这一历史阶段，看作是郑玄经学达到极盛之后，学术界对于郑学的回应期。"[2]这种回应并不是一般性的反对，而是在接受其基本经学观的前提之下的调整，其主旨是将郑学落地为可操作的现实礼制。这一判断不仅将郑、王之间的小异放在大同的学术背景下来更平和地审视，而且将经学的发展放在文明史与制度史的演进中考察，比起历史上，特别是清代针对郑、王之争的意气之论，当然有了非常大的进步。

将郑、王之争放在历史的脉络中来看待，华喆指出，在郑君被奉为"经神"的所谓经学小统一时代，汉魏学者对

----

〔1〕 华喆《礼是郑学：汉唐间经典诠释变迁史论稿》，第118页。
〔2〕 同上书，第176页。

郑学的质疑一直不断，比如汉末三国之际的孔融、王粲、虞翻、邴原、蒋济等人，据说都对郑学提出了或多或少的质疑，可以看作王肃反郑学的先声。而王肃究竟为什么反郑，《三国志》中说："初，肃善贾、马之学而不好郑氏。"王肃似乎是因为接受了贾、马之学的传统而反郑。但王肃在《孔子家语序》中说自己也曾学郑学。该相信哪个，涉及对王肃之学的判断。华喆认为："之所以史传中会有这样的记载，是因为王肃经说多有与贾、马相合之处，经学史家对此并不陌生。"[1]他通过数处郑注孔疏的细致对比说明，第一，陈寿的判断仅仅是因为王肃经注中经常出现与贾、马相同的地方，而并无其他的证据；第二，郑、王之间的相同之处远远多于不同之处。华喆举了郑、王注《礼记·乐记》中五音关系的异同，认为二人的经注虽然文字差异不小，但基本内容是一样的。郑君以《月令》中的五行关系来理解五音关系，王肃以"居中总四方"来解"宫为君"，明显受了郑君的影响。从对这一段的经注来看，二人的相同之处甚多，而王注只是将郑君非常具体的说法变得宽泛，因而也不像是故意与郑君立异，而是对郑注的必要修正。

　　华喆以令人赞叹的经注细读功夫，分析出郑、王经学大同小异，但也并未忽视王肃的这些小异常常以非常激烈的方式表达出来。面对此一问题，经学细读的功夫让位给史学家的考证才能，华喆认为郑、王之争的背后是曹魏朝廷的景

---

[1]　华喆《礼是郑学：汉唐间经典诠释变迁史论稿》，第196页。

初改制。魏明帝改制中的核心人物高堂隆有着鲜明的郑学背景，但郑君以远祖配祀圜丘昊天上帝之祭、以始祖配祀南郊祭感生帝的方案，如果施行于曹魏，会使得假托为曹氏先祖的舜配祀南郊，而魏武帝曹操根本无法参与大典，因而实际施行中必须做出调整。庙制问题也有着非常类似的问题。景初改制暴露出，郑学在实际应用中会遇到各种各样具体的问题。王肃对郑君的修正，正是出于这样的背景，使郑君完全依据各经文本形成的经学体系，在现实礼制实践中更具操作性。因而，"王学是郑学在魏晋时代的衍生物。没有郑学就没有王学，没有景初改制，就没有《圣证论》，两者不是泾渭分明的两套学说"。[1] 历史上常常把王学之兴归因于王肃是司马昭的岳父、晋武帝的外祖父。但齐王曹芳时即已不用郑氏郊祀之法，司马氏势力尚未取得优势，而晋武帝所实行的礼制也并非全依王学。历史上真正实行的礼制，往往是根据具体情况，杂糅郑、王之学，而非简单弃取。两晋议礼中围绕心丧、有丧时如何冠昏，以及养子等主题展开的争论，产生了一些完全抛开郑注的经典臆解，却也恰恰是郑学体系塑造社会生活的体现。

进入南北朝后，这类议礼渐渐沉寂，义疏学兴起，学者重新回到诠释郑学的道路上，也并不能简单理解为郑学的回归，而是因为实践中的礼法问题渐趋稳定，不像两晋时期那么急迫。全书最后一章，华喆对皇侃义疏学的精彩分析，

---

[1] 华喆《礼是郑学：汉唐间经典诠释变迁史论稿》，第234页。

显示出皇侃科段式的解经法，意在推演郑学的经义体系，而孔颖达在《五经正义》中删去了皇侃科段说等部分，恰恰表明，他已经只能限于对郑注的静态解读，而不能从整体上理解郑学体系了，这便是义疏学衰亡的实质含义。这样从制度与学术史的动态演进中看待义疏学的兴衰，是华喆此书对乔秀岩《义疏学衰亡史论》的最大推进。

在文明史演进的动态过程中考察作为经义体系的郑学，是《礼是郑学》一书最重要的特色。因而所有这些都围绕郑学体系的诠释展开。但郑学究竟是一个怎样的体系？对庞大的郑学经义体系进行推演，是一项相当艰巨的工作。以皇侃为代表的义疏学做出了可敬的尝试，但今日只留下一鳞片爪。华喆在这里若是有所突破，那当然是巨大的贡献。他并未挑战这个极端艰巨的课题，只是相当谨慎地将自己限制在透过郑玄《论语》注解析其礼学架构，这便是全书核心的第一章《郑玄礼学解析》。他的基本判断是："以《周礼》为中心，围绕三《礼》确定其他经书的内容。"其次序是：《周礼》—《仪礼》—《礼记》—诸经—诸纬。以《周礼》为中心来理解郑学，这也已是长期以来的共识，而华喆此一部分最大的特色在于比对《论语》注与三《礼》注。首先，他发现《论语》郑注中存在许多尊用《周礼》的地方，既有明引，也有暗用。《雍也》"汝为君子儒，无为小人儒"，明引《周礼·天官·太宰》"儒以道德教民"而谓"儒主教训"，遂使此句之意为劝告子夏甄别教育对象，而与孔安国以为告诫子夏为君子儒之说不同。《八佾》"绘事后素"，郑君暗用

《周礼·冬官考工记·画缋》"凡画缋之事后素功"之说而注云："凡绘画之事，先布众彩，然后素功。"《周礼》彼处之注亦指涉此处："郑司农说以《论语》'绘事后素'。"通过对若干条或明或暗引用《周礼》的例子的分析，华喆成功地确立了郑君以《周礼》为基本准则注解群经的命题，而《论语》中对《礼记》各篇的参用虽然也不少，却只是参考资料。如对《八佾》"丧，与其易也，宁戚"注，郑君引了《礼记·间传》"斩衰之哭，若往而不返；齐衰之哭，若往而返；大功之哭，三曲而偯；小功、缌麻，哀容可也"，初看上去，与《论语》之文并不匹配。华喆以为，要理解郑君的用意，还要考虑到《檀弓》中"哭踊有节"一段，这并不只是对"与其易也，宁戚"的解释，而恰恰是对它的补充说明，虽然哀戚胜过简易，但也要有节制。这便是郑君参照《礼记》解析《论语》的方法，即以《礼记》之文印证、补充《论语》，甚至直接将《礼记》的相似段落用到《论语》中。由于经文内容的关系，《论语》郑注中涉及《仪礼》的部分不多，但依然存在袭用《仪礼》的内容，如《乡党》"东首，加朝服，拖绅"，郑注"朝服者，玄冠缁衣素裳缁带素韠"，即来自《仪礼·士冠礼》"主人玄冠朝服缁带素韠"之句，《八佾》"射不主皮"之注来自《仪礼·乡射礼》之义，等等。从少数这几个地方看，郑君对《仪礼》的参用似乎处在《周礼》和《礼记》之间，会以之为注经的根据，但又不会像对《周礼》那样以为根本的准则。华喆由此推出："郑玄体系的构成就像铺开的一张大网，经文就如同大网之上的各个节点，彼此总能互相呼应。《周礼》居于网络的中心，《仪礼》《礼记》次之，其影响辐射到周围诸经。"[1]华喆以唐人常说的"礼是郑学"为书名，却不用唐人原意，而在于强调"礼学是郑玄搭建这一体系的核心"。[2]

　　略显遗憾的是，虽然华喆一再强调郑君基于《周礼》的经学体系，并不断通过细密的经注对读凸显这一点，在历史的演进中呈现对郑学的修正与诠释，但这个体系究竟是什么，我们还是比较模糊。我们虽然知道了礼为核心，知道了《周礼》的纲领性地位，但这些还只是经书的次序，而非经义的架构。相对而言，我们不仅知道朱子以四书引导五经，知道《大学》为其基本架构，《易传》《中庸》为其义理深处，且知道他的理、气概念，他对修身的强调，以及《家礼》中的礼制形态。我们只有更深地理解，《周礼》六官、丧服制度、郊祀体系，乃至其易学诠释中的五行八卦等，在郑学经义体系中分别占什么位置，这个体系究竟在何种程度上影响了汉唐之间的礼法制度，才能在最根本上去除郑学体系的模糊性。只有郑君的形象清晰起来，由汉而宋，由宋而清的经学史和文明史的整体脉络，才会真正呈现出来。目前，我们距离这个目标还很远，这也不是一两本书能解决的问题。不过，华喆的书已经明白无误地告诉我们，郑君绝不是一个只知恛饤之学的书呆子，而是有着非常宏大的文明构

––––––––––––

〔1〕　华喆《礼是郑学：汉唐间经典诠释变迁史论稿》，第53页。
〔2〕　同上书，第87页。

想，汉魏之间经学与制度的演进，正是这一构想不断修正和落地而形成的。由中唐赵匡等人的新经学，到宋代经学体系的再造，以及清人向郑学的回归，郑学体系始终是一个挥之不去的底色。至于华喆所说的"经学的棱镜"如何形成和被误解，以后的经学形态究竟意味着什么，以及今日应该如何做经学，一个绕不过去的关节点都是：认真对待郑学。

大同抑或人伦?
——现代中国文明理想的探索

　　唐文明教授的《彝伦攸斁》，收入作者近年来的十二篇文章，根据主题推进，而非发表顺序，以十二地支精心安排。我与文明兄相识二十多年，对他的思想也算熟悉，他出版过的几本书我都认真读过，但只有在一口气读完这十二篇文章之后，才了解了他思考的丰富性和深刻性。

　　经过一百多年的批判与否定，儒学思想在近些年得到了比较多的重视，但严重缺乏学理上的思考。一时间沉渣泛起，众声嘈杂，曲学阿世，沐猴而冠，各种狂热、褊狭、固执、迂腐、复古、自以为是和别有用心的意见与表演，与儒学通达、包容的本性背道而驰，却纷纷在国学复兴的旗号下粉墨登场，这种混乱局面对儒学的破坏，甚至不亚于以前的批判。在这样的情境下，对儒家严肃的学术研究就变得尤其迫切。在关心儒学的少数严肃学者中，有几位特别引人注目，因为他们主张回到现代中国思想的起点——康有为。唐文明就是认真研究康有为思想的一位。关于康有为，我也多次与唐文明深入讨论过，我既清楚地表明过自己对康氏之学的不以为然，他也明确告诉过我他对康氏之学的认同。所以，在这样一本讨论现代中国与儒教关系的著作中，他仍然对康有为颇为推许，也就是在意料之中的了。不过，出乎我意料的是，在高度肯定康有为的思想高度和对现代中国的影响的同时，唐文明也充分意识到了康有为思想的问题，特别是对其在《大同书》中消灭家族的主张，有着非常深入的反思——而这正是我不愿认同康有为的地方。一个思想者，对于自己最推崇的思想家不是盲目崇拜，而是多方面全方位审视，既清楚其力量所在，也深知其可能的危险，这是使严肃的学术研究不同于民间意见的地方，而这正是唐文明的研究中最值得钦佩的地方。

唐文明是主张儒教的，但此书不是对儒教的信仰表达，也不是对某个具体问题的专门研究，而是对现代中国文明走向的一种理性反思。所以，其间不仅有对儒学自身问题的深入分析，也有对中国现代处境的全面考察，既有对现代中国各个主要思想流派的细致梳理，更有对中西文明碰撞之实质问题的宏观把握。书虽不厚，却对现代中国所面对的最重要文明问题都有相当丰富的思考，并且作者并不想以自己的意见做出一个武断的结论，而是通过对问题的揭示，不断引发读者更多的思考。在儒学思想界相当混乱的当下，这本书的出版可谓适逢其时。

此书立意很高，因为是从"文明"的高度思考现代中国的命运。救亡、启蒙、独立、发展、富强，是很多现代人思考中国命运的角度，权力关系、经济结构、军事力量、社会形态、民族独立，自然就成为这些思考的入手点。但此书作者关心的问题却是：现代中国人的美好生活是什么？唐文明对儒家的推崇，并不是因为儒教正巧是中国的文化，而是因为它是中国人思考美好生活的方式，这种思考方式与西方价值一样具有普遍意义，在现代世界虽然遭受了巨大危机，却仍有其潜在的力量。这种力量已经为现代中国的各派思想家所认识，也与来自西方的各种主义有过非常深入的对话。

唐文明认为，曾国藩、张之洞等人都已经抓住了中西文明问题的实质，即产生自基督教思想的西方文明对于以人伦为核心的儒家文明的挑战，而康有为之所以决定性地塑造了现代中国各主要思想派别的话语模式，就在于他创造性地提出了大同主义，这个出自《礼运》篇，但又能与西方思想勾连起来的概念。作者在书中两次引用叶德辉对康有为的批评"其貌则孔也，其心则夷也"，并认为叶的批评一针见血，叶氏的批评确实抓住了康有为以大同说附会西方思想的实质，他并不是像曾国藩和张之洞那样，在西方文明的挑战面前捍卫中国文明，而是以西方文明的许多观念来改造中国文明。但叶德辉未必能够意识到，恰恰是康有为的这一做法，对后来的思想发展有非常根本的影响。

书中虽然没有哪一篇专门写"大同主义"的，但大同问题贯穿始终，时刻提醒着我们康有为对现代中国思想的支配性影响，而唐文明更明确关心的另一个主题"人伦"，则与大同之间形成了一个不可忽视的张力，成为此书最重要的两个关键词。

在唐文明看来，曾国藩的《讨粤匪檄》是出于中华文明的自觉意识对西方文明做出重要评点的第一个文本，就是因为曾国藩强烈地意识到，基督教思想对中国的人伦思想是一个巨大的挑战；而张之洞《劝学篇》则以中体西用的方式继续了儒教与基督教的文明对话，也非常深刻地意识到人伦问题对中国文化的重要意义。在今天看来，无论曾国藩还是张之洞，对现代中国所处世界文明格局的把握是非常准确的，值得今人深刻反思与借鉴，但他们仅仅是看到了问题，却并未提出一个足够有力的方案，处于守势的"中体西用"说作为当时众多开明士大夫的共识，还完全不足以承担塑造现代中国文明理想的重任。因而，在来势凶猛的现代性面前，他们虽然清楚地意识到了巨大的文明挑战，在政治、军事、实业，乃至教育上都试图应对，但总体而言，仍处于文明的守势。

主动建构现代中国文明，则是从康有为才真正开始的。可以说，他对大同的诠释决定性地改变了其前辈在中西体用之间徘徊思索的状态，为现代中国人给出了重构中国文明的一个可能性，为以后中国思想的探索提出了一个有力的方案。国民党方面的戴季陶和共产党方面的郭沫若，都对《礼记·礼运》一篇给予了极大的重视，并花了很大力气来研究。如果说，《大学》《中庸》构成了宋代思想展开的核心文本，在现代中国，《礼运》则起着非常类似的作用。康有为大同说的提出，是现代中国思想的一个分水岭，标志着从提出问题到给出方案的跃进。在这个意义上，我们无论喜欢还是不喜欢，无论认同还是不认同，都不能无视康有为的工作，而必须面对和反省他的努力。指出大同主义在现代中国思想中的核心位置，是唐文明此书一个非常重要的贡献，这就使现代中国思想史上的很多现象获得了一个全新的解释角度。

但唐文明不仅指出了大同主义的重要性，全书一个更重要的线索是，告诉我们大同主义一个根深蒂固的内在张力。康有为大同说不同于曾国藩、张之洞等人的关键之处在于，他不再将人伦当作不可或缺的部分，反而将消灭家族当作文明理想的核心内容。梁启超评论《大同书》说："其最要关键，在毁灭家族。"这句话切中了康有为大同说的要害。所以，康有为也成为现代中国反人伦、反礼教的始作俑者，从他以后，经过五四运动、"文革"，传统礼教遭到一波又一波的批判，使人伦问题几乎无法被当作严肃的学术问题来对待。作为现代中国的文明理想，竟然把几千年来使中国成为中国的礼教抛弃殆尽，这个巨大的吊诡既成为现代中国无法回避的一个根本困难，也构成了唐文明此书最核心的张力所在——当然，也是唐文明这几年来苦苦思索的核心问题之一。

为什么以否定人伦为主要特征的大同说，会成为现代中国公认的文明理想？它意味着中国文明对人伦思想的真正放弃吗？无论社会文化的现实还是文明发展的内在理路，都不允许我们草率地得出这一结论。唐文明此书中对现代中国各派思想的丰富考察，也不容我们得出这样的简单判断。一个更理性的推论是，大同理想中的某些因素使得现代中国人更愿意接受这一文明理想，而消灭家庭只是一个伴生性的特征，并且很可能来自诠释大同说时的误解。唐文明在这方面已经做出了许多努力，他对现代中国各种大同主义的分析告诉我们，平等理念、强大国家，或许这才是大同主义得以为多数现代中国人推崇的实质所在，这两点不仅是现代性的应有之意，而且是大同学说的实质内涵。孙中山将"天下为公"的大同当作人类进化的最高目标，毛泽东同样以找到实现大同的真正道路自任，邓小平之后大力提倡小康，仍然是以大同为最终理想的前提下，所采取的审慎策略。虽然他们对大同的具体阐释不尽相同，但其中都包含着强大国家、民主政治、经济平等这些现代理念，而这些恰恰都能在《礼运》中找到根据，而且在历代的解释中争议不大。这样我们也就可以理解，出自《礼运》篇的大同说之所以在现代中国成为一个被广泛接受的文明理想，是因为其中的很多表述与现代文明的理念有一致之处，从大同说的角度看，我们可以比较顺畅地以中国的方式理解和接纳现代文明的这些观念，同时又给它一个中国式的表述。

但是"消灭家庭"云云，只能在"不独亲其亲，不独子其子"一句中找到似是而非的支持，而"男有分，女有归"一句却又毫不含糊地否定了这一解释，使得康有为不得不将"归"强行解为"凿"，郭沫若则以"后人窜入"为说。毁灭家庭，并非《礼运》大同说的本来含义，而是西方乌托邦思想的实质内容。中国思想在用大同说来吸纳现代理念的时候，是否一定要将这一点也吸纳进来？这就是《礼运》篇的现代解释所提出的最大挑战，正是在这个地方，我们才能更清楚地看到，康有为大同方案虽然有非常重大的价值，但它的问题正在于忽视了曾国藩、张之洞曾经看到的中西文明的差异，这种强烈的乌托邦色彩，因而也渗透在现代中国的各派思潮中，虽然程度不一、理解各异，康有为所带来的这个传统，反而成为今天需要认真清理的问题。这就是为什么，在后康有为的时代，我们仍然必须回到曾国藩、张之洞等人的问题意识。只有依靠他们对中国文明的深刻理解，我们才能平衡康有为的乌托邦式大同理想所带来的种种问题，为现代中国树立真正有力的中国文明理想。

在这本书里，唐文明已经非常清楚地指出，孙中山虽然接受了康有为的公羊三世说，虽然身为基督徒，也已经不再像康有为那样，明确以消灭家庭来理解大同理想，反而更愿意正面评价传统中国的人伦价值。这已经说明，大同理想与人伦教化不那么直接对立，在现代中国并非不可能，而且已经是被尝试过的思想方向了。

但是，不毁灭家庭并不意味着肯定人伦。虽然不少人在讲大同理想时不再强调毁灭家族，但他们并没有把人伦价值成功地树立为现代中国文明理想的一部分。大同理想与人伦价值之间的张力，是唐文明此书一个最核心的思考方向，书名定为《彝伦攸斁》，原因正在于此。

在这一点上，我和唐文明的判断是高度一致的。对人伦与礼教的否定，与对大同理想的张扬，无疑是现代中国思想史中同样不可忽视的两个主流传统。虽然现代中国出现过很多保守主义人物，但真正从人伦角度看待中国传统的少之又少，这正是使我们今天无法真正理解中国文化核心精神的症结所在。所以，对于肯定人伦问题的现代中国学者，如曹元弼、刘咸炘、谢幼伟、王国维、陈寅恪、梁漱溟、贺麟、费孝通、张祥龙等，此书中都有非常深入的讨论，尤其是关于曹元弼、刘咸炘、谢幼伟等人的部分，多有发前人所未发之处。书中所论，此处就不再一一复述了，我们更关心的有两个宏观问题：第一，如何从文明理想的角度理解人伦问题；第二，大同与人伦之间的关系是什么。

从文明理想的高度来解析人伦，而不是简单把它当成一个社会、文化、伦理或经济问题，这一关怀渗透在全书各处，而《人伦理念的普世意义及其现代调适》《从陈寅恪悼念王国维的诗文谈儒教人伦思想中的自由观念》《儒教伦理与腐败问题》，以及最后一篇《实际生活经验与思想的路标》，都是直接针对这一问题的讨论。儒家所讲的孝悌并不是一种民族性的文化理念，更有实质的普遍意义，陈寅恪甚至将这种普遍意义当作一种自由。但在加入前些年非常活跃的亲亲相隐的讨论之后，唐文明一方面大力肯定亲亲相隐的内在价值，另一方面也并不讳言它的流弊所致，在一定程度上为现实中的腐败提供了理由。所以，唐文明给出的建议是："在道德建设层面，倡导一种公私兼顾的平实的伦理观念或许是合适的、值得欲求的。而主张'道在日用伦常中'的儒家传统所珍视的家庭伦理，正是这样一种公私兼顾的平实的伦理观念。"[1]

公私兼顾的平实的伦理观念，这就涉及第二个问题：人伦理想与大同理想的关系。书中的所有文章也几乎都在直接面对这个问题。如果说，大同理想代表了中国文明对现代理想的接纳与表述，那么，作为中国文化核心的人伦观念是否与它有着内在的张力？一个清楚的事实是，当自由、平等、民主、理性等观念在西方确立起来的时候，基本的人性论假定是，每个人都是抽象的、没有人身依附关系的人，所以国家可以面对每个个体，每个个体也可以成为一个充分的权利义务主体。看上去，人伦思想中的家庭主义将"私"的范围只是由个体延伸到了家庭，但其根本的差别，在于人性论的假定已然不同，就不容易以个体面对国家，成为权利与义务的主体，儒家伦理与腐败问题的纠葛，其实质乃在于此。从这个角度看，费孝通当初将差序格局当作中国人自私观念的根源，并非没有道理；而面对一个现代的强大国家，由家庭之内的爱与敬推展出"老吾老以及人之老，幼吾幼以及人之幼"的公共伦理，即形成"不独亲其亲，不独子其子"的大同之世，仍然有着相当大的理论困难。正是因为这个困难没有被克服，所以，尽管不乏学术、思想乃至政治上对人伦问题的重视，现代中国人仍不愿意将彝伦攸叙当作自己的一种生活理想。大同与人伦，这两个方面还缺乏一个好

〔1〕 唐文明《彝伦攸斁：中西古今张力中的儒家思想》，中国社会科学出版社，2019年版，第216—217页。

的匹配。

但这并不意味着我们应该放弃对人伦的思考，反而逼迫我们将它作为普遍概念的意义挖掘得更加彻底，因为仅仅从伦理和社会的层面上思考人伦观念的优劣，就不可能给它一个更宏观的定位。人伦的普遍意义，在于它对人性的成立与美好生活的实现的根本意义，在于中国思想中贯通天地人的思考，为世界赋予意义的反思性确认。对大同、小康的表述是出现在《小戴礼记》的《礼运》一篇当中，而《礼运》的主题正是以人伦为核心的礼制运转演变。没有对人伦价值的肯定，不仅大同不能成立，小康也没有着落。康有为以来的大同理想虽然来自《礼运》，却根本忘记了大同、小康说出现的语境和话题体系，所以带来的一个重要问题是，现代中国人所确立的文明理想，已经失去了自己的文明根本，缺乏实质的文明内涵，因而对大同理想的表述总是似是而非。要解决这个问题，我们不仅需要对《礼运》一篇做出更实质的重新诠释，还必须在一些更基础的哲学问题上寻求中国式的理解，即在形而上学、宇宙论、人性论与文明理想等几个方面，更加全面地重审儒学思想的价值，如此才能够从儒家经典中汲取建构现代中国文明更丰富的营养。唐文明在全书临近结尾处说，"只有一部《周易》能救度我们"[1]，充分昭示了他将来思考的方向，同时也告诉我们，作者目前的努力还只是处在提出问题的阶段。

---

[1] 唐文明《彝伦攸斁：中西古今张力中的儒家思想》，第233页。

作者虽然秉持着鲜明的儒家立场，但最难能可贵的是，此书并非一本"判教"之书，而是作者多年严肃思考的心血之作，对于现代儒家的历史困境与理论挑战，有着清楚的认识和明确的表述，丝毫不会遮遮掩掩。相信凡是阅读此书的读者，都会为作者思想的真诚所感动，不论是否同意作者的观点和立场，应该会愿意与他进行深层的对话与共同的思考，而这，应该是仍然在思考途中的作者最希望看到的。

《礼运》首章再考辨

在现代中国思想中，最受重视的经学文本莫过于《礼记·礼运》，是其开篇的大同、小康之论，由于康有为、郭沫若等先生的创造性诠释，对百年来的中国思想有着至关重要的影响。但从 20 世纪 70 年代以来，随着出土文献的发掘以及对《孔子家语》的重新重视，人们对《礼运》文本的认识大为改观。在目前的学术界，康、郭那样的诠释方法已经基本被抛弃，但究竟该如何理解《礼运》一篇，又成为一个新的问题。笔者认为，《礼运》虽然并没有康、郭等先生所认为的那种乌托邦思想，其中仍然体现出关于礼的演进的重要问题，这在礼学思想中非常重要，而且与汉唐礼学的历史性理解有非常密切的关系。本文就是理解《礼运》文本与义理的一个尝试。

一 《礼运》诠释中的问题

《礼运》作为《小戴礼记》中的一篇，于刘向《别录》属"通论"。郑玄注："《礼运》者，以其记五帝三王相变易及阴阳旋转之道。"孔颖达对比《曾子问》和《礼运》说：

"不以子游为篇目者，以曾子所问，事类既烦杂，不可以一理目篇，子游所问，唯论礼之运转之事，故以礼运为标目耳。"礼之变易，礼之运转，当然是礼学研究中至关重要的问题，在汉唐经学中，这是比较受重视的一篇礼学文献。但从宋代以后，却不时有人对它提出质疑。如北宋李清臣说："尝观《礼运》，虽有夫子之言，然其冠篇言大道与三代之治，其语尤杂而不伦。"他的质疑主要有三个方面：第一，以天下为公、不独亲其亲、不独子其子为大同，以各亲其亲、各子其子为薄俗，而不以君臣父子之伦为永久不变；第二，认为人伦的确定是"起兵作谋贼乱之本"；第三，郑注引老子之言，薄礼而厚忠信。他自己认为，"有天地则有生民，有生民则有情欲，有情欲则有争夺，民与天地同时而生，情欲与民同时而生，事与情欲同时而生，故虽太古不能无事"[1]，即礼与天地并，不存在《礼运》中所谓的大同之世。其后陆续有学者给出类似的批评，如石梁王氏[2]、陈澔等，虽并不完全同意李清臣的理解，但都认为《礼运》中的大同、小康之论混杂了老庄之说[3]，甚至梁漱溟先生都觉得，《礼运》一篇不符合孔子的思想。[4]而随着宋儒析出《大学》《中庸》两篇，《礼运》的地位更变得晦暗不明。

---

〔1〕 李清臣《礼论（下）》，收入《宋文选》卷十八，《四库全书本·集部》第1346册，上海古籍出版社，1987年版，第269页。
〔2〕 据吴国武兄考证，此人名王时潜，号石梁。
〔3〕 均见于陈澔《礼记集说·礼运》，精华编第55册，儒藏本，北京大学出版社，2009年版。
〔4〕 梁漱溟《东西文化及其哲学》，商务印书馆，2010年版，第153—155页。

但在康有为之后,《礼运》的地位却得到了空前的提升。康氏1884年刊行的《礼运注》结合了公羊三世说与西方乌托邦思想,认为《礼运》中的"大同"就是太平世,"三代之英"的"小康"就是升平世,而孔子自己生活的时代是据乱世。他说:"夫有国、有家、有己,则各有其界而自私之。其害公理而阻进化,甚矣。惟天为生人之本,人人皆天所生而直隶焉。凡隶天之下者皆公之,故不独不得立国界,以至强弱相争;并不得有家界,以至亲爱不广;且不得有身界,以至货力自为。"[1] 后来在《大同书》中,他进一步发展了这一思想,详尽描述了大同社会消灭私有制、国家、家族等之后的状况。

在《中国古代社会研究》中,郭沫若先生继承了康氏的说法,将大同之世理解为盛行普纳路亚式母系婚姻制度的原始共产主义社会,而小康就是家庭、私有制和国家产生之后的阶级社会。[2] 两位先生所用的名词虽然不同,但以西方世界历史观来理解《礼运》的方法,却是完全一样的。而且,二位先生对大同、小康的理解,也直接继承了李清臣以来的理解,即认为大同之世是一切公有、没有家庭,因而没有父子君臣之礼,只不过因为立场和标准不同,他们没有像李清臣那样批评这一段,反而认为这一段是非常重要的思想资源。

---

〔1〕 康有为《礼运注》,《康有为全集》第五集,姜义华、张荣华编校,中国人民大学出版社,2007年版,第555页。
〔2〕 郭沫若《中国古代社会研究》,《郭沫若全集·历史编》第1卷,人民出版社,1982年版,第238页。

牟宗三先生也重视《礼运》一篇，像康、郭二先生一样，他也试图用西学思想理解大同、小康之辨，只是认为大同之时的禅让制寄托着孔子类似于民主制的理想，其经济方面的平等则有类于社会主义，小康之世则政权在私。但牟先生有一点不仅与二先生不同，且与李清臣以来的理解都不同，即，他并不认为"不独亲其亲，不独子其子"指的是没有家庭，因而没有父子之伦，否则如何解释"男有分，女有归"之意？二先生也已经清楚地意识到了这个困难，康说"归"为"岂"字之误，郭说这两句为后世窜入。但牟先生只是认为，这是配合经济、政治上平等的"普遍的德化意识"[1]，因为《礼运》中从来没有说过大同之世要取消家庭，"不独亲其亲，不独子其子"并不意味着不亲其亲，不子其子。张横渠曾说："既曰不独亲亲子子，则固先亲其亲，子其子矣。"[2]牟先生显然深入理解了这一段的逻辑。

《礼运》本来的主题"礼之运转之事"，康、郭二先生完全忽略了，非常牵强地附会于西方乌托邦思想。牟先生却没有忘记，这一篇的主题是"礼"，因而非常深入地分析其中所描述的礼的历史演进："实则此只是人文历史开始具定形之发展。在此发展中，有礼以运之。故下文亟言'礼之急'，言礼之最高意义及作用。此不但是言礼本身之进化，而实是由礼之运以观历史之发展也。礼代表人之精神、理想

---

〔1〕 牟宗三《政道与治道》，广西师范大学出版社，2006 年版，第 10 页。

〔2〕 张载《礼记说·礼运》，《张子全书（增订本）》，林乐昌编校，西北大学出版社，2021 年版，第 267 页（从卫湜《礼记集说》卷五十四辑出）。

以及人类之价值观念。如是，礼之运即是历史之精神表现观也，即以精神表现、价值实现，解析历史也。"[1]此说应该是杂糅了黑格尔的精神概念，但牟先生借助黑格尔的理论，却讲出了更加切合于《礼运》研究传统的理解，远比康、郭二先生贴切得多。

对于李清臣以来的质疑，牟先生也有很深的思考。应该是借鉴了康有为以来的历史哲学，他认为"大同之境界即托始于尧舜，以为治平之道之最高理想，而此理想却并未实现于已有之历史中"，既然大同之世只是政治理想，而非实有的阶段，牟先生就不会像李清臣那样质疑文本的历史性叙述。他与李清臣一样，认为"礼无时可缺，无时不须谨，即大同时亦然，且其实现与表现将更多"。[2]大同之世并不是一个没有家庭和礼制的时代，李氏的攻击建立在误解的基础上，当然这误解也并非空穴来风，牟先生说："于言三代小康之局时，措辞稍有不妥，或令人有可误会之处，此即'谨于礼'一句之所表示者。在小康之局时，须谨于礼，则一方礼似乎只是消极之意义，一方似乎在大同时即可不须谨于礼。此即措辞不妥，而可误引也。"[3]

牟先生的这几段话非常重要，他不仅打破了《礼运》现代解读的固有模式，而且已经触及了宋人以来对《礼运》的诸多误读。现代学者对《礼运》的理解，就肇始于宋人的

---

〔1〕 牟宗三《政道与治道》，第11页。
〔2〕 同上。
〔3〕 同上。

误读。牟先生的重要修正，为我们重新解读《礼运》中的历史哲学，指出了基本的方向。

二 《礼运》的文本问题

对经典义理的理解离不开对其文本的正确诠释。自从宋人对《礼运》的思想提出质疑之后，清人进一步围绕《礼运》文本提出了质疑。

首先，邵懿辰指出《礼运》文本有错简："《礼运》一篇，先儒每叹其言之精，而不甚表彰者，以不知首章有错简，而疑其发端近乎老氏之意也。今以'禹、汤、文、武、成王、周公由此其选也，此六君子者，未有不谨于礼者也'二十六字，移置'不必为己'之下，'是故谋闭而不兴'之上，则文顺而意亦无病矣。"[1]邵懿辰的怀疑，仍然发端于李清臣的质疑，一方面，他很喜欢《礼运》一篇，不肯把它当成老氏之书，但另一方面又不得不正视李清臣等人的批评，于是通过改变文字顺序，来挽救《礼运》可能的道家倾向。今人徐仁甫和永良先生也都延续了邵懿辰的说法，认为此处有错简。[2]

---

〔1〕 邵懿辰《礼经通论·论〈礼运〉首段有错简》，《皇清经解续编》卷1277，南菁书院刊本，页17—20。
〔2〕 徐仁甫《〈礼记·礼运篇〉的误解与错简》，《晋阳学刊》，1985年第2期；永良《〈礼记·礼运〉首段错简应当纠正》，《西南民族学院学报》，1996年第6期，第72—73页。

此外，《礼运》中所记孔子与子游的对话，也引起了很多人的质疑。如钱穆先生说："考孔子年五十一为司寇，子游年六岁，孔子五十五岁去鲁，子游年十岁，孔子与语大同小康，有是理乎？后人犹有信《礼运》大同为真孔子当日之言者，皆坐不知论世考年之咎。"[1]这一立论的主要根据，是《史记·仲尼弟子列传》，子游少孔子四十五岁。基于这一理由，很多学者认为《礼运》是后人托名之作，而非孔子与子游的对话，因而其中出现一些并非孔子的思想，也就不足为奇了。

《礼运》中论小康一段，多有学者疑其有错简。除邵懿辰提出的之外，任铭善先生又认为，"故谋用是作，而兵由此起"应在"货力为己"之后，语义方顺畅。[2]

以上是前辈学者对《礼运》文本的主要疑问，虽然表面上看是错简与著作年代的问题，但实质上都和对《礼运》义理的理解有密切关系。正是因为其义理不像儒家一般的说法，所以大家怀疑其中要么文本有问题，要么是伪托之作。

在《礼记·礼运》之外，《孔子家语》中也有《礼运》一篇，但是长期以来《孔子家语》被认为是王肃根据各种文献缀集而成的伪书，其中的《礼运》篇是受《礼记·礼运》影响的。但近几十年来，由于大量简牍的出土，学术

---

〔1〕 钱穆《先秦诸子系年》，河北教育出版社，2002 年版，第 103 页。
〔2〕 任铭善《礼记目录后案》，齐鲁书社，1982 年版，第 24 页。

界对《孔子家语》的真伪展开了激烈争论，因而也牵涉到《礼运》的文本研究，我们也因此可以重审《礼运》的义理问题。1973年河北定县八角廊汉墓出土竹简[1]，1977年，安徽阜阳双古堆也出土一批简牍[2]，均有与《说苑》《新序》《孔子家语》重合的不少内容。[3]上海博物馆所藏战国楚简中也出现了与《礼记》和《孔子家语》相同的内容。[4]

李学勤、庞朴、杨朝明等先生均认为，这些简牍证明《孔子家语》并非伪书。其中，杨朝明先生认为《孔子家语》根本不是伪书，是孔子弟子直接记录的孔子言论，后经孔安国整理为今本，但因为种种缘故，几次献书均未成功，一直只在孔家内部流传，直到魏晋之际的孔猛，因为是王肃弟子，将书交给王肃，王肃为之作注，此书才得以广泛流传。[5]邬可晶博士则完全相反，她通过对《孔子家语》、出土文献、其他相关传世文献之间逐篇、逐段深入而详细的对比，证明《孔子家语》的文本都是在较早文献的基础上修改而成的，其中犯了很多错误，且根据对孔安国后序及孔衍上疏的仔细甄别，认为其中存在着许多矛盾，

〔1〕 定县汉墓竹简整理组《〈儒家者言〉释文》，《文物》，1981年第8期。

〔2〕 附录一《阜阳西汉汝阴侯墓一号木牍〈儒家者言〉章题》，韩自强《阜阳汉简〈周易〉研究》，上海古籍出版社，2004年版。

〔3〕 李学勤《竹简〈家语〉与汉魏孔氏家学》，《孔子研究》，1987年第2期。

〔4〕 庞朴《话说"五至三无"》，《文史哲》，2004年第1期。

〔5〕 参见杨朝明《〈孔子家语〉的成书与可靠性研究》，杨朝明、宋立林主编《孔子家语通解》代前言，齐鲁书社，2009年版，第1页。

因而，今本《孔子家语》中的文献都有来源，而且不排除其中部分文本保存了较古老的资料，但就《孔子家语》全书而言，应该是魏晋时的孔猛所伪撰，王肃也应该知道这些情况，所以王肃伪撰《家语》的旧说仍然成立。[1]宁镇疆先生就《孔子家语》也做了长期的研究，他的观点处于这两个极端说法之间：根据现有出土文献和传世文献，王肃作伪说已经被抛弃了。但他也不接受杨朝明先生所主张的《家语》直接来自孔子及其弟子的说法，他认为今本《家语》不是作伪成书，而是层累形成的，即历代学者根据较早文献，不断整理编辑而成书。在《家语》的流传过程中，孔安国的整理起到了决定性的作用，但孔安国的整理水平又不是很高，所以造成了各种问题。[2]

以上就是目前学术界对《孔子家语》的三派看法，各有各的道理。笔者比较认同宁镇疆先生的观点，认为可以确定如下几点：第一，《家语》中的文献大多出自先秦时期，但不一定能确定是孔子及其弟子所作；第二，今本《家语》应该经过了两汉至魏晋历代学者的整理编辑，最终成形；第三，虽然不能如杨朝明先生那样，用《家语》的材料来修正《礼记》等传世文献，但可以将《家语》文本作为研究《礼记》文本的重要参考。而这三点，对我们进一步理解《礼运》的文本与义理，都有很大帮助。

---

〔1〕 邬可晶《〈孔子家语〉成书考》，中西书局，2015 年版。
〔2〕 宁镇疆《〈孔子家语〉新证》，中西书局，2017 年版。

《孔子家语》中对孔子很多弟子年龄的记载都与《史记·仲尼弟子列传》不同，特别是有一个系统性的不同，即《家语》中记载的弟子年龄，很多比《史记》中记载的大 10 岁，子游即为其中一位。卢梅经过比照和考证，认为《孔子家语》中的记载更恰当，《史记》中的记载要么是本来就有问题，要么是传抄过程中造成的讹误。[1] 这样，按照《孔子家语》的记述，子游少孔子 35 岁，而不是 45 岁，孔子做鲁司寇时，他已经是 16—20 岁的青年，从孔子游已经完全没有问题，则钱穆等人的质疑已经不再成立，《礼运》就有可能是孔子与子游的对话内容，由子游记录下来。[2] 我们虽然不能确定《礼运》就是孔子与子游的真实对话，但它应该是先秦的文献。孔子弟子的年龄问题，有可能《家语》或其来源文献有比《史记》更早的数据源，也有可能就是参照《史记》，但《史记》传抄讹误导致了现在的问题，虽然不能确定《家语》一定是对的，但像钱穆先生那样因为年龄问题否定《礼运》，已经无法成立了。

　　经过学者们对《孔子家语》的重新研究，我们更可以重新比照《孔子家语·礼运》来研究《礼记·礼运》文本。两个版本孰先孰后，历来有不少争论。范家相的《家语证伪》与孙志祖的《家语疏证》都认为，是《家语》抄袭了

---

〔1〕　卢梅《〈礼运〉篇研究》，曲阜师范大学硕士学位论文，2010 年，第 14—15 页。

〔2〕　杨朝明《〈礼运〉成篇与学派属性等问题》，《中国文化研究》2005 年春之卷，第 26—27 页。

《礼记》。[1]但也有人认为小戴本有后人掺入的成分，应该以《家语》校正，《钦定礼记义疏》、任启运、姜兆锡、日本人武内义雄都这么认为。[2]杨朝明和卢梅等认为，《礼记》中的文本也保留了一些可修正《孔子家语》文本的字句，但总体而言，《孔子家语·礼运》的文本应该比《礼记·礼运》更早，《礼记·礼运》是小戴编入《礼记》时做了修改的，因而加入了原文中没有的内容，最主要的是，将"小康"之说加了进去，结果对后世影响巨大。按照《孔子家语》中的文本，大同之世与三代之英并无不同，没有"大同"与"小康"的区别，郑君之后将大同理解为五帝之世、小康理解为三代之世，是受到小戴本误导而形成的错误。笔者并不认为是小戴本抄袭了《家语》本，但他们的研究成果足以纠正李清臣以来，认为《礼运》是伪作，或其中混入了道家思想的说法，更否定了康有为以来的理解。不过，究竟应该如何看待《礼运》的两个版本，以及如何理解其中表达的历史观，还需要进一步讨论。

邬可晶对两个版本进行详细对比后认为，《家语》本在

---

[1] 范家相《家语证伪》，《续修四库全书·子部·儒家类》第931册，影印本，上海古籍出版社，2002年版，第150页；孙志祖《家语疏证》，《续修四库全书·子部·儒家类》第931册，影印本，上海古籍出版社，2002年版，第229页。

[2] 参见《钦定礼记义疏》，《景印文渊阁四库全书·经部·礼类》第124—126册；姜兆锡《礼记章义》，《续修四库全书·经部·礼类》第98册，雍正十年寅清楼刻本；任启运《礼记章句》，《续修四库全书·经部·礼类》第99册，乾隆三十八年清芬堂刻本；武内义雄《礼运考》，载内藤虎次郎等著《先秦经籍考》(上)，江侠庵编译，商务印书馆，1931年版。

后比较可信。[1]虽然杨朝明和宁镇疆先生力证，今本《孔子家语》并不都是王肃伪造，其中包含了汉人的整理与增删，是两位先生也并不完全否定的。所以，两篇《礼运》之间的差异，不一定都是因为《家语》本更接近原本，小戴本更为晚出。当然，大小戴编辑《礼记》时，对各篇常有修改增删，这也是没有争议的，今所见《小戴礼记》，更加上郑君所做的整理诠释。有可能，两篇《礼运》同源于一个更早的版本，我们今天所见的《礼记·礼运》文本及诠释，乃是经小戴整理、郑君诠释的本子；而《孔子家语·礼运》，则可能是经孔安国或孔猛整理、王肃诠释的本子。在一定程度上，两个本子之间的比较，乃是郑、王之争的一种形态。

大小戴编辑《礼记》，取舍增删是有通盘考虑的。按刘向《别录》，记礼之文204篇，大戴删为85篇，小戴删为49篇。经过大小戴的整理，《礼记》剩下了不到四分之一，且其中很多篇章都修订过。因为毕竟是将不同作者、不同学派，甚至观点可能相冲突的文章统合到一起，其编辑整理难度远远超过《家语》，中间出现一些疏漏，自是在所难免。更重要的是，将这些不同学派的文章整理成一个整体，必然体现出整理者的礼学思想体系，所以，他们取舍哪篇文章，如何增删，并不是以"保存文献"为目的，否则就会尽可能多地将文献收入书中，而是按照作者确定的礼学标准做的。大戴收入85篇，已经删去了一多半，小戴删去了更

〔1〕 邬可晶《〈孔子家语〉成书考》，第333页。

多，且将大戴中的许多文章做了大幅度删改。而郑君遍注诸经背后的思想体系，虽然在琐细的经注中不易辨明，但已经越来越得到经学研究界的认可。[1] 他之所以选择最后成书的《小戴礼记》作注，更是有三《礼》之间，乃至群经之间的总体考虑。所以，今本《小戴礼记》绝不是一个大杂烩或拼凑的论文集，它之所以能够长期流传，与其选文精当、增删合理、结构严整、义理贯通的特点有莫大的干系。即使我们相信作为孔子裔孙的孔安国整理《孔子家语》，他主要的考虑是"惧先人之典辞将遂泯灭"，他整理的方式也是"以事类相次"，更多是为了保存文献，而非形成体系。王肃作注，常与郑君立异，自然有了更多经学义理上的考虑。他在《孔子家语序》中明确说了自己与郑学立异，是考虑到"义理不安，违错者多，是以夺而易之"。客观来讲，王肃的许多说法确实更符合古义，因而他与郑君不同的地方，却常常与马融相似。不过，《孔子家语》中既有支持王肃经学观点的许多材料，也有很多不支持他的材料，比如庙制，明显就更倾向于郑学的说法，由此可见，无论孔安国还是王肃，都没有在义理上系统整理《孔子家语》。两个版本的《礼运》之间的差别，除了文献流传的原因外，也和整理者的意图有很大关系。

---

[1] 乔秀岩《郑学第一原理》，收入乔秀岩、叶纯芳《学术史读书记》，生活·读书·新知三联书店，2019年版，第105页以下；李霖《从〈大雅·思齐〉看郑玄解〈诗〉的原则》，彭林主编《中国经学》第15辑，广西师范大学出版社，2015年版。

三 大同小康辨

正是大同小康说，使《礼运》成为重要的礼学文献之一，其对礼学演进的描述，蕴含着礼学思想相当根本的内容。如何理解此篇中的大同与小康，需要我们在认真审视《礼运》文本的基础上完成。

从邵懿辰以来，就不断有人认为《礼运》有错简，最终导致了对大同、小康说的否定[1]，杨朝明先生仍然继续了这一理解。我们就先对照两个文本辨析，看大同、小康之说到底是否为《礼运》中应有的内容。

《礼记》的文本：

> 昔者仲尼与于蜡宾，事毕，出游于观之上，喟然而叹。仲尼之叹，盖叹鲁也。言偃在侧，曰："君子何叹？"孔子曰："大道之行也，与三代之英，丘未之逮也，而有志焉。大道之行也，天下为公。选贤与能，讲信修睦，故人不独亲其亲，不独子其子，使老有所终，壮有所用，幼有所长，矜寡孤独废疾者，皆有所养。男有分，女有归。货，恶其弃于地也，不必藏于己；力，恶其不出于身也，不必为己。是故谋闭而不兴，盗窃乱贼而不作，故外户而不闭，是谓大同。今

---

[1]《礼运》有错简，王船山也已注意到，但这并未影响到他对全篇义理的理解。

大道既隐，天下为家，各亲其亲，各子其子，货力为己。大人世及以为礼，城郭沟池以为固。礼义以为纪，以正君臣，以笃父子，以睦兄弟，以和夫妇，以设制度，以立田里，以贤勇知，以功为己。故谋用是作，而兵由此起。禹、汤、文、武、成王、周公，由此其选也。此六君子者，未有不谨于礼者也。以著其义，以考其信，著有过，刑仁讲让，示民有常，如有不由此者，在埶者去，众以为殃。是谓小康。"[1]

《孔子家语》的文本：

孔子为鲁司寇，与于蜡，既宾事毕，乃出游于观之上，喟然而叹。言偃侍曰："夫子何叹也？"孔子曰："昔大道之行，与三代之英，吾未之逮也，而有记焉。大道之行，天下为公，选贤与能，讲信修睦。故人不独亲其亲，不独子其子，老有所终，壮有所用，矜寡孤疾，皆有所养。货恶其弃于地，不必藏于己。力恶其不出于身，不必为人。是以奸谋闭而不兴，盗窃乱贼不作。故外户而不闭，谓之大同。今大道既隐，天下为家，各亲其亲，各子其子，货则为己，力则为人。大人世及以为常，城郭沟池以为固。禹、汤、文、

---

〔1〕《礼记正义·礼运》，方向东点校《十三经注疏》第13册，中华书局，2021年版，第1149—1157页。

武、成王、周公，由此而选，未有不谨于礼。礼之所兴，与天地并，如有不由礼而在位者，则以为殃。"[1]

郑注："大道，谓五帝时也。"王肃注："此谓三皇五帝时，大道行也。"二家并无异词。而邵懿辰说："先儒泥一'与'字，以'大道之行'属大同，'三代之英'属小康，不知'大道之行'概指其治功之盛，'三代之英'切指其治世之人，'与'字止一意，无两意，而下句'有志未逮'正谓徒想望焉，而莫能躬逢其盛也。否则'有志未逮'当作何解？"

《礼记》的"而有志焉"，《家语》作"而有记焉"，"志"即"记"之意，即记载，并没有邵懿辰所说"徒想望"的意思，今人也很少由此论证的。但卢梅由"志"与"记"两个字认为，这里说的是三代而非五帝时，因为三代文献较多，五帝时没有什么文献。[2]以此论证这一段说的不是五帝时，应该不是一个很有力的证据。孔安国传《尚书》，今所传虽为伪书，但孔子至孔安国都不会认为五帝时毫无文献，以"志"和"记"论证孔子没有说五帝时，证据不足。

最关键的还是"与"字。邵懿辰认为"'与'字止一意，无两意"，语焉不详，徐仁甫先生进一步澄清："'与'本训'谓'，大道之行也谓三代之英，即'大道之行也'说

---

〔1〕《孔子家语校注》，高尚举、张滨郑、张燕校注，中华书局，2021年版，第413—414页。
〔2〕卢梅《〈礼运〉篇研究》，第23页。

的就是三代之英，原本是一回事，汉人误解'与'为连词，于是以大道之行为五帝时以与三代之英并列，这样就变成两回事了。"[1]此后永良、杨朝明、卢梅等皆从此说。以"谓"训"与"，来自高邮王氏父子。我们且来看王氏父子是如何阐释这个字的。

《经传释词》卷一的第一个字就是"与"，其中确有训"谓"一条："家大人曰：与，犹'谓'也。"其例证有：（1）《大戴礼记·夏小正》"獭兽祭鱼，其必与之兽，何也？曰：非其类也"，"与之兽"，即"谓之兽"之意。（2）同篇"与之室"，亦当训为"谓之室"。（3）《大戴礼记·曾子事父母》"夫礼，大之由也，不与小之自也"，"与"为"谓"之意。（4）李善本《文选》中的《报任少卿书》"假令仆伏法受诛，若九牛亡一毛，与蝼蚁何以异？而世又不与能死节者"，王引之释"言世人不谓我能死节也"；《汉书·司马迁传》作"不与能死节者比"，五臣本《文选》作"不能与死节者次比"，王氏云"皆后人不晓文义而妄加增改"。[2]最后这一条，王念孙在《读书杂志》中已有讨论，同样引了《夏小正》的例子，另外又增加了两条：（5）《韩诗外传》"子路与巫马期曰"，"与巫马期"即"谓巫马期"。（6）《史记·高祖本纪》"刘季乃书帛射城上，谓沛父老曰"，《汉书》作

---

〔1〕 徐仁甫《〈礼记·礼运篇〉的误解与错简》，《晋阳学刊》，1985 年第 2 期，第 113 页。

〔2〕 王引之《经传释词》，收入虞万里主编《高邮二王著作集》，李花蕾校点，上海古籍出版社，2017 年版，第 2—3 页。

"与沛父老曰"。[1]

王念孙举的例5、例6相当特殊，"与某某曰"解为"谓某某曰"，即"告诉某人说"，并非如《说文》段注释"谓"字所说的"论人论事得其实"的下定义之意，自然不可用来解"与三代之英"。《经传释词》中所收录的四条，确有下定义的意思，这四处按照通常对"与"的理解，都会文义不通，只能解为"谓"。《经传释词》所收录的，本来就是助词很生僻的用法，"其易晓者则略而不论"[2]。且由《汉书》与五臣本《文选》中《报任少卿书》的增字来看，古人是很少这样用"与"字的，以致无法理解司马迁的那句话。在上述六条之外，恐怕很难再找出更多的用例了。但"与三代之英"中的"与"并不是这样的情况，完全可以训为"及"，孔子叹息，五帝时和三代的状况，自己虽然没有见到，还是有记载的，文义非常顺畅；但若训为"谓"，全句变成："大道之行也，谓三代之英，丘未之逮也，而有志焉。"孔子自己提出"大道之行"的说法，然后又自己解释为"三代之英"，又说未逮与有志，颇为牵强。在这样的情况下，一定要用生僻而牵强的"谓"来训"与"，实在没有必要。

其次是"今"字，孔颖达说："孔子生及三代之末，故称今也。"此说确不甚妥，所以邵懿辰抓住这个问题，说："今大道既隐，以周为今犹可，以夏、商为今可乎？既曰未

---

〔1〕 王念孙《读书杂志》第二册《汉书第十一》，收入虞万里主编《高邮二王著作集》，徐炜君等校点，上海古籍出版社，2017年版，第830页。
〔2〕 王引之《经传释词·自序》，第5页。

逮，又曰今，自相矛盾。"[1]但邵懿辰并未提出解决方案。杨朝明先生更好地解决了这个问题："'今大道既隐'的'今'也不是'现在''当今'的意思，应该依清人王引之《经传释词》'今，指事之词也'为训，强调的是'大道既隐之后'。'今大道既隐'泛指三代末世，既指夏、商末世，亦模糊包含有指孔子所处的时代。"[2]杨先生如此解"今"，比孔颖达和邵懿辰都高明许多，反而与他自己所说的大同小康无别之说有冲突。据此说，则夏禹之时为大同之世，夏桀之时为"今"，商汤之时又回到了大同之世，到商纣又到了"今"，文、武、成王、周公时回到了大同，自周衰到孔子时又是"今"，岂有这样混乱的古今观念？我以为，"今"确实不是简单的"现在"，而是泛指五帝之后的时代，也并不是小康时代，小康只是"今"的时代一个特别的时期（详见后）。

邵懿辰的其他理由都没有太大力量，此不赘言。而今人否定小康说最有力的证据是，《家语》中没有"是谓小康"一句。卢梅说："戴圣在编纂《礼记》时，不解文意，添入'小康'等字，形成了今天的《礼记·礼运》。'小康'最早见于《诗经》，其《大雅·劳民篇》说道：'民亦劳止，汔可小康，惠此中国，以绥四方。'这里的小康之意为'小安'。戴圣将'小康'提升为一个时代的名称置于《礼运》篇中，从而引发了后世学者的种种推断。"[3]此一点，《钦定礼记义

---

〔1〕 邵懿辰《礼经通论》，页18。
〔2〕 杨朝明《〈礼运〉成篇与学派属性等问题》，第33页。
〔3〕 卢梅《〈礼运〉篇研究》，第21页。

疏》、任启运《礼记章句》、姜兆锡《礼记章义》等都曾提到，他们之所以如此质疑，根本上还是在义理上难以接受大同小康之辨中类似于老庄之说的历史观，以及礼的非永恒性，因为当时多数人相信《家语》是伪书，所以虽然有疑问，影响并不大，但今人在为《家语》翻案时如此讲，影响力自然更大。我们首先从两个方面来看"是谓小康"是否应该在文本当中。第一，从文字上看，"是谓小康"是否不应该存在；第二，从文义上看，"是谓小康"是否显得突兀。

从文字上看，《家语》本没有小康一句，是很多学者否定小康说的文本原因，但因为并没有充足的证据证明《家语》本一定在先，所以要证明《家语》本在文本上是正确的，必须证明"小康"就不应该存在于文本中。任启运和日本学者武内义雄都提出了他们的猜测。任启运认为，后文有"是谓大顺"之说，"大同"应与"大顺"并列[1]；武内义雄又认为，贾谊《新书》中将"小康"与"大康"相对，才是更合理的文字。[2]

但细读《礼运》的两个版本，我们发现，在两个文本中，"是谓某某"的句式都贯穿了通篇，在《礼记》本中，不仅有"是谓大同""是谓小康"，而且随后还有"是谓承天之佑"、"是谓合莫"、"是谓大祥"（这三处《孔子家语》中

---

[1] 任启运《礼记章句》,《续修四库全书·经部·礼类》第99册, 乾隆三十八年清芬堂刻本, 第364页。

[2] 武内义雄《礼运考》, 收入内藤虎次郎等著《先秦经籍考》（上）, 第208页。

无，只有"是谓大祥"被编入《问礼》，而杨朝明先生认为，《礼记》的编排应该是对的[1]）、"是谓大假"（《孔子家语》作"大嘉"）、"是谓幽国"、"是谓僭君"、"是谓胁君"、"是谓乱国"、"是谓君与臣同国"、"是谓制度"、"是谓天子坏法乱纪"、"是谓君臣为谑"、"是谓疵国"、"是谓大顺"等语，其中既有许多正面的说法，也有"是谓幽国""是谓僭君"等负面的说法。在全文结束时，确实特别突出顺的概念，但还不足以使"大顺"成为与"大同"呼应和并列的概念，"大祥""大嘉"等似乎都是类似的说法。因而，"是谓某某"是贯穿《礼运》全篇的句式，在"是谓大同"之后有"是谓小康"，在文法上完全是可能的。在所有这些"是谓"的句式中，只有首章的"大同""小康"是在总括礼的历史发展，因而二者特别突出，成为相互呼应的两个概念，并无不合理之处。倒是《家语》本中，"是谓大同"作"谓之大同"，似乎与其他的"是谓某某"相区别，而被突出出来，不大可能与"是谓大顺"相呼应。文中的"是谓某某"各个句式参差不齐，不仅对仗不那么工整，字数也常常有多有少，"大同"未必对"大顺"，"小康"更没有必要对"大康"。从文字上看，"是谓小康"的存在完全是合理的。

《家语》本删掉了《礼记》本的一些虚字，并且把一大段文字移到了《问礼》中，无论杨朝明还是邬可晶，都倾向于认为《礼记》本的结构更合理。说《家语》本一定比《礼

_____

〔1〕 杨朝明《〈礼运〉成篇与学派属性等问题》，第26页。

记》本可靠，并没有充足理由，所以，完全有可能，《礼记》本在前，《家语》本修改和拆分《礼记》本，丢掉了"是谓小康"四字。

在文义上否定"小康"说，其根源在于大同、小康两个时期的差别是否合理。李清臣以来对《礼运》首章的质疑，在于其历史观有些像老庄的观点。而杨朝明先生为了挽救《礼运》，就说文本中本来没有小康，大同也并不是实行禅让的五帝之时，而就是三代之英，所以在三代也就不会有一个"小康"时代来与大同相对。

杨朝明先生虽然否定小康说，但对于《礼运》篇的历史性主题，却没有任何疑义。即使按照《孔子家语》的文本来读，虽然缺少《礼记》文本中的"故谋用是作，而兵由此起"十字，但在"是谓大同"之后，以"今大道既隐"起首，描述另外一个时代的状况，还是没有疑问的。按照本篇后文的行文通例，凡"是谓某某"的句式，都是对前文描述状况的一个概括，此后就描述另外一个状况了，此处也不应例外。杨先生也承认，"今大道既隐"一段所说的是与"大同之世"不一样的状况，只是认为，后文又通过"禹汤文武成王周公"回到了大同之世。前文已论，这种时代反复的读法，是比较牵强的。所以，《礼运》作者或整理者认为这里存在历史的变迁，"大同"与"小康"指的是不一样的两种状况，应该有非常充足的理由。当然，要进一步辩驳此问题，就需要深入"大同""小康"的实质义理了。

四　何谓大同

对于《礼运》混杂了阴阳家、墨家等的说法，杨朝明先生已经做了有力的批驳，兹不赘述。[1]但究竟如何理解其中的历史观，却仍然存在着比较大的问题。归根到底，之所以出现对《礼运》的种种质疑，主要是因为其中有一些类似老庄的历史观。杨朝明先生及其弟子之所以否定小康说，也有他们的道理，即大同之世根本就不是在说没有家庭、没有礼制的乌托邦，而是最祥和的礼制秩序。相对于宋代以来，特别是康有为之后对大同之世的理解，这已经是一个非常重要的修正了。但笔者认为他们的修正还不够彻底，大同之世既不是老庄所描述的上古毫无礼制的时代，也不是三代之世。对大同、小康的区分，是先秦两汉儒家在与其他学派既彼此争论也相互对话的过程中，形成的独特历史观和礼学观，对汉唐学术有很大的影响，只是宋代儒学转向，已经不再这样理解了。

笔者认为，是因为宋代以后门户渐严，儒者才不能接受《礼运》中出现一些看似接近老庄的说法，但这在唐以前并不是问题。先秦各家本就相互错杂，虽然彼此有争论，但各家之间也有很多相互的吸收。到了汉代，儒、道之间的相互吸收也是很常见的事。郑君直接引老子"法令滋彰，盗贼多有"来解释"故谋用是作，而兵由此起"一句，本来没有

---

[1]　杨朝明《〈礼运〉成篇与学派属性等问题》，第30页。

什么特别的问题，孔颖达疏也不以为怪，到宋代之后，郑注的这句引语竟然成了《礼运》杂用老氏之语的证据。但《礼运》与老庄之间的相似，也只是在字句上和一些局部说法上而已。如果深入分析"大同""小康"的义理，我们会发现，其对历史的理解与老庄有相当根本的差别。宋代之后，解《礼运》最精的莫过于王船山，他像朱子对待《大学》一样为《礼运》分章，认真分析其中所言礼之运转，说："至于石梁王氏疑篇内'大同''太一'之说，与老、庄之言相似，则抑不知其词同而理异，而其言礼也亦褊矣。"[1]

为了理解大同小康说的历史观，我们先来看另外一个相关的例子。《白虎通·号》云："古之时，未有三纲六纪，民人但知其母，不知其父。能覆前而不能覆后。卧之詓詓，行之吁吁，饥即求食，饱即弃余，茹毛饮血，而衣皮革。于是伏羲仰观象于天，俯察法于地，因夫妇，正五行，始定人道，画八卦以治下，下伏而化之，故谓之伏羲也。"[2]这段话是为了解释伏羲画卦制礼的过程，其核心在"三纲六纪"这典型的儒家概念，但其中说到制礼之前的状况，却与《庄子·盗跖》中的一段非常相似："神农之世，卧则居居，起则于于，民知其母，不知其父，与麋鹿共处，耕而食，织而衣，无有相害之心，此至德之隆也。然而黄帝不能致德，与

---

〔1〕 王夫之《礼记章句》卷九《礼运》，《船山全书》第四册，岳麓书社，2011年版，第535页。

〔2〕 陈立《白虎通疏证》卷二，吴则虞点校，中华书局，1994年版，第50—51页。

蚩尤战于涿鹿之野，流血百里。尧、舜作，立群臣，汤放其主，武王杀纣。自是之后，以强陵弱，以众暴寡。汤、武以来，皆乱人之徒也。"[1]显然，《白虎通》对于制礼之前状况的描述，直接来自《庄子》，但这两段对历史演进的理解有非常大的不同。《庄子》中认为，那个完全没有礼制的"神农之世"质朴自然，是至德之隆，到了黄帝、尧、舜之时，就产生了争斗相杀，民风浇薄，陷入了乱世。而《白虎通》中则认为，伏羲制礼之前的时代虽然也很自然质朴，但没有三纲六纪是大有问题的，伏羲画卦制礼，才进入真正的治世。王充在《论衡·齐世》中也引了一段非常类似的说法："夫宓牺之前，人民至质朴，卧者居居，坐者于于，群居聚处，知其母不识其父。至宓牺时，人民颇文，知欲诈愚，勇欲恐怯，强欲凌弱，众欲暴寡，故宓牺作八卦以治之。"[2]这不是王充自己的观点，而是他批评的一种说法，应该是当时比较流行的一种儒家观点，与《白虎通》对历史的理解非常相似，但略有不同，即把礼制的形成分为三个状态，而不是《白虎通》那样的两个：伏羲之前是第一个状态，也是自然而淳朴的，不需要制礼；伏羲时代的初期，"人民颇文"，陷入了混乱；针对已经混乱的状况，伏羲制礼，就进入了第三种状态。

---

[1] 王先谦《庄子集解》卷八，沈啸寰点校，中华书局，1987年版，第262页。

[2] 王充《论衡》，《诸子集成》第七册，上海书店出版社，1986年版，第186页。

上面的三段话对历史演进的理解是相近的，但评价却很不同。此外还有《商君书·开塞》《吕氏春秋·恃君览》《淮南子·本经训》等书，都假定了上古没有礼制的状况。《周易·系辞传》中说伏羲制礼，《白虎通》《论衡》等对伏羲的理解就由此演化而来，《孟子·滕文公上》中说了葬礼未产生时的状况，《仪礼·丧服传》更有"知母不知父"的时代。先秦两汉的这些文献中都有对礼制从无到有这一过程的诠释，虽然对于这一过程发生在何时，意味着什么，有非常不同的理解。由此可见，既然礼制是当时的学者都要面对的问题，大家对于礼的产生过程有一个大致类似的历史性理解，《庄子》中的描述尤其生动、具体，很多不接受其中观点的人，也认可了《庄子》叙述这一历史过程的一些文字，只是会给以自己的解释。[1] 而《礼运》中所体现出来的，与《论衡》所引的那种解释更接近一些，但比这几种都更系统得多。不论《礼记》本还是《孔子家语》本，都是对礼学演进相当系统和深刻的表述。

《礼运》中的"天下为公"与"人不独亲其亲，不独子其子"，说的并不是一件事。"天下为公"指的是禅让制，郑注："公，犹共也，禅位授圣，不家之。"天子之位不传子，并没有说一切都是公有。那个时候不仅有国家，而且有君臣，因而，大同之世虽然没有其他的各种礼制，围绕天子之

---

〔1〕 参考吴飞《人伦的"解体"：形质论传统中的家国焦虑》，生活·读书·新知三联书店，2017年版，第163—189页。

制和君臣关系的礼，却无容不存。

"不独亲其亲，不独子其子"的意思，也不是说自己的父母与他人的父母完全没有区别，自己的儿子与他人的儿子完全没有区别。卫湜《礼记集说》引长乐陈氏（即宋人陈祥道）说："不独亲其亲，不独子其子，货、力不必藏于己，非无所别也。"[1]郑注："孝慈之道广也。"指的就是孟子所说"老吾老以及人之老，幼吾幼以及人之幼"的情况[2]，即人们不仅孝敬自己的父母，而且能够推己及人，照顾其他人的父母，不仅慈爱自己的孩子，而且爱护他人的孩子，所以那些无儿女的老人、无父母的孩子都能够得到应有的照顾，才有"矜寡孤独废疾者，皆有所养"的情况。所以这就是仁始于事亲，但推展到四海的理想状态。随后说"选贤与能"，《中庸》云："义者，宜也，尊贤为大。"那时候并非没有国家政治，而是官职由最贤能的人来做。因而，家庭与国家，在大同之世都是存在的，只是以仁义的最高形态存在着。所以会达到讲信修睦的和谐之境，使得"老有所终，壮有所用，幼有所长"，即人人各得其所。"男有分，女有归"也是这一个层次的情况，郑注说："有分，分，犹职也；有归，皆得良奥之家也。"既然"女有归"，自然不可能消灭家庭。货、力不必藏于己，陈氏已经解释了，未必就是没有区别的公有制，而只是人们不会那么自私而已。这样的结果，是没有阴

---

〔1〕 卫湜《礼记集说》卷五十四，《通志堂经解》本，页 5b。

〔2〕 船山已言此义。参考陈赟《王船山对〈礼运〉大同与小康的理解》，《船山学刊》，2005 年第 4 期。

谋，没有盗贼，人们睡觉时也不必关上门。

这个大同之世到底是一个什么样的时代，卫湜所引长乐刘氏（即宋人刘彝）做了很好的概括："五帝之治，世质民纯，人人内尽其情而情不生，外无其己而善益劝，故君不自尊而天下共尊之，臣不自贤而天下共贤之，一德安于上而兆民莫不化之，一善出于人而四海莫不师之。是以选贤与能，讲信修睦，不必自于朝廷，而族党人人公共推让，不敢以为己私也，虽以天下让于人而人不以为德，虽以天下外于子而人不以为疏，故不谨于礼而人无作伪以逾于中，不由于乐而人无纵情以失其和。"[1]此时并非没有内在的礼义，只是没有外在的礼文。在这最淳朴的时代，不需要外在制度的约束，人们自然就可以将仁义礼智做到极致，即爱敬之情都由内而发，不需要外在的节文，和乐之情也都由内而发，不需要乐的和谐。

黄式三先生曾言："礼也者，制之圣人而秩之自天。当民之初生，礼仪未备，而本于性之所自然，发于情之不容已，礼遂行于其间。"[2]《礼运》后文说"夫礼，必本于太一"，《孔子家语》本说"礼与天地并"，强调的都是礼"秩之自天"，即礼的根据在天道人情之自然，圣人可以根据它制定礼仪制度。《礼运》又说："礼虽先王未之有，可以义起也。"在必要的时候，可以根据人情自然之礼义制定以前没

---

〔1〕 卫湜《礼记集说》卷五十四，《通志堂经解》本，页 5a。

〔2〕 黄式三《复礼说》，《儆居集一·经说一》，《黄式三黄以周合集》第五册，上海古籍出版社，2014 年版，第 24—25 页。

有的礼仪制度。那么，最理想的状态就是，完全不必制定礼仪制度，礼义可以自然得到实现，这就是"大同之世"。

按照《礼运》中的历史观，家庭、私有制和国家的起源并不是重要问题，重要的是民风的淳朴与否。这里所理解的淳朴无文，也并不是《庄子》中那种浑浑噩噩的淳朴无文，而是既有最普遍的淳朴，又有最高的理智，有最有条理的秩序，人们都知道国家需要君的治理，知道应该选贤与能，在明君贤臣的治理下，每个家庭不仅都是和睦快乐的，而且都有意愿和余力来帮助周围的人，不是没有私有财产，但不会吝啬自己的私有财产，而是随时愿意帮助别人。因而，大同之世的理想，就是礼乐制度的最高理想，并不是取消家庭、私有制、国家等制度，而是人们都能生而知之，不需要礼乐制度的节文与激励，皆可使家庭、国家中的生活井然有序。《礼运》后文说："故人情者，圣王之田也，修礼以耕之，陈义以种之，讲学以耨之，本仁以聚之，播乐以安之。"大同之世的民风，就像一块天然的肥沃良田，不需要人的整饬侍弄，就没有任何杂草，可以长出丰硕的庄稼。所以船山解释说："此皆民俗之厚，不待教治，而无非礼意之流行也。"[1]

所以《礼运》中所构想的，是一种以礼为核心的历史哲学，而不是按照经济、政治的不同形态构想的社会发展阶段。这里并没有一种目的论的世界历史观，所以不存在从某

---

〔1〕 王夫之《礼记章句》卷九《礼运》，《船山全书》第四册，第537页。

个社会形态到某个社会形态的发展，我们如果强行把大同、小康的更替理解为社会形态的演变，就是将西方的世界历史观强加在中国的历史诠释中，而无法从《礼运》自身的逻辑来理解大同、小康之变。《礼运》中的核心问题是人性之质与礼乐之文之间的关系，所以其历史哲学的主题也是文质关系，而这也正是我们在诸多儒家著作中看到的历史演进模式。在这个架构之下，大同之世就是不仅质朴无文，而且完全不需要文饰，一切就都恰到好处的极致理想状态，是质中已经有完美之礼的状态。

五　何谓小康

大同之世既非老庄所认为的浑浑噩噩，也不是现代学者所认为的乌托邦，而是儒家礼制的最高理想，即不需要制礼，人们也按照礼的要求去生活。基于这一点，我们也就可以理解后文的"小康之世"。不过"小康之世"的文本情况会更复杂一些。这一段里也确实有错简的可能，因而使文本的解读变得更加困难。

人们通常的理解，是认为从"今大道既隐"到"是谓小康"都是在说小康之世，这就似乎更接近老庄的历史观，即认为礼乐的兴起伴随着历史的退化。但杨朝明先生已经发现，这一段里并非每一句话都在说同一种状态，我们也认为，这里包括了两种状态。第一种，是从"今大道既隐"到"故谋用是作，而兵由此起"，说的并不是小康之世，而是大道既隐之后民风的普遍状况。此后才是在讲小康之世，并不是三代的整个时期，而只是"三代之英"，即"禹、汤、文、武、成王、周公"六君子在位的时期。我们切不可强行按照社会发展史的理论来理解《礼运》的历史观，小康并不是大同之后的一个时代。大同，是最高的礼制理想，被投射到了五帝时期，在现实历史中基本上是不可能实现的。小康，是现实历史中可以达到的礼宜乐和的最高境界。而所谓"今"，不仅不是狭义的现在、当今，而且应该泛指整个现实历史时期，既包括三代最好的时候，也包括夏桀、商纣、周之幽厉，以及孔子当时，民风都是大致如此的。

大道既隐之后，人们已经不再像原来那么淳朴，没有教化与约束就不可能自然向善。现代学者常常把"各亲其亲，各子其子"与"天下为家"连在一起读，似乎是在说家庭的出现。但这里说的是两件事。天下为家，指的是天子传位于其子，也就是后文"大人世及以为礼"。郑注："大人，诸侯也。"郑氏之所以在这里作注，就是强调"大人"并非后文所说的"六君子"，这些掌权者由于无法做到天下为公，人们有各种各样的私心，所以他们是实行家天下的。张横渠说："'大人世及以为礼'，由古以来固亦有传世，但道隐之后，虽有子如均、朱，有臣如伊、周者，亦不能举行尧、舜之事，故以世及为定礼。"[1] 其关键并不在禅让制与世袭制的

---

〔1〕 张载《礼记说》，《张子全书（增订本）》，第267页。

差别，而在于贤能是否最高的标准。如以贤能为第一标准，在子为商均、丹朱，而臣有舜、禹之时，就会禅让给贤臣，而不会传位给不肖子，但在大道既隐之后，却宁传不肖子，也不传贤大臣，于是，"亲亲为大"之仁与"尊贤为大"之义被混为一谈，门内之治与门外之治的区别也因而模糊。世及成为确定下来的制度，是时制礼，必须依此而制。在《孔子家语》本，此句作"大人世及以为常"，似更胜，此处强调的，并不是圣人制定了"大人世及"之礼，而是这种制度成为常法。这句话与"城郭沟池以为固"并列，讲的都是掌权者对其世袭天下的统治。

随后的"各亲其亲，各子其子，货力为己"是连在一起说的，郑注解为"俗狭啬"，即风俗变得自私而吝啬，人们更愿意照顾自己的亲人，而不肯照顾别人的亲人，照顾自己的子女，而不再照顾别人的子女，财货和力气都不愿意与别人分享。"货力为己"，《家语》本作"货则为己，力则为人"。杨朝明先生认为，《孔子家语》本文义更顺畅。其实，这是两个版本系统性的差异。因为在大同部分时，《礼记》本的"力恶其不出于身也，不必为己"，《家语》本就作"力恶其不出于身，不必为人"。对勘文本，更像是《家语》本修改《礼记》本所致。从义理上看，两个版本讲的都是从无私变成了狭啬。

正是因为民风变得狭啬，人们不再能很自然地做到"老吾老以及人之老，幼吾幼以及人之幼"，但是还有可能做到孝亲慈子这些最基本的道德。孔疏："君以天位为家，故四海各亲亲而子子也。"无论在上位的"大人",还是在下位的百姓，都陷入了私心之中，这是二者之间的关联，却并不是指家庭制度的起源。张横渠说："各亲其亲，各子其子，亦不害于不独亲、不独子，止是各亲各子者恩差狭，至于顺达之后，则不独亲其亲，不独子其子。"[1]此语颇中肯綮。"不独亲其亲，不独子其子"，并不是说将亲人视同路人，因而两个阶段的差别并不是有没有家庭，而是爱敬之情是否只局限于家庭之中。由于爱敬之情局限于自己的亲人，无法推展到家庭之外，所以对于家庭之外的人，就相互为敌，彼此防范。这并不是家庭、私有制和国家从无到有的起源，而是家庭变得狭隘，私有制变得刻薄，国家的外在制度与暴力得到了强化。按照《礼运》的逻辑，这个时期的实质问题是，人心浇薄，文巧俗弊。执掌政权的大人们更要防范其他人群的伤害，所以有必要建立城郭，挖掘沟池。阴谋与战争，就必然会出现了。

但这个地方的文本有些混乱。如果按照《礼记》本，"城郭沟池以为固"之后接的是"礼义以为纪，以正君臣，以笃父子，以睦兄弟，以和夫妇，以设制度，以立田里，以贤勇知，以功为己。故谋用是作，而兵由此起"，好像是说因为建立城郭，随后制礼，又因为制礼而有了阴谋和战争，虽经郑注孔疏百般缘饰，逻辑还是很奇怪。所以任铭善先生怀疑此处有错简，试图将"故谋用是作，而兵由此起"移

---

〔1〕 张载《礼记说》，《张子全书（增订本）》，第 267 页。

置到"货力为己"之后〔1〕，这是一个解决方案，任先生应该是考虑到"大人世及以为礼"之"礼"即"礼义"之礼。而我们认为，这个"礼"只是制度，所以笔者将这十个字移到"礼义以为纪"之前。〔2〕而在《家语》本，从"礼义以为纪"到"而兵由此起"都是没有的，则更加清楚，当然也略显单薄，应该是《家语》的整理者已经感到此处有些混乱，所以删掉了这些内容，而不是像杨朝明先生认为的那样，这段话完全是后人所加。但不论哪种处理方式，这里都是在说两个情况：一个是大道既隐之后，民风狭啬浇薄，导致了争斗与战争的状况；另一个，就是通过制礼以改变这种状况。这里对历史的理解，与《论衡》中所引的那段很相似：因为民风变得浇薄了，所以人们已经不能自然而然地按照爱敬之情来做事，那就必须通过外在的礼制来约束甚至强迫。但《庄子》中的逻辑是：礼制的制定，才导致民风浇薄。这一段显然也不是道家的逻辑。

礼以时为大，在这样的情况下，就需要有特定的礼制，于是才有小康之世的出现。孔疏："康，安也。行礼自卫，乃得不去执位，及不为众所殃，而比大道为劣。故曰小安也。""禹、汤、文、武、成王、周公"六君子，是"由此其选也"，前文还称他们为"三代之英"。郑注："英，俊选之尤者。"夏、商、周三代并非都是小康之世，只有这六位

---

〔1〕　任铭善《礼记目录后案》，第24页。
〔2〕　船山亦以为此段文本有错简，认为这十个字应该调整到"以功为己"之后。笔者调整的方式与船山最为接近。

"俊选之尤者"在位之时，才算小康。如果这里确实有错简的话，则"礼义以为纪，以正君臣，以笃父子，以睦兄弟，以和夫妇，以设制度，以立田里，以贤勇知"都是他们制礼作乐的情况。其中"以功为己"有些不可解，或为窜入之文。这一段与"以著其义，以考其信，著有过，刑仁讲让，示民有常"，文义相连，应该都是六君子制礼作乐之迹。这些均为《孔子家语》本所无，所以《孔子家语》本对六君子的叙述过于简略，疑有脱漏，而不是《礼记》本为后人所补。

最后几句，两个版本差别也比较大，《礼记》本作"如有不由此者，在埶者去，众以为殃。"郑注："埶，埶位也。去，罪退之也。殃，犹祸恶也。"孔疏："若为君而不用上'谨于礼'以下五事者，虽在富贵埶位，而众人必以为祸恶，共以罪黜退之。"按照这种理解，此处说的仍然是六君子治国后的效果，因为"刑仁讲让，示民有常"，所以那些在位的"大人"，若有违礼之事，就会被加罪，众人也认为他们是祸患。但《家语》本作"礼之所兴，与天地并，如有不由礼而在位者，则以为殃"，虽然有些字句相同，但含义差别很大，变成了对上述一段的概括总结，已经不再是对六君子功业的描述了。

之所以在后半段出现这么大的差别，不一定是因为《孔子家语》本更早更近真，而很可能是因为孔、戴二人共同面对的来源在这里就有些混乱，所以两个编辑者都根据自己的理解做了删改整理，形成了非常不同的两种理解。孔安国删去的内容更多，虽然文本更精简，但显得意犹未尽，小戴保留的更多，也可能自己添加了一些字句，文字就更混乱一些，描述却也更详尽。但两个版本在这里的文字差别并未影响到整体结构，上述大道既隐的乱世里，因制礼作乐而成小康的逻辑，对于二者都是成立的。因而《礼记》本所概括的"小康"，放在这里并不显得突兀，即使不是原本所有的，也是一个恰当的概括。

由上所述，大同之世是礼制的最高境界，即不必制礼，人人皆以礼行事，五帝之时被认为是这样，而在通常的历史进程中，这只是一个美好的理想；小康之世是三代圣王治下的状况，是现实历史中，通过制礼作乐约束教化人民，所可能达到的最高形态，即船山所谓："小康者，民不能康而上康之。"〔1〕这就是《礼运》首章所描述的历史演进。其中最重要的并不是对五帝、三代这两个历史时代的具体理解，而是对礼与人性、民风、自然之间关系的理解。正如船山所说："盖其术之不同，由世之升降，而非帝王之有隆污也。"〔2〕儒家和道家一样，也认为最自然的状况是最好的，但他们对自然本身的理解很不一样，不认为《庄子》中描述的那种浑浑噩噩、无所事事的状态是最自然的，而是认为不需要强制、人们的爱亲敬长之情最充分地流露出来，才是最自然的状态。因而，《庄子》认为礼制的兴起是对自然人性的扼杀与戕害，《礼运》却认为礼制是对自然人性的维护、成全与回归。

---

〔1〕 王夫之《礼记章句》卷九《礼运》，《船山全书》第四册，第 540 页。
〔2〕 同上书，第 536 页。

这样也就不难理解，在《礼运》的后文中，为什么没有再谈大同之世，因为那只是一个理想状态的设定，而现实生活中礼制的作用，是要以小康之世为参照的。孔子说："夫礼，先王以承天之道，以治人之情，故失之者死，得之者生。"这当然是针对小康之世，因为在大同之世，大道（即天道）就行于人间，礼就在民情当中，不需要王者来制礼，是在大道隐去、人情浇薄之后，才需要先王以礼为治民之器。

在下文，孔子又谈到了礼制起源的另外一个说法："夫礼之初，始诸饮食，其燔黍捭豚，污尊而抔饮，蒉桴而土鼓，犹若可以致其敬于鬼神……昔者先王未有宫室，冬则居营窟，夏则居橧巢。未有火化，食草木之实，鸟兽之肉，饮其血，茹其毛，未有麻丝，衣其羽皮。后圣有作，然后修火之利，范金合土，以为台榭宫室牖户……"（在《孔子家语》中，这一段被编入《问礼》）这是对礼制起源一种更现实主义的描述，谈的是各种制度的起源，与《系辞传》《孟子》《荀子》等书中对各种具体礼制起源的描述相呼应。对礼制起源的这两种描述并行不悖。首章所谈，是在理论上，根据民风的演变和治道的变化，谈礼的本质与意义；此处所言，是就具体礼制和礼器，描述其逐渐演进的过程。两种起源都在强调礼与自然天道的关系，也都在谈礼在治道中的功能，以及圣王的制礼作乐。归根到底，礼制与礼器都是为了服务于礼义，通读《礼运》全篇就可以明白，此处不赘述。

六 《礼运》历史观的后世影响

《礼运》中表达的这种历史观，是先秦儒家礼乐思想在历史演进上的系统展开，在汉代以后的经学思想中，有非常深远的影响。前述《白虎通》和郑注中，我们都可以看到这一理解的影响，甚至王肃自己，也并未否定这种历史理解。而到了魏晋南北朝的义疏学中，这一历史观更是得到了更加系统的发展。虽然那时候的大部分经学著作已经亡佚，但我们在唐人孔颖达、贾公彦、杜佑的著作中都可以看到。

比如贾公彦《仪礼疏·丧服》中，对丧服的演进有一个非常系统的描述，方苞认为是袭自魏晋六朝学者的旧说，从行文看是有道理的："第一，明黄帝之时，朴略尚质，行心丧之礼，终身不变。第二，明唐虞之日，淳朴渐亏，虽行心丧，更以三年为限。第三，明三王以降，浇伪渐起，故制丧服以表哀情。"这里对丧服演进的描述是：黄帝时因为完全自然质朴，不需要制定丧服，人们会自觉地心丧三年；到了尧舜之时，已经不那么淳朴，所以有了更多的礼制，定为心丧三年；到了三代之时，人心浇薄，就必须有更严格的人为规定，于是有了丧服。这正是将《礼运》中所说大同、小康的礼制演进模式运用到丧服制度中的结果。孔颖达、杜佑都有非常类似的看法[1]，但不及贾公彦所言系统，他们之间

---

〔1〕 见于孔颖达《礼记正义·三年问》及杜佑《通典》卷八十，对此文题的分析，详见本书《人道至文——〈三年问〉释义》一文。

或是相互影响，或是各自受到了同一学术传统的影响，都秉有非常类似的历史观。

我们今天回过头来看，已经不能简单地把大同、小康之变当作历史演变的两个阶段，而要当作经学思想在历史演进问题上的展开。其实，王船山早已深刻地指出了这一点，所以说，大同与小康"相为表里，所以齐天下而共由于道"[1]。与其将大同、小康当作两个不同的历史阶段，不如将二者当作对礼的两个方面的强调，大同以质胜，故礼文不备而可知礼意，但君臣之义、长幼之序，以及相应的各种礼，却并不缺乏。正如贾公彦所说，那个时候只是没有特别的丧服之制，但子孙为父、祖自觉服丧，却是没有问题的。小康之世强调的是以礼节文人情，通过礼文达到大道。礼学思想中二者都要讲，就是因为文与质缺一不可。从这个角度看，公羊家所讲的升平世与太平世，未必就不可对应于小康与大同，但二者同样不是历史演进的两个阶段，而是文明理想的两种状态，正如孔子对尽美之《武》与尽善之《韶》的评价那样。今人受西方历史进化的影响，而将大同小康、公羊三世说都强行理解为不同的历史阶段，就失去了经学历史观的内在张力。

---

〔1〕 王夫之《礼记章句》卷九《礼运》，《船山全书》第四册，第540页。

圣人无父
——《诗经》感生四篇的诠释之争

    《诗经》中有四篇谈到了殷、周始祖感生之事。《生民》和《閟宫》讲姜嫄因履大人迹而诞生周人始祖后稷,《玄鸟》《长发》讲简狄因吞食玄鸟之卵而生殷人始祖契。现代学者常常用这些故事来考察古代氏族制度的情况。郭沫若、李宗侗(字玄伯)等先生以为,稷、契只知母不知父,这很可能是上古母系社会甚至杂婚时代的遗存。[1]潘光旦先生更列举了古书中十七条类似的感生之事,且与后世史书中的帝王感生故事对比,认为这些感生故事并非如后世般推尊先祖。[2]这一思路大大影响了现代的诗经研究。比如,高亨先生在解释《生民》时就说,姜嫄"可能是原始时代母系社会一个氏族的女酋长,生下后稷。自后稷以后便进入父系社会了"[3]。

---

[1] 郭沫若《中国古代社会研究》,收入《郭沫若全集·历史编》第1卷,第20、220页等处;李宗侗《中国古代社会新研》,中华书局,2010年版,第81—82页;又有傅斯年先生也从氏族制度的角度理解姜嫄传说,但没有强调母系问题,见氏著《姜原》,收入《傅斯年全集》第3卷,湖南教育出版社,2003年版,第46—53页。

[2] 潘光旦《〈家庭、私产与国家的起源〉译注》,收入《潘光旦文集》第13卷,北京大学出版社,2000年版,第205页以下。

[3] 高亨《诗经今注》,上海古籍出版社,1980年版,第402页。

笔者认为，高先生的证据颇为不足，感生之事绝不可以用作母系社会之证，已于别处辨之。[1]

以帝王感生证母系社会，此说虽甚荒诞，然以稷、契为知母不知父或无父，却并非现代学者之臆造，而是历代解释《诗经》四篇的关键问题。在一定程度上，这些母系论者不过是对传统诗经学一些说法的现代延续而已。本文试图澄清传统诗经学中的这一争论，以求更好地理解上古帝王感生神话。今人又有闻一多先生，以为姜嫄是在祭祀舞蹈之后，与帝喾野合而生后稷[2]，其说更不足据。他虽然借助了深厚的文献训诂功夫，但不肯认真对待两千年的学术传统，因而其说就更成问题。而从郭沫若到高亨等先生，虽然其结论可能是错的，他们的错误却仅在于将无父问题盲目嫁接到西方的母系论上。但他们与诗经学研究传统的关联，却有可能帮助我们摸索出经学传统在现代学术体系中的可能性。

一 《毛诗》说帝王感生

古文经学对帝王感生的解释是非常保守的。比如在《生民》的毛传中，我们几乎看不到任何神秘痕迹。首先，对于姜嫄的身份，毛传认为她是帝喾之妃，全诗的解释都遵

---

〔1〕 吴飞《人伦的"解体"：形质论传统中的家国焦虑》，第26—29页。
〔2〕 闻一多《姜嫄履大人迹考》，《闻一多全集》第3卷，湖北人民出版社，1993年版，第50—57页。

循这一前提。

《生民》第一章："厥初生民，时维姜嫄。生民如何？克禋克祀，以弗无子。履帝武敏歆，攸介攸止，载震载夙。载生载育，时维后稷。"这一章是后稷感生故事的主要根据。毛传以为姜嫄是高辛氏帝喾之妃，玄鸟至之日，妃嫔随帝祠于郊禖以求子。对"履帝武敏歆"一句，毛传释为："履，践也；帝，高辛氏之帝也；武，迹；敏，疾也，从于帝而见于天，将事齐敏也；歆，飨。"[1] 按照此种解释，这句话说的是，姜嫄跟在帝喾的身后，快步行走，前去祭祀求子。于是，这只是在描述一个普通的祭祀活动，而丝毫没有天神感生的色彩。至于后面说后稷的诞生，最多也只能算是求子的结果。

谈到后稷的生育，《生民》云："诞弥厥月，先生如达。不坼不副，无菑无害。以赫厥灵，上帝不宁。不康禋祀，居然生子。"毛传以为："言易也。凡人在母，母则病，生则坼副，菑害其母，横逆人道。"[2] 据此，"上帝不宁"和"不康禋祀"中的"不"字皆非否定，则上帝对于此事很满意，使后稷的生产非常容易，母亲没有遭受什么痛苦。

到第三章谈到后稷被放置在各种苦寒之处，而有各种动物来保护和照顾他，毛传以为是帝喾主导的，而非姜嫄，后又见后稷受到上天的眷顾，知其异于常人。但毛传既然认

---

[1] 《毛诗正义》，方向东点校《十三经注疏》第 5 册，中华书局，2021 年版，第 1796 页。

[2] 同上书，第 1805 页。

为受孕时没有感生之事发生，且后稷的生育比一般人都容易一些，人神都很满意，他就无法解释，帝喾为什么要把这个好不容易求来的子嗣放置在那些地方。[1]

《閟宫》第一章："赫赫姜嫄，其德不回，上帝是依，无灾无害，弥月不迟，是生后稷。"毛传虽承认閟宫是先妣姜嫄之庙，但并不认为这里在讲神迹的事。[2]

《商颂·玄鸟》第一章："天命玄鸟，降而生商。"毛传云："玄鸟，鳦也。春分，玄鸟降。汤之先祖有娀氏女简狄，配高辛氏帝。帝率与之祈于郊禖而生契，故本其为天所命，以玄鸟至而生焉。"[3]简狄亦为高辛氏之妃，于春分玄鸟至之日，向郊禖祈福求子，因而生契。这里与姜嫄之事类似，没有任何神秘之处。

《长发》第一章："有娀方将，帝立子生商。"毛传的解释非常简单："有娀，契母也；将，大也；契生商也。"[4]这里也没有涉及神迹感生。

以上就是毛传对这四篇帝王感生诗的解释，尽可能去除天帝感生的痕迹，若说有什么神迹，也最多是因向郊禖祈福生子而已。而依照毛传的逻辑，稷和契当然都是有父有

---

〔1〕《毛诗》的这个问题遭到了很多人的批驳，如王基、马昭对王肃的驳斥，见《毛诗正义》孔颖达所引。皮锡瑞也认为，这是毛传不可通的主要理由，见皮锡瑞《经学通论》卷三《论〈生民〉〈玄鸟〉〈长发〉〈閟宫〉四诗当从三家不当从毛》，吴仰湘点校，中华书局，2018 年版，第 205 页。均详见下文。
〔2〕《毛诗正义》，方向东点校《十三经注疏》第 6 册，第 2398 页。
〔3〕同上书，第 2461 页。
〔4〕同上书，第 2476 页。

母、知母知父的。

二 三家诗说帝王感生

今文家说此四诗，多以天神感应解之，但对于有父无父的问题，却也说法不一。《史记·三代世表》中有这样一段记载：

> 张夫子问褚先生曰："诗言契、后稷皆无父而生。今案诸传记咸言有父，父皆黄帝子也，得无与诗缪乎？"褚先生曰："不然。诗言契生于卵，后稷人迹者，欲见其有天命精诚之意耳。鬼神不能自成，须人而生，奈何无父而生乎！一言有父，一言无父，信以传信，疑以传疑，故两言之。……《诗传》曰：'汤之先为契，无父而生。契母与姊妹浴于玄丘水，有燕衔卵堕之，契母得，故含之，误吞之，即生契。契生而贤，尧立为司徒，姓之曰子氏。子者兹；兹，益大也。诗人美而颂之曰"殷社芒芒，天命玄鸟，降而生商"。商者质，殷号也。文王之先为后稷，后稷亦无父而生。后稷母为姜嫄，出见大人迹而履践之，知于身，则生后稷。姜嫄以为无父，贱而弃之道中，牛羊避不践也，抱之山中，山者养之。又捐之大泽，鸟覆席食之。姜嫄怪之，于是知其天子，乃取长之。尧知其贤才，立以为大农，姓之曰姬氏。姬者，本也。诗人美而颂之

曰"厥初生民",深修益成。而道后稷之始也。'"[1]

这一段是推测今文三家诗的重要依据。陈乔枞指出，《汉书·儒林传》："沛褚少孙事王式，为博士，由是鲁诗有褚氏之学，则《三代世表》后所引《诗传》乃《鲁诗传》也。"[2] 褚少孙此处给出的，就是《鲁诗传》关于契、稷感生的说法。从张夫子（陈乔枞以为是王式的另一弟子张幼君）和褚少孙的对话可以看出，《鲁诗传》确实认为契、稷皆无父而生，则简狄和姜嫄均未婚配，不为高辛氏之妃。但习鲁诗的张、褚二人皆怀疑无父之说，因当时传记说契、稷有父，且其父为黄帝子。褚少孙的解释是，感生虽来自天神，却必借人力为之，所以在吞鸟卵和履大人迹之外，必有父母。可见，虽然《鲁诗传》明确说契、稷无父而生，同为鲁诗传人的张、褚二人却不愿守其师说。而《史记》殷、周本纪之说，虽亦由鲁诗而来，却都没有说简狄、姜嫄无夫。其说简狄云："殷契，母曰简狄，有娀氏之女，为帝喾次妃。三人行浴，见玄鸟堕其卵，简狄取吞之，因孕生契。"其说姜嫄云："周后稷，名弃，其母有邰氏女，曰姜原。姜原为帝喾元妃。姜原出野，见巨人迹，心忻然说，欲践之，践之而身动如孕者，居期而生子。"

《生民》中说："生民如何？克禋克祀，以弗无子。"

––––––––––––––––

[1]《史记》卷十三，顾颉刚等点校，中华书局，1959年版，第504—505页。

[2] 陈寿祺《鲁诗遗说考》卷五，《续修四库全书·经部·诗类》第76册，第259页。

"弗"字，三家作"祓"，郑笺更以"祓"释《毛诗》之"弗"，诸家于此似无甚分歧：姜嫄是在求子之时感生受孕的。王先谦由此认为：

> 弃生不由其父，与契无异。但诗言"以祓无子"，固妇之事，非女之事明矣。故《史记·本纪》、《汉书·人表》、《吴越春秋》及《大戴世本》诸书，皆仍著姜嫄为帝喾妃生弃，其说亦必出于三家。母既为帝喾妃，则弃终为帝喾子，故《礼·祭法》仍有"周人禘喾而郊稷"之文也。而刘向《列女传》乃不著姜嫄之夫，张华遂谓为思女不夫而孕，可谓慎矣。[1]

王氏所说的有感生未必就无夫，有一定道理。但从褚少孙所说《鲁诗传》，以及《史记》等书所载，无论是否承认简狄、姜嫄有夫，多未言及郊禖求子之事。如《白虎通·姓名篇》："周姓姬氏，祖以履大人迹生也。"《春秋繁露·三代改制质文篇》："后稷母姜嫄，履天之迹而生后稷。"《经典释文》中引《尔雅》舍人注："古者姜嫄履天帝之迹于畎亩之中，而生后稷。"《吴越春秋》之说与《史记》相同。[2]这几处简略的描述都未提到求子之事。三家诗传毕竟不见，而转述者均未言及其传有求子之事。以求子来证有

---

〔1〕 王先谦《诗三家义集疏》，吴格点校，中华书局，1987年版，第877页。
〔2〕 均见于王先谦《诗三家义集疏》所引，第877页。

夫，似嫌未当。

《閟宫》的首二句"閟宫不儿，实实枚枚"，《春秋元命包》云："姜嫄游于閟宫，其地扶桑，履大人迹而生稷。"王先谦解释说："谓姜嫄行桑郊外，履迹生子，周因就其地立庙。主祀先妣，因以祠禖。"[1]此说和他对《生民》的解释不同，却与所转述的三家诗说法颇接近：姜嫄并非在郊禖求子之时履大人迹，而是在一个叫扶桑的地方履迹，后来周人为了纪念此事，于此处设立姜嫄之庙，并用以祠禖。他在后面更清楚地解释说："姜嫄行桑于閟宫之地，亦非先有閟宫，故曰'游于閟宫，其地扶桑'。名从主人，援后之閟宫，以定其地也。"[2]

若是据此推测，则很有可能三家诗并未将《生民》中的"生民如何？克禋克祀，以弗无子"解释成姜嫄跟随帝喾前去求子，而是将"厥初生民，时维姜嫄。生民如何？克禋克祀，以弗无子"五句连读，就如同《閟宫》先叙今日之閟宫一般，也是先叙后人因姜嫄而求子。从"履帝武敏歆"开始，可能才是对姜嫄故事的叙述。后来郑君综合今古文，才将毛传的求子之说与三家诗的履迹之说结合起来。这样我们就能理解，为什么《史记》等书均未提及求子之事，而且让张夫子等人觉得像是说后稷无父。

《生民》后文谈及后稷出生之灵异，特别是"不坼不

---

〔1〕 王先谦《诗三家义集疏》，第1078页。
〔2〕 同上。

副，无菑无害。以赫厥灵，上帝不宁。不康禋祀，居然生子"几句，三家与毛传也颇不同。王充于《论衡·奇怪篇》引用的说法当出自今文家："后稷顺生，不坼不副，不感动母体，故曰'不坼不副'。"后人陶元淳、马瑞辰以为，这就是胞衣不破而出生的意思，总之是一种非常反常的出生方式。黄山以为，三家一定是将"不"理解为否定词，而不像毛传那样解为发语词，所以郑笺才会这样理解。刘向《列女传》说："归而有娠，浸以益大，心怪恶之，卜筮禋祀，以求无子，终生子，以为不祥而弃之。"黄山认为正是这几句的意思："盖姜嫄因赫然有娠，显示以灵怪之征，意上帝以己践其迹，不安而降之罚，故曰'以赫厥灵，上帝不宁'也。己意亦因之不安，而禋祀以求解。本求无子，而终生子，故曰'不康禋祀，居然生子'也。前之洁祀，求祓无子之疾；后之洁祀，求获无子之庇。至居然生子，以为不祥而弃之。三家之说大同。"[1]按照这样的理解，此处的"禋祀"并不是前文的"禋祀"。前文是为了无子而禋祀以求子，但现在忽然有娠，以为是上帝怪罪，所以禋祀以平息上帝之怒，让自己不要生出这个儿子来。在以反常的方式生了后稷之后，姜嫄才要把他抛弃掉，也是由于这样的原因。陈庆镛甚至认为，今古文的区别在于，古文认为禋祀在前，目的是求子，而今文认为禋祀在后，目的是求无子，二说均以为只有一次禋祀。若是如此，则更可证明，三家并不接受求子而

---

〔1〕 均见王先谦《诗三家义集疏》，第879页。

得神迹的说法。[1]

《玄鸟》和《长发》说简狄生契之事，三家解释也类似。它们与毛传最大的区别是，不把"玄鸟"解释为春分玄鸟至之日，而认为是有娀氏之女简狄吞吃玄鸟之卵而生契。[2]前文已经提道，在《史记·三代世表》里，张夫子和褚少孙两个习鲁诗者谈及契无父而生的问题，可见承认简狄吞鸟卵的学者也并不都认为简狄无父。早在《楚辞·天问》中就已经提道："简狄在台，喾何宜？玄鸟致贻，女何喜？"王逸注："简狄，帝喾之妃。玄鸟，燕也。简狄侍帝喾于台上，有飞燕堕遗其卵，喜而吞之，因生契。"这里既承认简狄为帝喾之妃，也认可了吞鸟卵的说法。而《吕氏春秋·音初篇》："有娀氏有二佚女，为之九成之台，饮食必以鼓。帝令燕往视之，鸣若谥隘，二女爱而争抟之，覆以玉筐，少选，发而视之，燕遗二卵，北飞遂不反。"高诱注："天令燕降卵于有娀氏女，吞之生契。《诗》云：'天命玄鸟，降而生商。'又曰：'有娀方将，立子生商。'此之谓也。"又纬书《诗含神雾》云："契母有娀浴于玄邱之水，睇玄鸟衔卵过而堕之，契母得而吞之，遂生契。"[3]这样，我们就看到了关于

---

[1] 陈庆镛《籀经堂类稿》卷四《〈生民〉首章鲁、毛异同解》，《清代诗文集汇编》第587册，上海古籍出版社，2010年版，第455页。

[2] 唯蔡邕《〈月令〉章句》："简狄以玄鸟至之日，有事高禖，而生契焉，故《诗》云：'天命玄鸟，降而生商。'"与毛传之说相合，而王先谦以此为鲁诗之说。蔡邕之书久佚，此说最早见于《汉书·仪礼志》颜师古注所引，故难得其详。疑王氏之说误，俟考。

[3] 以上均见王先谦《诗三家义集疏》，第1104页。

简狄吞卵的三种说法：一、侍帝喾于台上吞卵；二、有娀氏二女玩鸟；三、契母浴而吞卵。第一种是最接近祠于郊禖的，且强调简狄为帝喾之妃；第二种直称之为有娀氏之女，不应为帝喾之妃；第三种称浴而吞卵，介于二者之间，可以有夫，也可以无夫。

又《列女传·简狄传》："契母简狄者，有娀氏之长女也。当尧之时，与其娣浴于玄邱之水。有玄鸟衔卵过而坠之，五色甚好，简狄与其妹娣竞往取之，简狄得而含之，误而吞之，遂生契焉。"这一说法似乎是上述第二、第三种说法的结合。《史记》所取也是二、三说法的结合，因而说："三人行浴，见玄鸟堕其卵，简狄取而吞之，因孕生契。"不过，《史记》还是承认简狄为帝喾次妃。则此似为三种说法的综合。司马迁大概和褚少孙等人一样，认为说简狄无夫生子有些不妥，因而在接受了其与妹娣洗浴而吞卵之时，又补充说她是帝喾之妃。

这样，无论在姜嫄生稷还是简狄生契的传说中，都应该有两个系统，一为作为帝喾之妃遇神迹生子，二为未婚之女遇神迹而生子。

三 许氏之疑与郑氏之说

从上述对今古文说的比较中，我们可以看到，毛传力图尽可能清除其中的神秘因素，而三家诗都倾向于强调帝王感生的神秘色彩，但对于感生之帝是否有父，即姜嫄、简狄是否为帝喾之妃，说者不同。很多今文学者已经生疑，《史记》中的叙述，就是在承认感生帝有父的情况下，也认可神迹的一种说法。但《史记》中的说法还是有可疑之处，所以未能解决这个问题。

东汉许慎在《五经异义》中继续了这个怀疑："《诗》齐、鲁、韩，《春秋》公羊说，圣人皆无父感天而生。《左氏》说，圣人皆有父。谨按，《尧典》'以亲九族'，即尧母庆都感赤龙而生尧，尧安得九族而亲之？《礼谶》云'唐五庙'，知不感天而生。"许君没有像司马迁那样调和二说，而是认为今文的感天之说应该是不对的。[1]

郑氏驳之云：

> 玄之闻也，诸言感生得无父，有父则不感生，此皆偏见之说也。《商颂》曰："天命玄鸟，降而生商。"谓娀简吞鳦子生契，是圣人感见于经之明文。刘媪是汉太上皇之妻，感赤龙而生高祖，是非有父感神而生者也？且夫蒲卢之气，妪煦桑虫，成为己子，况乎天气，因人之精，就而神之，反不使子贤圣乎？是则然矣，又何多怪？[2]

---

〔1〕 但正如皮锡瑞指出的，许君在《说文解字》中说"古之神圣，母感天而生子"，接受的是今文的说法。《说文解字》作于《五经异义》之后，许君之说，或亦有变。见皮锡瑞《经学通论》卷三《论〈生民〉〈玄鸟〉〈长发〉〈閟宫〉四诗当从三家不当从毛》，第205页。

〔2〕 陈寿祺《五经异义疏证》卷下，中华书局，2014年版，第198页。

郑君的态度和司马迁是一样的，即尽量调和感生说与有父说。[1]《史记·高祖本纪》中谈到太公之妻刘媪感赤龙而生高祖，郑君由此以为，感生未必无父。古之帝王既可有父，又可以有感生之事。因此，他在诗笺中，就综合了四家诗说，故多有不同毛传之处。

在《生民》的诗笺中，郑君承认姜嫄为"高辛氏之世妃"，但没有说是帝喾之妃。《郑志》郑君答赵商问云："即姜嫄诚帝喾之妃，履大人之迹而歆歆然，是非真意矣。乃有神气，故意歆歆然。天下之事，以前验后，其不合者，何可悉信？是故悉信亦非，不信亦非。稷稚于尧，尧见为天子，高辛与尧并在天子位乎？是笺易传之意也。"[2]从时间上推算，郑氏认为姜嫄不可能是帝喾之妃。

郑笺也完全同意毛传之说，认为事情发生在祀郊禖被除无子之疾之时。但他不同意毛传将"履帝武敏歆"之"帝"字解为高辛氏之帝，而认为指上帝。姜嫄之夫既非帝王，则此"帝"字不指其夫。"敏"字，毛传释为疾，而郑笺释为"拇"。毛传释"歆"为飨，即祀郊禖之祭礼，郑笺未单释之，但后文释为"歆歆然"。随后之"攸介攸止，载震载夙"，毛传释"介"为大，郑释为"左右"。于是，郑笺的解释就成了："祀郊禖之时，时则有大神之迹。姜嫄履之，

<hr>

〔1〕 司马迁、褚少孙、郑君调和二说，皮锡瑞已言之，见《经学通论》卷三《论〈诗〉齐、鲁、韩说圣人皆无父感天而生，太史公、初先生、郑君以为有父又感天，乃调停之说》，第204页。
〔2〕《毛诗正义》孔颖达疏所引，第1804页。

足不能满履其拇指之处。心体歆歆然，其左右所止住，如有人道感己者也。于是遂有身，而肃戒不复御，后则生子，而养长，名之曰弃。舜臣尧而举之，是为后稷。"[1]

后文的"以赫厥灵，上帝不宁。不康禋祀，居然生子"几句，郑笺的解释既不同于毛传，也不同于三家诗。毛传认为两个"不"字不是否定词，这里都是说非常顺利地生下孩子，人神相安；三家诗则认为，姜嫄感生而孕，心不自安，以为上帝震怒惩罚自己，因此而有禋祀之事。郑笺综合了二家之说，释之为："姜嫄以赫然显著之征，其有神灵审矣。此乃天帝之气也，心犹不安之。又不安徒以禋祀而无人道，居默然自生子，惧时人不信也。"[2]在郑君看来，姜嫄已经相信这是上帝感应所致，也不必再去禋祀，她所不安的，只是人们会不相信。

《閟宫》中的"赫赫姜嫄，其德不回。上帝是依，无灾无害，弥月不迟"，毛传释为："上帝是依，依其子孙也。"而郑君认为，上帝所依的就是指姜嫄之身，因而这里仍在说感生一事："依，依其身也。弥，终也。赫赫乎显著，姜嫄也，其德贞正不回邪，天用是冯依而降精气，其任之又无灾害，不坼不副，终人道十月，而生子，不迟晚。"[3]

以上是郑君释姜嫄生后稷之事。对于简狄生契，他也给出了同样的解释。《玄鸟》之"天命玄鸟，降而生商"，毛

〔1〕《毛诗正义》，方向东点校《十三经注疏》第5册，第1797页。
〔2〕同上书，第1806页。
〔3〕《毛诗正义》，方向东点校《十三经注疏》第6册，第2398页。

传释为，玄鸟至之日，简狄随高辛氏帝祀郊禖而得子，郑君释为："降，下也。天使鳦下而生商者，谓鳦遗卵，娀氏之女简狄吞之而生契。"[1]《长发》"有娀方将，帝立子生商"，郑君释为："有女简狄，吞鳦卵而生契，尧封之于商，后汤王因以为天下号，故云帝立子生商。"[2] 郑君之说自是综合今古文的结果，不过也并非牵强附会。《楚辞》中就已经有了既承认简狄有夫，又认为她是感生神迹而生的说法。司马迁和郑君，只是继承了这一解释传统而已。

这样，到汉末之时，就有了解释帝王感生的三种模式。第一，认为姜嫄、简狄有夫，且根本没有感生之事，只是因为郊禖求子，导致的稷、契之生，这种说法以毛传为代表；第二，认为姜嫄、简狄是在未出嫁之时，感应神迹而生古代帝王，《吕氏春秋》和三家诗多这样认为；第三，认为姜嫄、简狄有夫，但还是有感生神迹，就如同后来刘媪感赤龙而生高祖一样，早的如《楚辞》，后来的《史记》、郑笺都这么认为。其中的第二种说法虽然认为二女无夫而生子，但都说她们是未出嫁时的事，而未与知母不知父的混乱状态联系在一起。

四 圣人无父的史实之争

三家诗亡佚已久，而汉代以后，宗毛宗郑就成为解释

---

[1]《毛诗正义》，方向东点校《十三经注疏》第6册，第2461页。
[2] 同上书，第2476—2477页。

感生帝问题的最主要两派。清人黄中松做了个总结："宗毛者则有若马融、王肃、洪驹父、李迂仲诸人，宗郑者则有张融、王基、孙毓、马昭、王安石、张横渠、苏颍滨、范逸斋诸人，欧阳修兼辟毛、郑，严粲兼采毛、郑，金履祥依郑而微异，许谦拔奇于毛、郑之外而微近郑。"[1]这个总结虽然并不完备，但基本概括了历代争论的大致情形，即人们大多在毛、郑两说之间取舍。

我们且不必判别毛、郑之说孰优孰劣。仔细分析汉代以来争论的话，可以看到，诸家多从两个方面讨论这一问题：一个方面，是把这当作史实对待，所争论的是，这种神迹感生是否真的发生了；另一个方面，是从礼学的角度看待感生之事。两个方面是相互关联的，但在不同学者那里会有不同侧重。

先看史实之争。前文讨论的四家诗说、《史记》记载等，都已经是在史实的层面上考虑感生神迹了。在毛传的解释中，最大的疑问是，如无神迹，稷何以被弃；在今文家的解释中，除了神迹本身需要解释外，姜嫄、简狄是否帝喾之妃也是一个疑问。历代的争论多围绕这几个问题展开。若证以其他经文中的说法，又会产生另外的疑问。

王充在《论衡·奇怪篇》中力辟各种关于帝王感生的神秘说法，可以看作汉代论史实最极端的人物。针对感生的

---

〔1〕 黄中松《诗疑辨证》，《景印文渊阁四库全书》第88册，台湾商务印书馆，1986年版，第431—432页。

神迹，他猜测说："或时禹、契、后稷之母适欲怀妊，遭吞薏苡、燕卵，履大人迹也。"他还指出，既然姜嫄、简狄都是帝喾之妃，"帝王之妃何为适草野？古时虽质，礼已设制。帝王之妃何为浴于水？"这是针对《史记》中既承认姜嫄、简狄为帝喾之妃，又不承认他们是祀郊禖时得子的说法而发的。有趣的是，王充虽然反对感生之说，但他并没有否定祥瑞之说："圣人之生，奇鸟、吉物之为瑞应，必以奇吉之物见而子生，谓之物之子。"

许慎之疑也是从史实的角度提出的。马融则坚持从《毛诗》的角度说通《生民》中讲的故事，而摒弃神迹的解释：

> 帝喾有四妃：上妃姜嫄，生后稷；次妃简狄，生契；次妃陈锋，生帝尧；次妃娵訾，生帝挚。挚最长，次尧，次契。下妃三人皆已生子，上妃姜嫄未有子，故禋祀求子。上帝大安其祭祀，而与之子。任身之月，帝喾崩，挚即位而崩，帝尧即位。帝喾崩后十月，而后稷生，盖遗腹子也。虽为天所安，然寡居而生子，为众所疑，不可申说。姜嫄知后稷之神奇，必不可害，故欲弃之，以著其神，因以自明，尧亦知其然，故听姜嫄弃之。[1]

马融讲出了一个完整的故事，试图解释如无神迹，后

---

〔1〕 此语本为王肃所引，孔颖达在《毛诗正义》中再引，见《毛诗正义》，方向东点校《十三经注疏》第5册，第1809页。

稷为何被弃的原因。应当说，马融是将毛传之说讲得尽可能周延的人，后来王肃就全从马说，以攻击郑君。王肃并补充说："稷契之兴，自以积德累功于民事，不以大迹与燕卵也。且不夫而育，乃载籍之所以为妖，宗周之所丧灭。"[1]在此，王肃从相当朴素的史学态度出发，给出了反对神迹说的重要理由：稷、契之兴，自有其历史因素，即积德累功于民，而不是因为那些神迹。王基、马昭、孙毓都反驳马融、王肃之说，文长不具录。[2]他们针对遗腹子之说的反驳是，以遗腹子来解释仍然有许多不通之处。遗腹子本是人之常情，为什么姜嫄不能容忍遗腹子？而且遗腹子之说与经籍中关于帝喾和后稷的许多说法不能相合。针对王肃的历史态度，王基非常尖锐地指出，王肃并不是不相信有感生这样的事，而是认为感生之事都是凶兆。这样，他其实已经没有坚持朴素的历史态度，而变相地承认了感生一类的事。既然承认天帝可以施加凶兆，为什么不相信也可以降下吉兆呢？这一反驳相当有力。

宋代欧阳修在《诗本义》中认为，毛、郑都是妄说。毛、郑之前，姜嫄之事就已经在流传，即《史记》中记录的版本，而毛、郑都觉得《史记》所记太怪，于是"增损其事，而迁就己说"。欧阳修既然把毛、郑二说都否定了，无异于否定了前述的所有解释，而且势必否定《生民》本身。

---

〔1〕《毛诗正义》，第 1809 页。
〔2〕 均见《毛诗正义》，第 1809—1810 页。

他说："然则《生民》之诗，孔子之所录也，必有其义。盖君子之学也，不穷远以为能，阙所不知，慎其传以惑世也。阙焉而有待可矣，毛、郑之说，余能破之不疑，《生民》之义，余所不知也，故阙其所未详。"[1] 这只不过是对历史上诸多疑问的一个集中表达，却无法解决任何问题。

宋代的苏辙、朱子还是基本遵从郑说。苏辙说："凡物之异于常物者，其取天地之气常多，故其生也或异。麒麟之生异于犬羊，蛟龙之生异于鱼鳖，物固有然者矣。神人之生而有以异于人，何足怪哉？"[2] 朱子赞同苏辙的说法，且引了张载的一段话："天地之始，固未尝先有人也，则人固有化而生者矣，盖天地之气生之也。"[3] 这是在新的思想框架中对感生之事的重新解释，继承了郑君对这样的神迹存而不论的基本态度。

后世对感生之说生疑的人不少，但大多是重复前人的说法，新见不多。明代的何楷和清代的秦蕙田也都反对感生说，却与前人不尽相同。对于玄鸟生商之说，何楷直说"其语近奇而事甚无怪，毛氏之说正矣"。而在谈到《生民》时，他却给出了一个值得重视的解释。首先，他对于为什么周人只为先妣姜嫄立庙，而不为其夫立庙给出了一个说法：

---

〔1〕 欧阳修《诗本义》卷十，《景印文渊阁四库全书》第 70 册，第 257—258 页。

〔2〕 苏辙《诗集传》卷十七，《续修四库全书·经部·诗类》第 56 册，第 148—149 页。

〔3〕 朱熹《诗集传》第十七，《朱子全书》第一册，上海古籍出版社、安徽教育出版社，2010 年版，第 675—676 页。

尧既嗣喾为帝，则为喾后者当属尧之子孙，稷不得为喾后。此周人所以特立姜嫄之庙，而咏歌亦止及嫄，彼有为尔也。然《祭法》言"周人禘喾而郊稷"者，所谓禘者乃推其始祖之所自出，而以始祖配之也。则周人亦何尝不祀喾乎？又嫄若非喾妃，则何得行郊禖之礼？此理甚明，无容曲说。[1]

何楷确信姜嫄为帝喾之妃，后稷为帝喾之子，而周人之所以为姜嫄立庙，并不是因为不认帝喾为祖，而是因为尧帝亦为帝喾之子，自然由他来祭帝喾，后稷为支子，其后不得祭帝喾。而且，《祭法》中已经说过周人是禘喾的，并非完全不承认帝喾。因此，他批评了郑君以姜嫄为高辛氏世妃之说，也更强调了毛传的各种说法。何楷更引殷大白之说，以为"履帝武敏歆"中的"敏"字即"殷士肤敏"中的"敏"字，"歆"即"歆居"之歆，于是当时的情况是："践迹者，直谓随后行耳，非必以足蹑其践地之处也。将事齐敏者，谓行祀天之事，齐敬而速疾也。鬼神食气谓之歆，故以歆为飨之也，谓祭而神飨之也。"这样，毛传的解释就不再那么荒谬，因为这里不是说姜嫄踩着帝喾的足迹，而是说姜嫄紧随帝喾之后，虔敬地献祭，而鬼神对此也很满意，所以才会赐给她孩子。

---

[1] 何楷《诗经世本古义》，《景印文渊阁四库全书》第81册，第277—279页。

秦蕙田非常赞赏何楷的这些说法。[1]何楷之说之所以比欧阳修的批评更有力量，就在于他不仅从史学的角度，而且从礼制的角度来解释问题。

皮锡瑞指出，毛传的最大问题，还是稷为什么被弃。他认为，王基等人对马融、王肃的批驳已经相当有力量了。而后人又创造了许多说法，来为毛说辩护，但都没有什么力量：

> 近人又各创为新说。有谓帝为帝挚，诸侯废挚立尧，姜嫄避乱生子而弃之者；有谓"先生如达"，稷形似羊，如包羲牛首，以其怪异而弃之者；有谓"不坼不副，居然生子"，稷初生如卵，古人未知翦胞之法而弃之者；有谓"后稷呱矣"，可见初生不哭，以其不哭而弃之者。纷纷异说，无一可通。即解《生民》诗可强通，而解《玄鸟》《长发》《閟宫》三诗皆不可通。[2]

之所以另外三篇不可如此解，是因为其中明确说的天帝，是绝不能解作人帝的。比如"天命玄鸟，降而生商"，若只是因玄鸟至之日祀郊禖，就谈不上"天命"。"有娀方将，立子生商"，很多版本都无"帝"字。此处称有娀，而

---

〔1〕 秦蕙田《五礼通考》卷五十五，方向东、王锷点校，中华书局，2020年版，第2387—2389页。
〔2〕 皮锡瑞《经学通论》，第204页。

不称帝喾，显然契不是帝喾之子。《閟宫》中的"上帝是依"之"上帝"，当然不能解作人帝。由此看来，天帝感生虽然看上去很神奇，非常理所可解，但这几首诗说的就是这样的非常之事。皮氏批评古文家说：

> 古文说圣人皆有父，以姜嫄、简狄皆帝喾之妃，如其说，则殷周追尊自当妣、祖并重，何以周立先妣姜嫄之庙，不祀帝喾？《生民》等诗专颂姜嫄、有娀之德，不及帝喾。《仪礼》曰："禽兽知母而不知父。"如古文说，稷、契皆有父，而作诗者但知颂稷、契之母，而不及其父，得毋皆禽兽乎？[1]

皮氏的这一批评非常精彩。古文家强调圣王有父，虽然何楷、秦蕙田从庙制的角度给出了解释，诸侯确实不能立天子之庙，但这并不妨碍诸侯颂及天子。但这四篇诗中都无一语提及帝喾，仅颂其母，不及其父。若明明有父而不言，甚至不知，就真是知母不知父的禽兽了。

以上简单列出关于感生之史实的几种代表性意见。可以看出，虽然争论的焦点是相关的几个史实细节，但王充、王肃、何楷、皮锡瑞等人最终都触及了对礼的理解。因而，史学的解释仍要折中于礼学。

---

[1] 皮锡瑞《经学通论》，第204—205页。

五 圣人无父的礼学之争

《生民》毛序:"尊祖也。后稷生于姜嫄,文武之功起于后稷,故推以配天焉。"《孝经》说周公"郊祀后稷以配天",这里都在讲郊天配祖的问题。《閟宫》毛序:"颂僖公能复周公之宇也。"其主题是姜嫄之庙,三家无异义。《玄鸟》毛序:"祀高宗也。"郑笺:"'祀'当为'祫'。"《长发》毛序:"大禘也。"郑笺:"大禘,郊祭天也。《礼记》曰:'王者禘其祖之所自出,以其祖配之。'是谓也。"[1]这四首诗都和祭祀有密切关系,后两首更是禘祫之时所用之诗。所以,如何理解这四首诗里所讲的神话,直接关系到如何理解祭礼。毛、郑的诗学之争,其另一个方面就是王肃与郑君的郊礼之争。

我们先来看郑君的郊禘之说。《礼记·丧服小记》:"王者禘其祖之所自出,以其祖配之。""禘,大祭也。始祖感天神灵而生,祭天则以祖配之。"《礼记·大传》:"王者禘其祖之所自出,以其祖配之。"郑注:

> 凡大祭曰禘。自,由也。大祭其先祖所由生,谓郊祀天也。王者之先祖,皆感大微五帝之精以生,苍则灵威仰,赤则赤熛怒,黄则含枢纽,白则白招拒,黑则汁光纪,皆用正岁之正月郊祭之,盖特尊焉。《孝

---

〔1〕 分别见于《毛诗正义》,方向东点校《十三经注疏》第5册,第1795页;第6册,第2397页、第2456页、第2471页。

经》曰"郊祀后稷以配天"，配灵威仰也；"宗祀文王于明堂，以配上帝"，泛配五帝也。[1]

《丧服传·不杖期章》："天子及其始祖之所自出。"郑注："始祖者，感神灵而生，若稷契也。自，由也，及始祖之所由出，谓祭天也。"贾疏：

> 是后稷感东方青帝灵威仰所生，契感北方黑帝汁光纪所生，《易纬》云：三王之郊，一用夏正。《郊特牲》云："兆日于南郊就阳位。"则王者建寅之月，祀所感帝于南郊，还以感生祖配祭。周以后稷、殷以契配之，故郑云谓祖配祭天也。[2]

于《长发》"帝立子生商"后，郑笺云："帝，黑帝也。"对照这几处，我们就可以明白，郑君为什么一定不能接受毛传的解释，而要强调稷、契感生的神迹了。在郑君的祭礼体系中，稷是感苍帝灵威仰所生，契是感黑帝汁光纪所生，所以周人郊天之时，就要以稷配灵威仰，而殷人郊天之时，则要以契配汁光纪。如果稷、契仅如毛传所说，像常人一般为父母所生，郊天的意义也就丧失了。

---

〔1〕《礼记正义·大传》，方向东点校《十三经注疏》第 14 册，中华书局，2021 年版，第 1713 页。

〔2〕《仪礼注疏》，方向东点校《十三经注疏》第 11 册，中华书局，2021 年版，第 918 页。

《公羊传》中说郊天配祖之义云："郊则曷为必祭稷？王者必以其祖配。王者则曷为必以其祖配？自内出者，无匹不行；自外至者，无主不止。"何休注："必得主人乃止者，天道暗昧，故推人道以接之。不以文王配者，重本尊始之义也。故《孝经》曰：'郊祀后稷以配天，宗祀文王于明堂以配上帝。'上帝，五帝，在太微之中，迭生子孙，更王天下。"[1]太微五帝王天下，必须通过人来实现，于是迭生子孙。契即黑帝之子，稷即苍帝之子，刘邦即赤帝之子。因此，每个朝代必须祭自己的感生帝，也必须以所感生之始祖配之。郑君所遵循的正是这样一套理论。孔颖达疏解《生民》之时，其说非常相似："及周公、成王致大平，制礼，以王功起于后稷，故推举之以配天，谓配夏正郊天焉。祭天而以祖配祭者，天无形象，推人道以事之，当得人为之主。《礼记》称万物本于天，人本于祖，俱为其本，可以相配，是故王者皆以祖配天，是同祖于天，故为尊也。"[2]

郑君相信五方帝之说，因而他要把昊天上帝与五方帝分开。在郑君的理论体系中，昊天上帝、五方帝（或五色帝）、受命帝（上帝、感生帝）是三个不同的概念。所谓昊天上帝，"玄谓，昊天上帝，冬至于圜丘所祀天皇大帝"[3]，

〔1〕《春秋公羊传注疏》，方向东点校《十三经注疏》第21册，中华书局，第539页。
〔2〕《毛诗正义》，方向东点校《十三经注疏》第5册，第1795页。
〔3〕《周礼注疏》，方向东点校《十三经注疏》第8册，中华书局，2021年版，第753页。

而五方之帝，郑君依春秋纬《文耀钩》，认为就是东方苍帝（青帝）灵威仰、南方赤帝赤熛怒、西方白帝白招拒、北方黑帝汁光纪、中央黄帝含枢纽。依据五行之说，每一代天子必由一方之帝感生受命，如殷商的受命帝是北方黑帝汁光纪，周代的受命帝是东方苍帝灵威仰，汉代的受命帝是南方赤帝赤熛怒。除了冬至日祭祀昊天上帝之外，天子对五方之帝，特别是自己的受命帝，也要有祭礼。《周礼》中所说的"上帝""受命帝"都是指的感生帝，每年正月于南郊祭天，指的就是祭感生帝。郑君认为，大禘就是指的这一南郊祭天之礼，所祭者为感生帝，即始祖之所自出，也要以始祖配享。这就是"郊祀后稷以配天"的含义。至于另外四方之帝，贾疏以为，郊祀感生帝之时，也要以之来配。此外还有明堂大飨，泛祭五方之帝，以祖宗配，如周人即祖文王、宗武王，亦谓之禘。明堂之禘礼于何时举行，郑无定说。《孝经》中说"宗祀文王于明堂以配上帝"，指的就是这种禘礼，但《孝经》中称的"上帝"，并非《周礼》中的上帝，泛指五方帝，而非感生帝。

　　这三场大祭，即冬至圜丘祭天、正月南郊祀感生帝、明堂遍祭五帝，皆为禘礼。[1]周人禘喾而郊稷，祖文王而宗武王，则于圜丘祭昊天上帝时以帝喾配之，于南郊祭天时以后稷配之，于明堂泛祭五帝时以文王、武王配之。由于郑君

────────────────

〔1〕 其辨见孙星衍《三禘释》，收入《问字堂集》，《丛书集成新编》第77册，台湾新文丰出版公司，2008年版，第696—697页。

还是承认帝喾作为周人远祖的身份，所以在讲述感生帝的故事时，他不能接受三家诗认为姜嫄无夫而孕的说法，而必须把姜嫄说成高辛氏之世妃。同样，《祭法》中说殷人禘喾而郊冥，祖契而宗汤，也符合同样的模式。

在这样的天神系统中，争议最大的是五方帝问题。《礼记·月令》中说，春曰"其帝太皞，其神句芒"，夏曰"其帝炎帝，其神祝融"，中央曰"其帝黄帝，其神后土"，秋曰"其帝少皞，其神蓐收"，冬曰"其帝颛顼，其神玄冥"。这里说的五帝与前述灵威仰等五帝是什么关系，也成为争论的焦点问题。

马融、王肃坚持认为稷是帝喾的遗腹子，因为他们对郊祭的理解和郑君非常不同。王肃在《圣证论》中认为，天仅有一，而无六天（昊天上帝加五方天帝），因而也就不会有祭昊天上帝与祭五帝之别，更没有感生帝之说。从而他以为圜丘之祭即郊天之祭，且都不是禘礼。"天体无二，郊即圜丘，圜丘即郊。"郑君称大禘圜丘以帝喾配之，南郊祭天以后稷配之，而王肃以为："所在言之，则谓之郊；所祭言之，则谓之圜丘。"这样就从根本上否定了郑君之说，也就没有必要承认神迹感生的事了。至于五帝，王肃接受的是《月令》中的说法，认为这五帝并非五天帝，而只是五人帝。在王肃的体系中，祭天之礼仅有一种，且其含义仅为祭昊天上帝，而与王者之所自出无关。因而，他就没有必要承认圣人感生之事。后世帝王，虽多有出生时的祥瑞之兆，但毕竟已不再像汉代那样复杂地理解帝统与天统，故其祭天之礼多从王肃之说。

王基、马昭、孙毓不仅批评了马融、王肃关于感生的解释，也都激烈地批评了王肃的祭天之说。孙星衍于《郊特牲》疏、《祭法》疏中辑录其说，文长不具录[1]，大体有这么几点：第一，从礼经上看，郊天之祭与冬至日圜丘祭天是分开的，鲁有冬至郊天之礼，但这是诸侯之礼，并非天子之礼；第二，郑氏六天之说中，昊天上帝是尊极清虚之体，五帝是五时生育之功。天为体称，帝为德称；第三，帝并非人帝，而是天之名，很多经文可以为证；第四，王者禘其祖之所自出，即其祖所感生之上帝，此即郊天之义。

祭天之争是礼学史上的大事，也是郑、王之争的关键所在，在礼学研究史上备受关注。本文并非对祭天之礼的专门研究，所以此处不必详细辨析这场争论的细节。我们在此只需指出，祭天问题正是感生帝之争背后的礼学实质。明乎此，我们也就可以看到这一问题的真正要害所在了。

结　语

以上梳理了诗经学研究史上对殷周感生帝问题的主要几种解释。三家诗把它理解为神迹感生，毛传则尽可能去掉神秘因素，将它解释为最平常的求子与生育。郑君在笺诗时

---

[1]　王肃《圣证论》及马昭等人的反驳，均见孙星衍《六天及感生帝辨》附录，收入《问字堂集》，第700—701页。

既承认姜嫄、简狄为帝喾之妃，也接受了三家诗的神迹感生之说。于是，后世的争论就由今古文之争转变为毛传郑笺之争。但争论一方面集中于对感生史实的理解，另一方面又集中于祭礼之争。通过疏通这两方面的争论，我们可以看出，郑君与王肃争论的实质，正是祭礼之争。

在这个背景之下，我们可以再来检视民国学者对这个问题的解释。现代学者一般都不会像郑君、朱子那样相信，真的曾经发生过帝王感生这样的事情；大多也不会费力来否定这些说法。他们都能比较平和地将感生故事当作神话传说来看待，再进一步从中看出学术意义。无论傅斯年、郭沫若、李宗侗，还是闻一多等学者，都把帝王感生故事当作史料来使用，认为这可以证明古代某些社会风俗的存在，并与西方的相关理论相印证和对话。将原本的经学材料当作史料来用，考察古代社会的风俗，纵然有很多缺陷，但从中国现代学术史来看，是一个比较成功的思路，因为它能较好地将经典材料转化到现代社会科学的视野当中。不过，这种"六经皆史"的研究方式，却往往不能摆脱西方理论的痕迹。虽然古代诗学传统中也在不断讨论圣人无父的问题，皮锡瑞甚至把它和知母不知父的说法关联起来，但在没有西方理论介入之时，他们绝对不会推出母系社会的结论。

我们在面对浩繁的经学材料时，是否可以尝试另外一个思路，即礼学的思路？毛、郑感生帝之争的背后，其实是郑、王祭礼之争。最关键的并不在于他们是否相信天帝感生的事实，而在于他们如何理解祭天之礼的结构和原理。历代学者如果能看到这层礼学含义，就比较能理解感生帝诠释之争的实质；如果不能看到这层含义，而仅仅执着于大人迹和玄鸟卵能否导致受孕，其讨论就只能停留在比较肤浅的层次上；如果把这些神话当作史料来考察古代的社会制度，就完全脱离了经学传统中讲述这些故事的语境和用意，而要用这些材料重构出一套意义来，又必须依照西方理论的框架，等于拆散了原来神话故事的结构，剥夺了它的意义，然后再按照一套新的理论赋予它意义，重建它的结构，甚至为它重构一个历史语境，其牵强与荒谬之处是显而易见的。但我们如果能够以尽可能客观的态度，同情地理解经学中讲述和讨论这些故事的本来语境，揭示出这些神话故事的礼学意义，并由此去理解其诠释之争的本来问题，或许就能够使这些故事在现代学术体系中得到一个更恰切的位置，使我们能够更好地体会诗人吟诵它们的真正用意，从而可以进入与西方理论更严肃的对话。以礼学入经、入史，并非不注重历史，反而是对历史语境更大的尊重。

第二部分

"差序格局"与"亲亲尊尊"

从丧服制度看"差序格局"

——对一个经典概念的再反思

费孝通先生的"差序格局"概念，是现代社会科学对中国文化最重要的诠释之一。自从这一经典概念诞生之后，特别是 20 世纪 80 年代以来，学者们广泛运用它解释中国人的行为方式和文化心态，大大拓宽了对中国社会的理解，也展现了这个概念丰富的解释力。这些研究在运用差序格局概念时，虽然提出了很多新的解释角度和思考因素，但大多集中于这一概念所强调的亲疏之别和道德特殊主义。

近些年来，学者们试图重新理解差序格局的含义，也对它的解释局限提出了一些批评。比如，孙立平指出，由于费孝通是在散文式的文章中提出的"差序格局"，所以缺乏严格定义[1]；阎云翔进一步指出，人们通常理解的水波同心圆只是一个比喻，不能算作差序格局的严格定义，差序格局的实质含义，除了亲疏远近的"差"，还包括贵贱尊卑的"别"，是一个等级结构[2]；翟学伟最近指出，差序格局除了

---

〔1〕 孙立平《转型与断裂：改革以来中国社会结构的变迁》，清华大学出版社，2004 年版。

〔2〕 阎云翔《差序格局与中国文化的等级观》，《社会学研究》，2006 年第 4 期。

定义模糊之外，在对家国天下的理解上也存在着较大的问题。[1]这些学者的说法都颇中肯綮。

又有学者注意到，差序格局与传统的丧服图之间有一致性。[2]这一点为我们开辟了思考中国社会结构和文化心态的一条新思路。差序格局的结构，恰好符合传统中国丧服制度所描述的结构。甚至可以说，差序格局就是对丧服制度的一种社会科学诠释；丧服制度，也很像对差序格局的一种图解。差序格局的解释力量，关系到丧服制度在中国传统社会中至关重要的地位；从另一个角度说，对丧服制度的重新研究，也可以帮助我们打破"差序格局"概念的局限，对中国社会结构和人际关系有一个进一步的认识。

一 "同心圆"图解

请看费孝通的这个著名段落：

我们的格局不是一捆一捆扎清楚的柴，而是好像

---

〔1〕 翟学伟《再论"差序格局"的贡献、局限与理论遗产》，《中国社会科学》，2009 年第 3 期。

〔2〕 杜正胜《从五服论传统的族群结构及其伦理》，载李岩编《中华文化的过去现在和未来——中华书局成立八十周年纪念论文集》，台湾中华书局，1992 年版，第 256—275 页；翟学伟《再论"差序格局"的贡献、局限与理论遗产》，《中国社会科学》，2009 年第 3 期。感谢周丹丹、李若晖对笔者的纠正，见周丹丹、李若晖《历史社会学视域中经典概念及其研究范式之反思——以"差序格局"为中心》，《史学月刊》，2019 年第 2 期。

把一块石头丢在水面上所发生的一圈圈推出去的波纹。每个人都是他社会影响所推出去的圈子的中心。被圈子的波纹所推及的就发生联系。我们社会中最重要的亲属关系就是这种丢石头形成同心圆波纹的性质。亲属关系是根据生育和婚姻事实所发生的社会关系。从生育和婚姻所结成的网络，可以一直推出去包括无穷的人，过去的、现在的和未来的人物。[1]

每个读者读到这里，头脑中都会浮现出一个水波同心圆的图景，但是，无论费孝通自己，还是后来的研究者，都没有想到将这个"同心圆"结构画出来，因此我们并不清楚，费孝通先生自己心目中的这个同心圆到底是怎样的。

不过，如果我们看一下历代以来关于丧服制度的任何一个图表，就可以找到这个亲属结构同心圆了（图1）。在丧服图中，随着与己身的关系逐渐疏远，丧服也越来越轻。斩衰、齐衰、大功、小功、缌麻是最基本的五种丧服，在同一种丧服当中，又有所服时间长短的差别。对父亲是斩衰三年，祖父母就降为齐衰期年，曾祖父母和高祖父母仍是齐衰，但只服三个月。同样，对昆弟当服齐衰期年之服，而对远些的从昆弟，就服大功，再从昆弟就是小功了，对更远的族昆弟，只服最次等的缌麻。无论子孙、姊妹、叔伯、姑侄等，皆以此类推。差序格局的"同心圆"结构，正体现在本

---

〔1〕 费孝通《乡土中国　生育制度》，北京大学出版社，1998年版，第26页。

				高祖父母齐衰三月				
			族曾祖姑在室缌麻，适人无服	曾祖父母齐衰三月	族曾祖父母缌麻			
		族祖姑在室缌麻，适人无服	从祖祖姑在室小功，适人缌麻	祖父母齐衰不杖期	从祖祖父母小功	族祖父母缌麻		
	族姑在室缌麻，适人无服	从祖姑在室小功，适人缌麻	姑在室期，适人大功	父斩衰三年/母齐衰三年或期	世叔父母期	从祖父母小功	族父母缌麻	
族姊妹在室缌麻，适人无服	从祖姊妹在室小功，适人缌麻	从父姊妹在室大功，适人小功	姊妹在室期，适人大功	己身	昆弟期	从父昆弟大功	从祖昆弟小功	族昆弟缌麻
	再从侄女在室缌麻，适人无服	堂侄女在室小功，适人缌麻	侄女在室期，适人大功	长子斩衰三年，嫡妇大功，众子期，庶妇小功	昆弟之子期	从父昆弟之子小功	从祖昆弟之子缌麻	
		堂侄孙女在室缌麻，适人无服	侄孙女在室小功，适人缌麻	嫡孙期，庶孙大功，庶孙之妇缌麻，孙适人者小功	昆弟之孙小功	从父昆弟之孙缌麻		
			曾侄孙女在室缌麻，适人无服	曾孙缌麻，曾孙妇无服	昆弟之曾孙缌麻			
				玄孙缌麻				

图 1　本宗九族五服图

据郑玄注《仪礼·丧服》绘制

宗丧服图中。

当然，丧服图中的同心圆还不是很规整，比如对父祖四代只有斩衰和齐衰两种丧服，而对另外的关系，则又没有斩衰，只有从期服到缌麻的四种丧服。这是因为，亲疏远近的同心圆结构并不是丧服制中唯一的原则。

根据吴承仕先生的研究，丧服制度的基本原则是《礼记·三年问》中说的"至亲以期断"[1]，而这个原则更明确地体现出同心圆结构。所谓至亲，即一体之亲。什么是"一体之亲"？《仪礼·丧服传》说："父子，一体也，夫妻，一体也，兄弟，一体也。""至亲以期断"指的是，凡是至亲，其本服都是"期服"，即一年的齐衰。这样，按照本服，则父子兄弟都应该是期服，而祖父、堂兄弟、孙皆为大功，曾祖父、再从兄弟、曾孙皆为小功，高祖、族兄弟、玄孙则为缌麻。其他如叔伯、侄子、姊妹等，都以此类推。于是，就形成了一个非常标准的层层外推的同心圆结构（图2）。

本服其实只有四种，没有斩衰，层层外推，非常符合费孝通的差序格局。但这个标准的同心圆从未真正实现过。在本服之上，对于父祖等又需要特别"加隆"，于是父亲的齐衰期年加隆为斩衰三年，《礼记·三年问》云："然则何以三年也？曰：加隆焉尔也。"祖父、曾祖父、高祖父也相应

---

〔1〕 吴承仕《五伦说之历史观》，收入《吴承仕文录》，北京师范大学出版社，1984年版，第5页。

				高祖父母缌麻				
			族曾祖姑缌麻	曾祖父母小功	族曾祖父母缌麻			
		族祖姑缌麻	从族祖姑小功	祖父母大功	从祖祖父母小功	族祖父母缌麻		
	族姑缌麻	从祖姑小功	姑大功	父母期服	世叔父母大功	从祖父母小功	族父母缌麻	
族姊妹缌麻	从祖姊妹小功	从父姊妹大功	姊妹期服	己身	昆弟期服	从父昆弟大功	从祖兄弟小功	族昆弟缌麻
	再从侄女缌麻	堂侄女小功	侄女大功	子期服	昆弟之子大功	从父昆弟之子小功	从祖昆弟之子缌麻	
		堂侄孙女缌麻	侄孙女小功	孙大功	昆弟之孙小功	从父昆弟之孙缌麻		
			曾侄孙女缌麻	曾孙小功	昆弟之曾孙缌麻			
				玄孙缌麻				

图 2　本服图

加隆。[1]再加上其他的诸多调整，才形成了五服制度，这个同心圆结构看上去也就不那么标准了。

自从有现代社会科学工作者研究中国丧礼以来，学者们发现，无论民国时期的丧服制度[2]，还是今天农村地区的丧服制度[3]，都和这种标准的五服制度有所不同。即使在古代，五服制度也许只是经典中的一种规定，在现实中未必一直得到了严格的实行。但五服制度对中国社会和文化的意义，并不在于它在多大程度上得到过实行。如此复杂的服制规定，乡野小民当然不大可能严格遵守。在笔者调查的华北一些地方的丧礼中，相隔几里的村庄，丧服制度就有很大不同。不过，有一点是共同的，即在不同的辈分、不同的亲疏关系之间，往往用不同的丧服来做区分。五服的形制虽然没有得到严格执行，但即使在今天的农村，丧服用以区分亲疏关系的功能却没有被打破。一般人并不知道五服究竟指的是哪五种丧服，甚至不知道"五服"是五种丧服，但人们都知道五服是用来区分亲疏关系的，"五服之内"就是要在丧礼上穿孝的关系。

五服制度在传统中国的重要性，更体现在历代法律中。

---

〔1〕 吴承仕《中国古代社会研究者对于丧服应认识的几个根本观念》，收入陈其泰、郭伟川、周少川编《二十世纪中国礼学研究论集》，学苑出版社，1998年版，第322页。

〔2〕 陈封雄《一个村庄之死亡礼俗》，燕京大学社会学系学位论文，1940年。

〔3〕 王璐《对一个河北村庄丧葬礼俗的人类学考察》，北京大学硕士学位论文，2002年；另可参见林素英对台湾丧服制度的描述，林素英《丧服制度的文化意义》，台北文津出版社，2000年版，第498页。

从《晋礼》实行"准五服以制罪"以后，历代法律都参照五服定罪。[1]比如《唐律》中规定，凡大功以上亲属，或者小功以下但情重的亲属，若犯有一般罪行，可以相互容隐，不算犯罪。如果这类亲属相互揭发，被告者按自首论，免于处分；告发者反而要给以处罚。民国之前，中国法律中的亲等计算均采用五服之名。可见，用以区别亲疏尊卑的五服制度，不仅体现了中国社会最基本的伦理关系，也成为中国传统法律的文化基础。

费孝通在讨论差序格局的时候，并没有谈到丧服制度。但是他提道，自己所说的"差序"，就是"伦"，其字源就是"水文相次有伦理也"。[2]而中国传统伦理的最集中体现，就是丧服制度。费孝通先生发现了差序格局，其实是发现了支配丧服制度的一个根本原则。虽然他未必直接研究过丧服制度，但差序格局和丧服制度二者可以相互诠释，也就在情理之中了。

二　差序格局的解释力量

随着新式丧礼在城市中渐渐取代旧式丧礼，中国法律以西方教会法的亲等计算方式取代五服的计算方式[3]，"五

---

〔1〕　瞿同祖《中国法律与中国社会》，中华书局，1981年版，第337页；丁凌华《五服制度与传统法律》，商务印书馆，2013年版，第198页。

〔2〕　费孝通《乡土中国　生育制度》，第27页。

〔3〕　丁凌华《五服制度与传统法律》，第146—148页。

服"之名变得越来越陌生，一般知识分子已经无法说出五服究竟包括哪些。不过，五服制度所体现的社会结构和文化心态并没有消失。在现代社会科学研究中，费孝通的"差序格局"概念很好地描述了五服制度背后的伦理结构。

丧服制度的一个核心原则是"差等"，也就是费孝通所说的"伦重在分别"。差序格局，就是以己身为中心，由此出发，向外推出一层一层的亲属和社会关系。不仅各种日常的社会生活根据这种差等决定，而且定罪量刑也要以这种差等为基础。

按照费孝通的理解，这个差序格局的核心首先是自己。它是一种"自我主义"（egoism），而不是"个人主义"。"己"是一切社会关系的根本和中心。因此，一切社会伦理的关键是"克己复礼"。只有通过修身，才有了齐家、治国、平天下的根基。这种自我主义，并不只是一毛不拔的杨朱才具有的，就连孔子也坚持。"杨朱和孔子不同的是，杨朱忽略了自我主义的相对性和伸缩性。他太死心眼儿一口咬了一个自己不放；孔子是会推己及人的，可是尽管放之于四海，中心还是在自己。"孔子不会离开差序格局的这个核心，所以他说："君子求诸己，小人求诸人。"也正是因为不会丧失这个核心，所以他不主张"以德报怨"，而要"以直抱怨"。[1]

费孝通认为，孔子之所以比杨朱更好地理解了差序格局，是因为他会"推己及人"。孟子更说自己"善推而已

---

〔1〕 费孝通《乡土中国　生育制度》，第28—29 页。

矣"。所谓推己及人，就是"己欲立而立人，己欲达而达人"。不仅要成就自己，而且还要从差序格局的里圈向外圈推出去，使家国天下都能受惠于己。由于这种推己及人的伦理模式，群己的界限就变得模糊了。相对于最亲近的家人，我就是己；相对于家外之人，整个家庭就是己；相对于外国人，全国同胞都是己。在里圈和外圈发生矛盾时，人们总是为了里圈而牺牲外圈，于是，"在差序格局中，社会关系是逐渐从一个一个人推出去的，是私人关系的增加，社会范围是一根根私人联系所构成的网络"。[1]

基于这样的差序格局，所形成的社会道德就是"系维着私人的道德"。因为差序格局以自己为中心，所以首要的道德原则是"克己复礼"；其次，最亲近的关系就是至亲关系，所以对父母要孝，对兄弟要悌，孝悌是人伦之本。向朋友推，最基本的道德准则就是忠信。费孝通认为，从差序格局出发，中国文化中的道德观念都是私人性的，不是团体道德，更没有像基督教的"爱"那样笼罩性的抽象道德。哪怕是看上去很抽象的"仁"，也只是"一切私人关系中道德要素的共相"。[2]

正是由于差序格局和相应的特殊主义道德，又衍生出了中国式的家族制度、礼治秩序、无为政治等。差序格局是中国社会的文化伦理基础，道德规范、社会制度、人生哲学

---

〔1〕 费孝通《乡土中国　生育制度》，第30页。
〔2〕 同上书，第23—34页。

等，都是由差序格局规定了的。因此，只有理解了差序格局，才能理解中国社会文化中的诸多现象。

在传统中国社会，丧服制度正是这样一种文化体系。丧服制度的基本原则是差等。历代对服制的规定多有不同，到了现当代，连五服之名都很难见到了，不过，服制的基本原则从来没有变过。而基于服制的差等，衍生出了针对不同人的伦理道德、蔚为壮观的中华法律体系和相应的政治制度。对于人生与政治的各种哲学思考，也必须立基于丧服制度，才能够有深入的理解。差序格局的解释力之所以如此之强，就是因为它抓住了丧服制度亲疏有别的根本原则。

三　差序格局的解释局限

差序格局的提出，对于从现代社会科学角度理解中国文化与社会，有着里程碑的意义。不过，我们不能停留在这个里程碑旁边，否则就无法进入更深层次的研究，也会对古今中国的很多社会文化现象感到不可索解。不过，笔者并不认为"定义不严格"是差序格局很大的问题。虽然费孝通用的是散文笔调，但这并不妨碍后来的学者对差序格局的理解。人们在运用这个概念时，大多很清楚自己在说什么。差序格局的主要问题，还是实质性的问题，即虽然它抓住了丧服制度的一些要点，但尚未把握丧服制度的丰富性，其所强调的只是丧服制度中的一个方面。

1 亲亲与尊尊

首先，必须强调的是，费孝通写"差序格局"这篇文章的本来目的，是要探讨中国人为什么那么"自私"。这一点，在后来对这个概念的使用和分析中，常常被有意无意地忽略掉了。除去一些非学术性的文化批评文章外，后来的学者大多基于价值中立的立场，使用"差序格局"概念分析中国人的行为方式。虽然由于文化批判时代已经过去，学者们对差序格局有了新的理解，但我们却不能忽视费孝通在提出这一概念时的原始语境，因为这一出发点贯穿了对差序格局的全部分析，以及《乡土中国》中很多相关的篇章，也潜在地影响了以后学者对这个概念的理解。

20 世纪三四十年代，愚、病、私，有时还加上弱，普遍被当成中国人的几大痼疾。很多学者谈到过，费孝通也接受了这样一个观点，并且认为，"私的毛病在中国实在比了愚和病更普遍得多，从上到下似乎没有不害这毛病的"。[1]私之为病，究竟有没有文化上的原因，是他写这篇文章的出发点。在他看来，私的实质，就是群己的界限怎样划的问题。而正是在这个地方，中国文化与西方文化有着巨大的不同。西方文化是"团体格局"，团体与个人分得非常清楚；中国文化是"差序格局"，群己的界限会随着差序的不同而不同；但不论在哪个层次上，中国人都是照顾里圈的利益，

––––––––––––––
〔1〕 费孝通《乡土中国　生育制度》，第 24 页。

牺牲外圈的利益，也就是永远以自己为中心，根据亲疏远近来考虑问题，因而永远是自私的。

不能说丧服制度所建立的伦理体系中不包含这一方面，但这绝不是丧服制度中的唯一方面。在近些年来的研究中，虽然多数学者并未像费孝通那样用这个概念批判"私"的问题，但大多受了他的深刻影响。[1]他们不论说差序格局是伦理道德模式，是社会关系，还是稀缺资源的分配，强调的都是亲疏远近这一维度，而这个维度是费孝通用来解释"私"的主要论据。只有阎云翔提出的等级制度[2]，已经超出了这一维度。这一点虽然有深刻的洞见，但我却不认为是费孝通的本意。阎云翔说费孝通所讲的差序格局实质上并不是一个同心圆结构，而是尊卑上下结构。这一点在费孝通的原作中是读不出来的，应该是阎云翔在受到差序格局的启发之后，发展出来的思想。费孝通的差序格局的核心就是同心圆结构，这种结构无法解释阎云翔的等级结构。阎云翔谈道，差序格局应该是一个立体结构，而不是一个平面结构，这是非常有见地的一个说法。但无论费孝通自己，还是后来的学者，都尚未把差序格局理解成一个立体结构。

但丧服制度却是一个典型的立体结构，可以兼顾这两方面。按照本服图，父子兄弟皆为一体至亲，所以无论为自己的父亲、兄弟，还是儿子，都应该穿齐衰期年，这是同心

[1] 杜瑛《国内"差序格局"研究的文献综述》，《河海大学学报（哲学社会科学版）》，2006年第1期。

[2] 阎云翔《差序格局与中国文化的等级观》，《社会学研究》，2006年第4期。

圆结构；不过，丧服图之所以不是典型的同心圆结构，就是因为在依照亲疏原则建立的本服图之上，还要用等级原则加以调整。从《仪礼·丧服》开始，对父亲的服制就被加隆为斩衰三年，祖父、曾祖父、高祖父都被加隆为齐衰，这体现出的，就是父系长辈对后辈的等级制度。再如，按照本服，兄弟姊妹也是一体至亲。姊妹若未嫁，则应该与兄弟一样，服齐衰期年；但若已经嫁人，则丧服降一等，改为大功。这也体现了男女之间的等级差别。费孝通所说的同心圆的差序格局，是"至亲以期断"的本服结构，根据亲亲的原则；但现实礼制中的实际结构，根据尊尊、出入、长幼、从服、名服关系经过加、降等调整之后，则成为我们看到的丧服图。历代对丧服图多有调整，大多是进一步强调亲疏关系和等级关系。

丧服制度非常复杂，其中有大大小小各种原则，因而使得很多细节问题几千年来都争论不休。但大体而言，其最核心的原则不外乎"亲亲"与"尊尊"两条。亲亲，就是费孝通所说的同心圆结构；尊尊，就是阎云翔所说的等级制度。如果说，丧服制度中的差序格局导致了中国人"私"的毛病，那应该是"亲亲"原则的一个结果。正是因为亲亲的原则，孔子主张"父为子隐，子为父隐"，亲亲容隐甚至成为中国法律传统的一个基本原则；也正是因为亲亲原则，才有费孝通所说的那种为家牺牲国的情况。这一点是确实存在的。不过，这远不是丧服制度的全部，更不是丧服制度所带来的唯一文化结果。

2 家国天下

丧服制度作为一个立体结构，还不止体现在家族之内的尊尊与亲亲上面。按照费孝通的差序格局，每个人都以己身为中心，然后由此推展出去，形成一个一个的同心圆，从亲人、朋友，以至国家、天下，都是这个同心圆的一个圈。他因此认为，《大学》中所说的修身、齐家、治国、平天下，讲的就是这样的差序格局：

> 这和《大学》的"古之欲明明德于天下者先治其国，欲治其国者先齐其家，欲齐其家者，先修其身……身修而后家齐，家齐而后国治，国治而后天下平"在条理上是相通的，不同的只是内向和外向的路线，正面和反面的说法，这是种差序的推浪形式，把群己的界限弄成了相对性，也可以说是模糊两可了。[1]

如果按照这样的差序格局原则，那么国家就是比家人、朋友远得多的外圈，天下几乎就是最外层的圈了。这样，每个人应该根本不关心与自己距离遥远的天下国家，因此"一个人为了自己可以牺牲家，为了家可以牺牲党，为了党可以牺牲国，为了国可以牺牲天下"。[2]正像翟学伟指出的，这

---

〔1〕 费孝通《乡土中国　生育制度》，第29—30页。
〔2〕 同上书，第29页。

是"差序格局"这一概念中一个非常明显的缺陷。[1]

如果仅有亲亲原则，陌生人就和自己无关，当然就是这样越来越远的关系。但是，这怎么可能是《大学》的原则呢？《大学》里说的身、家、国、天下是有次序的，不能做好前面的，就不能做好后面的，但绝不能由此推出来，为了前面的，就可以牺牲后面的。忠孝并举是历代帝王的一贯原则。如果按照这样的差序格局，则越是强调孝，就越会使人们忘记忠，那么，忠孝一体的说辞就完全成了谎言，实际的生存哲学恰恰是忠孝对立的。虽说费孝通的理解可以帮助人们澄清文化大传统的伦理说教背后更实质的文化心态，但若使一切关于家国天下的道德观念都失去文化合法性，恐怕还是无法令人接受的。

之所以会出现这里的问题，就是因为差序格局是一个平面结构。在这个平面结构中，只有一层层外推的波纹，人的每一重关系，都在或远或近的一个圈上有它的位置。而要给国和天下一个位置，它们当然是很外面的圈。但《大学》中的次第之所以成立，是因为它遵循的并不是这样一个平面结构。

若是从丧服制度看这个问题，就会发现，根据亲亲尊尊原则确立的立体结构比差序格局有更丰富的维度。如上所述，丧服图已经是一个立体结构。但除此之外，还有"外亲服图""妻亲服图""三父八母图"等很多辅助性的图表，形

---

〔1〕 翟学伟《再论"差序格局"的贡献、局限与理论遗产》，《中国社会科学》，2009 年第 3 期。

成了一个更丰富的丧服体系。[1]尤其重要的是，按照《仪礼·丧服》的规定，除了各种亲属关系之外，诸侯对天子、臣对君等，都应该服斩衰。[2]《礼记·丧服四制》解释说："资于事父以事君而敬同。"

按照亲亲原则，出了五服就非常疏远了；不过，按照尊尊原则，君臣之间不仅不是最远的关系，而且相当于对父亲的丧服规格。翟学伟先生指出，这层关系只对少数士大夫有意义，对大多数人来说，国与天下和自己无关。[3]但对于一般老百姓而言，这并不意味着国家就和随便一个陌生人一样。国家只是尚未和百姓发生像士大夫那样直接的关系而已，因而天子与臣民的伦理关系尚未显露出来。天子不和百姓发生直接的关系，国家权力也很难直接触及基层，平民百姓更不会关心改朝换代的事。但若说百姓生活中没有国家这个维度，或者说，国家只是差序格局中最外面的一个圈，恐怕是不能让人满意的。中国社会，并不是努尔人那样没有国家的社会[4]，国家时时刻刻都存在于每个臣民的生活之中，虽然这种存在并不容易感觉到，但若真的有一天没有了国家，任何人的社会生活都会受到重大影响，因为国不可一日

〔1〕 丁凌华《五服制度与传统法律》，第116—126页。
〔2〕 丁鼎《〈仪礼·丧服〉考论》，社会科学文献出版社，2003年版，第133—134页。
〔3〕 翟学伟《再论"差序格局"的贡献、局限与理论遗产》，《中国社会科学》，2009年第3期。
〔4〕 ［英］埃文思－普里查德《努尔人：对尼罗河畔一个人群的生活方式和政治制度的描述》，褚建芳等译，华夏出版社，2002年版。

无君。因此，老百姓虽然不必像士大夫一样为天子服斩衰，但在国丧期间也有一系列表达哀戚的方式。所以《荀子·礼论》讲："父能生之，不能养之；母能食之，不能教诲之；君者，已能食之矣，又善教诲之者也，三年毕矣哉。"

家国天下，并不是同心圆层层推出的平面差序格局关系。国家与臣民之间，是家族之外的另一种伦理关系。从丧服制度的角度看，对待天子，相当于对待父亲，是丧服制度中最高一级的伦理关系。整个丧服制度建立起来的，并不只是区别亲疏远近的宗族关系，也不只是通过婚姻关系形成的亲缘网络，而且有一套与家庭伦理紧密联系的政治关系，以及一套相应的伦理要求。帝王将相个人，或许只是陌生人，但他们所代表的国家，却不能以陌生人来对待。差序格局理论的一个严重问题，就是无法体现这层政治关系，所以才会得出为家庭牺牲党、为党牺牲国家、为国家牺牲天下的简单结论。当然，平民百姓一般只从平面的亲疏关系看，把帝王将相当成陌生人，往往确实会有费孝通所说的这种先后牺牲关系；但若是将国家认真地当作国家来看待，以对待父亲般的情感来对待天子，才会把孝变成忠，成就《大学》中所说的家国天下的关系。儒家士大夫所代表的，应该是丧服制度所体现的更丰富、更立体的伦理和社会形态，而不是与老百姓完全不同的生活方式。

3　家与己身

除了家国天下的关系之外，费孝通那一系列先后牺牲关系中的第一层，即为己身牺牲家，恐怕也是应该商榷的。即使只是从亲疏关系的层面看，那些心中没有国家天下的人或许会为了党牺牲国，为了家牺牲党，但他们真的也会出于同样的原则为了自己而牺牲家庭吗？为了自己而牺牲父母、孩子、兄弟、妻子，这无论在大传统中，还是小传统中，都未必是多数人遵循的原则。

这个倾向的起因仍然来自探讨"私"的问题意识。费孝通把"为自己可以牺牲家，为家可以牺牲族"当作一个事实上的公式。当谁为了家牺牲更大的利益时，他看起来是"公"的，其实是因为随着差序格局的伸缩，把"私"的范围推到了家这个层面，于是家内都算自己的，家以外就算外人。这就是他所谓的"自我主义"。

但费孝通在"差序格局"中所举的例子大多是家这个层面的。这些例子可以很好地说明人为什么会为了家庭的利益而牺牲更大的公共利益，当然，如他所言，这个"家"有非常强的伸缩性，可以是很小的核心家庭，也可以是很庞大的家族（家的伸缩性，也可以从五服制度得到解释。小，可以只算期服至亲，也就是核心家庭；大，可以延伸到丧服图中包含的所有人，也就是家族）。但除了提到杨朱那极端的一毛不拔之外，他没有举出一个例证说明，一个人会为了自己，而牺牲父母、子女、兄弟。但如果无法证明这一点，就不能把这种差序格局说成是一种"自我主义"，因为，"为家牺牲族"并不是由"为自己牺牲家"推出来的。

由于"私"的问题意识，费孝通对差序格局中各个序列之间关系的理解过于简单了，就好像其间的纽带完全是利益关系。当然，他并没有明确这样说。在笔者看来，这才是"差序格局"概念中最模糊的地方：他没有明确界定，维系差序格局的究竟是什么。但他在对比杨朱和孔子时谈道，"杨朱和孔子的不同是杨朱忽略了自我主义的相对性和伸缩性"[1]。杨朱的自我主义是一种极端的利己主义，即绝对不会为了任何他人而牺牲自己的利益。那费孝通在此似乎就是认为，孔子同样是利己主义的，只不过，孔子的自我有很强的伸缩性，可以把整个国家都当成自我。

虽然费孝通并不非常明确和一贯，但他基本上是从利己主义的角度来看待差序格局。虽然他正确地指出了，自我主义不是个人主义，但这种观察视角把每个自我首先当作了一个利益主体，却明显受到西方利己主义人性论的影响。因为这样的人性论假设，他把孔子所说的"本立而道生""克己复礼""君子求诸己，小人求诸人"等关于修身的说法都从自我利益的角度来理解，甚至"为政以德，譬如北辰，居其所而众星拱之"也被当成了自我中心主义的政治观。

我们暂且不必深究费先生对这些命题的理解偏差，还是回到差序格局和丧服制度的对照。差序格局中的这种利己主义，在丧服图中是看不出来的。丧服图中层层外推的逻辑是己身对不同人的礼仪等级和尊重程度，即使把这些礼仪都当成虚伪的繁文缛节，也无法得出为自己牺牲家人的推论。

---

〔1〕 费孝通《乡土中国 生育制度》，第28—29页。

相反，我们经常看到的利益关系是"准五服以制罪"的制度。在亲人犯罪的时候，己身不但不能为了保全自己而牺牲亲人，反而有义务保护亲人；对亲人的揭发反而是有罪的。从孔子开始，这就是丧服伦理的基本要求；自魏晋以降，这更成为中国法律的重要内容。从容隐制度也可以解释"为家牺牲国"的现象，却不必推出"为己牺牲家"的结论。但费孝通的利己主义，却难以解释容隐制度。

在差序格局里，作为中心的自我似乎是和其他各圈相同的一个圈。人们既然可以为了家庭的利益牺牲党，就也可以按照同样的逻辑，为了自己的利益而牺牲家庭。但丧服图中并不是这样的。己身在丧服图的正中央，但它并不是和周围各层关系相同的一层关系；而是每层关系都要与己身发生关系，才有相应的服制；己身和周围的四个圈共同构成了一个完整的家。己身和家族中的各个成员是相互依赖的关系，而不是同一意义上的不同差序。正是因为这种相互依赖，才会有容隐制度。正是从这个层面出发，才能理解，所谓"克己复礼""君子求诸己""本立而道生"之类，并不是摒除所有的其他关系之后的自恋，而恰恰是通过洒扫应对、格物致知来修养自我；一个健康强大的自我，也是可以恰当承担所有这些关系的自我。

差序格局中层层相推的关系，最强的解释力是从核心家庭到丧服图尽这几层，地缘关系中的亲疏远近也能得到部分的解释。由于家内的关系从期服至亲到缌麻之间，确实如他所说，是有着相当大弹性的家庭概念，于是呈现出明显的差序格局；而地缘关系，常常是模拟家庭的准亲缘关系，因此也会有类似的差序格局。但向内，它无法解释己身与家庭的关系；向外，也无法解释家国天下的关系。

自我与家庭之间，并不是利益的向外推衍，而是一种相互依赖、相互支撑的关系，因此不能把丧服图理解成利益的层层外推。同样，到五服尽时，"上杀下杀旁杀而亲毕"（《礼记·丧服小记》），到了家族之外，则要依赖与家内不同的逻辑："门内之治恩掩义，门外之治义断恩。"（《礼记·丧服四制》）在中国文化中，家并不像费孝通理解的那样，是从自我到陌生人逐渐过渡的过程中的一个环节而已，而是一个非常特殊的生活场所。围绕家庭，中国文化有一套非常丰富和立体的伦理规定，最集中地体现在丧服制度上。与家族内的丧服制度相配合，又衍生出一套细致的自我修养技术，和一套关于家国天下的政治智慧。这些都与家内的五服制度相配合，但并不是家庭伦理的简单内推或外推。家庭，并不是大小各种社会单位当中的一个，而是一种最基本的生活处境。人格的完善和生活的幸福都要在家庭中实现；治国、平天下更要立足于家庭伦理。

小　结

进入现代以来，不仅中国社会和文化发生着迅速的转型，中国的学术体制和学术话语也在经历着剧烈的转变。面对复杂的中国文化，我们必须学会运用现代社会科学的分析工具和概念去重新解释它。在中国社会科学的建立过程中，"差序格局"曾经极大帮助了我们理解中国的社会结构和文化形态。

一个好的社会科学概念，不仅能让我们用现代的眼光审视传统，而且能帮助我们更切身地看待传统本身，而不是陷入概念的自我解释。很多学者对差序格局的深入研究和剖析使我们越来越清楚地看到它与丧服图之间的关系，并发现这个概念的解释力来自它很好地传达了丧服制度中的亲亲原则。将差序格局和丧服图放在一起研究，我们就慢慢发现了超越差序格局的必要性和可能性，因为五服制度中还有其他相关的原则。正是这些原则，使中国文化除了家庭这至关重要的一维外，还有国家和天下的关怀，以及对深度自我的思考。

另一方面，通过与差序格局的对照，我们也可以深化对丧服制度的研究。此前的丧服制度研究，主要集中于礼制史和法制史领域，虽然也产生了不少成果，但未能展现出更深入的理论思考。对现代丧礼的研究，无论国内外学者都做过一些。但这些研究大多集中于符号体系的解读，很少深入研究丧服制度和与之相关的亲属制度。虽然华琛（James Watson）深刻地指出，丧礼的统一性是中国文化统一性的一个决定性因素[1]，但丧礼研究若是不能抓住丧服制度这个核

〔1〕 James Watson, "The Structure of Chinese Funerary Rites: Elementary Forms, Ritual Sequence, and the Primary of Performance," in *Death Ritual in Late Imperial and Modern China*, eds. James Watson and Evelyn Rawski, Berkeley: University of California Press, 1988.

心，就无法获得更实质的理论进展。

由于丧服制度与中国社会结构之间的密切关系，它不应该仅仅被当成中国文化传统中的一个符号体系，而且应该帮助我们突破差序格局的视野，进入更深层的理论探问，使我们能以更地道的社会科学语言，更透彻地讲出中国文化的生活方式和现代理想。费孝通先生为我们开了一个好头，但我们不能仅仅停留在"差序格局"上，而应该进一步走下去。

丧服图考论

从民国以来，国内外学者都逐渐认识到，丧服制度是理解传统中国社会和宗族制度的重要入手点，而丧服图则是理解丧服制度的基本工具。王国维先生的名文《殷周制度论》对宗法、丧服、宗庙的研究至今仍有重要的意义[1]；吴承仕先生曾经写过非常精彩的文章讨论五服制度的文化意义[2]；在海外中国研究中，冯汉骥先生在美国期间所写的《中国亲属制度》[3]、法国葛兰言与克洛德·列维－斯特劳斯关于亲属制度的研究，都参考了丧服图。[4]费孝通先生著名的"差序格局"的概念也和丧服图的制作原则有非常密切的关系。沈文倬先生对武威汉简的研究，更是借助了丧服

---

[1] 王国维《殷周制度论》，收入《观堂集林》卷十，中华书局，2004年版，第451页以下。

[2] 《五伦说之历史观》和《中国古代社会研究者对于丧服应认识的几个根本观念》两篇文章，收入《吴承仕文录》，第1—10、11—29页。

[3] 冯汉骥（Han-Yi Feng），"Chinese Kinship System", in *Harvard Journal of Asiatic Studies*, *July*, 1937, p. 182；中译本，《中国亲属称谓指南》，徐志诚译，上海文艺出版社，1989年版，第17页。

[4] Claude Levi-Strauss, *The Elementary Structures of Kinship*, Boston: Beacon Press, 1969, pp. 331–332.

图。[1] 近些年来，丁凌华、丁鼎、林素英等学者对传统中国礼制的研究也都用到了丧服图。[2] 可以说，丧服图是现代学者了解传统中国亲属制度、人际关系、民俗文化的必备工具。

在这种研究潮流中，有两个重要问题还没有得到深入探讨。第一，这些现代学者对丧服图和丧服制度的研究多仅限于使用，很少深入分析丧服图的制作原理。因为传统上所用的菱形丧服图看上去清晰简洁，一目了然，人们既没有思考丧服制度能否以其他的形式画出来，也很少想过，以这样的方式表述亲属关系究竟有什么特殊之处。第二，特别是如果与西方的罗马法、教会法的亲属制度相比，丧服图中所反映的中国亲属制度的特点究竟在哪里。本文即从据传汉宣帝提出的一个问题开始，比较通用的菱形丧服图与汉代王章所画的鸡笼图以及朱子学派的宗枝图，从丧服图的制图原则入手，窥见丧服制度背后反映的亲属关系；最后再尝试将西方亲属制度绘制成图，比较中西亲属制度的差别到底在什么地方。作者从丧服图这样一个具体的问题入手，希望能窥见中国宗法制度、社会结构和文化心理的独特原则。

丧服制度起源于西周宗法制度之下，对《尔雅·释亲》

---

〔1〕 沈文倬《汉简〈服传〉考》，收入《菿闇文存——宗周礼乐文明与中国文化考论》上册，商务印书馆，2006 年版，第 307 页。

〔2〕 丁凌华《五服制度与传统法律》，第 122—123 页；林素英《丧服制度的文化意义》，第 484—498 页；丁鼎《〈仪礼·丧服〉考论》，第 184 页。

中相对粗疏的亲属称谓做了更加细密的整合，是关于亲属关系一套非常完备的体系[1]；在经学体系中也占有非常根本的地位。所以曹叔彦先生说："天道至教，圣人至德，著在六经，其本在礼，礼有五经，本在丧服。"[2]自秦汉以后，封建制度虽然被废，但丧服制度延续了下来。随着汉代经学的展开，特别是在马融、郑君、王肃系统地诠释了丧服制度后，它就成为郡县时代整合规范亲属和社会关系的一套新制度。比如废除了缌衰，取消了诸侯绝服、降服等许多规定，修正了不二嫡的宗法原则。自魏晋以降的历代法律以"准五服以制罪"为第一准则，即根据五服关系来确定人们之间的亲等关系，进而确定其法律责任。在传统中国最为完善的《唐律疏议》中，这一原则得到了更加完善的贯彻，以后历代法律都沿袭这一传统。[3]唐代、宋代、明代，都曾对丧服制度做过比较大的调整。明清两代，经过调整的丧服图则直接进入了朝廷《会典》之中。[4]因此，对丧服制度和丧服图的研究在历代都是显学。当然，对丧服的经学研究和礼法设计只是精英大传统中的产物，民间小传统在执行之时，总会有所调整。比如，丧服制度中不仅有子对父母和其他尊亲属的丧

---

〔1〕 关于丧服所体现的亲属制度与《尔雅·释亲》中亲属制度的关系，可参考冯汉骥先生的详细讨论。见冯汉骥《中国亲属称谓指南》。

〔2〕 曹元弼《〈丧服郑氏学〉序》，见张锡恭《丧服郑氏学》，吴飞点校，上海书店出版社，2017年版，第1页。

〔3〕 参考《唐律疏议笺解》，中华书局，1999年版。

〔4〕 明代宗枝图，见《大明会典》卷一百二，《续修四库全书·史部·政书类》第791册，上海古籍出版社，1996年版，第58—59页。

服，而且有父母对子女和其他卑亲属的丧服，但在民间实际的丧服制度中，往往仅有尊亲属的丧服，而缺乏对卑亲属的丧服。[1]

在对传统法律的现代经典研究中，瞿同祖先生对中国法律的儒家化有非常细密的分析，而魏晋以来的儒家化的关键在五服入法。[2] 滋贺秀三所强调的父子一体、夫妻一体、昆弟一体的观念，更直接来自《仪礼·丧服》《礼记·三年问》中的观念。[3]

进入现代以来，丧服制度逐渐被官方废弃，法律也逐渐学习西方，相继采用西方教会法和罗马法的方式来确认亲等关系，无论官方还是民间，对丧服制度和丧服图的了解都越来越少。不过，丧服制度仍然广泛存在于各地民间的丧葬仪式上，以五服远近确立亲属关系，仍然广泛流行。五服制度背后的亲属制度，仍然在深刻地影响着当代中国人的生活方式。研究丧服制度，对于我们理解中国传统社会和法律的基本精神，有着非常重要的意义。

---

[1] 陈封雄《一个村庄之死亡礼俗》，燕京大学社会学系学位论文，1940年。西方汉学家关于仪式多样性的研究，可参考 Donald S. Sutton, "Ritual, Cultural Standardization, and Orthopraxy in China: Reconsidering James L. Watson's Ideas," in *Modern China*, January 2007, vol.33, 1: pp.3–21; Michael Szonyi, "Making Claims about Standardization and Orthopraxy in Late Imperial China: Rituals and Cults in the Fuzhou Region in Light of Watson's Theories," in *Modern China*, January 2007, vol.33, 1: pp. 47–71.

[2] 瞿同祖《中国法律与中国社会》，第 330 页以下。

[3] ［日］滋贺秀三《中国家族法原理》，张建国、李力译，法律出版社，2003 年版，第 104 页以下。

一 丧服图考

最常见的菱形"本宗九族五服图"（参见本书图1，依照汉宣帝的说法，本宗九族五服图下文称为"宗枝图"）[1]，从最中间的己身开始，斩衰、齐衰、大功、小功、缌麻五种丧服层层外推，左右上下四部分两两对称，似乎构成了亲属关系的一个同心圆结构，我们从中很容易看出费孝通先生所说的差序格局。在现存的文献中，最早的菱形宗枝图出现在黄榦《仪礼经传通解续》的丧礼部分和杨复《仪礼图》当中。宋代以降，特别是明清，官方和民间都广泛使用这一丧服图。但这种丧服图究竟起源于何时，却并不明确。

元代龚端礼《五服图解》中记载了这样一件事：西汉元康二年，汉宣帝在石渠阁召集群臣讲论丧服制度。皇帝抱怨说："古宗枝图列九族，世俗难晓。"谏大夫王章说，他从巴蜀人养鸡的鸡笼中得到启发，可以用鸡笼的形状，更清晰地画出丧服关系。于是，王章就按照鸡笼的形状，重新画了一幅丧服图。宣帝看后说："朕见之藘如也。"[2]虽然龚端礼说，王章绘制的鸡笼图从西汉以后就流传下来。但我们今天只能通过龚端礼的书来了解王章的鸡笼图。

宋代以前有很多丧服图类著作，但大多散失了，我们

---

〔1〕 标准的宗枝图，我们采用龚端礼的画法。龚端礼《五服图解》，《续修四库全书·经部·礼类》第95册，上海古籍出版社，2003年版，第112页。

〔2〕 龚端礼《五服图解·义解》"鸡笼图源"，第120页。

无法确定宋代以前的人是怎样画丧服图的。[1]按照龚端礼的说法，这是从周代就已经朝野沿用的丧服图。龚说本来仅为孤证，但1973年马王堆汉墓出土的丧服图虽然残缺不全，但基本轮廓与后世的宗枝图非常相似。[2]这一例证虽然不能证明汉宣帝的故事一定是真实的，但它至少可以证明，这种宗枝图在汉代已经存在。

至于王章是否绘过鸡笼图，我们没有更多的证据。但鸡笼图至少可以看作龚端礼用来理解丧服图的一种可能方式。

宗枝图看上去那么清晰简洁，故事中的汉宣帝为什么认为它为世俗所难晓呢？王章的鸡笼图为什么能让他豁然开朗？而这张让汉宣帝非常喜欢的鸡笼图为什么又没有为后代所沿用？汉宣帝的这个疑问，或许可以帮助我们更深入细致地辨析丧服的制服原则，并由此来研究丧服制度中所体现的中国亲属关系的基本道理。

---

[1]　在汉代以降的礼学著作中，应该有过不少以图表方式解释丧服的著作。比如谢慈《丧服变除图》（《三国志·孙奋传》裴注。《通典》中作射慈）、谯周（《通典》卷八十一）、崔游（《晋书·儒林传》）、王俭、贺游、崔逸（三人均见《隋书·经籍志》）、杨垂（《家山图书》）等人均撰有题《丧服图》的著作，《隋书·经籍志》又录有佚名著作《丧服图》《五服图仪》《丧服礼图》等，又有《戴氏丧服五家要记图谱》《丧服君臣图仪》，当时已佚。又有郑玄、阮谌都著有《三礼图》等，其中或也有关于丧服的图表。这些书中或有丧服服制之图，抑或有丧服关系之图，但因其书无存，故其中怎样图画，现已不得而知。后人或有辑佚，亦仅能辑得文字，而不能知其中有何图表。

[2]　参见曹学群《马王堆汉墓〈丧服图〉简论》，《湖南考古辑刊》，1994年第6辑；范志军、贾雪岚《马王堆汉墓〈丧服图〉再认识》，《中原文物》，2006年第3期；范志军《汉代帛画和画像石中所见丧服图与行丧图》，《文博》，2006年第3期。

二 《仪礼·丧服》中的士本宗成人服

无论宗枝图还是鸡笼图，都是对《仪礼·丧服》中各种关系的图解。《仪礼·丧服》中的关系基于周代的宗法制和封建制，爵位、出入、长幼、宗法、嫡庶等都成为考虑因素。但是在秦汉以后，封建制与宗法制均被废除，与此相关的很多服制被取消或简化，无论宗枝图还是鸡笼图，都没有反映宗法封建制之下的复杂亲属关系，而只是对《丧服》中士丧服的部分展示，也是对秦汉之后亲属制度的描述。由于本文不是对《丧服》本身的研究，我们暂且不考虑宗法等因素，仅看其中士为本宗的成人服，即丧服图中所展示出的部分。这里所谓的"本宗"也仅指小宗，即高祖以下之宗，故我们不考虑大宗宗子之服：

斩衰三年：为父；为长子。

齐衰三年：父卒为母。

齐衰杖期：父在为母；为妻。

齐衰不杖期：为祖父母；世父母、叔父母；昆弟；众子；昆弟之子。

齐衰三月：曾祖父母。

大功九月：姑、姊妹、女子子适人者；从父昆弟；庶孙；嫡妇。

小功五月：从祖祖父母、从祖父母，报；从祖昆弟；从父姊妹、孙适人者。

缌麻三月：族曾祖父母；族祖父母；族父母；族昆弟；庶孙之妇；从祖姑、姊妹适人者；从祖昆弟之子；曾孙；父之姑适人。

在这里，若不考虑女子适人的情况，由父所出者，有昆弟、姊妹，皆为齐衰期服；由祖所出者，有世叔父和姑为期服，从父昆弟为大功；由曾祖所出者有从祖祖父、父之姑、从祖父、从祖姑、从祖昆弟，皆为小功；由高祖所出者有族曾祖、族祖、族父、族昆弟，皆为缌麻。女子适人，皆降一等。这样我们就已经可以总结出旁亲同辈与尊长丧服的基本原则：父族，丧服皆为期服；祖族，本来皆为大功，但因世叔父与父为一体，加为期服；曾祖族皆为小功；高祖族皆为缌麻。

但旁枝卑亲属的丧服却不同。《丧服经》中明确列出的，仅有昆弟之子期服，和从祖昆弟之子之缌麻。其中，昆弟之子同于昆弟和世叔父，但从祖昆弟之子却和所有其他曾祖族不同。而其他卑属之服，经中均未给出。我们从这里可以看出《仪礼·丧服》的一个重要原则。虽然其他的卑属都是有服的，但他们的丧服都是尊长之服的报服，从所给出的服制，就已经可以推出这些丧服了。[1]而宗枝图和鸡笼图的一个重要差别，即在于如何对待那些没有直接给出的丧服。

---

〔1〕 无论宗枝图还是鸡笼图，其理解皆建立在《丧服》郑注的基础上，若按照程瑶田《仪礼丧服文足征记》之说，就是完全另外的情况了。详见本书《精义之学——程瑶田之义理学、宗法学与丧服学》一文。

三 鸡笼图

将《丧服经》中的服制绘成图，就是将丧服的制服原则抽象出来，并以同样的原则将经中没有写的人补上，再用图表揭示出丧服制度所包含的亲属关系。相对而言，宗枝图是高度抽象的丧服图。虽然对于今天的研究者来说，它可能非常清晰，但汉宣帝说它为世俗所难晓，指的是，在真正运用它的时候，人们会感到过于抽象。举例来说，如果高祖有两个儿子，一为己之曾祖，一为族曾祖。对高祖来说，这只是两个分枝；但对于几世以下的人而言，这就是两宗了。如果族曾祖又有两个儿子，其中每个儿子也有两个儿子，以此类推，等到了己身这一辈，在族昆弟位置的人会有八个，而在经文里面，仅用"族昆弟"一个词就代表了。每一代都会分出去这样的分枝，每个分枝又都会分出各自的分枝。若从己身而言，可以不必去管高祖族、曾祖族、族祖等的分枝，只要看它们各自和我的关系就可以。但在现实中服丧之时，却要确定每个人所处的枝派，才能清楚他在丧服图中的位置，才能知道该服什么服。鸡笼图的意义就在于，它把现实中的这种可能性尽量考虑到了，从而直观地表现出宗族分枝的实情。

鸡笼图假定，自高祖至父，每一代的每个男子都生了两个儿子，因而呈现出一个近乎真实的家族关系。在这里，正尊一族没有像宗枝图中那样被放在中央这个特殊的位置。从高祖到父到己，再到己之后代，仅为最右边的一枝。这个图的好处是，我们可以把其中任何一枝当作己身之族，换言之，我们可以看出其中任何一枝的丧服关系（图3）。

现在，父族为最右面的一枝，则己身的高祖的两个儿子是族曾祖和曾祖，他们又各有二子，族曾祖之二子均为己之族祖，他们又各有二子，这四个均为己之族父，他们再各有二子，均为己之族昆弟，这八位族昆弟服制相同，均为缌麻。其子无服。

而曾祖之二子，一为己之祖，一为己之从祖，从祖二子均为己之从祖父，又各有二子，俱为己之从祖昆弟，这四位从祖昆弟之服均为小功。其子均为缌麻。

己祖之二子，一为己父，一为己之世父或叔父，其二子均为己之从昆弟，均服大功。其子均为小功，其孙缌麻。

己父之二子，一为己身，一为己之昆弟，服期，其子引同己子，亦服期，其孙服小功，其曾孙缌麻。这是和自己最近的旁枝了，看似简单，但其实昆弟可能有二子，复又各有二孙，复又各有二曾孙，至曾孙辈也已经有八个，自己都为其服缌麻，而其复杂情况已经和己身这一辈相对于曾祖的情况相当了。

这还只是一人仅有二子的情况。若有更多儿子，则把每个人下面的线加多即可，如果再有女儿，也可以把姊妹与昆弟并列。这样，尊长和与己平辈的每个人的服制，就都可以推算出来了。

现在，我们再来推算一下同辈中其他人的服制情况。比如，若以我的昆弟为己身，则我成了他的昆弟，他为我服

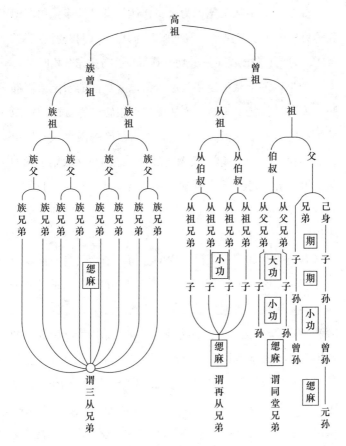

图 3　鸡笼图

期服。其他的服制完全相同。

如果以一个从父昆弟为己身，他为自己的亲昆弟，即我的另外一个从父昆弟，服期服，为其父（即我的世叔父）服斩，为我和我的昆弟服大功。其余丧服与我完全相同。

如果以一个从祖昆弟为己身，他为自己的亲昆弟服期服，为自己的父（我的一个从祖父）服斩，为自己的世叔父（我的另一个从祖父）服期服，为自己的两个从父昆弟（我的另两个从祖昆弟）服大功，为自己的祖父服期（我的从祖祖父），为我、我的昆弟、我的两个从父昆弟、我的父和世叔父、我的祖父，都服小功。而其他的丧服则完全和我相同。

若是以我的八个族昆弟中的任何一个为己身，他就为自己的父（我的一个族父）服斩，为他的昆弟（我的另一个族昆弟）服期，为他的祖父（我的族祖父）和他的世叔父（我的另一个族父）服期，为他的从父昆弟服大功，为他的曾祖父（我的族曾祖）服齐衰三月，为他的从祖祖父（我的另一个族祖父）、两个从祖父（我的两个族父）、四个从祖昆弟（我的四个族昆弟）服小功。而所有这些，我都服缌麻。除高祖之外，图中所有其他的人他都服缌麻，而这些恰恰是我不服缌麻的族亲。他和我相同的丧服，只有高祖。

虽然族昆弟和我的丧服大多不同，但是他和我所服的范围是完全相同的。和己身同辈的任何两个人，所服的本宗同辈和尊长之亲的范围都包含在这个鸡笼之内。因此，鸡笼图并不只是我一个人的丧服图，而是和我同辈的这十六个人全部的丧服图。若是出了这个鸡笼，比如我高祖的昆弟的玄孙，他服本宗尊长的范围，就完全不在这个图内，而是他的高祖所形成的那一枝。在本图内说，我的儿子的服服范围，和我的族昆弟的服服范围完全不同，因为我的曾祖是我的儿子的高祖，我的族昆弟之子的服服范围，就是我的族曾祖所形成的那个家族。由此可以看到，在同姓宗族内，同辈分的任何两个人，其服尊长丧服的范围，要么完全相同，要么完全不同，而不会出现交叉的情况。

鸡笼图非常充分地展示出尊长丧服图的复杂情况，直观而具体。在现实生活中，任何人都可以按图索骥，清楚地看到自己在丧服图中的位置。但是，这幅图最大的不足是，它不能以同样的清晰程度来展示卑属宗亲的丧服。

鸡笼图中的卑属部分，都是以简单的直线递减方式展示出来的。我的族昆弟都服缌麻，而他们的儿子都变成了无服；我的从祖昆弟都服小功，他们的儿子的丧服也和他们不同，都服缌麻。我的从父昆弟服大功，他们的儿子服小功，孙子服缌麻。至于我的昆弟，则略有差别，其子服期，孙服小功，曾孙缌麻。我自己的子孙也依次递减，子服斩衰和期服，孙服大功，曾孙缌麻，玄孙缌麻。

卑属之服为什么与尊长之服的服服原则不同？难道是同一个丧服体系中，上下两部分遵循完全不同的原则吗？但卑属之服是整个鸡笼图有机的组成部分。比如，现在如果以我的父为己身，从我所在的这一辈往下就都是卑属了；如果以祖为己身，则我的父辈以下都是卑属了。以父或祖为己身而画出的丧服图，就和以我为己身的丧服图不一样了。但鸡笼图已经无力表现出这些关系。于是，我们必须求助于更抽象的宗枝图。

简单总结一下：本部分所讨论的王章鸡笼图，假定了我的高祖至父，每代每个男子都有两个儿子，于是这幅图中描画出我所须服丧服的全部本宗尊长男性，即凡是我的高祖的后代，而与我不同曾祖的，均服缌麻；凡是我的曾祖的后代，与我不同祖的，均服小功；凡是我的祖父的后代，与我不同父的，本应均服大功，但有加至期的；凡是我同父的兄弟，均服期。但卑属宗亲，却不再依照这个规律了。

四　宗枝图

宗枝图为菱形，以正尊一系为中轴，分为右上、左上、右下、左下四部分，而横轴应该上属，分别为右上和左上的一部分。笔者所见的宗枝图有两种：一种是龚端礼在《五服图解》中所绘的那种宗枝图（见图1），另一种出现在朱子弟子黄榦《仪礼经传通解续》丧礼部分和朱子另一弟子杨复《仪礼图》中，是朱子学派的宗枝图（图4）。[1]

朱子学派的宗枝图中轴线有两条，分别为男性正尊与

---

〔1〕《仪礼经传通解续》卷十六，《朱子全书》第四册，第 2066—2067 页；杨复《仪礼图》卷十一，《景印文渊阁四库全书·经部·礼类》第 104 册，台湾商务印书馆，1986 年版，第 201 页。

图 4　朱子学派宗枝图

				高祖母齐衰三月	高祖父齐衰三月				
			族曾祖母缌	曾祖母齐衰三月	曾祖父齐衰三月	族曾祖父缌			
		族祖母缌	从祖祖母小功报	祖母不杖期	祖父不杖期	从祖祖父小功报	族祖父缌		
	族母缌	从祖母小功报	世叔母不杖期	母，父在齐衰三年，父卒杖期	父斩衰三年	世叔父不杖期	从祖父小功报	族父缌	
族昆弟之妻无服	从祖昆弟之妻无服	从父昆弟之妻无服	昆弟之妻无服	妻杖期	己身	昆弟期	从父昆弟大功	从祖昆弟小功	族昆弟缌
	从祖昆弟之子妇无服	从父昆弟之子妇报	昆弟子妇大功	嫡妇大功，庶妇小功	长子斩衰三年，众子不杖期	昆弟之子不杖期	从父昆弟之子小功报	从祖昆弟之子缌	
		从父昆弟之孙妇无服	昆弟之孙妇缌报	嫡孙妇小功，庶孙妇缌	庶孙大功	昆弟之孙小功报	从父昆弟之孙缌		
			昆弟之曾孙妇无服	曾孙妇无服	曾孙缌	昆弟之曾孙缌			
				玄孙妇无服	玄孙缌				

《仪礼经传通解续》卷十六，收入《朱子全书》第四册，第 2066—2067 页。

他们的妻子。右上为男性尊长，左上为右上的妻子；右下为男性卑属，左下为右下的妻子。显然，左边的图也是由右边推出来的。左上的女性之服与右上的男性之服基本上一样，只是昆弟之妻无服。左下的女性之服与右下的男性之服却不一样。男性卑属之服均比他们的妻子之服高一等，比如：右下边凡是服大功的，他们的妻子的丧服就是小功；凡是小功的，他们的妻子的丧服就是缌麻；凡是缌麻的，他们的妻子就无服。

这个图里面还有八个有"报"字的，即从祖祖父小功、从祖祖母小功、从祖父小功、从祖母小功、从父昆弟之子小功、从父昆弟之子妇缌麻、昆弟之孙小功、昆弟之孙妇缌麻。这八个"报"字来自《丧服经·成人小功章》中的一条："从祖祖父母，从祖父母，报。"解释这八个报服，可以帮助我们理解整个左下部为什么都比右下部的丧服降一等的现象。

《小功章》中的那一条，首先指示了宗枝图中的四种丧服：己身为从祖祖父小功、从祖祖母小功、从祖父小功、从祖母小功，又由于妻为夫族之服从夫降一等，可以推出来，己身的妻子为这四位尊长都服缌麻之服（这在图中没有显示）。"报"字的含义是，四位尊长也要给己身服小功，给身的妻子服缌麻。己身是从祖祖父母的昆弟之孙，己身之妇是他们的昆弟孙妇。同时，己身是从祖父母的从父昆弟之子，己身之妇是他们的从父昆弟之子妇。因而，就有了左右下部的那四种丧服。

是不是只有这八条是报服呢？笔者认为，虽然这张宗枝图中只有这八处写了"报"字（这是因为，在《丧服经》中，旁尊之轻服只有这一条写了"报"字），下面两部分的所有丧服，都是报服的结果。朱子弟子李如圭解释这一条时说："凡旁尊之服皆报，从祖祖母、从祖母云报，则凡夫之卑属皆报之可知。"[1]清人徐乾学、沈彤等都说，旁亲卑属之服皆报。[2]如果旁尊之服皆报，为什么只在这一条里有个"报"字呢？元儒敖继公解释说："于此即言报者，略轻，服齐衰大功重，报服或别见之。"[3]敖氏之说很有道理。世叔父母之期服、昆弟之子之期服，皆有专条，经中虽未言报，《丧服传》则明确说，昆弟之子的期服是世叔父母之期服的报服。[4]至于大功，旁尊之中除姑适人之外，无大功之服，而姑又不在此图中。因此，这两个小功之服是第一个必须言报的旁尊之服。此处既已言报，旁尊缌麻之服当报，就不必再说，所以略去"报"字。

这样，我们就可以理解卑属之服为什么与尊长之服不遵循同一个原则了。为尊长之服是按照各族而定的。因为

〔1〕 李如圭《仪礼集释》卷十八，《景印文渊阁四库全书·经部·礼类》第103册，第335页。
〔2〕 徐乾学《读礼通考》卷十六，《景印文渊阁四库全书·经部·礼类》第112册，第385页；沈彤《仪礼小疏·丧服》卷四，《景印文渊阁四库全书·经部·礼类》第109册，第941页。
〔3〕 敖继公《仪礼集说》卷十一下，孙宝点校，上海古籍出版社，2017年版，第670页。
〔4〕 《丧服传·齐衰不杖期》："世父、叔父何以期也？与尊者一体也。然则昆弟之子何以亦期也？旁尊也，不足以加尊焉，故报之也。"

我为尊长有这些服，尊长为我也报以相应之服。我与右上部各尊长的关系，就是右下部各卑属与我的关系。比如，我之昆弟之子，称我为世叔父，我给他服的，就是世叔父的报服；昆弟之孙称我为从祖祖父，我为他服的就是从祖祖父的报服。

宗枝图的左下部妻子之服也是右下男子之从服之报。于是，我们就可以更全面地理解菱形宗枝图的旁亲部分：右上的男性旁尊为根本，其余三个部分都是从右上推算出来的。左上因为是右上的妻子而有母名，因母名而有服；右下就是右上的报服；左下为右下的妻子，因从夫而有降一等之服，复有降一等之报服。这样，就形成了整个宗枝图。

龚端礼所绘宗枝图中，右上为男性尊长，他们的妻子因服制相同，就包含在其中，左上为男性尊长的姊妹，右下为男性卑属，左下为男性卑属的姊妹。这幅图的制图原则和朱子学派的也并无不同，即都以右上部的男性旁尊之服为基准推出左上姊妹、右下卑属男子和左下卑属女子之服。

简单总结一下本节内容：在两个宗枝图中，右上角，即男性尊亲属是最基本的丧服关系，也就是鸡笼图主体的内容。其他三部分都是从右上角对应而来的卑亲属和女性亲属。

五 宗亲关系

相对鸡笼图而言，宗枝图确实更加抽象概括，当然也更加全面。鸡笼图能够具体形象地展现出旁尊和同辈的丧服关系，但无法展现卑属之服的制服原则；宗枝图把尊卑男女的丧服关系全面展现了出来，当然，这些关系是要仔细分析和考辨才能看出来，难怪故事中的汉宣帝会抱怨这幅图不容易理解。

宗枝图着重突出了己身所在的分枝，将它定为中轴线。但比起鸡笼图来，这样就很难表现图中除己身之外的其他人之间的关系。但它也不是不能表现现实宗族中的其他枝派，只是，其他的枝派都只能以斜线连接。比如，高祖余子之族是缌麻之亲，其中族曾祖为高祖之子，族祖为族曾祖之子，族父为族祖父之子，族昆弟为族父之子，这几个方块彼此相连，在中轴右侧连成了一条斜线。往左，按照朱子学派的图，族曾祖母是高祖的儿媳妇，族祖母是族曾祖母的儿媳妇，族母是族祖母的儿媳妇，族昆弟之妇是祖母的儿媳妇；按照龚端礼绘制的图，族曾祖姑是高祖的女儿，族祖姑是族曾祖姑的侄女，族姑是族祖姑的侄女，族姊妹是族姑的侄女。左边的这条斜线都还勉强能连出来。但再往下却无法连这条线了。右下部，族昆弟之子已经完全不在五服内，左下部，族昆弟之子妇和族昆弟之女也都不在五服内。

黄榦说：

> 从祖祖父者，祖之昆弟也；其子谓从祖父，又其子谓从祖昆弟，又其子谓从祖昆弟之子，凡四世。上三世以祖父己旁杀之义推之，皆当服小功，名为三小

功。下一世以子旁杀之义推之，当服缌。此三小功一
缌，与己同出曾祖。族曾祖父者，曾祖之兄弟也，其
子谓族祖父，又其子谓族父，又其子谓族昆弟，凡四
世。以曾祖祖父己旁杀之义推之，皆当服缌麻，名为
四缌麻，此即《礼记·大传》云"四世而缌，服之穷
也"。四世皆名为族，族，属也，骨肉相连属，故以族
连之。此四缌麻与己同出高祖为四世，旁推亦四世，
四世既有服，则高祖有服明矣。[1]

黄氏本意是以此推出高祖有服，但在解释尊长与卑属
之服时，却又语焉不详。他说，从祖祖父、从祖父、从祖昆
弟三世之所以服小功，是因为从祖祖父是祖父之同父昆弟，
这一点应该是没有问题的；但何以下一世要服缌麻，他却说
是以子旁杀之义推之。黄榦的意思是，在子辈当中，从父昆
弟之子小功，再横向往外推一个格，就是缌麻了。"上杀，
下杀，旁杀，而亲毕矣"，这是《礼记·丧服小记》中非常
著名的一句话。孔颖达在疏解这句话时，确也指出，从对己
子之三年与期，到为昆弟之子加至期（本应大功），为从昆
弟子小功，再到族昆弟之缌，是旁杀之例。[2]后来清人郑珍
更简洁地总结说："下之由子而旁杀，则子期，昆弟之子大

〔1〕《仪礼经传通解续》卷十六，《朱子全书》第四册，第2068—2069页。
〔2〕《礼记正义·丧服小记》，方向东点校《十三经注疏》第14册，第
　　1651页。

功、从父昆弟之子小功、从祖昆弟之子缌麻。"[1]他们的意思是，宗枝图中每一横行都是从中心向外递减，此即旁杀。

孔氏与郑氏这样解释旁杀之义，本来不错，但这种旁杀只是结果，并非原因。黄氏仅以旁杀来解释尊长与卑属服制原则之异，是远远不够的，因为既然右上和右下都是从中心向外旁杀，为什么上下会不一样呢？在根本上讲，真正的旁杀并不是每一横行的递减，而是各枝派之间的递减。这种旁杀反是在鸡笼图中看得更清楚。在鸡笼图中，我们看到的不是一个一个人之间的降杀，而是一枝一枝之间的依次降杀。从父族、祖族、曾祖族，再到高祖族，是由期、大功、小功，到缌麻的逐渐降杀。卑属的降杀原则其实是下杀与旁杀的结合：己身之族由子之斩衰与期，降至孙之大功，至曾孙与玄孙之缌麻；昆弟之族则由昆弟之期，昆弟之子之期（本应大功）[2]，至昆弟之孙之小功，再到昆弟曾孙之缌麻；从父昆弟之族，则由从父昆弟之大功，降至其子之小功，再到其孙之缌麻；从祖昆弟之族，由从祖昆弟之小功，降至其子之缌麻；族昆弟之族，由族昆弟之缌麻，降至其子之无服。各族都是向下降杀，而之所以向下降杀，是因为卑属之

---

〔1〕 郑珍《仪礼私笺》卷四，收入《郑珍全集》第一册，上海古籍出版社，2012年版，第105页。

〔2〕 为昆弟之子服期，尤其可以体现卑属之服皆为报服的原则。己身为世叔父服期，是因为他们与尊者为一体。《丧服传》以此为报服，郑注引《檀弓》之说，以为是"引而进之"。闻远先生据沈彤之说以为，报服与"引而进之"并非相违之两义，而是相成之义。参见张锡恭《丧服郑氏学》卷六，第396页。

服皆为报服，每个卑属所对应的尊长关系在依次降杀（比如，昆弟之子对应于世叔父期，昆弟之孙对应于从祖祖父小功，昆弟曾孙对应于族曾祖父缌麻），所以这些卑属之服在依次降杀。不同枝派之间的旁杀与每个枝派当中的这种下杀相结合，遂产生了卑属当中每一横行的旁杀。

这样，宗枝图完全可以不必画出整个菱形来。只要画出中轴线和右上部，就可以推算出所有其他的宗亲关系。这也是为什么，《丧服》本经中除了中轴线外，只有右上部男性旁尊的每个人的丧服都是明确给出的。右下部只列出几个，其余的都可以推算出来。至于左半部，究竟是列出姊妹还是妻子都是不确定的，而这些都可以由右上部的丧服推算出来（图5）。

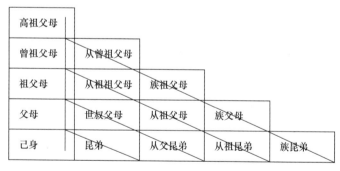

图 5　简化宗枝图

这幅图里展现了逐渐降杀的五个宗枝。但这几个宗枝并不是平行外推的关系。四个旁系宗枝由斜线连接，而从高祖到己身这条竖线也是一个宗枝，而且是这个图里最重要的宗枝。如果把宗枝间的关系理解为等距离平行外推，这个宗枝就会被拆解了。以正尊枝派为基准，它们都是逐渐分离出去的。这一点在鸡笼图上看得更清楚。因而，上杀是基准，下杀只是上杀的报服（因为加隆等原因，会更复杂些），旁杀则来自上杀，因为旁杀在根本上是不同枝派的旁杀。自仁率亲，等而上之至于祖；自义率祖，顺而下之至于祢。就尊尊而言，高祖高于曾祖，曾祖高于祖，祖高于父，故顺而下之；就亲亲而言，父近于祖，祖近于曾祖，曾祖近于高祖，故等而上之。缌麻之亲出自高祖，是比较远的宗亲，但高祖本人却非缌麻之亲，而服正尊之齐衰三月；小功之亲出自曾祖，也是较远的宗亲，但曾祖本人也不得服缌麻之服，而要服齐衰三月。旁杀是由亲到疏的关系，这个关系来自正尊一系的自仁率亲，却受制于自义率祖。

简单总结一下，本节根据鸡笼图和宗枝图，试图抽象出丧服制度中的亲属原则。丧服所体现的亲属制度，以亲疏远近关系为基础，但以尊尊为推衍原则，根据本宗尊亲属男子宗亲关系，推衍出其他所有的宗亲关系。比起鸡笼图来，宗枝图更加抽象地体现出秦汉以后的宗族关系，尤其更适合宋代以后以小宗为主的宗族制度，所以它在宋代以后非常流行，在明清的会典当中和许多家族的家谱当中，都被广泛使用。

六　与罗马法、教会法亲等算法的比较

将丧服制度中的亲等算法与西方罗马法、教会法（或

译寺院法）中的亲等算法相比较，是现代丧服研究中的一个重要课题。在比较中，我们才能更清楚地看出丧服制度的特殊之处。丁凌华先生已经做出了非常出色的研究。[1]我们在上面弄清楚了丧服图中的亲属原则后，可以进一步深化这种比较。

罗马法的亲等计算方法，直系亲由己身上下数，一代为一等亲，如父母为一等亲，祖父母为二等亲，曾祖父母为三等亲，高祖父母为四等亲，同样，儿子为一等亲，孙子为二等亲，曾孙为三等亲。旁系亲则从己身上数到彼此共同的祖先，再由祖先数到他，以总代数为亲等。比如，昆弟就是二等亲，从父昆弟就是四等亲，昆弟之子是三等亲，从父昆弟之子是五等亲（图6）。[2]

罗马法的亲等算法呈现出家父长制结构，每个人都要根据与共同上溯到的家父长的关系来计算亲属关系，每一枝的每一代之间的亲等是依次降杀的，不会相同。尊长与卑属之间的亲等数目应该这样算出：我的从祖祖父是我的曾祖父的儿子，曾祖父是我的三等亲，而从祖祖父是曾祖父的一等亲，因而从祖祖父就是我的四等亲。反过来，昆弟之孙是我父的曾孙，父是我的一等亲，而昆弟之孙是我父的三等亲，所以昆弟之孙是我的四等亲。我和我的从祖祖父的关系，与我的昆弟之孙和我的关系是一样的。罗马法里的亲属关系，

---

〔1〕 丁凌华《五服制度与传统法律》，第147—148页。

〔2〕 参见查士丁尼《法学总论：法学阶梯》，第三卷第六篇，第1—7条，张企泰译，商务印书馆，1996年版，第140—144页。

168　　礼以义起：传统礼学的义理探询

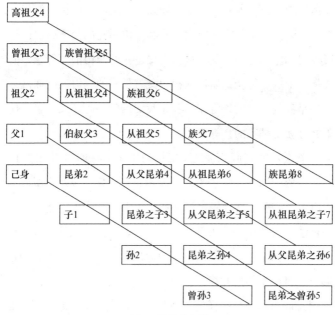

高祖父4				
曾祖父3	族曾祖父5			
祖父2	从祖祖父4	族祖父6		
父1	伯叔父3	从祖父5	族父7	
己身	昆弟2	从父昆弟4	从祖昆弟6	族昆弟8
	子1	昆弟之子3	从父昆弟之子5	从祖昆弟之子7
		孙2	昆弟之孙4	从父昆弟之孙6
			曾孙3	昆弟之曾孙5

图6　罗马法亲等

也完全可以用鸡笼图表现出来；若更抽象一点，就是在图5中无限延伸的平行四边形。这种平行四边形与宗枝图的菱形很不同，它只是若干条平行的线，被正尊一枝连接起来。我们甚至可以不把它绘成平行四边形，而绘成矩形或扇形，只要与正尊一枝的关系表现出来就可以。它与五服制度最大的不同是，这里不存在旁杀的问题。

教会法的亲等算法是：直系亲属也按照血缘远近计算，对于旁系亲属，则己身和所算的亲属分别数到同源之祖先，以代数多的为亲等。这样，尊长的亲等都和他们所出自的那个祖先相同，因为他们与同源祖先的距离不可能大于我和这个祖先的距离；但对于卑属，则以卑属距离这位祖先的代数为准，因为这个数字一定大于我和这位祖先的距离。仍以从祖祖父和昆弟之孙为例。从祖祖父是我的曾祖的一等亲，而我是曾祖的三等亲，所以从祖祖父就是我的三等亲。而昆弟之孙是我的父亲的三等亲，我是我父亲的一等亲，于是，昆弟之孙就也是我的三等亲。[1]

教会法和丧服制度的亲等呈现出非常有趣的相似之处。除去丧服中因为加隆、出入等因素而有变化，以及丧服制度因有五等丧服，而在六世以往不再有细致的计算之外[2]，两种算法算出的亲等结果都是一样的。教会法的亲等关系也可以在鸡笼图中表现；对它的抽象表现形式，可以是平行四边形，也可以是矩形和扇形。教会法和罗马法的亲等算法虽然不同，但原理都是一样的，即都是根据血缘距离的计算，而没有旁杀的问题（图7）。

三种亲等计算方式，都是对人类共有的宗族关系的文化表达，因而它们都必须能表达这样一个最基本的现象：我和我的尊长的关系，和尊长与我的关系，应该是一样的，即从祖祖父的亲等和昆弟之孙的亲等应该是一样的。我们在上面看到，三者都能做到这一点，但算法并不相同。像在罗马

---

〔1〕 *The Code of Canon Law*, Can 107, London: Collins Liturgical Publications, 1983, p. 16.

〔2〕 《礼记·大传》："四世而缌，服之穷也。五世袒免，杀同姓也。六世亲属竭矣。"《礼记·文王世子》："族之相为也，宜吊不吊，宜免不免，有司罚之。"郑注："吊谓六世以往，免谓五世。"其详细解释见张锡恭《丧服郑氏学》卷十五，第28页。

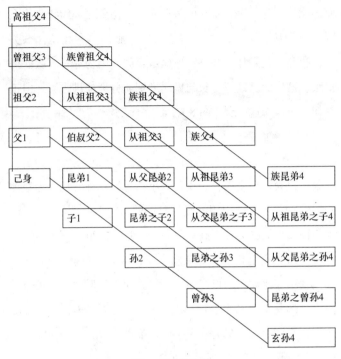

图 7　教会法亲等

法中，从祖祖父之所以和昆弟之孙的亲等相同，是因为两条线上的亲等距离相加相同；以教会法的计算方法，二者的距离自然也是相同的。并且，无论在罗马法还是教会法中，同样的算法也完全适用于直系卑亲属，因为上数几个距离和下数几个距离都是一样的。

在丧服体制中，我与旁尊的关系，和旁尊与我的关系也是一样的；但我与正尊的关系和正尊与我的关系却不能一样。这都是"报"的关系，但必须放在尊亲体制下来看待，而不能化约为数字关系。就旁尊而言，昆弟之孙给我服什么服，作为从祖祖父的我就给他服什么服，他和我是什么关系，我和他就是什么关系。卑属本无服，因为尊长有服而得报服，这里面已经将尊长与卑属之别充分考虑进去了。但正尊却不止考虑这一层（图8）。

就正尊而言，子为父服斩衰三年，父为长子服斩衰三年，为嫡妇大功，为次子服期服，为庶妇服小功；孙为祖服期服，祖为嫡孙服期，为嫡孙妇小功，为众孙大功，为众孙妇缌麻；曾孙为曾祖服齐衰三月，曾祖为曾孙服缌麻三月，为曾孙妇无服；玄孙为高祖服齐衰三月，高祖为曾孙服缌麻三月。亲服之上皆为正尊加隆，而正尊则为卑属报其加隆，降其本服。比如，若仅以亲论，父为期服，但"至敬根至爱而生，故其至尊从至亲而出"，以尊加隆至三年，妇从夫降一等，服期服。而父为众子是以尊临卑，报其加隆，降其本服，服期服，为子妇则不报加隆，又降本服一等，故服小功。同理，为嫡孙期服，嫡孙妇小功，庶孙大功，而庶孙妇缌麻。[1]以此类推，为曾孙本应服小功，却服缌麻，这是因为，曾孙服曾祖齐衰三月，曾祖不能为曾孙服小功五月，超过三月之数，故降为缌麻，玄孙亦在缌麻。[2]因为这样复杂

---

〔1〕 张锡恭《释服第二十二·释正尊降服》，收入《丧服郑氏学》，第402—404页。

〔2〕《礼记正义·丧服小记》："为孙既大功，则曾孙宜五月，但曾孙服曾祖正三月，故曾祖报亦一时也。而曾祖是正尊，自加齐衰服，而曾孙正卑，故正服缌麻。"第1651页。

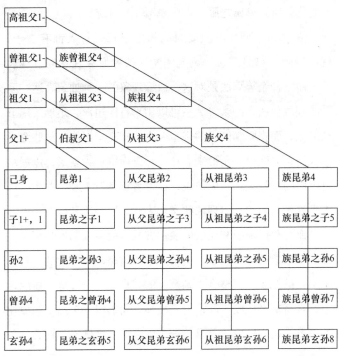

1：齐衰期服，1+：斩衰与齐衰三年，1－：齐衰三月

2：大功，3：小功

4：缌麻，5：袒免

6：吊，6以上，亲属竭矣

图8　丧服亲等计算

的变化，所以卑属之服与正尊并不一一对应。

在父系宗族中，只要自高祖之下每代每人都有二子，就可以画出鸡笼图来，鸡笼图是对这种血缘现象的直观表达，而三种亲等算法是对这一血缘现象的三种抽象表达。罗马法和教会法中的亲等关系可以用平行四边形、矩形或扇形来表达，而丧服制度中的宗亲关系，却完全不能用这些图形来表达，只能以三角形来表达，并进而推展为菱形，以展示更全面的宗枝关系。应该说，这三者都是对于宗亲关系——人类这种共同的自然现象的文化表达，罗马法和教会法采取的是血缘距离加减和比较的表达方式，而丧服制度却用了一种非常抽象的尊亲关系，简单说来，就是以正尊中的"自义率祖"的概念，来整合由亲及疏的"自仁率亲"这一血缘现象，再将尊亲原则不断推衍、叠加，而形成一个高度抽象化的菱形结构。这应该就是传统中国亲属制度区别于西方的关键所在。

结语：团体格局与差序格局再思考

有了上面对丧服制度与罗马法、教会法的比较，我们可以再来看一下费孝通先生关于团体格局和差序格局的讨论。以往的讨论往往集中于差序格局本身，而较少思考费先生用来作参照系的团体格局。西方的团体格局，实即罗马法亲属制度发展出来的一种形态。费先生的原文是："西洋的社会有些像我们在田里捆柴，几根稻草束成一把，几把束成一扎，几扎束成一捆，几捆束成一挑。每一根柴在整个挑里都属于一定的捆、扎、把。每一根柴也都可以找到同把、同扎、同捆的柴，分扎得不会乱的。……我们不妨称之为团体格局。"[1]

中西历史中的亲属制度和社会结构都有非常复杂的历史变迁，不可一概而论，所以用团体格局和差序格局来泛泛地概括二者的特点，总难免过于简化。我们将对差序格局的讨论还原为丧服图的讨论，研究的对象会更加明确。同样，我们也可以把费先生以捆柴来比喻的西方社会限定在古代希腊罗马社会中，也会更加明确和恰切。

费先生固然是为了说明团体之间界限分明，但他无意中也描述出一个同心圆的结构来。从把，到扎，到捆，再到挑，难道不是层层外推的同心圆结构吗？而英国法学家梅因正是以同心圆的方式理解城邦社会的构成的：

在大多数的希腊城邦中，以及在罗马，长期存在着一系列上升集团的遗迹，而城邦就是从这些集团中产生的。罗马人的家庭（family）、氏族（house）和部落（tribe）都是它们的类型。根据它们被描述的情况，我们不得不把它们想象为由同一起点逐渐扩大而形成的一整套同心圆，其基本的集团是因共同从属于最高的男性尊属亲而结合在一起的家庭，许多家

<hr>

[1] 费孝通《乡土中国 生育制度》，第25页。

庭的集合形成氏族（gens or house），许多氏族的集合形成部落，而许多部落的集合则构成了政治共同体（commonwealth）。[1]

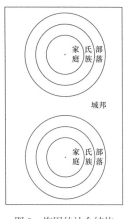

图9　梅因的社会结构

我们可以用图9来表示这种关系。在这幅图中，家庭就是"把"，氏族就是"扎"，部落就是"捆"，城邦就是"挑"。从氏族到部落，确实是一个个同心圆的关系，但城邦并不是另外的一个同心圆，而是不同的部落联合起来组成的政治共同体。尤其需要注意的是，并不是每一根柴（同心圆中的每个点）都能成为城邦的公民，因为只有家父长才是城邦的合法公民。因此，如果说差序格局这个同心圆的圆心是每个己身的话，团体格局的圆心实际上是每一个家父长。所以，在罗马法的亲等计算方式中，核心是家父长。亲属关系取决于宗亲与家父长之间的关系。按照梅因的说法，家父长就是氏族长，也是部落首领，但未必是城邦领袖。

构成城邦的每一个部落，都可以看作家族逐渐繁衍扩大形成的，就是由家父长统治的大的宗法组织，我们应该都

〔1〕［英］梅因《古代法》，沈景一译，商务印书馆，2011年版，第85页，译文略有改动。

可以用鸡笼图勾勒出其中的关系。不同的宗法组织的首领，共同构成了城邦社会。关于从家族到城邦的发展过程，古代西方的资料相当缺乏。法国历史学家古郎士在《古代城市》中已经有过详尽的推测和描述[1]，虽然现在已经很少有历史学家还能接受，但以家父长为首的家族与城邦的关系，是基本上没有问题的。20世纪，著名历史学家李宗侗（玄伯）先生将古郎士所描述的西方古代城邦制度与中国古代宗法制度做了对比，发现了非常多的相似之处。[2]虽然李先生的很多具体说法值得商榷，但中西这两个同心圆结构都非常重视家族和政治共同体，是没有问题的。费孝通先生和李玄伯先生的研究，可以看作比较中西社会与文化的两个方向，前者强调差异，后者强调相通，但我们则希望，在看到相通之处之外，再来看其实质的差异是什么。

差序格局与团体格局的真正区别，并不在于有没有同心圆结构，也不在于是否强调自己人和外人的亲疏之别。在梅因和古郎士所描述的那个同心圆结构中，当然也存在为了自己的城邦而牺牲其他城邦，为了自己的部落而牺牲其他部落，为了自己的氏族而牺牲其他氏族，为了自己的家族而牺牲其他家族的事情。无论中西古代社会，对家族及其伦理的强调都是非常重要的，而这既可以用同心圆表示出来，也可

---

〔1〕 ［法］菲斯泰尔·德·古郎士《古代城市：希腊罗马宗教、法律及制度研究》，吴晓群译，上海人民出版社，2012年版。

〔2〕 李玄伯《〈希腊罗马古代社会研究〉序》，见氏著《中国古代社会新研》，开明书店，1949年版。

以描绘为鸡笼图的结构，而不是菱形宗枝图的结构。鸡笼图中体现出的亲疏远近，是中西父权社会中都存在的。使两种格局真正区别开来的，是如何理解这个同心圆结构中的人伦关系，特别是如何以这些同心圆来建构社会组织。而在上述的比较中，我们至少可以看到这样两点比较根本的差别：

第一，西方罗马法和教会法中体现出的，是更加严格的父家长制宗法关系，因而在同心圆中，就以家父长为圆心；在中国的亲属制度中，虽然也有尊尊的维度，但同心圆的圆心是己身，尊尊始终以亲亲为基础。

第二，在古代西方的同心圆家父长制之外，是以联合家父长的方式，组成了城邦社会。城邦公民之间的平等，与家庭内部的不平等，是相互配合的。但中国古代却是以亲亲尊尊为基础，逐渐推衍而成的宗法社会。

中西社会制度的比较，仍然需要从这两个方面深入思考。而费孝通先生的差序格局概念，虽然失去了丧服图中的尊尊维度，但这并不是由于费先生的失误，而恰恰是因为，我们在现代中国所看到的亲属结构，就已经相当缺乏尊尊的维度，而呈现出以自私为基本特征的差序格局。不过，如何来理解这个格局的实质，仍然需要我们在中西比较的框架当中，深入中国文化结构，特别是五服制度的思想内涵当中，来严肃对待中西之间的古今之变。

三年丧起源考论

一 现代学术中的三年丧问题

　　孔、孟大力提倡以父母三年丧为中心的丧服制度，宣称是"百王之所同"，"三代共之"，历代丧服学者本无异词。但现代学者对三年丧何时成立，产生了种种争论，使之成为理解中国礼制史的一个核心问题。时至今日，已经很少还有人相信三年丧是自古以来的制度，至于孔子之前是否有三年丧之制，或者是否周代旧制，则有诸多说法。总结起来，现代学者大致提出了这样几种观点[1]：

　　（一）相信孔、孟的说法，认为三年丧确实是百王之所同，或至少三代共之。这一派的学者非常少，最有代表性的应该是郭伟川先生。[2]

〔1〕　参考丁鼎《"三年之丧"源流考论》，《史学集刊》，2001 年第 1 期；丁鼎、王明华《"三年之丧"为武王创制说平议》，《华侨大学学报（人文社会科学版）》，2001 年第 3 期。

〔2〕　郭伟川《古"儒"新说——胡适之、傅斯年二先生论说考正》，收入氏著《中国历史若干重要学术问题考论》，国家图书馆出版社，2009 年版，第 23—100 页。

（二）殷商制度说。清人毛奇龄已经提出这种说法；在现代学者中，胡适、傅斯年先生率先提出此说。当代学者中，杨朝明先生也主张，三年之丧是殷人旧制。[1]

（三）认为三年丧是西周所制之礼。这也是古代丧服学中长期流传的说法，尤其为朱子所强调，因为旧传周公制礼，《仪礼》全书就更是周公所作，子夏为《丧服》一篇作传。现代学者王国维先生在《殷周制度论》中认为，周代确立了嫡庶、宗法、宗庙、丧服等一系列礼制。当代学者何丹等人持这种观点。[2]也有学者主张，三年丧起自武王之时。清人王念孙已持此说，今人李洪君继承了这个说法。[3]

（四）三年丧为东夷之俗。孔德成先生最早提出这一说法，其弟子章景明先生在《先秦丧服制度考》中予以发展，其主要根据是《礼记·杂记》中关于大连、少连善居丧的记载，《左传》中晏婴服斩衰服的记载，以及齐鲁本为东夷之地的历史。[4]

（五）三年之丧为孔子所创。廖平、康有为率先提出这一说法，其后钱玄同、郭沫若，包括早期的胡适

〔1〕 杨朝明《"三年之丧"应为殷代遗制说》，《史学月刊》，1995年第2期。
〔2〕 何丹《"三年之丧"与"周公制礼"》，《兰台世界》，2014年第18期。
〔3〕 李洪君《周代三年之丧考》，《重庆师院学报（哲学社会科学版）》，2001年第1期。
〔4〕 章景明《先秦丧服制度考》，台湾中华书局，1971年版。

都接受。此派学者或亦接受三年丧起源于殷制之说。

上述几派学者中，甚至同一主张的不同学者之间，都很可能有相当不同的出发点。在古代礼学传统当中，无论将三年丧说成是百王所同、三代共之，还是武王或周公所制，都是为了证明它是先王之礼，郭伟川先生仍然相信三年丧是百王所同，也是基于他对周代文明与礼制的总体理解。而现代绝大多数学者之所以认为它是孔子所制，是因为从康有为以来的现代学者就已经不肯相信先王制礼这个命题，而把孔子改制当成一个公认的前提，那么儒家礼制中如此核心的三年丧制，自然就是孔子创立的一项了。无论康有为、郭沫若、钱玄同、胡适，还是其他主张孔子制定三年丧制的说法，基本上都分享了这样一个理解。而胡适和傅斯年先生之所以将三年丧定为殷人之礼，仍然是因为他们认为这是孔子所制，但由于孔子是殷人之后，他们要为孔子制礼寻求进一步的解释，所以，他们的说法其实是孔子改制说的一个更复杂版本。

孔德成、章景明先生将三年丧定为东夷之俗说，则出于一种民族学的解释，将三年丧问题与近代古史研究中的族群问题相结合，笔者也倾向于这一解释，后文详述。

晚近学者亦多有由某风俗立论者，如顾颉刚先生的哲嗣顾洪先生认为，三年丧起源于二次葬的习俗，先由叔向改造为三年丧制，再由孔子大力提倡。[1] 方述鑫认为，三年丧

---

[1] 顾洪《试论"三年之丧"起源》,《齐鲁学刊》, 1989 年第 3 期。

起源于殷代的衣祀，孔子将它与当时流行的既葬除丧之法相结合，而有了以三年之丧为中心的丧服制度。[1]

今天再来研究三年丧问题，我们应该一方面吸收民族学、考古学的研究成果，另一方面充分意识到，所谓三年丧的起源问题，其实是以三年之丧为中心的丧服制度的起源，或者说这套丧服体系的理论起源。如果我们仅仅发现某人为某人有服三年丧的现象，而不管二人相互的关系，也不管服丧的其他方面，还不足以深入这个问题。现代学者的研究大多仅限于笼统地追溯"三年之丧"的起源。除丁鼎先生将三年丧的起源与三年丧的月数联系起来讨论外[2]，其他研究者均未能深入到三年丧的理论细部。

现代三年丧的讨论，其开端是清儒毛奇龄的质疑。因而我们需要从毛奇龄的辨析开始。毛奇龄对传统的三年丧问题提出了三点质疑：第一，三年丧或许为殷代旧制，周代不行；第二，三年丧本无斩衰、齐衰之别，汉儒始发明其等杀；第三，三年丧本为整三年三十六月，非如汉儒所谓二十五或二十七月。其中第三点最没有根据，并且与本文主旨关系不大，我们不做过多讨论。[3]但第一和第二点，都至

---

〔1〕 方述鑫《"三年之丧"起源新论》，《四川大学学报（哲学社会科学版）》，2002 年第 2 期。

〔2〕 丁鼎《"三年之丧"源流考论》，《史学集刊》，2001 年第 1 期。

〔3〕 《仪礼·士虞礼》《荀子·礼论》《公羊传》皆有三年丧二十五月之说。郑王经学三年丧月数之争，在于对禫祭的理解。《檀弓》中说，大祥后"中月而禫"，大戴、郑君以为间月而禫，故定为二十七月，王肃则以为月中而禫，故定为二十五月。毛氏虽持三十六月之说，却无法（转下页）

（接上页）否定服丧流程中的祥、禫之祭，更无法否定各经中祥、禫的流程。毛奇龄接踵唐人王元感，针对"二十五月而毕"辩驳说："此所谓毕，非谓三年丧期从此而终，谓夫三年之丧服，则二祥而亦已尽也。古凡称丧，皆专指丧服而言，故除重服曰除丧。《丧小记》曰：'期而除丧。'岂期撤丧乎？谓期则小祥可以除重服，而服练服也。去轻服亦曰去丧，《论语》曰：'去丧无所不佩。'岂撤丧而尚虞，有不佩乎也？是除丧、去丧总名毕丧。毕丧者，祥丧毕耳。盖再期二祥，则缟素疏麻为服已尽，嗣此而禫，将改易纤黄之服，此固吉凶纤素一大界限，故可云毕，不然，岂不知祥后有禫，再期之后有中月，而乃曰是月毕丧，其可通乎？故《丧小记》曰：'再期之丧三年也，期之丧二年也。'何尝曰三年之丧以再期限，期之丧以二年限乎？谓夫限于再期之丧服，则余服未已，此三年者也。限于期之丧服，则余服虽止二月而已，逾于期，此虽限一年，而实几于二年者也。丧者，服也，再期者，祥服之名也，故再期之丧，亦正如所云三年之丧二十五月而毕耳，谓大祥而衰缟从此除耳，盖期之二年非二十五月，则三年再期亦非二十五月。如谓再期是二年，期亦是二年，则《中庸》当云'二年之丧达乎大夫，二年之丧达乎天子'。亲丧即期，期即亲丧，有何相去，而乃天子、大夫判为一达一不达，《中庸》多事矣。"（毛奇龄《丧礼吾说篇》卷七，页3—5）《四库提要》驳之云："奇龄又谓三年之丧当为三十六月，不得折月，而又无解于《荀子·礼论篇》'二十五月而毕'之文，遂谓毕者乃毕衰服也，至二十七月禫后又加禫服九月。考《间传》曰：'中月而禫，禫而纤，无所不佩。'孔颖达《疏》：'此谓禫祭既毕，吉祭以后，无所不佩。'又《丧服小记》曰：'再期之丧，三年也。期之丧，二年也。'《丧大记》曰：'禫而从御，吉祭而复寝。'《檀弓》曰：'是月禫，徙月乐。'《间传》又曰：'中月而禫，禫而饮醴酒。'饮酒者先饮醴酒，食肉者先食干肉，是征诸礼经，显有典训。今奇龄谓禫后服绶冠素端者凡十月，与《经》义无一相合。岂先王制礼之意乎？"（永瑢《四库全书总目·经部》卷二十三）毛氏此说非常牵强，《提要》就毛氏所涉及的每条经义反驳，可谓淋漓尽致，毛氏当无言可对。至于其所引《中庸》二语，盖因天子诸侯绝旁期，而大夫不绝期，所以说"期之丧达乎大夫"，天子虽绝期，却不可绝父母三年之丧，故曰"三年之丧达乎天子"，本无可疑。期之丧虽超过一年十二个月，但不杖期十三月，杖期十五月，距离二年还差很多；而无论二十五月还是二十七月，均已到第三年，不可称为二年，大戴、郑君定为二十七月，则即使遇闰月也是（转下页）

关重要，可以帮助我们打开讨论三年丧问题的思路。本文的主体部分就从毛奇龄的这两点质疑出发，分别讨论三年丧的丧期来源与服制来源。

二 三年丧制度之丧期来源

我们认为，三年丧的丧期问题，和斩衰、齐衰的服制问题，是两个问题，应该分开来讨论，而毛奇龄的质疑恰恰就是这样做的。下面的讨论将分为两个部分，首先讨论三年丧丧期的起源，然后再讨论斩衰、齐衰的问题，两方面的讨论都从毛奇龄的质疑出发。

1 毛奇龄对丧期起源的质疑

据《孟子·滕文公上》，滕定公卒，世子请教孟子后，欲服三年丧，"父兄百官皆不欲也，故曰：'吾宗国鲁先君莫

（接上页）三年，更无理由称为二年之丧。且三十六月云云，又违背了丧服月数必为奇数之例。古书所云"三年""三载"，毛氏一定强解为三十六个月，并无充分理由。凡是理解三年丧守丧、变服之程序，即可理解三年丧不必三十六月。毛氏又以汉文帝以日易月改为三十六日，由此反推，则三年丧必为三十六月。以汉文帝的做法反推先秦服丧时间，不能作为确切根据；且《汉书》中文帝遗诏并无"以日易月"之说，后荀爽（《后汉书·荀爽传》）、应劭等概括为以日易月，颜师古驳云："此丧制者，文帝自率己意创而为之，非有取于《周礼》也，何为以日易月乎！三年之丧，其实二十七月，岂有三十六日之文！"（《汉书·文帝纪》颜注）所谓以日易月本就可疑，以此反推三十六月，更没有根据。故毛氏之说无法成立，不必再驳。

之行，吾先君亦莫之行也。'"这是导致毛奇龄怀疑三年丧起源问题的关键文本。在较早的[1]《丧礼吾说篇》中，毛奇龄已经表达了对丧服制度的种种怀疑，也发现了《春秋》中许多不行三年丧的事例，但仍然未怀疑孟子之前有三年丧之制，认为这些只是周代的行权：

> 盖古三年不朝聘，而周则既葬受瑞，卒哭锡命；古三年不听政，而周则承丧即位，改元御寝；古三年不入庙，而周则烝尝禘袷，仍沿庙祭；古三年不从金革，而周则丧服遇警，遂许墨涅以从事。甚至期年纳币，未葬与盟，皆周制所有，而夫子《春秋》未尝讥之。即《孟子》五月居庐，未有命戒，亦系殷礼。高宗三年不言与康王之甫受顾命，负扆作诰，正自不同。故曰先君莫之行。是服官任事，断以祥禫，而国有大事，则复以权礼应之。夫然后，君父两全，而夺情起复之议，可不作也。然则，今制周制矣。或曰：三年在周末已不行，故孟子在滕始定三年。则不然，夫孟子所定，正定此齐疏飦粥、居庐命戒诸制，岂有父母三年定自战国者？夫齐宣欲短丧，非三年，而何以短为？[2]

---

〔1〕 胡春丽考证《丧礼吾说篇》约成于康熙三十七年（1698），参见《毛奇龄年谱（下）》,《中国经学》第 8 辑，广西师范大学出版社，2011 年版，第 216 页。
〔2〕 毛奇龄《丧礼吾说篇》卷七，康熙二十五年萧山书留草堂本，页 13。

即使康王在父亲去世后不久就"负扆作诰",毛奇龄也只是认为是行权。孟子并不是强行让滕国实行本来没有的三年丧,而只是更加完善了三年丧之制而已。他特别举出齐宣王欲短丧之事,认为这恰恰证明,齐宣王之前有三年之丧。

但毛奇龄似乎并不满足于这一结论,康熙四十二年(1703),编修陈恂母丧,毛奇龄为题主,在丧礼上,毛奇龄就向客人们提到了《孟子》中的这一段,颇为怀疑地说:"岂三年丧制定自孟子耶?"引起了一番争论,第二天还有人专门拜访毛奇龄讨论此事。但毛奇龄并未给出一个明确的结论。[1]

等到《四书剩言》和《四书改错》中,毛奇龄就明确认为三年丧是殷礼了。《四书剩言》中的一段因为焦循在《孟子正义》中所引,更广为流传,而《四书改错》晚出,当为毛氏定论,然流传不广。两处虽大同小异,《四书改错》中总结毛氏之说更详细,故本文录《四书改错》之文:

> 此则周章之甚者。以三年之丧而谓定自孟子,则裁闻此语,便该吃惊。况父兄百官亦已多人,一齐曰:鲁先君莫行,滕先君莫行。则以周公造礼之人,与其母弟叔绣裁封国行礼之始,而皆莫之行,则无此礼矣。乃茫然不解,忽委其罪于后君,曰:后世之失。

---

〔1〕 毛奇龄《四书索解》卷一,康熙二十五年萧山书留草堂本,页6—7。

夫后世则春秋、战国尽之矣。战国齐宣欲短丧，犹且不敢。若春秋，则鲁僖以再期纳币，即讥丧聘。昭公居丧不哀，叔向便责其有三年之丧，而无一日之戚，谁谓三年不行，起于后世？况明日先君，且明日从先祖，先祖者，始祖也，乃又依回其词，谓上世以来，虽或不同，旧俗相传，礼文小异。夫此无容有不同、有小异者。试问其所云不同与小异者，是几年与几个月？且是何等礼文？当分明指定。尝于康熙癸未岁在杭州陈编修家作题主，陪事座客论丧礼，以此询之，一堂十二席，嘿若喑者，最后录其说入《四书索解》中，遍索解人，而终无一应，不知此在本文自晓，读书者总为此注本作锢蔽耳。本文明云：君薨，听于冢宰，即位而哭，而世子之行之者，即曰五月居庐，未有命戒，此非周制也。子张问，高宗谅阴，三年不言，而不知所谓，则必近世无此事，而夫子告之以古之人，其非今制已可知矣。及读《周书·康王之诰》，成王崩方九日，康王遽即位，冕服出命令，告诸侯，然且居翼室而并不居庐，与谅阴与三年不言之制绝不相同。然犹曰，此天子事耳。后读《春秋传》，晋平初即位即改服命官，遽会溴梁，与列国通盟戒之事，始悟孟子所言与滕文所行，皆是商以前之制，并非周制，在周公所制礼并无有此，故侃侃然曰：周公不行，叔绣不行，悖先典，违授受，历历有词，而世惑传注而总不察也。盖其云定三年之丧，谓定三年之丧制也。然则孟子何以使行商制？曰：使滕行助法，亦商制也。[1]

《四库提要》中评价说："奇龄说经，善考证而喜辨论，故诠释义理，往往反复推衍，以典籍助其驳诘，支离曼衍，不顾其安。至于考核事实，征引训诂，则偏僻者固多，而精核者亦复不少。"[2]毛氏经过长期思考，在四部著作中反复推演，最终大胆地得出了三年丧为殷制的结论，其后并为胡适、傅斯年、杨朝明等先生所继承。虽然他真正有力的证据只有"高宗谅阴"一条，但对于周代未行三年丧的考证，却是非常值得重视的。

2 孔孟之前的三年丧制

清末康有为提出孔子改制说，虽然没有直接引毛奇龄，但可以说是毛氏之论的进一步推展。据其孔子改制之说，他认为六经和包括三年丧在内的许多礼制都是孔子所创。在三年之丧问题上，他给出的理由大致可以归结为：第一，墨子称道禹汤文武，而攻击儒家的三年之丧与亲亲尊尊之说，这说明三年之丧并非先王旧制；第二，《礼记·杂记》记鲁哀公使孺悲向孔子学丧礼，《士丧礼》才被写定；第三，《论语》中宰我疑三年之丧，以及子张问高宗谅阴三年，都说明

---

[1] 毛奇龄《四书改错》卷九，嘉庆十六年金孝柏学圃刻本，页2—3；亦见于《四书賸言》卷三，《景印文渊阁四库全书》第210册，第228页。

[2] 永瑢《四库全书总目》卷三十六，乾隆五十年武英殿刻本，页30。

三年之丧并非通行制度；第四，《孟子·滕文公上》中，滕文公的父兄百官的怀疑。所以，康有为认为，《仪礼》中的丧礼仪节与三年丧之制，皆为孔子所创。[1]康有为并不认为三年丧是殷制，但相信殷高宗行了三年丧并给孔子以灵感，"孔子立三年丧之制，著之于书，盖古者高宗尝独行之。孔子托古定制，故推之为古之人皆然"[2]。

古文立场的章太炎，驳斥了康有为和其他今文经学家的说法，指出，《杂记》中说"《士丧礼》于是乎书"，并不是说丧礼这个时候才制定，而是这个时候写成文字。至于《滕文公上》的那一条，太炎先生的反驳是毛奇龄已经提到的一种解释，即周公时本行三年丧，但春秋战国时已失礼，不能行之，这并不意味着鲁国从来都不行三年丧——这一反驳当然没有很大的力量。但太炎先生从《左传》中找到了几条行三年丧的例证，却值得认真对待：昭公十一年，叔向"有三年之丧，而无一日之戚"；昭公十五年，叔向"王一年而有三年之丧二"；"三年之丧，虽贵遂服"。[3]

胡适先生于 1930 年发表《三年丧服的逐渐推行》，考证三年丧在汉代的推行过程，其基本理念亦承康氏而来。[4]但

---

〔1〕 康有为《孔子改制考》，收入《康有为全集》第三集，第 131 页以下。
〔2〕 同上书，第 144 页。
〔3〕 章太炎《驳皮锡瑞三书》，收入《太炎文录初编》卷一，《章氏丛书》，浙江图书馆校刊本，1917 年，页 12。
〔4〕 胡适《三年丧服的逐渐推行》，收入《胡适文集》第五册，北京大学出版社，1998 年版，第 76 页以下。

后来他看到了傅斯年先生的《周东封与殷遗民》[1]一文，改为以三年丧为殷人旧制，为孔子所提倡。二位先生最主要的依据仍然是《论语》和《檀弓》中孔子对高宗三年谅阴的解释。[2]傅斯年先生又认为齐鲁等地多为殷遗民，三年丧或为他们带过去的。后来郭沫若先生与钱穆先生分别撰文批驳胡适的说法，都认为三年丧殷制说并无充分根据。[3]

权衡以上诸家之说，我们以为，虽然殷遗民之说未必成立，但毛奇龄以来学者们所注意到的现象都值得认真对待：宰我不认为三年之丧是天经地义的，滕国百官表现出三年丧在鲁国和滕国至少在相当长的时间内未曾施行，以及墨子非常激烈地反对儒家所讲的三年丧。再证诸《春秋》所记史事，除毛氏已举的例子之外，又有鲁僖公三十三年十二月乙巳薨，葬于次年夏四月，又次年公子遂如齐纳币，《公羊传》："讥丧娶也。"毛氏亦已提及。可见鲁国诸侯未行三年丧。《左传》昭公十五年叔向讥周王一年有三年之丧二而不服，恰恰说明周天子亦未行三年丧。根据清人顾栋高《春秋大事表》卷十六的考证，春秋时实未见有行三年丧的天子诸侯。这种种情况均说明，三年丧在孔子之前不大可能是一个严格规定的礼制，即三年丧并非周代定制。

〔1〕 傅斯年《周东封与殷遗民》，收入《傅斯年全集》第 3 卷，第 239 页。

〔2〕 胡适《说儒》，收入《胡适文集》第五册，第 3 页以下。在《胡适文存》中，毛奇龄的相关论述附在文后。

〔3〕 郭沫若《驳〈说儒〉》，收入《郭沫若全集·历史编》第 1 卷《青铜时代》；钱穆《驳胡适之说儒》，收入《中国学术思想史论丛》卷二，安徽教育出版社，2004 年版。

但这并不意味着，三年丧完全是孔子的发明。除了章太炎所引叔向的两条《左传》材料之外，《左传》中还有哀公二十年，"赵孟降于丧食，楚隆曰：'三年之丧，亲昵之极也，主又降之，无乃有故乎？'"叔向论三年丧的两条，说明当时不仅有关于三年丧的观念，而且叔向等人看得还比较重，虽然未必是国之定制，丧而不戚都是应该批评的。顾洪先生说叔向比孔子更早提倡三年丧，但这些都不像是叔向的发明，更不会是孔子的发明。[1]而亲身实践三年父丧的赵孟（即赵简子）大致与孔子同时。《论语》中有赵简子之邑宰佛肸以中牟叛招孔子之事，但赵简子服丧应该不是受到孔子的影响。此外，《史记·赵世家》中说，程婴卒，赵武为之服齐衰三年。《史记》材料来源不可考，但为养父服齐衰三年，按照《仪礼·丧服》，既不符合为父斩衰三年之制，也不符合为同居继父齐衰期之制，汉代现有的文献材料和出土文献中丧服相关的材料也都不支持这种服丧方式，所以不像是司马迁的杜撰，很可能有所本。上述寥寥数条材料，还不足以证明三年丧的普遍施行，但应该可以证明三年丧在春秋时是有一定实践基础的。另外，还有一条外证，《晋书·礼志》和《通典》卷八十都记载，杜预说，秦制，天下人为天子皆服三年，汉初尚如此，至文帝方改。秦代不遵儒礼，此说如确，则秦之天下三年丧当为据此前所行之三年丧损益而来。

---

〔1〕 顾洪《试论"三年之丧"起源》，《齐鲁学刊》，1989 年第 3 期。

3 三年丧来自东夷之俗

由上面数条可见，三年丧应该是孔子之前已经在一定范围内施行的服丧制度，但又并非西周的定制。殷人起源说的最主要根据"高宗谅阴三年"，究竟是否指的服三年之丧，今人多认为不可信。《尚书·无逸》："其即位，乃或亮阴，三年不言。"这里并没有将亮阴（也作"谅阴"）三年等同于服丧三年，而是说在即位之后三年不言。《史记·殷本纪》更云："武丁即位，思复兴殷，而未得其佐，三年不言，政事决定于冢宰。"司马迁并不认为三年不言与三年丧有什么关系，而对于三代史事，太史公是非常尊信《尚书》的。可见，孔子将三年不言解释为服丧三年，确有出于理论上宣扬三年丧的目的，而司马迁并未接受孔子的历史解释。等到郑君根据《尚书大传》将"谅阴"解释为倚庐，更确证了三年丧之说。但今天客观看待历史，我们并没有充分理由信从此说。而高宗三年丧之事既破，三年丧殷制之说就失去了根据。[1]因而，我们必须另外寻求三年丧的起源。

笔者认为，在诸家之说中，孔德成与章景明两位先生的东夷风俗说，倒是更有道理一些。《礼记·杂记》载："孔子曰：'少连、大连善居丧，三日不怠，三月不解，期悲哀，

---

[1] 章景明先生已经指出这一点，见《先秦丧服制度考》，第17页；陈鸿森先生的近作《"高宗谅阴"考》（刊于京都大学《东方学报》第94册，2019年12月，第614—584页；后收入氏著《汉唐经学研究》，中西书局，2021年版）更加令人信服地证明了这一点。

三年忧，东夷之子也。"孔德成先生由此推论说："少连、大连为东夷之子，则其所行之礼，似应为东夷之俗。如果这个假设为是，则三年之丧，很可能就是东夷的旧俗。曲阜为鲁之都，亦在东夷奄之旧墟，可能是孔子因居所的关系，采取了此一东夷的风俗，而赋予新的理论。"[1]《孔子家语·曲礼子夏问》中亦言及此事："子贡问曰：'闻诸晏子，少连、大连善居丧，其有异称乎？'孔子曰：'父母之丧，三日不怠，三月不解，期悲哀，三年忧，东夷之子，达于礼者也。'"[2]这两条应该出自同样的来源，唯一的不同，在于《孔子家语》中提道，子贡是从晏子处听说少连、大连善居丧之事的，而晏子自己守丧之事又见于《左传》襄公十七年："晏桓子卒，晏婴粗衰斩，苴绖带杖，菅屦，食粥，居倚庐，寝苫枕草。"这一段与《仪礼·丧服·斩衰章》的叙述几乎相同："斩衰裳，苴绖杖绞带，冠绳缨，菅屦。""居倚庐，寝苫枕块"则见于此章《服传》。章景明先生结合《史记·管晏列传》"晏平仲婴者，莱之夷维人也"说："据此，则晏婴这个人可能也是个东夷之子，其居父之丧，自然也是依其本族——夷人的风俗。如此说来，斩衰的服制，采取的是东夷之俗；而三年的丧期，当也是袭自东夷。"[3]晏子服斩衰，其丧服形制与《斩衰章》如出一辙，少连、大连居丧，其丧期与变除细

---

〔1〕 孔德成《论儒家之礼》，《民主评论》第七卷第十三期，转引自章景明《先秦丧服制度考》，第 17 页。

〔2〕 《孔子家语校注》，第 635 页。

〔3〕 章景明《先秦丧服制度考》，第 18 页。

节亦与《丧服四制》中的描述完全一致。比起以含混不明的"亮阴三年"来推测三年丧，这应该确切得多了。

而在晏子服丧时，其家臣云："非大夫之礼也。"这也正说明，此种丧服制度并非大夫定制，却可能在齐鲁民间流传。不过，《史记·孔子世家》中却记载，晏子曾对齐景公说："夫儒者滑稽而不可轨法；倨傲自顺，不可以为下；崇丧遂哀，破产厚葬，不可以为俗；游说乞贷，不可以为国。自大贤之息，周室既衰，礼乐缺有间。今孔子盛容饰，繁登降之礼，趋详之节，累世不能殚其学，当年不能究其礼。君欲用之以移齐俗，非所以先细民也。"晏子批评儒者"崇丧遂哀，破产厚葬"，认为不可以此改变齐俗，岂不是与他的亲身实践矛盾吗？如若两条记载均无误，则必须解释这里的矛盾。笔者以为，首先，《左传》与《孔子家语》中关于晏子倾向于儒家丧礼的说法，可信度不会低于《孔子世家》；其次，晏子阻止齐景公重用孔子，应该有政治上的考虑，而未必是他的真实观点；第三，即便从晏子之言来看，他否定的也是孔门所提倡的"厚葬"，而非三年丧。我们可以参考墨子之说，来辨明晏子究竟在反对什么。

《墨子·节葬下》中对儒者丧礼的批评是厚葬和久丧两个方面。厚葬指的是，"曰棺椁必重，葬埋必厚，衣衾必多，文绣必繁，丘陇必巨"，云云。久丧指的是，"哭泣不秩，声翁，缞绖垂涕，处倚庐，寝苦枕块，又相率强不食而为饥，薄衣而为寒"，云云。二者虽然经常联系在一起，却是孔门丧礼学说中的两个方面，前者是《士丧礼》等篇处理的内容，后者才与《丧服》相关。晏子明确批评的，"崇丧遂哀，破产厚葬"，强调的正是厚葬，至于墨子所描述的久丧，却恰恰是晏子所实行的。因而，我以为，《孔子世家》中晏子之言，最多只能证明，东夷之俗并不包括厚葬，而只包括久丧。将久丧与厚葬结合起来，形成一套系统的丧服丧礼制度，应该是孔门所做的工作。[1]

齐威王薨，宣王欲短丧，通过公孙丑问孟子："为期之丧，犹愈于已乎？"毛奇龄《丧礼吾说篇》："非三年，而何以短为？"但齐王短丧不一定是因为此前的田齐君主实行三年丧，还有可能是因为齐地盛行三年丧，且为孔、孟所推崇，齐宣王不欲遵行孟子所提倡的齐地三年丧的风俗，而欲行期年之短丧。齐、鲁均为东夷故地，但齐、鲁之君又非东夷之人，鲁公不行三年丧，而齐王欲短丧，这可能是外来国君对于本地东夷之俗做出的不同反应，而不一定是因为此前有三年丧之定制。

我们支持三年丧东夷之俗说，还不仅因为这几条史料，更重要的是借助民国以来对上古族群的研究，可以看到，在相当长的历史时期，东夷文化对中原文化有着非常深远的影响。20世纪30年代，傅斯年先生发表《夷夏东西说》，指出："现在以考察古地理为研究古史的一个道路，似足以证明三代及近于三代之前期，大体上有东西不同的两个系统。

---

〔1〕 孙诒让《墨子閒诂》，孙启治点校，中华书局，2001年版，第171—172页。感谢《文史》的匿名评审人提示我注意到《孔子世家》的材料。

这两个系统，因对峙而生争斗，因争斗而起混合，因混合而文化进展。夷与商属于东系，夏与周属于西系。"[1]其后徐旭生先生在《中国古史的传说时代》中，进一步将华夏、东夷、苗蛮定为中国上古的三大族群来源："把我国较古的传说总括来看，华夏、夷、蛮三族实为秦汉间所称的中国人的三个主要来源。……因为到春秋时期，三族的同化已经快完全成功，原来的差别已经快完全忘掉，所以当此后的人对于所搜集到的传说作综合整理的时候，就把这些名字糅合到一块。"[2]此后大量的考古发掘，越来越证实了两位先生的说法，我们可以从大汶口文化、龙山文化的遗址来理解东夷文化。[3]东夷与华夏两大族群在中国北方长期互相交往，文化彼此影响，已经成为考古学和古史研究的共识。[4]

另外，在《周东封与殷遗民》中，傅斯年先生说，三年丧"在东国，在民间，有相当之通行性，盖殷之遗礼，而非周之制度"。[5]傅先生以为齐、鲁之国人即为殷遗民，三年丧是他们的习俗。近有杨朝明先生，提到《史记·鲁周公世家》中伯禽"变其俗，革其礼，丧三年然后除之"，也据

〔1〕 傅斯年《夷夏东西说》，收入《傅斯年全集》第3卷，第181页以下。
〔2〕 徐旭生《中国古史的传说时代》，科学出版社，1960年版，第39页。
〔3〕 逄振镐《东夷文化研究》，齐鲁书社，2007年版；张富祥《东夷文化通考》，上海古籍出版社，2008年版；李白凤《东夷杂考》，河南大学出版社，2008年版。
〔4〕 参考孙庆伟《鼏宅禹迹：夏代信史的考古学重建》，第427—428页，以及书中多处。
〔5〕 傅斯年《周东封与殷遗民》，第243页。

鲁地有大量殷遗民，而以此为殷礼。傅斯年、杨朝明由齐鲁之风俗探讨三年丧起源，其说实与笔者颇为接近。只是，我们认为，虽然鲁地确有不少殷遗民，但其地的土著毕竟是东夷，当地的民间风俗更应该来自东夷，而非殷遗民。傅斯年先生还有一个重要论断，即殷人出自东夷。首先，这一说法并无确证；其次，东夷应该是持续时间非常久、分布范围非常广的族群，有很多分支。我们由大连、少连、晏子等东夷人的服丧习俗，可以推断三年丧为当时齐鲁地方的东夷之俗，但无法确定，是否整个东夷文化都实行三年丧。即便殷人确为东夷人，周代的殷遗民与齐鲁的东夷，未必仍然是同样的礼俗。所以相对而言，说三年丧来自东夷文化，比说来自殷人文化，是一个更确切的说法。

到了孔子生活的春秋时代，齐鲁之地的东夷文化与华夏文化已经发生了相当程度的融合。少连、大连、晏婴所行的三年丧当为东夷礼俗，但由于东夷族群人数众多，分布广阔，且与华夏族群长期交往杂居，所以，虽然三年丧并非周人定制，却也已经深深影响到华夏文化，叔向和孔子都非常赞许，以各种方式将它理论化、系统化，并推广开来，如附会殷高宗行三年丧，乃至"古之人皆然"，说成"天下之通丧""三代共之"。而周王、鲁公、滕人、宰我、墨子等，遵循周礼旧制，未行三年丧，也不理解三年丧及其意义，因而表现出相当程度的怀疑。但齐宣王、滕文公等人，虽说受到孟子学说的影响，也是因为看到东夷文化中的三年丧制度，在周礼与夷俗之间做选择，前者倾向于不行，但又怕孟子的批评，后者倾向于行，又遭到大臣的抵制。如果只是孔门几个儒生提倡，这两个国君怎么会有那么大的压力呢？孔、孟一定是在推动已经有相当大影响的三年丧的普遍化，才会有这么大的力量。经过几代人的不断努力，以三年丧为核心的丧服制度逐渐得到了理论上的完善和实践上的承认。

三　三年丧制度之服制来源

在丧服体系中，有斩衰三年与齐衰三年两种三年丧，斩衰三年以子为父之服为主，又衍生出臣为君、妻为夫两种，而于《仪礼·丧服·斩衰章》更细列十目（子为父、臣为君、诸侯为天子、父为长子、为人后者为所后之父、妻为夫、妾为君、女子子在室为父、子嫁反在父之室为父、公士大夫之众臣为其君），皆来自此三纲。齐衰三年，本为父没为母之服，并衍生出继母、慈母、母为长子之服。笼统地说三年丧，可以包括父母斩、齐三年之丧，以及由此衍生的臣为君、妻为夫等丧服。因而，谈三年丧之起源，还不只是谈三年丧期，而且要更细致地辨析齐衰、斩衰的来源。这一点，现代谈三年丧的学者很少能顾及。仍然是毛奇龄，花了大量篇幅讨论齐、斩之服的问题。

1　毛奇龄辨斩、齐服制

毛氏在《丧礼吾说篇》和《四书改错》中都指出，先秦时本无斩衰之服，父母之丧皆为齐衰三年，斩衰之说，是汉代经生发明的。他说："父母之丧，在春秋战国以前并无分别作等杀者，自马、戴诸记始有等杀诸仪节，杂见礼文，而作《士礼》（自注：即《仪礼》）者著《士丧礼》《丧服传》二篇，遂公然扬父抑母，截然分父母丧服为二等，父为斩衰，母为齐衰，然且父在为母期。"[1] 毛氏并《仪礼》经传生疑，以为汉人假托七十子之徒而作，其中所记并非东周时礼，而《仪礼》《礼记》诸篇"彼此窃比，相倚成说"。毛氏为此说之根据，则是《论语》《孟子》《左传》等先秦古书并未谈及斩衰之服。他立论说：

> 丧服有齐衰而无斩衰。古者裳制以下际为齌，齌即齐也。故《论语》"摄齌升堂"、《玉藻》"缝齌倍要"，皆以齌为裳下之名。而齐衰不然，衰有重轻，重服以衰麻六寸缀于当胸，而衣裳四际则皆齐其麻而不之缉，故齐者，以齐为名谓之齐。若轻服，则四际皆缉而稍露散麻，亦名为齐。盖齐而不缉，此齐之本名，而从而缉之，则又以缉齐得名。犹之乱本名乱，而因而治之，则又以治乱名乱。此即苴经者绞麻之称，而初丧散麻亦称为经可例也。然而齐名有二，一是裳下际之名，一是衣裳四际之总名，而齐衰亦有二，一是三年之重衰，齐而不缉，一是期功之轻衰，齐而缉之。除

---

〔1〕 毛奇龄《丧礼吾说篇》卷八，页1。

二衰之外，别无他名。[1]

在毛奇龄的丧服体系中，只有齐衰三年，不缉边，但不称为斩衰；期年丧服皆缉其边，亦称齐衰。他实际上是排除了缉边而三年的丧服，把《仪礼·丧服》中的斩衰三年称为齐衰三年。在服叙上，他认为父母皆为齐衰三年，而没有差别。

那么，斩衰之名由何而来呢？毛奇龄认为，这来自对《左传》襄公十七年这段话的误读："晏桓子卒，晏婴粗衰斩，苴绖带杖，菅屦，食粥，居倚庐，寝苫枕草。"前已谈及，这段话与《仪礼·丧服》中的斩衰章非常接近。毛氏认为，作《丧服》者抄袭了《左传》之文，但误读"粗衰斩"为一句。而毛氏的读法是："晏婴粗衰，斩苴绖带，杖。"所谓粗衰，就是疏衰，所以《孟子》说"齐疏之服"。在毛奇龄看来，所有关于斩衰的说法都来自这里的误读，作《丧服》者甚至由此篡改了《礼记》中的许多文本。如《荀子·礼论》中的"齐衰苴杖，居庐食粥，席薪枕块，所以为至痛饰也"，"齐衰"在《礼记·三年问》中就变成了"斩衰"。[2]因为反对斩衰之服，毛氏又认为父母之服无异，更无父在为母降服之说。毛奇龄之疑针对的是丧服制度相当根本之处，既涉及父、母的地位差异，亦涉及《仪礼》特别是

---

〔1〕 毛奇龄《丧礼吾说篇》卷八，页2，亦见于《四书改错》卷九，页8—10，内容大同小异。
〔2〕 毛奇龄《丧礼吾说篇》卷八，页2—3。

其中《丧服》一篇的真伪，乃至大小戴《礼记》的价值。比起胡适等人针对三年丧问题的质疑，毛氏对斩齐问题的质疑应该是更根本的。

对于毛奇龄的这一质疑，《四库提要》中已经做了非常精彩的反驳：

> 考《释名·释丧服》曰："斩衰，不缉其末，直翦斩而已。齌，齐也。"故郑注《丧服传》曰："斩，不缉。齌，缉也。"与《释名》之义相符。奇龄乃谓齌而不缉，乃齐之本名。而从而缉之，则又以缉齐得名。三年之重齐不缉，期功则缉之。然所谓齐而不缉，仍是《释名》"斩衰，不缉其末"之说。又何必阳改其名而阴存其实乎？至谓期功以下之齐乃缉，则齐衰三年者皆已不缉，是改斩之名下同于齐，又改齐之实上同于斩。支离怪变，弥为不可究矣。奇龄以《周礼》《仪礼》同出战国人伪撰，故于《周礼·司服职》齐衰、斩衰之文，置之不道。至《左氏》乃奇龄所最信者也。考昭公十年《传》："晋平公卒，叔向曰：孤斩焉，在衰绖之中。"杜预《注》曰："既葬，未卒哭，犹服斩衰。"明为斩衰之确证。乃引《杂记》"三年之丧如斩"语，谓非服斩之义。襄公十七年《传》："齐晏桓子卒，晏婴粗衰斩，苴绖带杖，菅屦。"是断断不得谓之非斩服者。奇龄亦谓"斩"字下属"苴绖带"为句，乃斩苴麻以为绖带。《荀子》一书，亦奇龄之所最信也。考

《三年问》篇明出斩衰之名，不能复辨，则曰《礼论》篇中但有齐衰无斩衰，《三年问》篇乃后人妄改。夫稍可穿凿之处，即改易其训诂句读以就己说。至必不可掩之处，则遁而谓之妄改。持是以往，天下复有可据之书乎？[1]

这里的反驳已经非常有力，不必重复。只是毛奇龄对《左传》晏婴一段的解读，是其要害，四库馆臣之驳犹有剩意，请稍加辨析。《仪礼·丧服》中"斩衰裳苴绖杖绞带"，传、注、疏的理解一致，认为"苴"字总领绖、杖、绞带三事，以苴麻为首绖、要绖，以苴杖为竹，以苴麻为带。对于《左传》中的这一段，杜预和孔颖达也基本如此解，以为晏婴"粗衰斩"，就是服斩衰的意思，"苴绖带杖"同样是一苴三事，而与《丧服》不同的是，绞带简称为"带"，且在"杖"前。按照毛奇龄的理解，斩苴连文为一事，以之为绖带。他引《三年问》和《孔子家语》，证明："苴，麻也，齐疏之服，则但斩其麻，不沤，不治，用以为首绖、要带，故名斩苴。"毛氏对"苴"的理解显然有问题。苴本意为麻子，如《诗·七月流火》"九月叔苴"，毛传："苴，麻子也。"由麻子引申为有籽之麻，即雌麻，苴麻（雌麻）因有籽，较无籽之牡麻（枲麻、雄麻）黯黑。《庄子·让王》："颜阖守陋间，苴布之衣，而自饭牛。"郭象注："苴，有子麻也。"故

─────────────────

[1] 永瑢《四库全书总目》卷二十三，页36。

亘指黯黑色亦由此来，"苴杖"之意当源于此。斩衰用苴麻，齐衰用枲麻，亦有麻质之不同与重轻之异。毛奇龄径以苴为麻，谓斩麻为经，先秦文献不见其例。《三年问》中"斩衰苴杖"一句，毛氏本来说是《荀子》中的"齐衰苴杖"，被《礼记》编者所改，现在却又颠倒语序为"斩苴衰杖"，以证成其"斩苴"之说，一文而有此二解，已自乱阵脚。随后所引《荀子》"齐衰苴杖"更是同一句的另一读法，与《家语》之文均可顺畅地解为"苴杖"，而不必强分斩苴与杖。可见，毛氏解晏婴丧服之说并不成立，晏婴所服为斩衰，当无疑义。

斩衰之名何时出现？在更晚的《经问》一书中，他给出了更明确的回答："自战国后儒造《仪礼》与《丧大记》《杂记》者，易'齐衰'二字为'斩衰'，而分斩、齐二字于三年之中，以为父斩母齐，而于是五等之服又多一等矣。"[1]

2　先秦所见斩、齐之名

毛奇龄的立论虽有问题，但他的观察仍然是相当敏锐的：孔、孟虽然大力提倡三年丧，在《论语》《孟子》当中却不见斩衰之名，反而大谈齐衰之服。《论语·子罕》："子见齐衰者、冕衣裳者与瞽者，见之，虽少者必作，过之必趋。"《乡党》："子见齐衰者，虽狎必变。"看两处的语气，

〔1〕　毛奇龄《经问》卷八，《景印文渊阁四库全书》第191册，第91页。感谢乔娜提醒我注意这一处。

孔子应该是见到服重丧之人变得神态庄重，那为什么不举最重的丧服斩衰，而只说齐衰呢？或可勉强解释为，此是举轻以包重，孔子见齐衰之人便如此庄重，见斩衰之人更不必说了。再看《孟子·滕文公上》，孟子说："吾尝闻之矣，三年之丧，齐疏之服，飦粥之食，自天子达于庶人，三代共之。"此时孟子是在与滕文公讨论为他父亲滕定公的丧服，竟然也未言斩衰，就更令人难以理解了。《荀子·礼论》"齐衰苴杖"，似也以"齐衰"为最高等级的丧服。孔、孟、荀谈到最高等级的丧服竟然都只说齐衰，而无斩衰，是否说明齐衰是当时最高的丧服形制，而非斩衰呢？

但在春秋战国文献中，并非全无斩衰之名。首先，前引《四库提要》在批驳毛奇龄时已举出三条，《左传》中有"晏婴粗衰斩"和"孤斩焉"两条，指的都是斩衰服，虽然未必称为"斩衰"。《周礼·春官宗伯·司服职》："凡丧，为天王斩衰，为王后齐衰。"当然，《周礼》成书年代有争议，但多数学者认为它成书于战国至汉初之间，且战国的可能性相当大[1]，所以这一条也可作为斩衰之名不会晚于汉初的一个证据。另外，《荀子·礼论》中虽然只有"齐衰"，但《哀公》却出现了"斩衰"："斩衰，菅屦，杖而啜粥者，志不在于酒肉。"《荣辱》中亦有"斩而齐"之文，并列斩衰与齐衰。此外，更有前人所未能见到的，郭店楚简《六德》中，也同时

---

〔1〕 参考彭林《〈周礼〉主体思想与成书年代研究》，中国人民大学出版社，2009 年版；郭伟川《〈周礼〉制度渊源与成书年代新考》，国家图书馆出版社，2016 年版。

出现了"斩衰"和"齐衰":"疏斩布绖杖,为父也,为君亦然。疏衰齐牡麻绖,为昆弟也,为妻亦然。"为父、君皆斩衰、绖、杖,为昆弟、妻皆齐衰、牡麻绖,这与今所见《仪礼·丧服》相差不多。而且,文中斩衰、齐衰都用了"疏"字,说明"疏"并非齐衰专属,斩衰、齐衰皆可以之描述,疏即粗也。郭店简是战国后期入土的,与孟子大致同时。由此可见,先秦文献中"斩衰"之名虽然不多,但还是出现了数处,毛氏猜测是战国时出现的,应该大致不差。至于马王堆汉墓《丧服图》与武威汉简中,更有明确的斩衰之名。

一方面,无论在孔子之前还是孔子之后,都有斩衰的说法;另一方面,孔、孟均不言斩衰,只提齐衰,而到了荀子或其弟子所著书中,既有与孔、孟相同的,以齐衰为最高丧服的说法,也有以斩衰为最重丧服的说法。这样的现象,如果不接受毛奇龄的说法,又该怎样来解释呢?

3 齐衰为周制

毛奇龄的错误,在于他想当然地将齐衰与三年丧联系起来。但仔细分析数处文本后,笔者认为,齐衰与三年丧应当来自两个传统。周礼丧服制度,应该以齐衰期为最高丧服;而斩衰三年则是东夷文化带来的。

我们来仔细分析这些文本。《左传》中的两处,"粗衰斩"和"孤斩焉",虽然应该都是指的斩衰,但毕竟未出现作为一个名词的"斩衰",而两处"斩"字均可解为动词。比较明确的斩衰之名,出现在郭店楚简、《周礼》和《荀子》

中，都在战国中后期。我们可以推测，从春秋时比较模糊的三年斩之服，经过孔门七十子之徒的整合与系统化，到了战国时期，一个以斩衰三年为核心的丧服制度逐渐形成。在孟子之时，这一体系已经初具规模，但并未得到广泛接受，连孟子都没有接受。至荀子及其弟子，这一体系即将成形，但尚未稳定，所以我们在《荀子》书中，既可以看到以齐衰为最高丧服的说法，也可以看到以斩衰为最高丧服的说法。到了汉代，无论传世文献还是出土文献，这一体系都已经确定下来。那么，怎么理解其中的齐衰呢？

《论语》中两次出现"齐衰"，均为孔子见之而发，且皆与冕衣裳者、瞽者并列，应当来源相同。何晏引范氏云："冕者，冠也，大夫之服。"大夫与瞽者，皆为路途中不时可见之人，而齐衰与之并列，则服齐衰者，当亦时可见之。《乡党》又云"凶服者式之"，凶服泛指送死之衣物，可知，齐衰必为重丧凶服。则齐衰应为当时经常可见之重丧丧服。所以，齐衰之服当为周代丧服之重服定制，是日常可见的丧服。《论语》既讲三年丧，亦言齐衰，但二者是分开来说的。孔子提倡的是三年丧，但他经常见到的是齐衰之服，二者并非一事。前文既述三年丧为东夷之俗，笔者以为，斩衰服应与此三年丧相连，亦为东夷之俗。当然，《左传》中的两处"斩"字亦与三年丧分而言之。但首先，晏婴为东夷人，已如章景明先生所言。而叔向云"孤斩焉"虽亦未言三年，但叔向为三年丧之有力提倡者，斩衰与三年丧应该是相关的。由此可以推论，东夷既为中原带来了三年的丧期，也带来了斩衰之服。与此相对，周人丧服当为齐衰，以期年为最重。

今读《仪礼·丧服》可知，齐衰期服是一个基准丧服，大部分近亲丧服为齐衰不杖期，而母与妻之标准丧服为齐衰杖期。宰我质疑三年丧，认为："旧谷既没，新谷既升，钻燧改火，期可已矣。"期服很可能是当时广泛流行，且为人所接受的丧服。而《荀子·礼论》中云："然则何以分之？曰：至亲以期断。是何也？曰：天地则已易矣，四时则已遍矣，其在宇中者，莫不更始矣，故先王案以此象之也。"此一说法与宰我之言如出一辙，应该并非如姚际恒所云，荀子传宰我之学[1]，而是，"至亲以期断"就是当时周人通行的丧服制度，而这种期服就是齐衰，周人没有比齐衰更重的丧服，也没有比期年更长的丧期。所以同一篇《礼论》虽然已经在论证三年丧，但提到的最重的丧服只能是"齐衰苴杖"。另外，细读论三年丧的部分（即后来收入《礼记·三年问》的部分）[2]，我们会看到文字间的一个矛盾。作者为论证三年丧合于自然人情，说"三年之丧，称情而立文，所以为至痛极也。齐衰苴杖、居庐食粥、席薪枕块，所以为至痛饰也。……故先王圣人案为之立中制节，一使足以成文理，则舍之矣"，然后说，"然则何以分之？"按照这里的逻辑，似乎三年之丧为最初制定的标准丧制，分之而至于期，期服是

---

〔1〕 杭世骏《续礼记集说》卷九十五，《续修四库全书·经部·礼类》第102册，光绪三十年浙江书局刻本，第876—877页引。

〔2〕 关于《荀子·礼论》与《礼记·三年问》的文本关系，参见本书中《〈礼记·三年问〉与〈荀子·礼论〉关系再讨论》一文。

衍生的。但从"至亲以期断"立论，则似乎期服才是标准丧服，后面又说："然则何以三年也？曰：加隆焉，案使倍之，故再期也。"三年丧又成为由期服加隆而成的。那么，究竟三年丧是制服的标准，还是至亲以期断是制服的标准呢？之所以产生这个逻辑上的矛盾，是因为，这里有两个出发点。一个是从当时服丧的实际情况出发，人们比较接受至亲以期断，要说服他们接受三年丧，就强调，父母与通常的至亲还不一样，所以应该加隆至三年。但在孔子以降论证三年丧的理论中，为父母服三年丧被理解为天经地义的，所以又先论证了三年丧的合理性，然后再说为什么会有期、九月等的丧服。故至亲以期断与加隆是历史的逻辑，而称情立文为理论上的逻辑。作者试图将两个逻辑讲到一起，但仍然留下了一些痕迹。《礼记》编者更在《三年问》之末加上孔子驳宰我的话，使这种矛盾更加明显，致使姚际恒生疑，以为："此乃后人引孔子之言增入之也。苟知三年免怀之义，则其言三年之丧，必不复云以期断矣。辑礼者增此作尾，不过欲其义之完善耳，不知自明者视之，其与前篇之义毫不吻合，判然若黑白之不相类也。"[1]

由此可以推测，孔子按照周礼，对服齐衰者非常礼重；但他所提倡的，却是来自东夷之俗的三年丧。丧服皆由吉服演变而来，故周人齐衰丧服，依照吉服略加调整而成。

---

〔1〕 杭世骏《续礼记集说》卷九十五，《续修四库全书·经部·礼类》第102册，第878页。

但东夷人三年丧之服，却又经斩削而成，不缉边，初或无斩衰之名。经孔子及其弟子提倡之后，此种丧服被纳入周人原有之丧服体制，特别是与原有的齐衰之制组合与区别，才逐渐出现了"斩衰"之名。因而也就形成了斩衰三年、齐衰三年、齐衰期之间等级严整的丧服等差，和以三为五、以五为九的丧服降杀体系。

这样我们也就可以理解，《孟子》中说的"三年之丧，齐疏之服，飦粥之食"和《荀子·礼论》中的"齐衰苴杖"，应该都是在已经引入东夷的三年丧制度以后，但完整的丧服制度尚未成熟之时所论。而《史记》有赵武为程婴服齐衰三年，若实有其事的话，也是在将东夷之俗纳入周人丧服制度时出现的现象，或为以周人之齐衰服东夷之三年丧期，或为丧服丧期皆用东夷之制，而尚无斩衰之名。赵武比叔向、孔子都早，这说明夷夏丧服制度的结合，不是一两个人的提倡导致的，而是一个长期就有的趋势，孔子只是更加大力推动这一趋势，并将它理论化而已。郭店楚简、《周礼·司服职》、《荀子·哀公》和《荣辱》中均有了明确的斩衰、齐衰之别，则要么完成于稍后丧服制度更成熟之时，要么是一派较早接受了丧服制度的儒生所作，或即写定《仪礼·丧服》的一派。

人道至文
——《三年问》释义

　　在现代学者当中，吴检斋（吴承仕，字检斋）先生对丧服之礼讲得最清楚。他在《中国古代社会研究者对于丧服应认识的几个根本观念》和《五伦说之历史观》两篇文章[1]中，主要根据《荀子·礼论》的《礼记·三年问》，简明地讲出了丧服制度的两个基本原理："至亲以期断"和"加隆"。他的主要观点包括：第一，丧期法天象的四时变化，以期（即一年）为基本单位，在这上面加隆和减杀；第二，父子、夫妻、昆弟皆为一体之亲，所以他们就按照基准的期服服之，再根据亲疏远近，依次降杀，形成一个本服图（参见本书图2）；第三，为至尊之人，在基准的期服上面加隆，而为三年之丧；第四，三纲就是三至尊（父、夫、君）的三年之服，五伦则由三至亲加君臣、朋友而来，根源也在于丧服。检斋先生这两篇文章不仅讲出了至亲以期断和加隆，而且很好地诠释了丧服中亲亲、尊尊的原则。《三年问》本就是讲丧服原则最清楚的一篇文献，而检斋先生从中提炼出来的这三条可以算作丧服学的总纲。但《三年问》里有两点是

---

〔1〕　均见于《吴承仕文录》，北京师范大学出版社，1984年版。

检斋先生的文章还没有完全说明的。

第一，《三年问》中说："三年之丧，人道之至文者也。"为父斩衰三年，父没为母齐衰三年，是最重的丧服，同时也是最粗恶的丧服。斩衰所用的苴麻、倚庐、菅屦、竹杖等，都试图贯彻"礼无容，言不文"的原则。既然如此，斩衰三年岂不是应该最缺少文，因而也最接近于质朴的自然吗？为什么又说它是"人道之至文"？"文质"是礼学中一对非常重要的概念[1]，不能理解三年丧作为"人道至文"的意义，是很难真正理解丧服制度的。

第二，《三年问》之主体虽然来自《荀子》，但还是有些删改，特别是最后结以《论语》中孔子回答宰我的话："子生三年，然后免于父母之怀，故三年之丧，天下之达丧也。"若按照检斋先生的解释，至亲以期断体现的是亲亲的原则，加隆三年体现的是尊尊的原则，《论语》中宰我之所以认为没有必要加隆三年，其理由和《三年问》前面部分讲的是一样的，"钻燧改火，期可已矣"，正是法天道四时变易，但孔子给出的理由却仍然从亲情出发，认为幼儿出生之后的三年之爱就是三年之丧的真正理由。若是如此，则这里似乎仍然在讲亲亲，哪里可以体现出尊尊呢？后来，武则天和明太祖提高母服，逐渐使父母之丧都变成了斩衰三年，所依据的也正是孔子答宰我的这段话。若是如此，如何理解孔子的回答与因尊加隆三年之间的关系呢？这个问题的实质就

---

〔1〕 参考梅珍生《晚周礼的文质论》，湖北人民出版社，2004 年版。

是，在三年之丧中，亲亲和尊尊到底是什么关系？

斩衰三年既然是最重的丧服，它就最集中地体现了丧服体制的制定原则，而文质、亲尊都在其理论核心之处。本文就尝试结合《礼记》《仪礼》中的相关讨论以及历代的解释，来理解这两个彼此关联的问题。

一　称情立文

检斋先生所说的至亲以期断和加隆原则，固然都出现在《三年问》当中，但仅是全篇最后三分之一的内容。此篇前面的主要部分，讨论的是称情立文的道理。《三年问》一开篇就说："三年之丧，何也？曰：称情而立文，因以饰群、别亲疏、贵贱之节，而弗可损益也，故曰：无易之道也。创巨者其日久，痛甚者其愈迟，三年者，称情而立文，所以为至痛极也，斩衰、苴杖、居倚庐、食粥、寝苦枕块，所以为至痛饰也。"这段话里两次说"称情而立文"，郑注："称人之情轻重而制其礼也。"可见，三年丧之文，如斩衰、苴杖、倚庐等，针对的就是创巨者日久、痛甚者年深的情，是对这种哀戚之情的文饰。郑注："饰，情之章表也。"情之章表，即文。后文为了说明爱其类的情是所有动物所共有的，举了两个例子，一是大的鸟兽，在其伙伴死去之时，"越月逾时焉，则必反，巡过其故乡，翔回焉，鸣号焉，蹢躅焉，踟蹰焉，然后乃能去之"。二是小燕雀，"犹有啁噍之顷焉，然后乃能去之"。因此，无论大小鸟兽，都有依恋同类这种最基本的情，因而都会在同类去世时表现出一定时期的哀伤。这是制定丧服体制所依据的自然之情。

所谓"称情立文"，文的程度是根据情的程度来立的，所以说"因以饰群，别亲疏、贵贱之节"。既然是至痛极的情，就应该有相应程度的文。人与那些鸟兽的区别，不仅在于人有文理，更在于，人的情就应该比鸟兽更厚："故有血气之属者莫知于人，故人于其亲也至死不穷。"郑注又说："言燕雀之恩不如大鸟兽，大鸟兽不如人。含血气之类，人最有知而恩深也。"在人的父母去世之时，应该有一种永远不会终结的哀情，这种至死不穷之情，就是那种至痛极的情，前文所说的就是这个意思："三年之丧，二十五月而毕，哀痛未尽，思慕未忘，然而服以是断之者，岂不送死有已，复生有节也哉！"孔疏谓："言贤人君子，于此二十五月之时，悲哀摧痛犹未能尽，忧思悲慕犹未能忘。"若让人自由地表达哀情，那有可能是超过三年之数的，二十五月之后，哀痛和思慕仍然都在继续，这就是那至痛极的情，以二十五月断之，并不是因为哀情仅有二十五个月，而是为了使送死有已，复生有节，给这种最重最长的哀情一个节文，三年之丧就成为与这种至痛极的情相称的文理。

二　终身之丧

若说三年之丧是父母之丧的文，它所对应的质，乃是终身不已的哀情，或称为"终身之丧"，这是《三年问》讨论三年之丧时反复强调的问题。检诸历代丧服讨论，这个问题几乎无处不在。我们可以利用别处的相关说法来看终身之丧的意义。

在《仪礼·丧服疏》的开篇，有一段非常重要的解题。贾公彦分七章讲丧服之义，其前三章与终身之丧的主题都非常有关系，故在此全录之：

> 第一，"明黄帝之时，朴略尚质，行心丧之礼，终身不变"者，案《礼运》云："昔者先王未有宫室，食鸟兽之肉，衣其羽皮。"此乃伏羲之时也。又云，后圣有作，"治其丝麻以为布帛，养生送死以事鬼神"。此谓黄帝之时也。又案《易·系辞》云："古之葬者，厚衣之以薪，葬之中野，不封不树，丧期无数。"在《黄帝九事章》中，亦据黄帝之日言丧期无数，是其心丧终身者也。第二，"明唐、虞之日，淳朴渐亏，虽行心丧，更以三年为限"者，案《礼记·三年问》云："将由夫患邪淫之人与？则彼朝死而夕忘之，然而从之，则是曾鸟兽之不若也，夫焉能相与群居而不乱乎？将由夫修饰之君子与？则三年之丧，二十五月而毕，若驷之过隙，然而遂之，则是无穷也。故先王焉为之立中制节，壹使足以成文理，则释之矣。然则何以至期也？曰：至亲以期断。是何也？曰：天地则已易矣，四时则已变矣，其在天地之中者，莫不更始焉，以是象之也。"郑注云："法此变易，可以期也。"又云：

"然则何以三年也？"注云："言法此变易，可以期，何以乃三年为？"又云："曰：加隆焉尔也。焉使倍之，故再期也。"注云："言于父母加隆其恩，使倍期也。"据此而言，则圣人初欲为父母期，加隆焉，故为父母三年。必加隆至三年者，孔子答宰我云："子生三年，然后免于父母之怀。"是以子为之三年报之。《三年问》又云："三年之丧，人道之至文者也，夫是之谓至隆。是百王之所同，古今之所壹也，未有知其所由来者也。"注云："不知其所从来，喻此三年之丧，前世行之久矣。"既云喻前世行之久，则三年之丧，实知其所从来，但喻久尔。故《虞书》云："二十八载，帝乃殂落，百姓如丧考妣，三载，四海遏密八音。"是心丧三年，未有服制之明验也。第三，"明三王已降，浇伪渐起，故制丧服，以表哀情"者，案《郊特牲》云："大古冠布，齐则缁之。"郑注云："唐、虞已上曰大古。"又云："冠而敝之可也。"注云："此重古而冠之耳。三代改制，齐冠不复用也。以白布冠质，以为丧冠也。"据此而言，则唐、虞已上，吉凶同服，唯有白布衣、白布冠而已。故郑注云白布冠为丧冠。又案，三王以来，以唐、虞白布冠为丧冠。又案《丧服记》云："凡衰外削幅，裳内削幅。"注云："大古冠布衣布，先知为上，外杀其幅，以便体也。后知为下，内杀其幅，稍有饰也。后世圣人易之，以此为丧服。"据此《丧服记》与《郊特牲》两注而言，则郑云"后世圣人"，夏禹也。是三王用唐、虞白布冠、白布衣为丧服矣。[1]

　　贾疏中的这段话应当总结了魏晋南北朝丧服学的研究，有非常重要的意义。[2]其中将丧服的发展分为三个历史阶段。在先秦两汉的著作，如《孟子》《庄子》《韩非子》《吕氏春秋》《易传》《白虎通》《论衡》等书中，都倾向于为上古历史做一个历史分期，其关键是礼制的产生，《丧服疏》中的这一段，应该就是此种历史分期法长期讨论、积累，在丧服解释上的一个结果。现代学者常依据这些说法来考察古史或神话的演变。而笔者以为，这些说法恐无法用作史料，但可以看作思想观念的展开。如《丧服疏》中的这种三阶段分期法，其真正的意义，在于文质观念下对丧服制度的理解。

　　其中第一个阶段是黄帝之时。贾疏在此条下根据《礼运》的说法，又分了历史阶段的细目，以为伏羲之时无宫室衣服，黄帝之时有了衣服布帛，可以养生送死。依据《系辞》和《黄帝九事章》，那时有非常简单的丧礼，因而这个时期实行的应该是心丧终身。在《丧服疏》的作者看来，最质朴简略的丧礼是没有期限的终身之丧，而不是根本就无丧

[1]《仪礼注疏》，方向东点校《十三经注疏》第11册，第854页。
[2] 丧服之义分为七章，很有可能是六朝儒者所为，贾氏作疏时整理编辑甚至抄袭而成。参考姚鼐《惜抱轩笔记》卷二《仪礼》。《三年问》中孔疏云："黄帝、尧、舜之时，虽有衣裳，仍未有丧服也，但唐虞已前，丧服与吉服同，皆以白布为之。"杜佑《通典》卷八十亦云："唐虞虽行心丧，更三年为限，三王乃制丧服。"

礼，这种丧礼可以不通过特别的丧服表现出来。

第二个阶段是唐尧、虞舜之时，行心丧三年之礼。《丧服疏》的作者主要引了《三年问》的记和注文来说明三年之丧初起的理由。其之所以认为三年丧起于尧舜之时，是因为《虞书》云，尧崩时"三载，四海遏密八音"，明确说了三年，但没有说丧服，所以这应该是心丧三年的时期。其时淳朴渐亏，所以不能实行完全质朴的心丧无数之制，而要特别限定三年。

第三个阶段是三王以降，开始实行三年之丧服，因为此时浇伪渐起，所以要特别制定丧服。但作者随后根据《郊特牲》和《丧服记》的经注论证说，在此之前吉凶同服，皆为白布衣冠，而且此前的衣服都是像后来的丧服那样外削幅，不加修饰，后来的衣服内削幅，"稍有饰也"。由此可见，在此前没有丧服之时，并不是在心丧之中想穿什么就穿什么，而是不必特别规定，人们也都穿着后来那样的丧服，因为无论吉凶，都是用质朴外削幅的白布衣冠。就像"丧期无数"指的不是想服丧多久就服丧多久，而是不必特意规定，每个人都在自觉地服终身之丧一样。

《丧服疏》所理解的丧服发展史是，最开始的丧礼是心丧终身，因为那时候民风淳朴尚质，人们都自觉地终身充满哀戚之情，没有人会朝死夕忘；且无白布衣冠之外的其他衣服，所以也没有人以奇装异服来破坏丧礼之情；随后，因为民风渐渐不再质朴，人们未必能很自觉地心丧终身，所以必须有相应的礼文，于是有了心丧三年之礼，但还不用特别规定丧服，因为人们都还在穿白布衣冠；但到了三王之时，文明愈加发达，机心也越来越重，于是人类变得越来越复杂，出现了各种造作虚伪之事，也出现了五花八门的奇装异服，于是就不能再心丧三年，而是把以前质朴的白布衣冠拿出来，当作特别的丧服，就有了服丧三年的礼制。这里描述的是否历史进程的真相，暂置不论。但其中传达了关于三年之丧相当重要的两点理解：第一，人类最初的守丧状态是不必有任何丧服和丧期的限制，都可以自觉地心丧终身，这就是最淳朴的哀戚之情。第二，丧服与丧期都是针对这种质朴状态的节文，其目的是在复杂的文明状态中还能恰当地表达哀戚之情。《丧服疏》以历史发展的方式展现了这两点，而《三年问》则以更加理论化的方式讲明了这些道理。

三 立中制节

厘清了终身之丧的意义，我们现在回到《三年问》的文本。在谈了人对亲人的哀戚之情本应该终身不变之后，作者随即叙述了两种情况：一种是患邪淫之人，他们对亲人朝死而夕忘之，作者认为这样的人连鸟兽都不如，无法达到群居而不乱的目的；另一种是修饰之君子，既然以"修饰"称之，就应该是特别注重节文之人，但他们的特点却是无法满足于二十五月之丧，感觉那就如同白驹过隙，远远不足以表达哀情。这种人的做法，似乎就是回到那种终身之丧的状态，那么就应该是最淳朴无文的人，但为什么称之为"修饰之君子"呢？在文质论的框架下，文和质并不是相互对立的，即并不是文多了，质就必然少了，这一点是我们理解文质问题的基本出发点。在文明状态下仍然能回到终身之丧的人，恰恰是非常强调文理的人，所以称之为"修饰之君子"。与此相对，那种患邪淫之人距离质朴状态非常遥远，并不意味着他就有特别的文饰，而只能说明他有过多的浇伪与不自然，所以他距离质朴和文理同样遥远。

这两种人是两个极端：一种是完全没有了限制，从而也就完全丧失了哀情；另一种是仍然努力回到与质朴状态相近的表达程度。于是，先王"为之立中制节，壹使足以成文理，则释之矣。"孔疏："此一经明小人君子，其意不同，故先王为之立中人之制节。"先王让人们既不像患邪淫之人那样朝死夕忘，也不像修饰之君子那样行终身之丧，而是只要达到适当的文理，就可以除服了，这就是丧服制度的制定。对于两个极端的人来说，这种文理是居于中间位置的，但它只是在数量上在中间，实质上与二者的关系并不一样。患邪淫的小人完全忘记了居丧之情，更谈不上居丧之文理，于是人情浇薄，没有了基本道德。修饰之君子以最充分的丧礼表达了终身之丧的情之实，他的做法不可取是因为居丧无穷会以死伤生。当然，二者的结果都使得现实生活无法继续下去。丧服制度采取了一个折中的办法，让不及者与过之者都可以接受，小人在丧礼中涵养德性，君子通过节文回到日常生活中来。但其所节文的情，却不折不扣是君子终身之丧的情，而不是小人朝死夕忘的情。换言之，以丧服节文人情，并不是将终身之丧中所表达的哀情削减，也不是在终身之丧与朝死夕忘之间选取一个中间数，而是以更加缓和、更加理性的方式表达哀情，同时又不影响正常的生活。这并不是对朝死夕忘的小人的迁就，而是为他提供一个可以培养孝情的方式。

《礼记》中类似的讨论很多，我们可以看几个例子。《曾子问》："曾子问曰：'父母之丧，弗除，可乎？'孔子曰：'先王制礼，过时弗举，礼也，非弗能勿除也，患其过于制也。故君子过时不祭，礼也。'"曾子是大孝之人，执亲之丧，水浆不入口七日，现在又想终身不除丧，正是"修饰之君子"的典型。孔子批评他说，这样做并非不可以，但是不合于礼，因为它不合于节文人情之礼意。

再如，《礼记·祭义》中说："君子生则敬养，死则敬享，思终身弗辱也。君子有终身之丧，忌日之谓也。"虽然按照礼制，人们不能有终身之丧，但仍然可以用忌日来表达终身之丧的情感。关于这个问题，在《檀弓》中，子思也解释说："丧三年以为极亡，则弗之忘矣，故君子有终身之忧，而无一朝之患，故忌日不乐。""无一朝之患"下郑注："毁不灭性。"在毁不灭性的前提下，仍然要把终身之忧表达出来，就是在每年忌日的时候不能有吉事。孔疏："虽终身念亲，而不得有一朝之间有灭性祸患，恐其常毁，故唯忌日不为乐事，他日则可防其灭性故也。所以不灭性者，父母生己，欲其存宁，若灭性，伤亲之志，又身已绝灭，无可祭祀故也。"

综合这些地方的讨论，所谓节文人情，并不是照顾某个人的哀情状况，更不是迁就朝死夕忘的人情，而是针对最丰富的终身之丧之情。所谓节文，也并非削减这种哀情，而是以毁不灭性的原则将这种哀情适当地表达出来，其原因在于"身体发肤，受之父母，不敢毁伤"，仍然是孝亲的一种方式。而一旦出现毁瘠这种过礼的情况，往往以《论语》中"观过知仁"的态度来对待。比如在《檀弓》中，子路有姊之丧，到了该除服的时候，子路却不肯除，后人即以"观过知仁"目之。[1]特别是在魏晋之际，多有孝子毁瘠而死者。所谓"过犹不及"，只是说过与不及均非中庸，但观过可以知仁，却与不及者有实质的区别。

四 至亲以期断

《三年问》随后说："然则何以至期也？曰：至亲以期断。"这正是检斋先生讨论最精彩的地方，但也是曾经引起极大争议的说法。郑注："言三年之义如此，则何以有降至于期也？期者，谓为人后者、父在为母也。"孔疏虽最初本着疏不破注之旨释之云："言为父母本应三年，何故为人后者为本生父母及父在为母而止于期？曰'至亲以期断'者，记者释之，为至亲本以期断，故虽为他后及父在为母，但以

---

[1] 如《汉书·外戚传》："燕王大喜，上书称：子路丧姊，期而不除，孔子非之。子路曰：由不幸，寡兄弟，不忍除之。故曰观过知仁。"

期也。"但后面却说："今检寻经意，父母本意三年，何以至期者，但问其一期应除之义，故答曰'至亲以期断'，是明一期可除之节，故礼期而练，男子除绖，妇人除带。下文云加隆故至三年，是经意不据为人后及父在为母期。郑之此释，恐未尽经意。但既祖郑学，今因而释之。"

孔氏以为，经所言"至亲以期断"，就是据至亲之服本应期年，后加隆至三年。虽然父母之丧已经加至三年，但至亲以期断的痕迹还存在，就是期而小祥，男子除绖，妇人除带。小祥之后继续服丧，就是加隆的部分。因此，此处的"何以至期也"，具体指的是变除，而其根源是至亲以期断。所以他还解释说："郑意以三年之丧何以有降至于期者，故云为人后者为本生之父母，及父在为母期事，故抑屈，应降至九月、十月，何以必至于期？以其本至亲，不可降期以下，故虽降屈犹至于期。"在孔氏看来，郑君以为此处指为人后者为本生父和父在为母期，言下之意，三年是本服，期反为特例。贾氏《丧服疏》即云："圣人初欲为父母期，加隆焉，故为父母三年。"这一模式多为后世所遵从。检斋先生的理解也是来自这一传统。

但另有一派认为，孔疏最后所理解的，由期加至三年，和孔子所批评的宰我之言是一样的，因而此篇乃是荀子之论，不足为训。清儒姚际恒就是其中的一个代表，其言曰：

> 第当时宰我狃于薄俗，妄意为期。荀既欲发明三
> 年之义，乃不原本孔孟，而独原本于宰我谷没谷升、

钻燧改火之说，谓至亲以期断，加之倍之为再期，则是循其流而忘其源也。然则其所谓三年者，亦不过从宰我之见，勉加之勉倍之而已矣。斯岂三年之义哉！圣人之制为三年之丧者，盖以子生三年，然后免于父母之怀，亦姑以是云报也，故必以三年为断，其等差则或自下推上，或自上降下，皆由亲以及疏焉，故《中庸》曰：亲亲为大。亲亲之杀，礼所生也。今不言杀，而独言隆，则是由疏及亲，其义悉逆矣。[1]

张闻远先生早期也有类似姚氏的疑惑。他在光绪十九年提四月经学课艺《读张皋文〈仪礼图〉》中说："自荀卿有至亲期断之文，而以再期为加隆，则似反以父在为母之期为正，而为父母三年乃加也，与《丧服传》所谓屈者迥殊，而与夫子所谓通丧者，其用心岂能无异哉！"[2]但到了《丧服郑氏学》中，他却全录了郑珍的类似说法，而没有任何驳正。[3]看上去，他已经接受了至亲以期断和加隆的观点。

我以为，这些争论的症结，还在于如何理解《三年问》中所说的"至亲以期断"。

"然则何以至期也"一句，在《荀子·礼论》中原作：

---

〔1〕 杭世骏《续礼记集说》卷九十五。
〔2〕 张锡恭南菁书院课艺，光绪十九年提四月经学，其原稿为笔者所藏。亦见于张锡恭日记（光绪十五年九月十九日），这部分日记藏于上海市图书馆，名为《张徵君日记》。
〔3〕 张锡恭《丧服郑氏学》卷一，第12—13页。

"然则何以分之。"杨注:"分,半也,半于三年矣。"这比《三年问》中更清楚,问的是为什么从三年之丧降为期之丧。《三年问》中改作"然则何以至期也",与此意同,郑注正是秉承了这种理解。所以孔疏的理解应该是成问题的。而闻远先生在《丧礼郑氏学》中,也认为孔疏是没有读懂文义。[1]这样,姚氏与早年的闻远先生,说至亲以期断的说法类似于宰我之说,实际上是批评了孔疏,而不是荀子或《礼记》。荀子和《礼记》中都并不认为至亲以期断在先,而认为三年之服才是为父母之正服。

因而,这一段并不是在解释至亲之服是什么(按照《丧服传》,父子、夫妻、昆弟为三至亲,即一体之亲),而是在解释,为什么本来是三年的父母之服有时候会变成期服,如为人后者为本生父母和父在为母。随后对这个问题的回答是:"至亲以期断。"郑注:"言服之正,虽至亲,皆期而除也。"至亲以期断的原因是:"天地则已易矣,四时则已变矣,其在天地之中者,莫不更始焉,以是象之也。"这个说法与宰我所说的"旧谷既没,新谷既升,钻燧改火,期可已矣"是一致的,但宰我认为,父母之丧就应该是期服,《三年问》中却从来没有说过,为父母设计的丧服本来就是期服,而只是说,父母由于某种原因降服,最多也只能降

---

〔1〕 张锡恭《丧礼郑氏学·三年问》:"锡恭案,上文立中制节,虽该五服,而主于父母之丧。此经承上文三年,而问降至于期者也。经云至期,注故云降至于期,承三年而云至期,非降,何由至期也?"钞本藏于复旦大学图书馆。

到期，因为至亲之服不可轻于期服。孔疏以为，"是明一期可除之节"。清儒凌曙驳云："然三年之丧，至期虽有变除之节，而未曾以期为断。下文以期为断，是只服期，而不服三年也。不服三年，故知何以至期也，必当如郑注矣。"[1]

宰我和《三年问》关于期服的理由，都是因为天道四时一变，既然天道已变，为至亲丧亡之哀情亦可稍变，正是郑君所谓"言服之正，虽至亲，皆期而除"之意。凡人哀情之变，即为其纹理，圣人据此设置至亲以期断之服。但父母之丧却不同，王船山谓："且如三年之丧，人心固有之爱里面元有此节文。"父母并非一般的至亲，而是至亲当中至尊者，并不能依据天道变化来节文。其节文的理由，正是孔子所说的："子生三年，然后免于父母之怀。"三年之爱，乃是三年之丧的理由，圣人因此而制父母之丧服。而且由于这个理由对父母都是适用的，所以父母之正服俱为三年。

但是，在具体情况下，三年之丧也要有所降杀。比如父在为母，不得申其私尊，需要降服；为人后者不贰斩，为其本生父母亦不得申其本服。在这两种情况下，三年之服皆降为至亲之期服，却不能再降了。比如为人后之本生服，其本生父与所后父为同父昆弟，固当降为期服，无异议；而二父或为同祖昆弟、同曾祖昆弟、同高祖昆弟，亦不得为大功、小功、缌麻之服；即便已出五服之外，其服仍为齐衰之

---

〔1〕 凌曙《礼说》卷一，《续修四库全书·经部·礼类》第110册，道光九年广东学海堂刻本，上海古籍出版社，1996年版，第509页。

期，此即至亲以期断之意也。孔疏误解郑注，遂致误解三年丧与至亲之服，而有后世之讥。

五　加隆之服

若是如此，那么如何理解后文的加隆呢？《三年问》随后说："然则何以三年也？曰：加隆焉尔也，焉使倍之，故再期也。"前文已经说了，对父母偶尔的期服，是由三年之服降下来的。现在又说，三年之服是由期之丧加上去的，这岂不是自相矛盾吗？我以为，这里说的"加隆"之意，并不是说先制了期服，然后再加成三年，而只是说三年之服与期服的数量关系。虽然可以说，三年之服是至亲期服的加倍，却不能说，其中先有了至亲之期服，又加上了一年的尊服。

服之所以加隆，首先是因为情的加隆，即父母的恩情本来就是倍于其他至亲的，所以对他们的丧服应该倍于一般的至亲，而不是父母与所有其他的至亲按照亲亲之情都是期年之服，但因为尊尊的原则，又加倍其服，成为三年。所以郑注云："言于父母，加隆其恩，使倍期也。"当然，对父母确有尊尊之意，但此尊尊并不是亲亲之外另加上的原则。正如闻远先生所言："其至敬根至爱而生，故其至尊从至亲而出。""是加隆之服，尊之至，由亲之至也。"[1]父母之恩就体

---

[1]　张锡恭《正尊降服篇》，《茹荼轩文集》卷六；又见《丧服郑氏学》卷七"嫡孙"条下，第 403 页。

现在孔子所说的三年免怀上，但船山解释说："子生三年而后免于父母之怀，天性之慈不知其然而自不容已，子之于父母不容已于三年之丧，亦如是而已矣，非谓其相报也。"[1]三年免怀并不是实指，三年之丧也并不是对三年免怀严格的数量报答。三年免怀，只是很切近地描述父母的罔极之恩，不能仅仅以通常至亲的丧期为制。《檀弓》中说："丧三年以为极亡。"郑注："去已久远而除其丧。"而并不以三年免怀或其他数字原因来解释。丧之三年，倍于至亲的期之丧，已经是最长的丧期了，所以以这种加隆的方式来表达对父母的罔极之情。在这个意义上，可以说三年之丧的制定是参考了至亲之期丧，然后加隆其服，却并不是说，父母之服本来是期丧，后加至三年。

因此，三年与期之间的交互关系可以这样来表达：第一，最淳朴的状态本来是丧期无数；第二，圣人法天地四时变异，设置了期之丧，至亲以期断，这是丧服制度的一个基本标准；第三，父母生我，昊天罔极，故其情倍于一般的至亲，所以要将父母之丧加隆为期丧的两倍，即三年之丧；第四，但在特殊情况下，比如为人后者为本生父母和父在为母，父母之服也不得不降一等，于是就降至期之丧。

闻远先生经过多年反复思考，虽然接受了《三年问》中关于至亲以期断和加隆之服的说法，并没有将期之本服等

---

〔1〕 王夫之《礼记章句》卷三十八《三年问》,《船山全书》第四册，第1436页。

同于亲亲之服，将加隆之服等同于尊尊之服。其于礼学馆所作《正尊降服篇》是分析这个问题的重要文献。闻远先生认为，凡正尊报卑属之服，降其本服，而报其加隆，看上去这种区分很麻烦，但在服例中却不得不尔。父为众子期，而为长子服斩，为庶妇小功，而为嫡妇大功，祖父为庶孙大功，而为嫡孙期。此三服为何如此？《丧服传》于"父为长子"云："正体于上，又乃将所传重也。"而于"嫡孙""嫡妇"条均言："不降其嫡也。"既云"不降其嫡"，则此正尊为卑属之服不可能是加隆之服，而只能是不降之服。子为父三年，而妇从夫服为舅姑期，皆有加隆，而本服差一等。父母为长子仍为三年，为嫡妇则服大功，为什么又差出一等，而又说"不降其嫡"？只能解释为，不降本服，又不报其加隆；为子则是既不降本服，又报加隆。至于为庶妇小功，则是既不报本服，又不报加隆。为什么为妇不报加隆？当是因为加隆反映的并非尊服，而是亲服，于妇不及子之亲，故可不报其加隆；不降嫡妇，因其将传重，则所不降之本服反有重宗法之意。由此可见，加隆之服非必尊服，本服之中已有尊尊之意。先生解释说："加隆者不忍不报，则所降者必其本服也。降其本服者，严父之谊；不忍不报者，爱子之仁。先王制礼，仁之至，谊之尽也。"

闻远先生又证以父在为母之服，子虽因不得申其私尊而降其为母之服为杖期，但孝子仍要心丧三年。盖其加隆之服虽不得申，加隆之意却并未全无。故闻远先生云："为父母三年，不加隆，而人心不即于安，故为母有时或屈，而居处、饮食、哭泣、思慕必三年。是加隆之服，尊之至，由亲之至也。"

《正尊降服篇》中的这些讨论为我们理解三年之丧提供了很大帮助。三年之服固然既可分为以期断之本服与加隆之服，又包含了尊尊与亲亲两重含义，但不可将这两对区分完全等同，即至亲之服不全是亲亲之服，加隆之服不全是尊尊之服。加隆之意，就在于加倍之恩，而于加倍之恩中已有尊尊之意。而仅于父母之三年服上面，还没有很强烈的宗法含义，即不论父是否承宗庙之重，皆应为之三年。父之尊尊，完全是由亲亲生发出来的。"自仁率亲，等而上之至于祖"，自父至祖、曾祖、高祖等，恩情逐渐减杀，可是尊祖敬宗之义却越来越重，故"自义率祖，顺而下之至于祢"，自祖至祢，则是宗法之尊的一条线，这条自上而下的线索所强调的尊尊，乃是来自宗法的尊尊。当以自义率祖的宗法之尊之重来衡量时，为父之尊又被吸纳进了宗法之尊中，而为长子、嫡妇、嫡孙等人之服，所考虑的更皆为宗法之重，但尊长不会因此而为卑属加隆，只会不降其嫡。所以，我们需要看到尊尊含义中的两条线索，看到这两条线索在父身上的交汇，而父也正是由亲亲而尊尊的开始，是丧服和宗法制度的枢纽。

报服，是判断亲亲、尊尊的重要标准。旁尊之服，皆以其服报之；而正尊之服，报而降之，盖亲亲之中有尊尊，然而既报之，则尊尊非仅宗法之尊，且有由亲亲生出的自然之尊；然宗子之服，齐衰三年而无报服，纯为宗法之尊也；

他如妾为女君之服，亦无报服，亦纯为宗法之尊。资于事父以事君，然君于臣无报服，而仅有吊服，此君之三年丧不同于父之三年丧处，盖君之尊由宗法之尊更等而上之，全无自然之尊矣。由家而国，其丧服逻辑便是如此而来。

六　人道至文

《三年问》随后说道："由九月以下，何也？曰：焉使弗及也。"前面谈到了三年之丧和至亲以期断，现在又来谈大功九月以下的丧服。郑注："言使其恩不若父母。"既然期服是丧服的标准，难道此处的"弗及"不是说大功亲之恩不及期亲吗？为什么说"不若父母"呢？孔疏释此处即以为："然使恩隆不及于期也，则五月不及九月，三月不及五月，转相不及也。"清代《钦定礼记义疏》却更准确地把握郑注之意，说："此因三年丧而明五服之制。"姜兆锡、汪烜皆从其说。而孙希旦更以为："人情莫隆于父母，由此而上杀、下杀、旁杀，而服之轻重出焉，此取则于人也。"[1] 闻远先生以为，孙氏解说人之则最确，下文可明。

下文总结五服隆杀云："故三年以为隆，缌、小功以为杀，期、九月以为间，上取象于天，下取法于地，中取则于人，人之所以群居和壹之理尽矣。"这里简洁地描画出了一

---

〔1〕　孙希旦《礼记集解》卷五十五，沈啸寰、王星贤点校，中华书局，1989年版，第1376页。姜兆锡、汪烜之说并见《丧礼郑氏学·三年问》所引。

幅五服图，但其叙述顺序非常特别，先说三年之丧，再说缌麻和小功，最后说中间的期和九月，既没有从高到低或从低到高，更没有以期为标准言其隆杀。在丧服制度中，"至亲以期断"虽然是一个数字上的中点和标准，却不是真正的服制之本。从期年上下推衍数字比较方便，甚至连三年之服都被当作期服的加隆，但在根本上，所有其他丧服都是以对父母的三年之服为基准而推衍的。法天地四时变易，从而制定丧期的隆杀，而有期、再期、九月、七月、五月、三月之差，但人之则是父母、夫妻、昆弟、祖孙等人伦关系。期而加隆至三年，只是天地法象，按照"人之则"，却必须从父母之服依次降杀，而人之恩情正是丧礼的实质。宰我的错误就在于，他只是从天地法象来理解丧期，而完全没有从人之则来思考。

于是，《三年问》总结说："故三年之丧，人道之至文者也，夫是之谓至隆。"郑注："言三年之丧，丧礼之最盛也。"父母之丧，何谓最盛？"哭不偯，礼无容，言不文，服美不安，闻乐不乐，食旨不甘。"斩衰、齐衰的服制，都是崇尚粗恶的。此礼最盛，并不是说最庄严华美，而是因为恩情最隆。称之为至文，也不是因为最修整讲究，而是因为它以最长的丧期、最粗恶的丧服、最重的礼节，尽可能地修饰了终身之丧的哀情之实。人之群居和一之理尽于此，不是因为它以最高明的方式超越了自然之质，而恰恰是因为它最好地表达了哀情之实。人之群居和一，靠的并不是人为的文化建构，而是能够有序地表达出人情之隆杀亲疏，其关窍正在于这至文至隆的三年之丧。

父母子女之间，往往可以不拘礼，即不必刻意修饰其礼，《檀弓》称为父"左右就养无方"，斩衰之粗恶自然，也正是秉承了其生前可以不甚拘礼的家人之态。《礼器》称"父党无容"，亦是此意。但不拘礼并不是无礼，而恰恰是以最自然、不做作的方式，表达出最深的哀痛，因而在文与质之间均达到了一个极致。故至文不是文饰最多、质朴最少，而恰恰是以最少的文饰表达出最深厚的情感。正如家人之间的不拘礼，其实是不见外，正是最重的礼。有了三年之丧的确立，人们就可以以它为标准，来厘定夫妻、昆弟、祖孙，乃至君臣等之间的关系厚薄。其他的关系和父母不同，越是疏远，文饰越多。最疏远的丧服缌麻，已经非常接近吉服了。修饰虽多，哀情越杀，并未因此而更"文"。

孔子云，"文胜质则史，质胜文则野。"文过多了不合于质就会做作虚伪，质过多了而没有相应的文饰就会粗鄙野蛮。三年丧的文很粗恶，却并非质胜文；说它是至文，也不是说它文胜质，而是说，它以精心设计的粗恶之文来配合最大的哀情之质，是文质彬彬的最高境界。其下之轻服，文饰渐多，哀情降杀，亦非文胜质，而是以更加细致的文饰来节文不那么重的哀痛之情。若是以服来节文哀情，这些丧服都是文质彬彬的。斩衰在身而毫无哀情，才是文胜质，直情径行，毫不节制，才是质胜文。

我们现在可以修正吴检斋先生关于丧服的观点，得出以下几点结论：第一，终身之丧是哀情之质，作为至文至隆的三年之丧，能最好地表达出哀情之质来。第二，法天地变易而有至亲以期断的原则，在数字上，其他丧服都是期之丧的隆杀推衍，但若根据人之则，对父母并非先制定了期之丧的本服，再向上加隆而成。第三，父母之丧来自至隆之情，由爱生敬，而有尊尊之义，故父因其为至亲而是至尊，亲亲与尊尊之服不可截然二分。第四，由于是人道至文，所以三年之丧是制服之本，只有理解了三年之丧的制定原则，才能进一步考察丧服体制。

父之至亲至爱生出至尊至敬，但父本身是尊亲一体的。由此至尊，而生出宗法制度之尊之重，自义率祖，顺而下之至于祢，而有尊祖敬宗之义，长子、宗子、君、后之服皆由此而生，父之至尊复又被纳入宗法体系中，得到重新的解释，因而使父服变得更加复杂，而根于丧服的宗法体系，遂形成王国维先生所谓的庞大"道德共同体"。

《礼记·三年问》与《荀子·礼论》关系再讨论

　　《三年问》是《礼记》中讨论丧服制度的重要篇章，其全文又见于《荀子·礼论》，两篇之间必然有个孰先孰后的问题。在古代经学传统中，绝大多数人认为《三年问》取自《荀子·礼论》，清儒姚际恒甚至以此来批评《三年问》之说不可信，说：

　　　　此篇撮取《荀子·礼论》篇之文，辑礼者但见其言三年，便以为合于圣人之礼，而不知其旨之谬于圣人也，只合还《荀子》书为得。……荀况师老氏之学，踵战国之风，阳假孔子以召号学徒，而其书谓性恶，谓礼矫，则固有所不能掩也。今观其论三年之丧，意欲示不诡于圣人，乃其言曰至亲以期断，曰加隆焉尔也，焉使倍之，故再期也。此益足验其阳假孔子，而学之非出于正矣。盖父母之丧，孔孟皆言三年，其后短折为二十七月，固已悖矣。兹且无论，第当时宰我狃于薄俗，妄意为期，荀既欲发明三年之义，乃不原本孔孟，而独原本于宰我谷没谷升、钻燧改火之说，谓至亲以期断，加之倍之为再期，则是循其流而忘其源也。然则其所谓三年者，亦不过从宰我之见，勉加之勉倍之而已矣。斯岂三年之义哉！[1]

现代学者也大多接受了这一说法，如任铭善、吕友仁、郑良树等先生。[2]但是沈文倬先生首先提出异议，认为《三年问》本来是独立成篇的文章，荀子将其全部抄入书中。其后，王锷先生接受了沈先生的说法，并给以更加详细的论证。

《三年问》与《礼论》孰先孰后，不仅关系到《礼记》文献的来源问题，也牵涉到对荀子学派与汉代礼学传统之关系的理解，因此笔者不揣冒昧，再提出这一问题，与前贤商榷。

一　沈先生与王锷先生的说法

我们首先来看沈文倬先生的立论。沈先生《略论礼典的实行和〈仪礼〉书本的撰作》一文，是现代学术传统中论礼的名篇，文中相当细密地考证了各种礼的起源以及《仪礼》的撰作，因为《礼记》征引《仪礼》文字最多，为了确定《仪礼》的撰作，沈先生也详细考察了二戴《礼记》的来

---

〔1〕　杭世骏《续礼记集说》卷九十五，第 673、676 页。
〔2〕　任铭善《礼记目录后案》，第 81 页；吕友仁《礼记全译·孝经全译》（下册），贵州人民出版社，1998 年版，第 1051 页；郑良树《诸子著作年代考》，北京图书馆出版社，2001 年版，第 236—237 页。

源。文中谈到，《孟子》引《礼记》的有二处，而《荀子》与《礼记》中文字相同的部分甚多，既包括整章、整节的相同，也包括一些字句的相同[1]，这就已经说明了二书之间关系密切。沈先生制作了两个表，详细对照二书文字相同的部分，并逐一分析其关系。首先，《礼记·乐记》与《荀子·乐论》中有不少文字相同的地方，沈先生认为，《乐记》系公孙尼子所作，已为定论，而《荀子·乐论》中与之相同的部分显然为荀子征引《乐记》之文，以反驳墨子的非乐之说，故不可能是《乐记》抄袭《乐论》。[2]其次，《礼记·乡饮酒义》也有与《乐论》相同的一段文字，即"吾观于乡"云云，沈先生认为也应该是荀子抄录《乡饮酒义》。[3]随后，他谈到二戴《礼记》中与《荀子》全文相同的四篇，说：

> 大戴所辑《礼记》的《劝学》《礼三本》《哀公问五义》，小戴所辑的《三年问》，都全文（《劝学篇》除去"珠玉"一章）见于《荀子》；而《荀子》之文只是部分见于二戴所辑《礼记》。因此，仅从其文字相同上看，说《荀子》抄袭《礼记》是可以的，反之也是可

---

〔1〕 沈文倬《略论礼典的实行和〈仪礼〉书本的撰作》，载《菿闇文存——宗周礼乐文明与中国文化考论》（上册），商务印书馆，2006年版，第48页。

〔2〕 同上书，第51—53页。

〔3〕 同上书，第153页。

以的。但是从《记》文各篇未经二戴汇辑以前单篇传抄这一具体情况来看，当时治礼的某师抄录《荀子》某篇中的一章当作礼类典籍的一篇来流传，试问有何意义，因而是不可能的；而荀况抄袭《记》文某篇全文来作自撰某篇的一章，援引前人之文以增强自己的理论根据，那是很有意义的，因而是可能的。[1]

沈先生最后又举出一条理由：自汉文帝时已经有人引述《礼记》之文，景帝、武帝之间也有人征引，包括司马迁《史记》中有多处征引。而二戴辑《礼记》在宣帝时，刘向校书得《乐记》在成帝时，这说明文帝至武帝时流传的《记》文，"它应该与'言《尚书》自济南伏生，言《礼》自鲁高堂生'那样，或有人'言记'，背诵其文而隶写为今文本。如果说相同之文是二《礼记》抄袭《荀子》的话，《荀子》书的撰作完成于秦王政十年以前，离三十四年焚《诗》《书》、定挟书律，不过二十多年，那末二《礼记》在此时撰作，从时间上是不可能的"[2]。文章证明，孟子、荀子手中应该有《礼记》的单篇文章，以便征引。

沈先生从总体上否定了《礼记》各篇抄录《荀子》的可能性，认为凡是《荀子》与二戴《礼记》相同的部分，皆为荀子抄录或征引《礼记》，除了上面的直接论述外，还有

---

〔1〕 沈文倬《略论礼典的实行和〈仪礼〉书本的撰作》，第53页。
〔2〕 同上书，第54页。

更深层的理由。通过对武威汉简《丧服传》的研究，沈先生认为，《礼记》当中论丧各篇都是为了解释《丧服经》一篇同时写成的，而《丧服传》是参考这些文章撰著的，因而其成书年代当在《礼记》论丧诸篇之后。《三年问》既是论丧诸篇中的一篇，就不可能是荀子所写，而只能是荀子抄录而来。

王锷先生的《〈礼记〉成书考》依据传世文献和近年出土的简帛，详细考证了《礼记》各篇的来源，多有创获，在不少地方解决了长期含混的问题，是《礼记》研究的杰出著作。关于《三年问》的来源，王锷先生接受了沈先生的说法，并详细对比了《三年问》和《礼论》相同的文字，针对二篇细微但重要的文字差异做出了几点分析：第一，《礼论》中的"齐衰，苴杖"，《三年问》作"斩衰，苴杖"，显然《三年问》更胜，"'齐衰'虽有服丧三年者，但将'斩衰'排除在外，不仅与上下文不一致，更无问'三年丧'舍'斩衰'而专举'齐衰'者，于礼非甚"。第二，《礼论》中的"礼以是断之者"，《三年问》做"服以是断之者"。王先生认为，此虽一字之差，却至关重要。"《三年问》主要论三年服丧事，《礼论》主要论礼之起源、意义及作用，显系荀子承《三年问》而据改，以符合己意。"第三，《三年问》中有"未有知其所由来者也。孔子曰：子生三年，然后免于父母之怀，夫三年之丧，天下之达丧也。"这35个字不见于《礼论》。王锷先生的解释是："《三年问》有此三十五字，即引用《论语》中孔子的言论，进一步证明自己的观点，说明问题；然《礼论》抄引《三年问》前面文字，已经说明问题，似无必要再引用《论语》，故省去。"此外，王锷先生还反驳了郑良树先生关于《礼论》对"案"字用法的分析，证明《礼论》抄袭《三年问》。[1]

二 《三年问》与《荀子》的内在关系

无论沈先生还是王锷先生，都是立足于《礼记》诸篇，以追溯其来源，因而都有些忽略了《荀子》的内在逻辑。虽然二位先生举出的很多证据都很有道理，但愚见以为，若从《荀子·礼论》的内在行文来看，《三年问》更像《礼论》全文的一部分，而不像是将一篇独立的文章插到《礼论》当中。我们有如下证据。

第一，《三年问》的自问自答语式，并不见于《礼记》论丧诸篇，但在《礼论》中却数次出现。《礼论》开篇即问："礼起于何也？曰：人生而有欲……"其后又有："曷谓别？曰：贵贱有等，长幼有差……"在与《三年问》相同的那段文字之后，又有"君之丧，所以取三年，何也？曰：君者，治辨之主也……"其后又有："三月之殡，何也？曰：大之也……"这表明，《三年问》中自问自答的语式，本来就符合《礼论》的一贯行文方式。此外，这种自问自答的语式在《荀子》其他篇章中也常常见到。如《不苟》中有：

_____

〔1〕 均见于王锷《〈礼记〉成书考》，中华书局，2007 年版，第152页。

"君子治治，非治乱也。曷谓邪？曰：礼义之谓治……""然则国乱将弗治与？曰：国乱而治之者……"《王制》中有："力不若牛，走不若马，而牛马为用，何也？曰：人能群，彼不能群也。人何以能群？曰：分。分何以能行？曰：义。"《天论》中有："星队木鸣，国人皆恐。曰：是何也？曰：无何也。""雩而雨，何也？曰：无何也。"只是在《三年问》的这段话中，这种语式用得更多更密集一些。由此可见，《三年问》的作者很可能就是《礼论》的作者，而且就是《荀子》中大部分篇章的作者，那就是荀子本人。

第二，在《礼论》中与《三年问》文字相同的这一段之前，已经大段谈到了对丧礼的解释，随后论述丧礼中极为重要的丧服，自然是顺理成章的。当然，如果按照沈先生和王锷先生的解释，荀子在谈及丧礼的时候，把现成的一篇论三年丧的文章拿过来，插进自己的文章里，也是可以解释得通的。不过，在与《三年问》的文字相同的段落之后，荀子还在继续讨论丧服的问题，而且以完全相同的口气继续问道："君之丧，所以取三年，何也？"在讨论完了君之丧之后，又继续问道："三月之殡，何也？"关于君之丧和三月之殡的这两段文字，无论从讨论内容还是行文方式来看，都与前面一段紧相连属，我们很难想象，《礼论》的作者在抄录了单行的《三年问》之后，又以完全相同的行文方式，续写了后面的两段文字。最可能的情况应该是，《礼记》的编纂者将《荀子·礼论》中论述父母之丧和丧期基本原理的部分抄录了下来，作为《三年问》一篇，而将其余的部分舍弃不用了。

第三，关于《三年问》引《论语》的段落，是讨论二篇关系的重要部分。《礼论》中说的是："是百王之所同，古今之所一也。"而《三年问》中的文字是这样的："是百王之所同，古今之所一也，未有知其所由来者也。孔子曰：子生三年，然后免于父母之怀，夫三年之丧，天下之达丧也。"《礼论》中不仅没有《论语》中的那段话，而且没有"未有知其所由来者也"九个字。可是，这九个字却见于《礼论》前面的部分："凡礼，事生，饰欢也；送死，饰哀也；祭祀，饰敬也；师旅，饰威也。是百王之所同，古今之所一也，未有知其所由来者也。"《礼论》中两次出现"是百王之所同，古今之所一也"，而"未有知其所由来者也"却一次出现，一次不出现。这有两种可能：第一，两处本来就是完全相同的文字，而后面一段在传抄过程中脱漏了九个字，但《礼记》的编者见到的版本尚未脱（窃以为这种情况可能性更大）；第二，两处本来就有九个字的差别，但仍然形成了两段并列排比的修辞效果，而《礼记》的编者为了强化效果，将前文的九个字移到了此处。不论是哪种情况，都足以证明《礼论》在先，《礼记》的编者从中选取了一段文字而成《三年问》。至于引《论语》的文字，诚如王锷先生所言，《礼论》中似乎不必引此来证明自己的观点，而《礼记》的编者在截取了这段文字后，再引孔子的话来强调，且使本来尚未终篇的文字有一个漂亮的结尾，应该是说得通的。这恰恰证明《三年问》晚出。

第四,《三年问》这段文字中的许多概念都与《礼论》前文相呼应。其中的"称情而立文"一语,呼应了前文的"凡礼,始乎棁,成乎文,终乎悦校。故至备,情文俱尽;其次,情文代胜;其下复情以归大一也"。情文关系是《礼论》中的核心问题,《三年问》正是对此的展开。"一使足以成文理""群居和一之理"二句,也呼应了前文"孰知夫礼义文理之所以养情也""贵本之谓文,亲用之谓理""文理繁,情用省"等处关于文理的讨论。"人道之至文者也"则与"礼者,人道之极也""终始俱善,人道毕矣"等处关于"人道"的讨论,以及"至文以有别"的说法相呼应。再有,"因以饰群""所以为至痛饰也"与前文谈丧礼时的多个"饰"字相呼应。"三年以为隆,缌、小功以为杀,期、九月以为间"与前文的"故君子上致其隆,下尽其杀,而中处其中"相呼应。而《三年问》一段谈到人道、天道,其后的一段又谈到为君的三年丧,则又与前文的"礼三本"(即天地生之本,先祖类之本,君师治之本)相呼应。由此,我也认为,大戴《礼记》中的《礼三本》也不是单独的文章,而同样是选自《荀子·礼论》。《荀子·礼论》是一篇行文非常严整系统的论礼之作,文、情、礼、理的关系,礼三本等,都是其中的重要论题,《三年问》中更是处处体现出这些观念,而与《礼论》的其他部分内在相关。因而,我们认为,《三年问》是《礼论》中不可分割的一部分,而不应该是一篇单独的文章。

第五,《三年问》中不仅体现出《礼论》的许多内在观念，而且也与《荀子》全书中的一贯观念相配合。我们可以举出两点：其一，《三年问》中说"凡生乎天地之间者，有血气之属必有知，有知之属莫不爱其类"，此处体现的，是非常典型的荀子思想。《王制》中说："水火有气而无生，草木有生而无知，禽兽有知而无义，人有气、有生、有知亦且有义，故最为天下贵也。"两处的说法虽不完全相同，但对禽兽与人的关系的理解非常相似，应该是同一思路的体现。[1] 其二，《三年问》中说"因以饰群，别亲疏""焉能相与群居而不乱乎""群居和一之理"，这三处都体现出荀子关于"群"的著名说法。在《荣辱》中，出现了"群居和一之道"。在《王制》中，荀子说："力不若牛，走不若马，而牛马为用，何也？曰：人能群，彼不能群也。"从这两点看，我们也有足够理由说，《三年问》本来是《荀子》全书中的一个有机部分。

三　关于沈先生与王先生的几点理由

现在，我们再回过头来看一下沈先生和王锷先生提出的几点理由。

---

〔1〕 这又涉及对《乐记》成书的理解，因为《乐记》中也有一段与此非常类似的说法："夫民有血气心知之性，而无哀乐喜怒之常，应感起物而动，然后心术形焉。"如何解释这一段与《荀子》的关系，自郭店竹简出土之后，《乐记》多被认为是公孙尼子的作品。虽然如此，《乐记》这样有大量内容与《荀子·乐论》相同的文献，与荀子学派究竟是什么关系，我以为应该还有解释的空间。

沈先生认为，治礼的某师抄录《荀子》的一篇没有意义，而《荀子》抄录某篇文章以证明自己的观点大有意义。窃以为此说并不成立。正如《子思子》与《曾子》中的一些篇章可以被纳入《礼记》，二戴在编辑《礼记》时采纳《荀子》中的一些篇章，有何不可？荀子生活的年代距离汉初甚近，汉初儒者，特别是礼学家受荀子影响甚大，甚至可能很多人就出自荀子学派，这一点前人论之已多。[1]

沈先生的另外一个重要观点是，《礼记》中的论丧诸篇，本来为解释《丧服》的单篇文章。从行文来看，《丧服小记》《大传》《杂记》《丧大记》《问丧》《服问》《间传》诸篇都可以这么说，但也有些论丧服的篇章却未必如此。比如《曾子问》大量谈丧服，却并非《丧服》之传，而是《曾子》书的一部分。同理，《三年问》也并非直接解释《丧服》篇的，而是从《荀子·礼论》中选取了论丧服的部分独立成篇，纳入《礼记》。

王锷先生说，《三年问》中的"斩衰，苴杖"胜于《礼论》中的"齐衰，苴杖"，其说甚是。但愚见以为，这恰恰说明《礼论》在先，《三年问》在后，二戴在编辑《礼记》时对原文做了修改。事实上，在传世的先秦诸子文献中，甚少直接讲"斩衰"的。如《论语·乡党》中"子见齐衰者，虽狎必变"，却不及"斩衰"，《孟子·滕文公上》："三年之

---

〔1〕　参考康大鹏《〈礼运〉出于荀子后学考：附论荀派在〈易传〉传承中的作用》，《北京大学研究生学刊》，1997年第1期。

丧，齐疏之服，飦粥之食，自天子达于庶人，三代共之。"亦不及斩衰。目力所及，传世文献中明言"斩衰"者，正在《荀子·哀公》"斩衰菅屦，杖而啜粥者，志不在于酒肉"，以及《荣辱》"斩而齐"。《礼论》中不言"斩衰"，而仅言"齐衰"，似与《论语》《孟子》中的情况相似，而《礼记》的编辑者将它改为"斩衰"，应该是汉代对齐衰与斩衰的区分更加明确了的结果。[1]

王锷先生又就《礼论》中的"礼以是断之者"与《三年问》中的"服以是断之者"立论，以为是《礼论》改字。我同意王锷先生所说的，《三年问》言丧服，故用"服"字，《礼论》言礼，故用"礼"字，但我们似乎并不能由此推出来，是《礼论》抄袭《三年问》，而也可能是《礼记》的编者从《礼论》中截取了论丧服的一段之后，为了更强调它的丧服主题而改字。

至于《三年问》最后所引"孔子曰"，前文已经谈到，这更像是《礼记》编者截取了此一段后，加了一个更精致的结尾，引孔子之语以证己意。姚际恒云："此乃后人引孔子之言增入之也。苟知三年免怀之义，则其言三年之丧，必不复云以期断矣。辑礼者增此作尾，不过欲其义之完善耳，不知自明者视之，其与前篇之义毫不吻合，判然若黑白之不相类也。予谓《礼记》诸篇，或首或尾，多有为庸妄人窜入者，此足为明证，学者亦可无疑于予言矣。"《三年问》中根

---

[1] 参见本书《三年丧起源考论》一文。

据天道四时变化确定至亲以期断的说法，确实更接近孔子反驳的宰我之论，而不像孔子之说。当然，加入此段，未必如姚氏所云，完全不合，《礼记》编者很可能有更深的考虑，试图在孔子和荀子的说法之间做一个折中。《礼记》编者如何收纳剪裁各篇，从而形成一个更完整的礼学体系，也是一个需要研究的问题。

总之，沈先生和王锷先生的说法都不能确切证明《荀子·礼论》抄自独立成篇的《三年问》。

四 结论

综合上述，我们可以得出以下几点结论：第一，《三年问》本来是《荀子·礼论》中的一部分，与《礼论》和《荀子》其他篇章的行文风格、思想体系都很一致。第二，二戴选取了《礼论》中的各自一部分，而成《礼三本》《三年问》二篇，或者此前的《礼论》或其某部分已经单独成篇，广为流传，故司马迁作《史记》，亦选取《礼论》的一部分入《礼志》；第三，小戴在选《三年问》入《礼记》时，也做了一些加工，修改了其中的字句，并加上了"孔子曰"一段话，使之更能独立成篇；第四，《礼记》编者与荀子学派关系密切，《礼记》思想与荀子思想的关系，将是一个可以进一步研究的问题。

第三部分

再议经典礼学问题

王昌前母服议

引言　王昌的难题

　　晋武帝咸宁六年（公元280年）四月，晋平东吴，三国一统，改元太康。不久，东平王司马楙上言，东平相王昌自平吴以来，即欲以母忧不摄职事。但王昌新近并未丧母，他为什么要服母丧呢？

　　原来，王昌的父亲王毖本是长沙人，先已在长沙娶妻生子，于汉末来到京师。后来天下三分，长沙属吴。王毖留在中原，仕为黄门侍郎，曾参与上疏汉献帝禅魏之事。[1] 由于魏吴隔绝，生死不通音问，王毖再娶，生下王昌、王式两个儿子。后来王毖和后妻均故去。待平吴之后，已经做了东平相的王昌终于了解到，父亲的前妻也早已去世。于是，王昌决定为前母追服丧服，上言东平王，要求去官行服。东平王感到此事复杂难断，就向皇帝上言评议。

　　晋代于臣下守丧之制甚严，晋武帝更打破汉文帝以来的惯例，亲为父母服丧三年。因此皇帝非常认真地对待王昌

_____

〔1〕　陈寿《三国志·魏书》卷二《文帝纪》，裴松之注，中华书局，1982年版，第63页。

的难题，召集群臣评议此事。议礼诸臣意见不一，争论极为激烈。王昌之事成为中国丧服制度史上一个非常有名的个案，历代治礼学者频频讨论，甚至到清代，还有很多礼学学者花笔墨讨论王昌的服制。[1]王昌的难题为什么这么重要，历代礼学家为什么常常要讨论他的故事呢？

汉末魏晋之际，战乱频仍，士民播越迁徙，父母妻子聚散分合之事甚多。由此引起的丧服问题，也就常常成为争论的焦点。下举数例：

> 一、汉末，郑子群娶陈群从妹，逢吕布乱，不知存亡，又娶乡里蔡氏女。乱平后，陈氏得还，于是二妻并存。蔡氏之子字元虮，为陈氏服嫡母之服，事陈群以从舅之礼。族兄宗伯曾责之，谓抑其亲，乡里先达则以为合宜。[2]

> 二、魏沛国刘仲武娶毌丘氏，生二子正舒、正则。毌丘俭反败，仲武出妻而未绝，娶王氏，生陶。及毌丘氏卒，正舒求祔葬，而陶不许。正舒讼数十年，以至死亡。

> 三、魏之征东长史吴纲亡入吴，妻儿留魏，于吴再娶生子。后纲与后妻并子俱还，二妇并存。礼学家

----

〔1〕 其事见《晋书·志第十·礼中》卷二十；《通典·礼四十九》卷八十九；陈戍国《中国礼制史·魏晋南北朝卷》，湖南教育出版社，2002年版，第170页。

〔2〕 杜佑《通典·礼四十九》卷八十九，中华书局，1984年版，第2442页。

袁准认为，可以并立两嫡，只是前嫡承统，后嫡不传重，二母之服均为三年。[1]

四、吴国朱某娶妻陈氏，生子东伯。入晋，晋赐妻某氏，生子绥伯。太康中，朱某卒，绥伯将母以归邦族，二母守先后之序。及二母终，二子交相为服，君子以为贤。

五、安丰太守程谅先已有妻，后又娶，立二嫡妻。前妻亡，后妻子勋疑所服，引起朝臣争论；争论结果，程勋应以嫡母之礼服丧。

六、咸康中，南平郡陈诜娶李氏为妻，产四子而遭贼，姊为救姑而委身于贼。诜更娶严氏，生子晖等三人。后李氏归，又育一女。李亡后，诜疑晖服，以其事言于征西大将军庾亮府评议。众人意见莫衷一是，最后庾亮从司马愻期议，令晖按嫡母例服丧。[2]

以上六例，都和王愭事相似。其中，第三例吴家和第四例朱家，都认可了二嫡的现实，二子交互为服，似乎最和平地解决了这一问题。第五例程家也是立二嫡妻。在第一例郑子群家，元䣛以嫡母之礼服前母陈氏；但不知陈氏是否有子，如有子，如何对待蔡氏。此举遭到族兄的责备，但还是

〔1〕 此例见杨晨撰《三国会要》卷十二《礼》，《续修四库全书·史部·政书类》第767册，上海古籍出版社，1996年版，第351—352页。
〔2〕 除第三条外，以上事例均见房玄龄《晋书·志第十·礼中》卷二十，中华书局，1996年版，第639—643页。

得到了乡里的认可。第六例中，司马怂期的主张，即令后妻之子以嫡母之服服李氏，是最后被接受的结果。最悲惨的是第二例，前妻之子正舒请求母与父袝葬，后妻之子陶不允，使正舒郁郁而终。

这些事例所涉及的，都是一个男子先后娶二妻，导致后妻的儿子对其父之前妻的丧服无所适从。丧服中对于嫡母、庶母、慈母、继母等以"母"称者，又有很多规定。但对后妻之子而言，王悆等的前妻既不算庶母、继母、慈母，严格说来也并不算嫡母，因为那些后妻也并不被认为是庶母。这种关系一般被称为"前母"。经籍中并没有后母之子为前母服丧的规定，因此经学中无成例可循；为"前母"究竟该依准上述的哪种"母"例来服丧，就成为东平议礼的核心问题。其实，在这些事例中，前妻之子如何为后母服丧，也是一个问题。除第二例是先出妻再娶之外，其他后母并非前母殁后或出后所娶，与一般的继母不同；而在前母尚在之时，后母又不是妾，因此也不能算庶母。到清代，冯景、陈作霖等便将王昌事与前妻之子为后母服丧的问题放在一起来讨论。

无论是前举六例，还是王昌之事，其核心的礼制问题，就是"不二嫡"。嫡庶之制，是周代以来宗法制度的基本原则。由于种种原因，这几例中的前后二妻都未能明确分出嫡庶，因而导致服丧时出现了难题。嫡庶之制，原本与周代的宗法封建制紧相配合。但晚周以来封建制瓦解，嫡庶制度已经没有多少直接的实践意义。在魏晋的民间实践中，战乱带来社会生活更多混乱，因而人们也更是常常不理会家中的嫡庶之别，有时不仅承认了二嫡，甚至以此服丧，在上述第三例中，礼学家袁准甚至明确肯定了二嫡的现象。

骠骑大将军温峤曾经先后娶过三位夫人，均早于温峤而亡。及温峤卒，朝廷议三夫人如何祔葬。陈舒认为："如礼，则三人皆为夫人也。自秦汉已来，废一娶九女之制，近世无复继室之礼，先妻卒则更娶。"[1]陈舒的意见，说明了当时的基本情况。朝廷最后决定以两夫人与温峤祔葬，也说明了不二嫡之制已经不很严格。再比如魏晋之际的权臣贾充先娶李丰之女为妻，李丰因罪被诛，李氏遭放逐，贾充复娶郭槐。晋武帝践祚，李氏遇大赦而还，晋武帝特准贾充立左右二夫人，结果引起了家中数十年的纷争。

而在贾充自己也参与了的东平议礼中，尽管人们给出的解决方式不同，但没有人像袁准那样让步；晋武帝自己也不再像对贾充那样宽容。不论主张如何，君臣都强调不二嫡的宗法原则和节文人情的基本礼意。在嫡庶之制已经被大大破坏的晋代，强调不二嫡的意义究竟何在呢？

议礼者之所以看重不二嫡，并不仅仅因为它是一套古人的封建制度，而顽固地以古非今。我们若深入各派的讨论，就会看到，议礼诸臣都尽量体贴人情现实，希望能够最稳妥地安置各方面，从而敦化风俗。强调一个似乎早已过时的嫡庶之制，与现实的体贴人情之间，究竟会有什么关系？

---

〔1〕《晋书·志第十》卷二十，第644页。

这是本文讨论王昌前母服议的一个基本出发点。

与前述六例相比，王昌事复杂得多。第二例是出妻后再娶，第三、第五例是并有二妻。虽然第一例、第三例、第六例与王毖事一样，都是因为战乱不知生死，但其中的后妻之子都没有像王昌那样，根本没有见过前母；第六例中甚至明确指出，前母死时，父尚健在。而在王昌事中，完全是在父殁后，后妻之子找到了久已失散的家人，得知前母已经故去。而王昌自己想出的办法，就是第一、三、四、五、六例中，后妻之子以嫡母之礼服前母的办法。这一办法，在前举六例中，是最通行，而且被广泛认可的一种服法；但东平之议一起，却众声嘈杂，反对王昌为前母服的声音非常强大，甚至最后还说服了晋武帝，不准王昌服衰。

不二嫡之说，并不必然反对为前母服衰。在前六例中，有好几例都顺利地采取以前母为嫡的方式解决了。而王昌的情况为什么不能这样解决，为什么人们倾向于以后妻为嫡呢？因为吴魏悬隔，导致了议礼诸臣提出了绝妻论。绝妻论的根据是《礼记·丧服小记》中关于追服问题的一段讨论。晋武帝接受的也是此一说。针对绝妻论，支持有服的议礼者提出了继嫡论，比附母死再娶继母复立嫡的情况，一方面是因为不可以继室为嫡似乎只是天子诸侯的规定，另一方面也因为周代宗法制早已衰落。

绝妻论与继嫡论，均为根据具体情况对不二嫡论的诠释与调整。群臣大多认为，除了考虑不二嫡的宗法礼制之外，还必须照顾到合人情、敦教化的问题。在群臣议礼之后，尚书八座以名服裁断，晋武帝却并不赞同，而是以法绝立论，命王昌无服。到东晋时，干宝又议王昌事，充分尊重各派提出的理由，以名服论平衡地绝论与继嫡论，讲出了一套最合乎人情的道理。

但从干宝之后，就没有人再支持地绝论了。蔡谟、何琦从对追服说的辩难入手，严厉批驳了地绝论。但蔡谟、何琦等也不再强调不二嫡，而更多将前母问题与诸母之服联系起来看待，强调名服的礼制传统。刘子翙继承此说，在很长时间里成为王昌服论的主流声音。以名服立论，打破了干宝那里诸论之间的平衡，使不二嫡之制面临着挑战。

到清代，随着礼学的复兴，不二嫡的礼意又得到了很多讨论。面对已经广泛存在二嫡现象的现实，礼学家做出了很多努力，辨析继嫡论的经学意义，试图重新讲出不二嫡背后的宗法礼意。清代冯景和陈作霖，再次以不二嫡之意论王昌之事，重新提出了一套非常周到的解说。

干宝之论与陈作霖之论，虽然主张并不完全相同，但都充分照顾了宗法体制和人情教化的各个方面，对不二嫡之礼意的理解，是一致的。前母之服，《丧服》未言，且一旦出现这种情形，往往会有非常复杂的离合遭际。对这一问题的诸多讨论，犹可帮我们理解丧服礼制的礼意所在。

一　群臣议礼

关于东平议礼，《晋书》和《通典》中都有详细记述，但无论在参与人员、议论详略，还是各人观点上，都多有差别。后代对此事的记录，有依《晋书》者，有依《通典》者。相较而言，《晋书》记录议礼过程更全面，而《通典》记录诸臣之议更详尽。本文主旨并非历史考据，所以不必穷究史实；但更看重各种观点之用意，故参酌两书，尽可能呈现诸臣议礼的理据、主张，及其内在礼意。我们先简述议礼的过程，罗列出议礼者的主要主张，再在下文分析各派观点。

1 议礼过程

率先发言的守博士谢衡，与上述六例中的主要倾向是一致的，即主张王昌应该按照为嫡母之礼，服齐衰三年："毖身不幸，去父母，远妻子。妻于其家，执义守节，奉宗祀，养舅姑，育稚子。后得归还，则固为己妻。父既为妻，子岂不为母？昌宜追服三年。"[1]谢衡的主要理由是，王毖离家是不得已，而他的前妻没有改嫁，而且还辛勤持家，没有理由不算嫡妻。她既然是王毖的嫡妻，自然就是王昌的嫡母，因此应该服三年之丧。在《晋书》记录的发言中，谢衡则更明确地讲，他主张的是，兄弟二人互相为对方的母亲服齐衰三年。

随后，守博士许猛反驳谢衡之议，认为王毖的前妻不

---

〔1〕 杜佑《通典·礼四十九》卷八十九，第2442页。在《晋书·志第十》卷二十中，谢衡的发言是："虽有二妻，盖有故而然，不为害于道，议宜更相为服。"第635页。

应该还是嫡妻，因此应当无服：

> 绝有三道：有义绝者，为犯七出也；有法绝者，以王法绝；有地绝者，以殊域而绝。且夫绝妻，如纪叔姬。其逼以王法，隔以殊域，而更聘嫡室者，亦为绝矣。是以礼有继母服，无前母制。是以前母非没则绝也。以昌前母虽在，犹不应服。若昌父在，则唯命矣。依《礼记》，昌唯宜追服其兄耳。[1]

许猛解释经籍中没有前母服的原因，认为并非圣人没有想到会有前母这种关系，而是，一旦父娶继母，则前母不是亡故，就是为父所绝的出母，因而服制应该准出母之例。王昌前母虽然没有因犯七出而为父所绝，但是这算"以法绝"和"以地绝"。因为国家法令，导致魏吴不相往来，因此是"以法绝"；因为地隔悬远，双方不知生死，于是再娶嫡妻，所以是"以地绝"。

许猛说完之后，《晋书》中记载，段畅、驷冲等人都附和他的意见。[2] 散骑常侍刘智安提出了一个折中的办法："礼为常事制，不为非常设也。亡父母不知其死生者，不著于礼。平生不相见，去其加隆，以期为断。"[3] 此说显然是据

---

[1] 杜佑《通典·礼四十九》卷八十九，第 2442 页。《晋书·志第十》作："地绝，又无前母之制，正以在前非没则绝故也。前母虽在，犹不应服。"第 635 页。

[2] 《晋书》中还提到秦秀附和许猛之议，但是下文秦秀明显提出了异议。

[3] 《晋书·志第十》卷二十，第 635 页。

"至亲以期断"郑注立论。

随后发言的尚书都令史虞溥则回到许猛的主张，为他提供了一个更理论化的解释：

> 臣以为礼不二嫡，重正也。苟正嫡不可以二，则昌父更娶之辰，即前妇义绝之日，固不待言而可知矣。议者以昌父无绝遣之言，尚为正嫡。恐犯礼亏教，难以示后。按昌父既册名魏朝，更纳后室，岂得怀旧君于江表，存外妻于仇国乎？非徒时政之所禁，乃臣道所宜绝。设使昌父尚存，今始会同，必不使两妻专堂，二嫡执祭。以此验之，故知后嫡立宜前嫡废也。即父使有两立之言，犹将以礼正之；况无遗命，可以服乎？溥以为宜如猛议。[1]

虞溥此议讲出了许猛之议背后的礼制理由："不二嫡"。对不二嫡问题的讨论，也就成为后面诸臣争论的核心内容。

随后发言的博士秦秀就不二嫡问题发表了自己的看法：

> 按议者以礼无前妻之名，依名绝之不为之服，斯

---

[1] 杜佑《通典・礼四十九》卷八十九，第 2442 页。《晋书・志第十》中为："臣以为，礼不二嫡，所以重正，非徒如前议者防妒忌而已。故曰'一与之齐，终身不改'。未有遭变而二嫡。苟不二，则昌父更娶之辰，是前妻义绝之日也。使昌父尚存，二妻俱在，必不使二嫡专堂，两妇执祭，同为之齐也。"第 635 页。

乃是也。今兄弟不同居，而各以路人相遇其母，恐一体之爱，从此绝矣。古人之为，未必按文，唯称情耳。以为二母之子，宜各相事皆如所生。虽无成典，期于相睦，得礼意也。若前妻之子不胜母之哀，来言曰'我母自尽礼于事夫，为夫先祖所歆享，为父志所嘉，为人伦所钦敬'，便迎父丧，归于旧茔，以其母祔葬，则后妻之子，宁可以据儒者之言以距之邪？礼，二妾之子，父命令相慈，而三年之恩便同所生矣。昌父何义不令二嫡依此礼乎？然礼无明制，非末学者所敢用心；必不得已，与其意而绝之，不若意而事之。故以为昌宜追前母三年，二母之祔，以先后为叙。[1]

秦秀认为，虽然不二嫡是基本礼意，但绝妻论太不合人情，最终会导致兄弟如陌路的结果，不是礼意所在。他提议，二妻之子仿照慈母之例，互相为彼此的母亲服丧。

许猛此时又说了一段话，继续谈他的三绝主张："夫少妇稚，则不可许以改娶更适矣。今妻在许以更聘，夫存而妻得改醮者，非绝而何。"[2]

随后发言的，《晋书》中说是侍中领博士张恽，而《通

---

[1] 杜佑《通典·礼四十九》卷八十九，第2442—2443页；《晋书·志第十》先是说秦秀从许猛之议，但后面又给出与《通典》中类似的说法："二妾之子，父命令相慈养，而便有三年之恩，便同所生。昌父何义不令二嫡依此礼乎？父之执友有如子之礼，况事兄之母乎！"第635页。另外，从秦秀的语调上看，王恕前妻所生之子应该尚在人世。

[2]《晋书·志第十》卷二十，第635页。

典》中说是侍中程咸。两书对这段发言的记录文字虽然详略不同，但主张一致，当为同一个发言。我们取《通典》中程咸更详细的发言。程咸指出了秦秀之议的弊端，但也考虑到许猛、虞溥之议的问题，经过权衡各种裁决方式之后，给出了兄弟各为己母服的裁定方法：

> 诸侯无更娶致夫人之制；大夫妻死改室，不拘立嫡。昌父前妻，守德约身，幸值开通，而固绝之，此礼不胜情而渐入于薄也。昌母后聘，本非庶贱，横加抑黜，复不然矣。若令二母之子，交相为报，则并尊两嫡，礼之大禁。昔舜不告而娶，婚礼盖阙，传记以二妃夫人称之，明不足立正后也。圣人之弘，犹权事而变，而诸儒欲听立两嫡，并未前闻。且赵姬而让叔隗以为内子，黄昌之告新妻使避正堂，皆欲以正家统而分嫡妾也。昌父已亡，无正之者。若追服前母，则自黜其亲；交相为报，则固非嫡。就使未达，追为之服，犹宜刑贬，以匡失谬，况可报楸施行，正为通例，则两嫡之礼始于今矣，开争长乱，不可以训。臣以为昌等当各服其母者。[1]

---

〔1〕 杜佑《通典·礼四十九》卷八十九，第 2443 页；《晋书·志第十》里侍中领博士张悝之议为："昔舜不告而娶，婚礼盖阙，故《尧典》以厘降二女为文，不殊嫡媵。传记以妃夫人称之，明不立正后也。夫以圣人之弘，帝者嫡子，犹权事而变，以定典礼。黄昌之告新妻使避正室，时论许之。推姬氏之让，执黄卿之决，宜使各自服其母。"第 635 页。

程咸首先回顾了经学中不二嫡的用意。不准再娶，是对天子诸侯的规定；大夫以下，不仅可以再娶，而且可以立嫡。但这并不意味着前嫡与继嫡地位完全相当。王湝并不是因为嫡妻死而娶继室，而是二妻同时在世，就有二嫡之嫌了。

他权衡了前面提出过的几种裁定方式。程咸首先同意秦秀的意见，认为如果一定像许猛等人所主张的，以为王湝父子已绝于前妻，则是"礼不胜情"，导致人情渐入浇薄；但反过来，如果把王昌之母当作庶母，横加抑黜，又不合适；而如果像秦秀建议的那样，让儿子交互为服，就会导致二嫡并尊，触犯了礼之大禁。

程咸又举出古今圣贤中的类似情况。他认为，类似王湝二妻的事，古代并非没有。比如帝舜，由于不告而娶娥皇女英，婚礼未备，他的处理方式是不立正妃，而不是并立二嫡。这是圣人在遇到类似情况时的权变。而《春秋》中的赵姬和汉代的黄昌都曾面临类似的问题，解决方式是后妻让嫡。这三例中解决方式不同，但根本的一条，都是要保证不二嫡。现在王昌亲母已死，不可能代替她去让嫡，就要采取舜的办法，不立正妻，那就是兄弟各自为服。

黄门侍郎崔谅、荀恺、中书监荀勖、领中书令和峤、侍郎夏侯湛相继发言，都赞同虞溥的主张。随后，侍郎山雄、著作郎陈寿又提出了另一主张：

> 《春秋》之义，不以得宠而忘旧，是以赵姬请逆叔隗而己下之。若昌父及二母于今并存，则前母不废，

有明征矣。设使昌父昔持前妇所生之子来入中国而尚在者，恐不谓母已黜遣，从出母之服。苟昌父无弃前妻之命，昌兄有服母之理，则昌无疑于不服。[1]

山雄和陈寿同意不二嫡的说法，但他们认为，只要不两妻并立，就是不二嫡了。不管后母的地位如何，前嫡之位不可废。赵姬的例子，恰恰是后妻让前妻。在他们看来，许猛、虞溥等人要前妻让后妻的主张，等于提倡喜新忘旧。

根据《通典》，此时有司马李苞站出来，反驳了陈寿对赵姬例子的解释和运用：

礼重一统，所以正家，犹国不可二君。虽礼文残缺，大事可知。昌父遇难，与妻隔绝，夫得更娶，妻当更嫁，此通理也。今之不去，此自执节之妇，不为理不绝矣。适可嘉异其意，不得以私善羁縻已绝之夫。议者以赵姬为比，愚以为不同也。重耳适齐，志在必还，五年之间，未为离绝。衰纳新宠，于礼为废嫡，于义为弃旧，姬氏固让，得礼之正，是以《春秋》善

---

[1] 杜佑《通典·礼四十九》卷八十九，第2443—2444页；《晋书·志第十》中作："溥驳一与之齐，非大夫也，礼无二嫡，不可以并耳。若昌父及二母于今各存者，则前母不废，已有明征也。设令昌父将前母之子来入中国尚在者，当从出母之服。苟昌父无弃前妻之命，昌兄有服母之理，则昌无疑于不服。"第636页。"当从出母之服"一句，与《通典》之论完全相反，似误。

之，明不得并也。古无二嫡，宜如溥驳。[1]

李苞的立论仍然是许猛的绝妻说。他认为，赵衰与季
隗并没有以地绝，但王毖与前妻是以地绝的。因此，前妻
守节持家，虽然应该嘉异，但这不足以保住她的嫡妻身份，
更不能改变不二嫡的制度。由于不能有二嫡，他同意虞溥
之议。

针对许猛、李苞等人的地绝说，贼曹属卞粹做出了严
厉批评。他说：

> 昌父当莫审之时而娶后妻，则前妻同之于死而义
> 不绝。若生相及而后妻不去，则妾列于前志矣。死而
> 会乎，则同祔于葬，无并嫡之实。必欲使子孙于没世
> 之后，追计二母隔绝之时，以为并嫡，则背违死父，
> 追出亡母。议者以为礼无前母之服者，可谓以文害意。
> 愚以为母之不亲，而服三年非一，无异于前母也。[2]

在卞粹看来，只有义绝是真绝。像许猛说的那样，因
道路不通而无法联系，根本不是夫妻断绝的理由。他主张，
后妻之子追服前母，并不必然意味着承认二嫡。卞粹和程
咸、陈寿一样，都强调，只要生前没有并立二嫡，就没有违

---

[1] 杜佑《通典·礼四十九》卷八十九，第 2444 页；《晋书》中无李苞之议。
[2] 《晋书·志第十》卷二十，第 636 页；《通典》中无以下诸臣之议。

背不二嫡之义。

仓曹属卫恒的发言认为卞粹的做法不妥。不过，他也不认为绝妻论的主张合乎人情：

> 或云，嫡不可二，前妻宜绝。此为夺旧与新，违母从子，礼律所不许，人情所未安也。或云，绝与死同，无嫌二嫡，据其相及，欲令有服。此为论嫡则死，议服则生，还自相伐，理又不通。愚以为地绝死绝，诚无异也，宜一如前母，不复追服。[1]

卫恒权衡了两种主张各自的问题。对于因为不二嫡而主张无服的一派，他认为确实是喜新忘旧，对去世的母亲很不公平，无论从礼法还是从人情的角度看，都不合适。但卞粹的主张，是假定前妻尚在而推出来的，而前妻已死，所以不必讨论嫡庶问题，这是自相矛盾的逻辑。

比较之后，卫恒还是接受了许猛等人的主张，认为应该无服。他的主要理由不是不二嫡，而是许猛、李苞等人的绝妻说。他甚至走得还要极端，提出了"死绝"说。

随后，主簿刘卞再次批判了地绝说：

> 愍在南为邦族，于北为羁旅。以此名分言之，前妻为元妃，后妇为继室。何至王路既通，更当逐其今

---

〔1〕《晋书·志第十》卷二十，第636页。

妻，废其嫡子！不书姜氏，绝不为亲，以其犯至恶也。
赵姬虽贵，必推叔隗；原同虽宠，必嫡宣孟。若违礼
苟让，何则《春秋》所当善也！论者谓地绝，其情终
已不得往来。今地既通，何为故当追而绝之邪！黄昌
见美，斯又近世之明比。[1]

刘卞认为，现在既然天下一统，道路已通，地绝说就不可能
成立。他还援引了大家反复谈到的哀姜、赵姬、黄昌的例
子，认为只有义绝才是真绝。

虽然群臣多不赞成二嫡，但不二嫡之制并不能推出来
王昌不能为前母服，因为既可能是后妻为嫡，更可能是前妻
为嫡。而赵姬、黄昌等的故事，都是支持前妻为嫡的。后妻
为嫡的主要依据，就是许猛的绝妻说。反对者都认为这一说
法太不近人情，而像李苞和卫恒这样的支持者，却把绝妻说
推向了一个更不近人情的极端。随后发言的齐王司马攸和虞
溥则在理论上对绝妻说做了细致的澄清。

齐王司马攸说：

《礼记》："生不及祖父母、诸父昆弟，而父税丧，
己则否。"诸儒皆以为父以他故子生异域，不及此亲存
时归见之，父虽追服，子不从税，不责非时之恩也。
但不相见，尚不服其先终，而况前母非亲所生，义不

〔1〕《晋书·志第十》卷二十，第636页。

逾祖。莫往莫来，恩绝殊隔，而令追服，殆非称情立文之谓也。以为昌不宜追服。[1]

司马攸援引《礼记·丧服小记》中对追服的讨论，证明不追服在经典中是有根据的。如果孩子生于异地，没有见过祖父母，就可以不追服，这恰恰是从人情的角度考虑，并不像反对者那样认为是违背人情。

随后，司徒李胤说了一句："毖为黄门侍郎，江南已叛。石厚与焉，大义灭亲。况于毖之义，可得以为妻乎！"大司马陈骞没有说话，贾充和汝南王司马亮"皆从主者"。然后，虞溥再次发言。他接着齐王的说法，主要回应卞粹对绝妻说的批评：

> 丧从宁戚，谓丧事尚哀耳，不使服非其亲也。夫死者终也，终事已故无绝道。分居两存，则离否由人。夫妇以胖合为义，今土隔人殊，则配合理绝。彼已更娶代己，安得自同于死妇哉！伯夷让孤竹，不可以为后王法也。且既已为嫡后服，复云为妾，生则或贬或离，死则同袝于葬，妻专一以事夫，夫怀贰以接己，开伪薄之风，伤贞信之教，于以纯化笃俗，不亦难乎！今昌二母虽土地殊隔，据同时并存，何得为前母后母乎！设使昌母先亡，以嫡合葬，而前母不绝，

[1]《晋书·志第十》卷二十，第636—637页。

远闻丧问，当复相为制何服邪！夫制不应礼，动而愈失。夫孝子不纳亲于不义，贞妇不昧进而苟容。今同前嫡于死妇，使后妻居正而或废，于二子之心，曾无憾乎！而云诬父弃母，恐此文致之言，难以定臧否也。礼，违诸侯适天子，不服旧君，然则昌父绝前君矣，更纳后室，废旧妻矣，又何取于宜诛宜抚乎！且妇人之有恶疾，乃慈夫之所愍也，而在七出，诚以在人理应绝故也。今夫妇殊域，与无妻同，方之恶疾，理无以异。据已更娶，有绝前之证。而云应服，于义何居！[1]

虞溥认为，不能只考虑前妻的人情，而必须也考虑到后妻的人情。如果真的像赵衰或黄昌那样，夫妻生前相见，或许可以如有服派之论，仍以前妻为嫡。但现在后妻已死，而且还以嫡妻的身份举行了丧礼，如果再夺去她的嫡妻地位，就非常不合人情了。因为这些事都是按照已与前妻断绝的前提来做的，不能轻易修改，这就是三绝的真正含义。这一说法，甚至使最极端的"死绝"说也有了道理。如果否认夫妻已绝，势必带来种种新的问题。因此，必须坚持以后妻为嫡，不能为前妻服三年之丧。

至此，群臣议礼结束。

---

[1]《晋书·志第十》卷二十，第637页。

2 不二嫡

东平议礼的核心问题是"不二嫡"。王国维先生在《殷周制度论》中备述嫡庶之制为周代宗法与丧服制度的源头。[1]明确嫡庶之分，则嫡不可二，既不可有二嫡子，也不可有二嫡妻。辛伯说："并后匹嫡，两政祸国，乱之本也。"[2]瞿同祖先生在《中国法律与中国社会》中指出，古代中国的婚姻制度是一夫一妻多妾制，而不是多妻制，讲的就是不二嫡的道理。[3]

按照古文经学的说法，不仅生前不可有二嫡妻并立，嫡妻死后也不可复立嫡妻。《春秋左传》中经常可以看到不二嫡的原则。比如鲁惠公之元妃孟子死，虽然无嫡子，继室声子为隐公之母，又娶仲子，为桓公之母，但都不得称为夫人。杜预注："元妃死则次妃摄治内事，犹不得称夫人，故谓之继室。"[4]不过，《春秋》中也出现过二嫡而不讥之处。最著名的例子，就是鲁僖公其母成风为夫人的事。许慎在《五经异义》中指出，鲁僖公立母成风为夫人，《春秋》无讥文。郑君驳："《礼·丧服》，父为长子三年，以将传重故也；众子则为之期，明无二嫡也。女君卒，贵妾继室，摄其事耳，不得复立夫人。鲁僖公妾母为夫人者，乃缘庄夫人哀

---

〔1〕 王国维《殷周制度论》，《观堂集林》卷十，第 451 页以下。
〔2〕 《春秋左传注疏》，方向东点校《十三经注疏》第 16 册，第 350 页。
〔3〕 瞿同祖《中国法律与中国社会》，第 130 页以下。
〔4〕 《春秋左传注疏》，第 58 页。

姜有杀子般、闵公之罪，应贬故也。"[1]

但有另外一处，即许猛提到的纪叔姬，更难以理解。《春秋》隐公七年"春，王三月，叔姬归于纪。"纪叔姬是纪伯姬之娣，虽伯姬嫁到纪国，但不与嫡同行，至是始归。可是，按照《春秋》体例，媵妾出嫁是不书的。此处为什么特别要写此事呢？何休认为："媵贱，书者，后为嫡，终有贤行。"[2]若按何休的说法，叔姬继伯姬而为嫡，《春秋》不仅不以为非，反因此而书之。

《白虎通》在谈到纪叔姬之事时，就记下了对这个问题的两种解释，一说："嫡夫人死，更立夫人者，不敢以卑贱承宗庙。"陈立指出，这是今文经学的说法。一说："嫡死不复更立，明嫡无二，防篡煞也。祭宗庙，摄而已，以礼不聘，为妾，明不升。"陈立认为，这是古文经学的说法。按今文经学，则嫡死可以复立，甚至会以此褒扬。但按古文经学，嫡死不复更立，纪叔姬只是代伯姬管理宗庙之事，没有真正升为嫡妻。这和郑君之说是一致的。[3]

按照古文经学，不二嫡是宗法制度和丧服礼制中一条根本原则。它的重要意义当体现在三个方面：第一，天子诸侯不二嫡，确保储君地位的稳定与神圣，当为周代宗法之根本。如《白虎通》所说，不二嫡之制，可以防止篡弑，维护政权稳定，当是君为臣纲之原则；第二，宗法无二嫡，在父

---

[1] 郑玄《驳五经异义》，商务印书馆，1936年版，第29—30页。
[2] 《春秋公羊传注疏》，方向东点校《十三经注疏》第20册，第100页。
[3] 陈立《白虎通疏证》卷十《嫁娶》，中华书局，1994年版，第483页。

子兄弟之间确立一个基本秩序，维护宗法传重的严肃与宗庙祭祀的神圣。不二嫡，也是父为子纲之原则；第三，大夫士无二嫡妻，同样是维护宗法制度的重要原则。不二嫡，更是夫为妻纲之原则。

如吴承仕先生所言，三纲即为丧服中的三斩衰。臣为君，子为父，妻为夫，均为斩衰三年，这三种斩衰，正是三纲的基本内容。[1]但三纲所重者，并不只是绝对的君权、父权、与夫权。不二嫡之制，透露出三纲中的另外一面。真正最神圣的是宗法体制，而非君、父、夫。为维护这种体制，嫡妻嫡子都有不可替代的地位，身为君、父、夫者，对嫡妻嫡子必须报以相当的尊重，不可随意为之。

在东平议礼中，谢衡先是主张兄弟交互为服，似乎就违背了不二嫡之礼。于是许猛起而反驳，虞溥更进一步道出，许猛之议的实质，在于维护不二嫡。正是出于不二嫡这一根本原则，虞溥才认为，王毖娶后妻之时，即是与前妻义绝之日，因此，王昌没有理由以嫡母之礼为前母服衰。在他真正再娶嫡妻之时，原来的嫡妻自然应该让位。

自虞溥讲明不二嫡之理后，朝臣之议大多集中在这一问题上。群臣同意，依礼不应有二嫡。但是，按照不二嫡的理论，为什么前妻就不是嫡母呢？虞溥为什么断定，只有后妻才能成为嫡妻？仅仅承认不二嫡，并不能解决根本问题。朝臣争论的焦点变成了，前妻后妻究竟谁应该是嫡妻。

---

〔1〕 吴承仕《五伦说之历史观》，收入《吴承仕文录》，第2页。

诸臣之议中多次引用的赵姬与黄昌之事，均为维护不二嫡的典范，但这两个例子也并不支持以后妻为嫡。

春秋时晋公子重耳逃到狄地，重耳娶季隗为妻，赵衰娶叔隗为妻，生赵盾；赵衰随公子重耳流亡，重耳与赵衰都将妻儿留在狄地。[1]重耳后又将自己的女儿嫁给赵衰，是为赵姬，为赵衰生下了三个儿子。等到重耳回晋为君，狄人归还了他的妻儿，却未主动归还叔隗母子。赵姬则请求接回他们，赵衰不愿，赵姬说："得宠而忘旧，何以使人？必逆之！"赵姬见到叔隗母子后，请求以赵盾为嫡子，其母自然是嫡妻。[2]赵姬主动让嫡，得到世人称颂。

黄昌是东汉时人，《后汉书·酷吏列传》中说，黄昌之妻为贼人掠入蜀中，嫁作他人妻。后黄昌任蜀郡太守，正巧其子犯事相遇，夫妻父子相认，还为一家。《风俗通》中又载，黄昌后来所娶之妻，也像赵姬一样，主动让嫡。不过，此书已佚，我们只能从魏晋时人的称引中得知此事大概。[3]

赵姬和黄昌后妻都主动让嫡，为人所称。这两个例子共同的特点是，无论怎样权变，都不能出现并有二嫡的情况。可以让嫡，甚至必要时可以像娥皇、女英那样无嫡，但无论如何不能两嫡并立。这两个先例固然为维护不二嫡之礼提供了重要佐证，但并不能支持许猛、虞溥的无服说，因为

---

〔1〕《春秋左传注疏》，方向东点校《十三经注疏》第 16 册，第 668 页。

〔2〕同上书，第 679 页。

〔3〕《通典·礼四十九》卷八十九，仓曹参军虞畛说："汉时黄司农为蜀郡太守，得所失妇，便为正室，使后妇下之，载在《风俗通》。"第 2445 页。

在这两件事中，都是后妻让嫡。

程咸列举了帝舜、赵姬、黄昌的例子，以证明不二嫡是根本礼制。但他还是无法直接找到王昌问题的解决办法，因为王家的情况复杂许多。作为一家之主的王毖已亡，无人主持此事，以分嫡妾。这是王昌事与圣贤三例都很不同的地方。此外，王昌的生母也已亡故，不可能像赵姬或黄昌后妻那样主动让嫡。母亲主动让嫡，可以连带让出儿子的位置，是谦逊的表现；但儿子若这样让嫡，不经母亲同意，让出了母亲的位置，就是对母亲的贬黜。所以在前述第一例中，郑子群的后妻之子遭到族人的非议。

因此，如果王昌为前母服丧三年，就会像郑子群的儿子一样，好像主动贬抑生身母亲为妾，是为人子者所不应做的。而若是儿子都为彼此的母亲服三年丧，则违背了不二嫡之法，根本不能接受。倘若王昌私下这样做了，就应该处以刑罚，以匡正失误；但若让东平王命王昌追服，就好像是国家向全国昭示的一个范例，会成为以后的通例。于是，古代圣贤所竭力避免的二嫡之礼，从此得到了认可，长远看来，必然威胁到宗法体制的根本，导致更大的混乱，这是万万不可的。王昌既不能自抑其母，更不能开二嫡之先例，那该怎么办呢？

山雄和陈寿同样引了赵姬的例子。但在他们这里，赵姬之事恰恰证明，前妻之嫡不可废，因为赵姬让嫡的理由是，不可"得宠而忘旧"。他们最担心的，不是兄弟之间形同陌路，而是世人变得喜新厌旧，尽弃前情。

在前言所列的六例中，第五例程谅的问题，也引起了很多争议，其核心也是不二嫡的礼意，故亦附论之。由于程谅明确立二嫡妻，这为他的儿子程勋提出了巨大的难题。中书令张华说：

> 甲娶乙为妻，后又娶丙，匿不说有乙。居家如二嫡，无有贵贱之差。乙亡，丙之子当何服？本实并列，嫡庶不殊。虽二嫡非正，此失在先人，人子何得专制析其亲也？若为庶母服，又不成为庶。进退不知所从。[1]

张华的这一假设，也适用于王谌和其他很多类似的案例。不论原因如何，并立二嫡确实失礼，议礼诸臣并无异议。但这都是父亲之失，二妻及其子都没有过错，不该承担父亲的罪责，而人子更是无权擅自裁定自己母亲的地位。太傅郑冲接着张华的假定说："甲失礼于家，二嫡并在，诚非人子所得正，则乙丙之子并当三年，礼疑从重。"当时的议礼诸臣大多同意郑冲的意见。"礼疑从重"是丧服学中的一条基本原则。但后妻之子若从重的话，是否等于承认了前母的嫡妻地位呢？

意见稍有不同的荀颛认为，从不二嫡的礼意出发，还应该以前妻为嫡。后妻之子这样做并不是自抑其亲，"斯自

---

[1]《晋书·志第十》卷二十，第640页。

奉礼先后贵贱顺叙之义也"。[1]荀颉不肯像张华等人那样模糊嫡庶的界限。程谅家的事比王毖家的简单一些，因此诸臣无一例外地认为，后妻之子应当以嫡母之丧服之，差别只是在于怎样对待后妻。从程谅之议可以进一步印证，不二嫡还是前母服议的理论焦点。王昌的事情之所以更复杂，还是因为吴魏隔绝，生离死别太久，导致了更大的问题。

在确定了不二嫡的基本原则后，人们仍然无法解决王昌的难题。朝臣们虽然原则上不反对不二嫡之礼，但由于对不二嫡的礼意理解不同，还是有相当不同的主张。争论集中于两个问题：第一，王毖是否与前妻绝；第二，王毖再娶是否算二嫡。

本来不可两后并嫡，这是嫡庶宗法的礼之经，但在某些情况下可以有权变。比如，像成风那样，因为正嫡有过恶而义绝，也可以再立嫡；此外，大夫以下与天子诸侯不同，若正嫡死，还是可以再娶立嫡的。王昌前母的情况与这二者都不同，但是都有类似处。若从前一种比附，则王昌在某种程度上出妻了，因而有许猛、虞溥等人的绝妻论；若从后一种情况比附，则王昌是在以为前妻已死的前提下再娶的，类似于继娶立嫡。

3 绝妻论

许猛提出义绝、法绝、地绝"绝妻论"，也是出于维护

---

[1]《晋书·志第十》卷二十，第640页。

不二嫡之宗法体制的考虑。他认为，虽然前妻没有犯错，不算义绝，但因魏吴为敌国，不得交通，算是法绝；因为道路阻塞，不通音问，算是地绝。法绝与地绝，与义绝虽然原因不同，结果是一样的。王毖既然与前妻有此两绝，所以可再娶嫡妻，再娶之时，就已经废去了前妻的嫡妻之位。当然，如果王毖尚在，他可以根据人情做出权变，规定王昌前母之服。但只要王毖不在，失去了以人情衡量权变的机会，那就必须承认法绝、地绝所造成的现实。即使王昌见到了前母，在她故去时，仍然应该无服。现在前母已亡，他就更没有理由为之服丧。至于王毖前妻所生之子，因为是王昌同父异母之兄，则王昌应该为他服丧。

虞溥以不二嫡的理论解释了许猛之议后，由于还是无法确定应以何妻为嫡，也进一步阐释了绝妻说："议者以昌父无绝遣之言，尚为正嫡，恐犯礼亏教，难以示后。"他随后的解释，主要是对许猛之"法绝"论的发挥：王毖虽来自东吴，但既然已经仕魏为臣，娶魏女为妻，吴国即为敌国，他就不应该再怀念旧君，也不应当将留在吴国的妻子算作正室。从政治的这一角度，虞溥认为，后妻当为正嫡，而前嫡当废。因此，即使此时王毖尚在人世，作为魏晋之臣，出于不二嫡之义，他既不能以二嫡并立执祭，也不应该仍以吴妻为嫡。只有将不二嫡之礼与绝妻说综合而论，许猛和虞溥才能证明，王昌不得以嫡母之礼服丧。

礼有为旧君之服，魏晋之时，虽然国家出于种种考虑，对旧君服多有调整，但并未禁止。[1]虞溥却主张王惎不该怀旧君之恩，甚至推论到不能存外妻于仇国。虞溥在第二次发言时又解释说："礼，违诸侯适天子，不服旧君，然则昌父绝前君矣，更纳后室，废旧妻矣，又何取于宜诛宜抚乎！"从魏晋正统的角度看，孙吴并非与曹魏同等地位的天子之国，而是诸侯甚至伪君与天子的关系，因此可以不为旧君服。王惎来到中原，断绝了与孙吴旧君的关系，这是可以说得通的，但由此怎么能推出他也和妻子断绝了呢？

虞溥的法绝论，诸臣没有多讨论。但对于地绝论，大家却纷纷发言，因为这是确定谁为嫡妻最关键，也最直接的问题。

很多人认为绝妻论太苛刻了。秦秀就指出，古人制礼，最重要的不是条文，而是"称情"。通过体会人情，教化人们相互和睦才是得其礼意。如果按照许猛、虞溥的建议，就要使前后两妻之子如陌路人一般对待彼此的母亲。而兄弟如手足，本是一体之亲，这样下去，却不得亲近，必然有损于家族和睦，导致人情浇薄的严重后果，得其仪文，而礼意尽失。假定前妻之子来迎王惎灵柩，归葬祖坟，并历数母亲为家族所做的种种贡献，请求己母与父祔葬，那么后妻之子，又岂能引经据典，按照两位博士的说法，说已经与前母绝呢？

---

〔1〕 甘怀真《汉唐间的丧服礼与政治秩序》，收入氏著《皇权、礼仪与经典诠释：中国古代政治史研究》，华东师范大学出版社，2008年版，第280—314页。

陈寿和秦秀的思路类似，也认为要审度人情，体会礼意，来确定应有的服制。他假定，如果王毖和两个妻子都还在，那么至少可以确定，前妻并没有被出，也没有被废嫡；他再假定，如果王毖不是一个人来的，而是带着前妻之子一起来的中原，并且前妻之子活到了三国一统的时候，那么，他一定不会以出母之服服自己的生母。如果这两条假定都有道理，则王毖没有出妻，王昌之兄以嫡母之礼服丧，王昌自己当然也应该服三年之丧。

　　在陈寿看来，只有因为义绝而出妻，才是真正的绝。妻子没有任何过恶，王毖没有明确说过出妻，仅仅因为距离遥远或是诸侯割据，就将夫妻情分完全割断，这种大背人情的做法，根本没有体会赵姬让嫡的深意，反而恰恰陷入赵姬所批评的得宠而忘旧，鼓励人们背弃糟糠之妻。

　　随后发言的李苞直接批驳陈寿对赵姬之事的理解。在他看来，赵衰之事与王毖之事非常不同，不可作比。重耳在离开狄地的时候，曾谓其妻季隗："待我二十五年不来，乃嫁。"赵衰虽未对叔隗说过这话，但他们君臣都志在必还，后来果然五年而还（《左传》中为九年而还），所以没有绝妻。后来赵衰再娶，于情于礼，都是不对的。而赵姬让嫡，恰恰得礼之正。但王毖不同，一去杳无音信，算得上生离死别。在这种夫妻隔绝的情况下，丈夫可以再娶，妻室可以再嫁，是很自然的事。结果王毖再娶了，而其妻没有再嫁。她作为执节之妇，是应该嘉许的，不过，这并不妨碍许猛所谓"以地绝"和"以法绝"的结果。她自己执节，不绝于夫，不能要求王毖也不绝于妻。

李苞之议，是将许猛、虞溥的主张推到了一个极端。本来，许猛、虞溥的理据在于不二嫡之礼，但其刻薄之处，则在于地绝、法绝之论显得有悖人情，而秦秀、陈寿之驳都准确地抓住了这一点，程咸虽然不赞成有服，但也承认绝妻论的这一问题。李苞之议为陈寿之驳而发，从而把许猛提出的地绝说做了一个详细的阐释。李苞所谓赵衰与王毖之事的区别，说得非常勉强。重耳与赵衰志在必还，王毖离开长沙之时，怎见得就没有志在必还？后来因战乱不通，王毖不得已而无法回长沙，和重耳一样是时事所迫。若以李苞的逻辑推论，则黄昌之事，而不是赵衰之事，更接近于王毖，更何况他的前妻已经嫁作他人妇。那么，黄昌实际也是绝了前妻。这样，黄昌与她相认就完全没有必要，后妻更不必让嫡了。

李苞随后的逻辑就更悖人情：前妻能够守节持家当然是好，但这是她自己愿意的，王家不必因此就不与她绝。李苞的意思，应该是说，前妻以一人之善，不足以改变不二嫡之制，也不能破坏王家的宗法族统。此说全然不顾秦秀、陈寿所说的情义，以地绝这种极为偶然的变故来裁断嫡庶，已经比许猛、虞溥之论严酷得多，从而更不可能说服有服派了。

之后发言的卞粹就对"地绝"说做了非常严厉的批评。他明确指出，只有"义绝"可以断绝夫妻之间的牉合之义。王毖之所以再娶，当是以为前妻已死或相聚无望，并没有因为七出而与之绝。如果他们有一天遇到了，那么一定还要以前妻为嫡，后妻为妾；如果未能生前见面，定嫡庶之礼，就应该一同祔葬，但这并不意味着承认了二嫡。

刘卞也认为，只有义绝才是真绝。哀姜之所以见绝，是因为她犯有至恶。若是没有像哀姜那样的情况，就不能随便废嫡。赵姬、黄昌等人所遇到的，都是许猛等人所谓的地绝，是人力所不可左右的命运导致的悲欢离合，又怎能让人来承担责任呢？即使像赵姬那样的国君之女，也要让嫡。若是按照地绝论者的说法，赵衰应该已经和叔隗绝了，赵姬的做法就是违礼的，那么《春秋》中为什么还要嘉许她呢？

如果说是以地绝，地绝这种偶然情况总会面临各种变化。刘卞指出，当时天下一统，道路已通，就已经不再是地绝的情况，不能再以绝时之势论之。地绝完全是暂时的，不能因为这种不可测的不利条件而衡定人情礼法。如果因为地绝就废前妻，难道因为地通了，就废掉后妻吗？

在卞粹之后发言的卫恒比较公允地评价了双方的观点。他承认陈寿所说的，绝妻说过于不近人情，甚至是"夺旧与新"，鼓励道德败坏。但他认为，卞粹的主张更是自相矛盾。两相比较之后，卫恒还是得出了和许猛、虞溥相同的结论，认为不该有服，甚至也支持绝妻论。

卞粹前面说，王愆因为误以为前妻可能死了，才娶的后妻，根本没有许猛等人所谓的"地绝"之理。但卫恒认为，前妻既然已死，就不能以活人的方式对待她，这是三绝之外的另一绝，即"死绝"，和地绝的道理一样，实际上已经是绝了。卞粹假定不死如何如何，但既然人都死了，这些假定就没有意义了。由此推出，王昌不服丧的一个重要原因是，前母已死。

看上去，死绝似乎比法绝、地绝更加不近人情。不过，卫恒毕竟是在权衡了双方观点的利弊后提出这一说的。他并不像许猛、李苞等人那样不考虑人情，而恰恰是在考虑到绝妻论有可能的问题之后，才提出的。死绝论，就使王毖的情况接近于正嫡死，娶继室的情况，虽然仍然以"绝"立论，反而逐渐在消解绝妻论中不近人情的方面。

齐王司马攸的发言将卫恒的这一思路继续了下去，完全改变了那种认为绝妻论必然否定人情的印象。本来，在有服者看来，绝妻论的最大问题是，"地绝""死绝"之说以人力无法控制的生离死别为准，而不重人情恩义，因而是不能接受的。但齐王却指出，绝论恰恰是考虑到了人情而立论的。他援引《丧服小记》里的一句话："生不及祖父母、诸父、昆弟，而父税丧，己则否。"郑注："谓子生于外者也。父以他故居异邦而生己，己不及此亲存时归见之，今其死，于丧服年月已过乃闻之。父为之服，己则否者，不责非时之恩于人所不能也，当其时则服。"[1]这一段说的，都是期服之亲。但如果自己生于外地，没有见过他们，若赶上丧事，就依礼服丧；但若是没有赶上丧事，只自己的父亲需要追服，自己则不用，原因是"不责非时之恩于人所不能也"。齐王

---

[1]《礼记正义·丧服小记》，方向东点校《十三经注疏》第14册，第1669页。

依照郑氏之解，阐发其义。既然连祖父都不必追服，为什么从未谋面的前母需要追服呢？并非亲生的前母的地位，难道能超过祖父吗？礼本乎人情恩义，如果是根本没有来往，甚至从未见过面，谈得上什么恩情？

齐王将绝妻论者的焦点从父亲王毖身上转到了儿子王昌身上。陈寿、刘卞等人之所以觉得绝论派不合人情，是因为他们强调的是王毖与妻绝，这样就颇似喜新厌旧。但齐王清楚地看到，现在讨论的是王昌的服制，而不是王毖的。王毖与前妻确实不能说没有恩情，因为道路不通就恩断义绝，是有些不近人情。但地绝造成的实际结果是，王昌完全在中原出生长大，和前母之间没有任何关系。他为前母追服，完全是以义为服。如果他赶上丧事，还可以讨论应服何服；但现在，他是在前母去世之后才知道的，那么就应该和对待从未见面的祖父母一样，不必追服。齐王恰恰是从现实的人情考虑，认为不服才是称情立文。

虞溥的第二次发言接着齐王的说法，从后妻的角度，论证绝妻论的人情礼意所在。在他看来，无论地绝还是法绝，确实都和"死绝"相关，而这恰恰是丧事的应有之意。虽说丧服是为了维护秩序、节文人情，但不能不考虑死者已矣的现实。如果现在王毖夫妇都还在世，那么是离是弃，是存是废，都可以再论。但既然一夫两妇都已不在，就必须从这一具体情况出发。卞粹说，王毖娶后妻之时，是误以为前妻已死。当时前妻没有死，王毖娶了后妻，不论王毖是否追念前妻的嫡妻地位，后妻事夫尽礼，都没有什么错。倘若王毖真的像黄昌那样，遇到前妻，而且后妻还没有死，也许会将后妻贬为妾庶。但现在后妻已经死了，而且王昌已经按照嫡母之礼，服了三年之丧，后妻也已与王毖祔葬。这些都已既成事实，就不可随便更改。如果因为找到了前妻的消息，就把已死之后妻贬为妾庶，那对后妻就不近人情了。若是这样做，后妻死时已行的丧服和祔葬就如同儿戏，结果必然是"开伪薄之风，伤贞信之教"，使丧礼失去了纯化笃俗的作用。更何况，现在不是由王毖来决断，而是由王昌。"子不得爵父母"，王昌若是随便更改母亲的嫡庶，那简直是大大违礼了。

卞粹还假定，若是把情况颠倒过来，后母先亡，并且已经以嫡妻之礼葬了，而前妻也没有绝，她或她的儿子听说了消息前来，又该服什么服呢？这样岂不是比王昌面对的难题更大？如果按照有服论者的做法，就会不断出现新问题，使情况越来越复杂。但若按照无服论者的意见，虽然看上去地绝之论对前妻有些不合人情，但是最接近经籍规定的做法，而且不会产生更多的疑难。卞粹之论，将前妻同于死妇，使后妻先是做了嫡妻，死后又废，最终必将使两个儿子都无法心安。

虞溥承认，地绝之说是有些不近人情。不过，即使大家都接受的七出之论，又何尝全都合乎人情？七出中有一条是恶疾。妇人有了恶疾，不是因为她做了什么错事，而且丈夫还应该悲悯可怜。但是，有恶疾之妻对于宗族子嗣等都会带来危害，因此列在七出当中。地绝、法绝的道理也是一样。虽说这不是任何人的错，而只是因为外在的偶然因素，使夫妇不得相见。但为了宗族计，不得已而与前妻绝，再娶后室；现在又都已亡故，已经没有像赵衰、黄昌那样相见的机会。时运使然，不得不尔。

群臣议礼终结于齐王、虞溥之论。二人的一席话将绝妻论的经文根据、人情考虑都阐释得十分透彻，表明许猛提出的绝妻论并不是仅仅根据宗法条文，无视人情现实的武断之论，因而并非不得礼意。反而恰恰是绝妻论，不仅照顾到了各方面的人情，而且充分考虑到了现实状况，讲出了丧服体制在面对无法改变的命运遭际之时，尽可能周到地体察人情的深刻考虑。因此，虞溥之论后，群臣虽然未必完全同意，但都无言再议。

4 继嫡论

群臣发言中不断争论的另外一个话题，是继嫡论。即便在古文经学内部，关于不二嫡也有不同的解释。天子诸侯不得再娶，是确定的，不过，大夫以下是否可以再娶二嫡，却存在一些争议。如庄有可释三纲之义云："夫为妻纲，有正室，有继室。继室者，贵妾也，天子则夫人，诸侯则嫔妇也。古者虽士不再娶，不二嫡也，其媵御皆妾也。"[1] 在《白虎通疏证》中，陈立虽同意天子诸侯不可再娶，却认为："若大夫士，嫡死则更立嫡，《丧服》齐衰章云'继母如母'

---

〔1〕 庄有可《周官指掌》卷四，光绪七年正觉楼丛书本，第 1 页。

是也。"〔1〕大夫以下可以再娶立嫡，是很多人认可的说法。像庄有可那样绝对的不二嫡之论，经学中的赞同者并不多。

在东平议礼中，群臣争论的一个重要问题就是，王毖是否相当于大夫以下再娶立嫡。虞溥说："苟正嫡不可以二，则昌父更娶之辰，即前妇义绝之日。"又说："后嫡立宜前嫡废也。"这是对任何形式的二嫡的坚决排斥。在《晋书》中，他还说："一与之齐，终身不改。"这似乎更是在强调，不论生前死后，都不可能有二嫡，因而连死后继嫡的可能性都否定了。

程咸即针对虞溥之说指出："诸侯无更娶致夫人之制，大夫妻死改室，不拘立嫡。"他认为，终身只有一个嫡妻，只是对天子诸侯有效，大夫士却可以继室立嫡，因此，虞溥之说过于严格。不过，值得注意的是，程咸虽如此主张，但并未否定不二嫡之义。他同样认为，如果二母之子交相为报，则是明确承认了两嫡并立，万万不可接受。因此，他最后的主张，是二母之子各服其母。程咸的意思是，大夫士虽然可以再娶再立嫡，但这并不意味着他们就可以违背不二嫡之义。天子诸侯之所以规定更严格，原因是"以天子诸侯位高，恐其专恣夺嫡，故先防于未然也"〔2〕。大夫士和天子诸侯一样，不能同时立两个嫡妻；正嫡死，可以立继嫡，并不意味着他们可以有二嫡，只是规定略松而已。

---

〔1〕 陈立《白虎通疏证》卷十《嫁娶》，第484页。

〔2〕 同上。

程咸虽然也主张无服，但他和虞溥等人的理由并不一样。他既反对将诸侯士庶等量齐观的看法，更反对地绝论，认为那必将引导风俗入于浇薄。他最后的主张，其实是采取了舜帝的办法，不立嫡妻。这一主张意味着，前后二妻地位相当，难以明确分出嫡庶先后。但为了避免二嫡现象发生，就不承认二妻任何一个为嫡。这和许猛、虞溥以后妻为嫡的想法完全不同，其基础是，可以有继嫡，但不能有二嫡。

程咸对王家之事抱有深深的同情，但最终的解决方法却和虞溥等人差别不大。这表明，既坚持不二嫡，又肯定继嫡论，很难取得一个平衡点。为了不趋向二嫡论，程咸最终向绝妻论者做了妥协。

陈寿等的主张，也是基于大夫妻死可以继嫡的理解。按照《晋书》的记载，他们认为，虞溥所说的"一与之齐，终身不改"，只是针对天子诸侯而言的，对大夫以下并不适用。所谓不二嫡，只要不同时并有二嫡，就可以了。因此，陈寿等其实是主张，按照继嫡的礼制，为前母生母均服三年。这一主张，是在程咸的基础上，进一步肯定了继嫡论。

卞粹也持此继嫡论。他否定了绝妻论，但并没有主张以前母为嫡。和主张追服的秦秀一样，卞粹也认为最重要的是礼意，而不是礼制条文。但他比秦秀更往前走了一步，认为可以在不承认二嫡的情况下，前母后母都服三年之丧，都祔葬于父。在他看来，如果二妻生时见面，自然应该如赵姬和黄昌妻那样，明确分出嫡庶，否则就违背了不二嫡之义；但是，现在都已不在，同祔于葬，就如同前嫡与继嫡一样，不算并嫡。既然《丧服》中有继母、慈母等三年之丧，那么也可以依照礼意，在不承认二嫡的情况下，服丧袝葬。如果一定要确定一人为嫡，一人为妾，无论谁嫡谁妾都不合适，对故去的父母都是伤害。

卫恒批评卞粹说："此为论嫡则死，议服则生。"他的批评，击中了继嫡论的要害。程咸等人之所以认为继嫡和不二嫡可以不矛盾，就是因为"论嫡则死"，继室虽为嫡，但因为没有和前嫡同时并存，所以不违背不二嫡之义；但同时，他们又按照生而为嫡的情况制服，这就是"议服则生"。

刘卞更明确地从继嫡论出发，认为在道路阻隔的情况下，"前妻为元妃，后妇为继室"。天下一统，王路开通，既不应该废前嫡，也不应该逐今妻。这才是正确处理元妃与继室的办法。他似乎回避了"论嫡则死，议服则生"的问题，但距离不二嫡之义更加遥远了。继嫡论的问题，在此体现得非常明显。

本文前言所述第六例中，王愆期议陈诜之事，也对继嫡论有系统讨论：

> 按礼不二嫡。故惠公元妃孟子卒，继室以声子。诸侯犹然，况庶人乎！《士丧礼》曰：继母本实继室，称继母者，事之如嫡，故曰如母也。诜不能远虑避难，以亡其妻。李非犯七出见绝，终又见逆。养姑于堂，子为首嫡，列名黄籍，则诜之妻也。为诜也妻，则为晖也母。晖之制服无所疑矣。诜虽不应娶，要以严为

妻，妻则继室，本非嫡也。若能下之，则赵姬之义；
若云不能，官当有制，先嫡后继，有自来矣。[1]

王愆期用了《左传》中惠公继室的例子和《仪礼·丧
服》（误作《士丧礼》）中"继母如母"的说法。这两条都是
继嫡论者非常喜欢引用的依据。在惠公继室那条里，杜预等
认为这恰恰证明不该有二嫡，因为声子并未为嫡夫人；但王
愆期得出的结论却是，既然连诸侯都可以再娶，庶人就更可
以。他引"继母如母"条，和后来陈立的用意一样，认为可
以事继母如嫡。陈诜之所以娶严氏，也是因为他以为李氏死
了，和王愍的情况很像。王愆期以此证明，后妻之子应该以
嫡母之服服二母。但他并不认为，二妻真的可以并嫡。最好
的办法，还是像赵姬那样，后妻主动为妾；但如果不能，则
以正嫡为先，以继嫡为后。

《通典》中有"继君母党服议"之条，记录东晋车胤、
臧焘、南朝宋庾蔚之等讨论庶子是否应该为"继嫡母"之党
服丧的问题。其中无人认为"继嫡母"之说有何不妥[2]，可
见，继母再嫡，在魏晋六朝已经成为一个被广泛接受的现
实。在东平议礼中，继嫡论者没有占上风。但他们的说法既
有经典的依据，又有很长的思想传统，不能轻易被忽视。在
后世对王昌之服的讨论中，继嫡论就变得越来越重要了。

---

〔1〕 杜佑《通典·礼四十九》卷八十九，第2445页；《晋书·志第十》卷
　　　二十，第642—643页，文字略有不同，不具录。
〔2〕 杜佑《通典·礼五十五》卷九十五，第2566页。

二 东平裁断

1 尚书八座

诸臣议礼之后，尚书八座给出了一个意见：

> 设令有人于此，父为敦煌太守，而子后任于洛，若父娶妻，非徒不见，乃可不知，及其死亡，不得不服。但鞠养己者情哀，而不相见名制，虽戚念之心殊，而为之服一也。又，两后匹嫡，自谓违礼，不谓非常之事而以常礼处之也。昔子思哭出母于庙，其门人曰："庶氏之女死，何为哭于孔氏之庙！"子思惧，改哭于他室。若昌不制服，不得不告其父祖，掘其前母之尸，徙之他地。若其不徙，昌为罪人。何则？异族之女不得祔于先姑，藏其墓次故也。且夫妇人牵夫，犹有所尊，赵姬之举，礼得权通，故先史详之，不讥其事耳。今昌之二母，各已终亡，尚无并主轻重之事也。昌之前母，宜依叔隗为比。若亡在昌未生之前者，则昌不应复服。生及母存，自应如礼以名服三年。辄正定为文，章下太常，报椒奉行。[1]

---

〔1〕《晋书·志第十》卷二十，第638页。

虽然虞溥似乎在诸臣议礼中占据了上风，但尚书八座并没有按照虞溥的意见决断，而是提出了一种新的说法：名服论。

首先，尚书八座假定了一个相反的情况：某个敦煌太守在儿子不知情的时候娶了继室，而这个继母后来又去世了。那么这个儿子是否应该为继母服丧呢？按照《仪礼·丧服》中齐衰三年中的"继母如母"条，如果父已不在，儿子就应该为继母服齐衰三年。这一服制并无疑问。孝子之所以要为继母服丧，是因为"继母之配父，与因母同，故孝子不敢殊也"[1]。既然继母之服的礼意是继母配父，那么她究竟是否养育过自己，自己是否曾经见过继母，就是一个次要问题了。所以尚书八座说："但鞠养己者情哀，而不相见名制，虽戚念之心殊，而为之服一也。"

尚书八座做出这个假定，当是为了说明，既然前妻之子应该为继母服丧三年，后妻之子就也应该为前母服丧三年。这一说法确实有些道理：当前妻之子为后妻服丧三年时，并未承认后妻是嫡母，因而也没有违背不二嫡之禁；那么，如果后妻之子不承认前妻是嫡母，为什么不能服丧三年呢？尚书八座随后指出，前妻之子为继母服，和后妻之子为前母服一样，都是"异姓主名"，并没有承认所服者是嫡母。尚书八座当属东平议礼中首倡以名服立论者。这一倾向，影

---

[1] 胡培翚《仪礼正义·丧服一》卷二十一，段熙仲点校，江苏古籍出版社，1993年版，第1387页。

响了后来干宝、蔡谟、何琦、刘子翙等人的主张。

尚书八座的名服说，是对秦秀观点的一种理论推进。秦秀将二嫡难题比附于慈母之例。《仪礼·丧服经》"齐衰三年"章有"慈母如母"的条目。"《传》曰：妾之无子者，妾子之无母者，父命妾曰：'女以为子。'命子曰：'女以为母。'若是，则生养之，终其身如母。死则丧之三年如母，贵父之命也。"[1]慈母若得成立，必须母为妾而无子，子又无母，经父命互为母子，则子以生母之礼相待。父在而母亡，若为大夫，则服大功，为士则服杖期；父亡，皆服齐衰三年。依郑注，天子、诸侯不在此列。[2]慈母服的结果就是，在不承认慈母为嫡母或生母的前提下，仍然可以服齐衰三年。三年之丧并不必然意味着承认其嫡妻地位。

秦秀认为，既然二妾可互为慈母，两个嫡母为何不能？如王舒尚在，他应该可以命二妻互为彼此之子的慈母。当然，秦秀也深知这是经籍所不载的裁断之法。但绝妻论又何尝是经中所载？面对经典中根本没有提及的现象，彼此都是以自己理解的"礼意"裁断。既然都是以礼意裁断，为什么不让兄弟相善呢？

慈母之服，源自父命。如无父命，这类关系只能算庶母慈己者，若是大夫之子，则服以小功，且父不在则不服。王昌与前母的关系无父命，不能相互比附。秦秀的意思，是

---

[1] 《仪礼注疏·丧服·齐衰三年》，方向东点校《十三经注疏》第11册，第896页。

[2] 同上。

要在诸母服中为前母服找到根据，卞粹说的"母之不亲而服三年非一"，也是这个意思。后来，何琦在引述卞粹之议时，说他讲的是"母之不亲而服三年者非一也。前母名同尊正，义存配父，盖以生不及故无其制，非于义不可也"[1]。若这些话果真是卞粹之言，则卞粹已经明确提出了名服之说。

尚书八座提出"不相见名制"，就是对秦秀、卞粹之说的推进，试图以名服来解释这种非亲母之服。他们举出经籍实例说明，三年之丧并非仅为嫡妻而设。继母、慈母、庶子之生母均非嫡妻，但都可以服齐衰三年之丧。由这些条目可以推断，三年之丧并非必然意味着嫡妻。不二嫡为礼之常，王昌以名服服二母为礼之变，不必以不二嫡之说强之。

但能否将继母和前母服称为名服，在丧服学上存在巨大问题。以名服而称母者，在《丧服传》中，有为世父母、叔父母期，为从母小功，为庶母缌麻，为乳母缌麻，等等。这些母服大体可分为三类：第一类是世叔母之服。《礼记·大传》中说："同姓从宗，合族属。异姓主名，治际会。名著而男女有别。其夫属乎父道者，妻皆母道也；其夫属乎子道者，妻皆妇道也。"这是解释名服的经典段落。世叔母本为路人，因配世叔父而有母名，从而制服，这是标准的名服。但亲父之妻妾，并非这类的因名制服，否则亲母之服就

---

〔1〕 见《通典·礼五十五》卷九十五，第2563页，及本文下文。但《通典·礼四十九》卷八十九《后妻子为前母服议》中无卞粹议，《晋书》虽有卞粹议，却与此不尽相同，特别是无"名同尊正"之说。当然，还有一种可能，是《通典》点校错误，"名同尊正"云云为何琦之言。

也是名服了。如果亲母不是以名为服，则父之其他妻妾之服，也都不是因名而服。《丧服经》中也有为庶母服缌麻和为乳母服缌麻，《传》说是名服。但庶母、乳母均为父之贱妾，无配父之义，是因有母名而服。这是第二类名服。第三类，是从母小功之服。从母根本不属于自己的宗族，本来与舅地位相当，但之所以比舅服制重，是因为有母之名。

继母是因配父制服、慈母是因父命制服，之所以服以齐衰三年，都有确定的理由，不应该算作名服。继母即使从未谋面，亦有配父之义，尚书八座以名服释之，不符合上述三种中的任何一种。他们进而以继母之名服推及前母，更有问题。

尚书八座又引了《礼记·檀弓》中子思哭出母的故事，来说明王昌不得绝前母的意思。子思之所以不能在孔氏家庙哭出母，是因为她已经嫁给了他姓，已绝于孔氏一族。如果真的像齐王和虞溥所说的，王愍与前妻已经因地远而绝，那么她就和出妻无异。若是再将她葬在王氏墓园里，就是将异族女子葬在王氏之墓。因此，若绝妻说成立，则王昌在不制服的同时，也必须将前母的墓地迁徙到别处去，否则就是王家的罪人。而这样做显然是不合适的。因此尚书八座还是认为，不能将已死的前母等同于被绝的出母。

尚书八座给出的解决办法是：如果前母是在王昌出生后才去世的，则王昌虽然没有见过她，但是也应该服以齐衰三年的名服；但如果她在王昌出生的时候就已经去世，则王昌不必为之服丧。或许他们是接受了齐王的意见，认为未曾相见不必追服。史书中并未告诉我们，王毖前妻究竟是何时去世的，因此我们还是不知道，如果按照尚书八座的主张，王昌到底应该服什么服。

2 晋武帝

在尚书八座形成决议后，皇帝做出了最后的决定：

> 凡事有非常，当依准旧典，为之立断。今议此事，称引赵姬、叔隗者粗是也。然后狄与晋和，故姬氏得迎叔隗而下之。吴寇隔塞，毖与前妻，终始永绝。必义无两嫡，则赵衰可以专制隗氏。昌为人子，岂得擅替其母。且毖二妻并以绝亡，其子犹后母之子耳，昌故不应制服也。[1]

虽然尚书八座都要"报椒奉行"了，皇帝却给出了一个不同的裁断。他的主张，和绝妻论的精神一致；而他裁断的主要理由，就是虞溥曾经提出，但群臣未能详议的"法绝论"。他认为大家援引赵姬让嫡给叔隗的例子是有道理的，但和王昌之事不同。他注意到了一个大家都未提到的事实：叔隗在狄，赵衰等在晋，而狄、晋并非敌国，所以，赵衰先前在狄所娶之妻是算数的。但现在，魏晋和吴国的情况完全不同。魏晋为天子之国，孙吴为寇。王毖弃吴归魏，不能与

---

[1]《晋书·志第十》卷二十，第638页。

前妻见面，不只是因为道路阻隔，而且因为他否定了吴国的合法性。那么，他与在吴的前妻，就是"终始永绝"了。同时，他也接受了群臣所说的，作为儿子的王昌，不能擅自改变生母的嫡庶地位。在这样的情况下，王昌只能不为前母制服，才是最恰当的解决办法。

如果中间没有发生其他什么变故的话，王昌应该是按照晋武帝的制令，没有为前母制服。到此，东平议礼算是有了一个形式上的决断。但这似乎只是皇帝以自己的权威，给出了一个强制的解决办法。从尚书八座与皇帝制令之间非常明显的不同来看，我们并不能说究竟哪一派取得了理论上的胜利。尚书八座与皇帝之间的差别，似乎是群臣中差别的延续。

3 干宝

虽然晋武帝明令王昌无服，但关于王昌之服的异议并未消失。历代谈到晋代的东平议礼时，大多不以晋武帝之制为议礼之最后裁断，而往往是以干宝在四十年后的评论当作最终的声音。[1] 东晋太兴初年，干宝论王昌事曰：

> 礼有经有变有权。王昙之事，有为为之也。有不可责以始终之义，不可求以循常之文。何群议之纷错？同产者无嫡侧之别，而先生为兄；诸侯同爵无等

---

〔1〕 姚振宗《隋书经籍志考证·经部四》卷四，《续修四库全书·史部·目录类》第 915 册，上海古籍出版社，1996 年版，第 81 页。

级之差，而先封为长。今二妻之入，无贵贱之礼，则宜以先后为秩，顺序义也。今生而同室者寡，死而同庙者众，及其神位，固有上下也。故春秋贤赵姬，遭礼之变而得礼情也。且夫吉凶哀乐，动乎情者也；五礼之制，所以叙情而即事也。今二母者，本他人也。以名来亲，而恩否于时，敬不及生，爱不及丧，夫何追服之道哉！张恽、刘卞，得其先后之节，齐王、卫恒，通于服绝之制，可以断矣。朝廷于此，宜导之以赵姬，齐之以诏命，使先妻恢含容之德，后妻崇卑让之道，室人达长少之序，百姓见变礼之中。若此，可以居生，又况于死乎？古之王者，有以师友之礼待其臣，而臣不敢自尊。今令先妻以一体接后，而后妻不敢抗。及其子孙交相为服，礼之善物也。然则王昌兄弟相得之日，盖宜祫祭二母，等其礼馈，序其先后，配以左右，兄弟肃雍，交酬奏献，上以恕先父之志，中以高二母之德，下以齐兄弟之好，使义风弘于王教，慈让洽乎急难，不亦得礼之本乎！[1]

干宝认为，王昌之事极为复杂，不可拘泥于经典条文，而必须尽量照顾具体情况而得礼意。他觉得各派观点都有道理，因而对它们都有同情的解释。

干宝首先讲的接近继嫡论的观点，他认为，如果不能

---

〔1〕《晋书·志第十》卷二十，第638—639页。

明确分出嫡庶，就不必强分，而应该以先后为序。就像同一嫡妻生的儿子，应该以长子为先；没有明确贵贱之分的诸侯，应该以先封者为长。这是一个自然的顺序。如果按照同样的道理，则前妻就仍然应该为长。干宝虽然没有直接谈到继嫡的问题，但这正是继嫡论的主要观点。他说："张恽、刘卞，得其先后之节。"但若从有服无服的角度看，张恽（《通典》中为程咸）和刘卞的主张并不一致。张恽在举了舜帝、赵姬、黄昌等圣贤的例子之后，主张兄弟各为其母服。而刘卞虽也提到了赵姬和黄昌的事，但主要观点是反对地绝论，主张有服。虽然二人一个主张无服，一个主张有服，但他们都在一定程度上支持继嫡论，认为王愆之事接近于前妻亡、继室为嫡的情况，因而不必明确嫡庶之别。

不过，张恽 / 程咸和刘卞并未特别强调先后之节。张恽 / 程咸既认为难以区分嫡庶，又不愿意违背不二嫡之制，因而得出兄弟各服其母的结论，这恰恰是不愿分先后的意思；刘卞稍有不同，强调赵姬推前妻为嫡，因而主张有服，但也没有明确区分嫡庶或先后。干宝却说他们"得先后之节"，并不是歪曲他们的意思，但已经提升和诠释了他们的继嫡论。

干宝认为，若不得已而发生两嫡并立的情况，难以分出嫡庶，就不必强行将哪个夫人算作妾庶，但必须有个先后之序。这样，就解决了张恽等人既不承认二嫡，又不愿区分嫡庶的困境。

随后，干宝又肯定了绝妻论的说法。由于特殊的原因，前妻对后妻之子毕竟没有任何恩养之情。二母本来是路人，仅因皆为王谧之妻而有了关系，但"敬不及生，爱不及丧"，后妻之子为什么要追服前母呢？在干宝看来，最根本的礼意是"叙情而即事也"。无论有服还是无服，都要充分考虑到人情的现实。后妻之子为从未谋面的前母追服，就不合于情。而这正是齐王和虞溥关于绝妻说的辨析中的核心理论。于是，干宝又认为，无服派的绝妻论，所重的恰恰是现实的恩情，也是非常有道理的。因此，"齐王、卫恒，通于服绝之制"。

不过，干宝说二母"以名来亲"，却是继承了尚书八座的名服论。一方面，因为她们本是路人，没有恩养之情，所以绝服之论有理，从恩情上说是无服的。但另一方面，既然是"以名来亲"，就还可以从恩养之情以外的原则来考虑是否有服。在后文，干宝并未再用"名服"之说，但他既然否定了以恩情为服的可能，又认为应该有服，那么，有服的理由，就应该是"以名来亲"。于是，干宝又修正了绝妻论的主张。

既然礼本乎人情，那么，为什么还要有不符合人情的名服呢？这就涉及干宝之议中的又一个重要方面。比起前面的论者来，干宝还强调，朝廷不能仅仅裁断出服制来就行，而要发挥更积极的作用。他希望朝廷不只是用一纸诏命给一个武断的结论，而应该将教育引导与诏书的裁断结合在一起，那就不只是裁断一个个案，而是将这当作教化人民的一个良机。所以，朝廷应该首先以赵姬之事劝导，然后再以诏命裁断，达到以礼化俗的效果。

综合这几个方面，干宝提出了兄弟交互为服的最终裁断。按照地绝论，虽然王昌和前母没有服丧的情分，但是他却应该按照名服服丧，前妻之子也应该按照名服为后母服丧。按照继嫡论，很难区分嫡庶先后，那就不必强分嫡庶。出于教化人民的目的，朝廷除了规定交互为服的诏书之外，还要以赵姬等圣贤之事，引导前妻宽宏大度，以平等之礼对待后妻；后妻就会像那些被皇帝以师友之礼对待的大臣一样，不敢自居于嫡位，更加敬重前妻，而使自己像赵姬一样谦卑。于是，家中兄弟等人，也就自然安于长幼之序，百姓们见到此事中的权变，都是根据最根本的礼意进行的，也就会更加理解礼乐制度的意义。

但二妻都已经不在，还怎么让她们学习赵姬，相互礼让呢？这种让，将体现在兄弟之让上，就是交互为服。二妻之子都应该为自己未曾谋面的另一个母亲服三年之丧，并且将两个母亲的牌位都放在家庙中袷祭，不明确嫡庶之别，但是还要根据先后排序。虽然都服三年之丧，但并没有承认二嫡的现实；虽然排出先后顺序，但并没有嫡庶的明确分别。这样做，以恕道对待了王毖娶二嫡妻的错误做法，帮助二母表现出相互礼让的气度与品德，但又没有贬抑任何一个母亲的地位，而在现实中，更能使兄弟和睦相处。无论对于已经故去的父亲、二母，还是自己，这都是一个最周到、最妥帖的处理办法。

时隔多年，干宝的论断当然不可能取代晋武帝已有的命令。但在后人看来，干宝之论是最为公允的，因而也成为东平议礼的真正裁断。其论并未否定绝妻论，但其系统性和全面性却远在绝妻论之上，更容易为人所接受。

4　小结

不二嫡之制，本为周代宗法制中的天子诸侯而设。大夫士虽然也不可二嫡并立，但于继嫡之事，却并不严格。自秦汉之后，嫡庶之制变得更加宽松。我们在本文前言的六例中已经看到，民间在涉及相关情况时，处理得往往比较随意，甚至礼学家也并不总像东平议礼中这样否定二嫡。像第三和第五例中，都明确出现了立二嫡的事实，礼学家袁准甚至肯定了第三例中吴纲有二嫡子的现实，只以前嫡承统、后嫡不传重略作区分；在第五例中，朝臣议礼的结果，也在某种意义上肯定了二嫡的现实。在贾充的事情中，甚至是晋武帝亲自准许他有两个嫡夫人。从这里，我们可以看到魏晋之际社会和礼制的一个现实状况，它甚至已经在相当程度上影响到了礼学家的思考。

在此背景下，东平议礼是晋武帝组织的、集合了众多礼学家的一次大讨论，可以看作对这个问题的一次理论清理。群臣讨论的深度和广度，都远远超过了其他类似案例。在东平议礼中，群臣都比较坚持不二嫡这一根本礼意，与前言六例中的一些讨论相当不同。而在不二嫡这一礼意之下，诸臣试图用绝妻论或继嫡论来处置王昌之事，这都是其他讨论中不曾出现过的。尚书八座又提出了名服论，启发了干宝议论此事的思路。

绝妻论虽然看上去对前妻不公，但它的礼意恰恰在于充分考虑了生离死别所带来的变迁离合，尽可能照顾人情现实。齐王和虞溥的深入讨论，已经可以使我们看到绝妻论的礼学深度。晋武帝的裁决虽然更多是从政权的正统性讲的法绝论，但其礼意与虞溥之论一脉相承。不过，正像秦秀、陈寿等人批评的，绝妻论很容易导致人情浇薄的结果。其重要原因即在于，绝妻论者只是考虑给出一个裁断，而缺乏干宝所强调的以礼化俗的维度。

继嫡论更充分考虑了士大夫与天子诸侯的区别和当时宗法制已衰的现实。继嫡论者力图充分照顾前妻、后妻双方的人情，不愿意像绝妻论者那样残酷。但继嫡论也存在两个重大问题：第一，王毖之前妻未死，严格说来并不存在继嫡的问题，论者只是以不知情再娶来比附妻死再娶的情况；第二，继嫡论看上去很像二嫡论，因而既主张继嫡，又不愿二嫡的论者常常陷入自相矛盾的困境。因此，虽然继嫡论不断提出，但往往理不直、气不壮，声音很微弱。干宝主张不分嫡庶，但分先后，算是缓和了继嫡论的这一矛盾。

与前二论相较，尚书八座和干宝提出的名服论不仅距离人情最远，而且在丧服学中很成问题。但是干宝以这种所谓名服论制衡了绝妻论仅从人情考虑的弊端，为先后之序提供了必要的理由。绝妻论与继嫡论这两个极端因而达到了一种平衡。

诸臣所强调的不二嫡并不只是一个僵化的仪文制度。无论绝妻论、继嫡论，还是名服论，一方面在经典中都有所本，另一方面又都尽量体会人情，结合王昌的具体情况，使不二嫡的礼意能够在具体的个案中落实下来，并且尽可能起到以礼化俗的作用。我们从中可以看到东平议礼的创造性和深入性。而干宝之论之所以能够折中诸论，就在于他最好地照顾到了这几个方面，阐发了不二嫡的礼意。他以地绝论照顾王昌母子的情感，以继嫡论面对当时的现实，以名服论平衡人情与宗法体制，充分吸收了三论的优点，使对王昌之事的处理起到以礼化俗的积极作用，成为一个更好的处理办法。

三　正名之服

虽然我们认为尚书八座首倡的名服论并不符合《丧服》中的名服之义，但从尚书八座到干宝，名服论逐渐成为解决王昌服议的一条思路。不过，在干宝那里，名服论之所以能够发挥作用，是与地绝论和继嫡论相配合才能做到的。但从东晋的蔡谟、何琦开始，王昌服论渐渐改变了思路。他们否定了地绝论，极力突出名服论。到隋代刘子翊论李公孝之事，更将名服论当作最主要的依据。这样就打破了干宝那里的三论平衡，出现了相当不同的服论局面。

1　蔡谟与何琦

干宝之后不久，又有蔡谟、何琦论王昌之事，驳斥了已经被晋武帝和干宝都当作定论的绝妻论。东晋名士王蒙曾经问蔡谟，前母之党是否算亲戚，是否应该为他们制服。[1]
蔡谟认为，前母之党当然应该有服。他举出惠帝时的满武
秋，是曹彦真前母之兄，但两人之间一点关系也没有，和平
常人一样相待。为什么继母之党算亲属，前母之党就不算
呢？人们说，那是因为前母往往要么已死，要么已出，因而
"不相及"。但也常常有祖母在自己出生前就去世，因而不相
及的，为什么其党就算亲属呢？蔡谟认为，这就是王彪之事
的流弊。

　　蔡谟提到了绝妻论，特别是齐王对此事的解释。不过，
蔡谟以为提出此说的是安平献王司马孚。[2]他非常反对以此
立论：

　　　　安平献王孚以为，《礼》：与祖父母离隔未尝相见
　　者，不追。如献王此议，则前母之党不应为亲也。献
　　王所据是郑氏之说，吾谓郑义为失。时卞仁、刘叔龙
　　议谓昌应服三年，吾以卞、刘议为允。[3]

　　齐王立论的根据，是《丧服小记》中的这一条："生不

---

〔1〕蔡谟、何琦直接讨论的是前母之党，严格说来并非前母之服。但因前母
　　党之服与前母之服有非常密切的关系，我们一并讨论。后文很多讨论是
　　就诸母之党兼及前母之服，特别是在徐乾学的讨论中。至于诸母党服这
　　个问题本身，又是一个很复杂的议题，本文不详论。
〔2〕司马孚是司马懿之弟，卒于泰始八年，未及见平吴，不可能参与这次议
　　礼。此处蔡谟应该弄错了。
〔3〕杜佑《通典·礼五十五》卷九十五，第 2562 页。

及祖父母、诸父、昆弟，而父税丧，已则否。"蔡谟知道，要推翻齐王的主张，必须从对这句话的理解入手。齐王是根据郑注理解这句话的，蔡谟说他在根本上质疑郑注，但并未明言如何质疑。何琦继续了这一思路，反驳齐王对经文的理解：

> 夫子曰："必也正名乎。"正名者，理道之本，礼之大者也。文条或阙，而附例可明。《礼》云："生不及祖父母、昆弟，而父税丧，已则否。"若与祖乖违，父既殁而闻丧，岂可拘以本制不税而废其正服乎？若未生而伯叔母终，今为伯叔父后，继嗣之道虽同，原情之实则异。今必从于所养，而反疑于为本乎？诸侯国人，生不及先代之君，于其陵庙，亦必曰君也，此公义之正名也。前母之尊，固家人正称也，其易了如曒日。太康初，博议王昌前母服，公府卞粹以为："母之非亲而服三年者非一也，前母名同尊正，义存配父，盖以生不及故无其制，非于义不可也。"[1]

何琦并没有像蔡谟那样攻击郑注，但对齐王的理解，却做出了非常有力的反驳。他举例说，要是有人真的像郑注说的那样，生在外地，从未见过祖父母，如果得到祖父母的死讯时父亲健在，或许是父追服而己不追服。但如果这时候

---

[1] 杜佑《通典·礼五十五》卷九十五，第 2563—2564 页。

父亲已经不在了，难道也不为祖父母服丧吗？在他看来，王昌之前母不是常例。如果将郑注运用到前母的问题上，那么，通常已卒或被出之前母，后妻之子是不必为其追服的。已出之母，本来就不服；而已故之前母，当然是在继室嫁进来之前，更是在后妻之子出生前去世的，后妻之子不必为其追服。这个道理很明显，和不为未曾谋面之祖父母不追服，应该是同一个道理。但王昌的母亲不是在前母被出或死后才嫁给王毖的，而且在王昌得知前母已亡之时，他的亲生父母皆已去世。这样，王昌就不能比附那些父在祖父卒的例子，而要比附那些父殁闻祖父丧的例子。如此，则地绝、死绝之说都不能成立，王昌还是应该为前母服丧。

随后，何琦又举了一个实例。元康年间，有后妻之子在为前母改葬时，谈到了服丧的问题。司徒左长史胡济认为，前母既然是父亲的原配，她的儿子是家中的嫡子，则应该服为嫡母改葬之丧服缌麻。[1]从此之后，凡是遇到同样情况，一般都如此办理。此处的前母，是在后妻来之前已死的，后妻之子并未追服，这应当是符合郑注所说的通例的。但是，在遇到改葬这样的情况时，要以嫡母之礼服丧，说明母子之间不算相绝，虽然未曾追服。所以，只有对出母才不服丧，因而也不服其党之丧。即，只有义绝才是真绝，所谓地绝、法绝等，都不能算绝。

为了说明这一点，何琦还举了两个变礼的例子。比如，

---

〔1〕《仪礼·丧服》改葬，缌，见《仪礼注疏》，第643页。

如果自己没有出生时，伯叔母已经去世了；但后来，自己要出继于伯叔父，那么，是否应该为伯叔母追服呢？再如某诸侯国的人，对于很多前代国君从未见过面，但在他们的陵庙之前，难道就不以君臣之礼对待吗？

在何琦看来，无论是没有见过祖父的孙子，还是这两个例子，之所以有服，都是因为名服。比起尚书八座和干宝，他更加明确和系统地阐释了名服论。首先，何琦认为，名服之"名"即孔子所谓"必也正名乎"之名，并引卞粹之言，谓前母"名同尊正"。在第一个例子里，自己虽未见过祖父，但既有祖父之名，就该服以相应之服；第二个例子是为人后的情况，血缘关系比亲祖父更远，但因为名之为父，就应该有服。在第三个例子里，对于未曾见过面的前代国君应该以君礼相待，原因是，"此公义之正名也"。

何琦说这些的礼意是："明以名礼为制者，不计恩逮与否也。"只要是为不曾见过面的某人服，都算作名服。这就大大扩展了尚书八座以来的名服说，而与《丧服》经传中的名服更加不同了。父卒后为未见过面的祖父服丧，是因为宗法关系；为所后之伯父服丧，是因为为人后者为所后者应有三年之服；而为未见过面的先君行礼，是因为君臣之义和宗庙之制。其中没有一个属于丧服六术中的名服。何琦混淆了正名之"名"与名服之"名"，是尚书八座的错误的普遍化。

尚书八座和干宝都谈到了前母服是名服，而且其思想倾向与何琦非常相似。但在他们那里，名服之义是从属于不二嫡这一根本礼意的。但何琦并没有从不二嫡的角度讨论此事，而主要是从名服的角度，证明王昌应该为前母丧。至于前母与继母关系如何，是否可以有二嫡，蔡谟、何琦都未曾详谈。因此，当何琦强调前母服是名服时，他并没有讲对待继母与对待前母是否相同，即是否对二母均服三年之丧。从他的论断推出二嫡之制，完全是可能的。虽然蔡谟批评王昌服议导致了人情浇薄的结果，但何琦的解决方式只会矫枉过正。

2　刘子翊

在北朝至隋之际，又有刘子翊谈及王昌之事，也是从名服的角度谈的。当时有位县令李公孝，四岁丧母，九岁时出继到了别家，在他出继后，其父又娶了一个后妻。后来李公孝做永宁令时，他的这位继母去世了。李公孝应为她服什么丧服，就成为一个议题。经学家河间刘炫认为，这位继母对李公孝没有养育之恩，不应该丁忧解任。刘子翊批驳了刘炫的说法，主张有服，他的主张得到了采纳。他对刘炫的批驳成为很有名的一篇文章。他在文中以王昌的例子，来证明应该为继母服丧。虽然王昌之事只是作为一个例子引述的，但刘子翊的文章传诵很广，后来许多人是通过他才知道王昌之事的。

刘子翊的基本观点与何琦一样，即认为对诸母是以名制礼，重要的不是直接的抚育恩养之情，而是她在宗法体制中的名分："定知服以名重，情因父亲，所以圣人敦之以孝慈，弘之以名义。是使子以名服，同之亲母；继以义报，等之己生。"在这个意义上，为无抚育之恩的继母服丧，与为未曾谋面的前母服丧，道理是完全一样的："当以配父之尊，居母之位，齐杖之制，皆如亲母。"刘子翙反复论证，既然"继母如母"，就应该完全一样，"若使轻重不等，何得为如？"刘子翙并未直接谈"继嫡"的问题，但他反复强调继母如生母，应该也是支持继嫡论的。

为了说明应该为继母服丧的道理，刘子翙引述了王昌的故事：

> 昔长沙人王毖，汉末为上计诣京师，既而吴、魏隔绝，毖于内国更娶，生子昌，毖死后为东平相，始知吴之母亡，便情系居重，不摄职事。于时议者，不以为非。然则继母之与前母，于情无别。若要以抚育始生服制，王昌复何足云乎？[1]

刘子翙完全没有提到，当时很多人，甚至是主流意见，都是反对王昌为前母服丧的，而王昌最后并没有为前母服丧三年。[2]他似乎觉得，王昌为前母服丧是天经地义的，这个例子可以帮助他论证，服丧未必出于抚育之情。他说：

> 论云："礼者，称情而立文，仗义而设教。"还以

---

〔1〕 魏征《隋书》卷七十一《列传第三十六·诚节》，中华书局，1997年版，第1652页。

〔2〕 刘子翙之时，今本《晋书》《通典》都尚未成书，他应该另有所本。

此义，谕彼之情。称情者，称如母之情，仗义者，仗
为子之义。名义分定，然后能尊父顺名，崇礼笃敬。
苟以母养之恩始成母子，则恩由彼至，服自己来，则
慈母如母，何得待父命？[1]

按刘子翙此论，则在前母继母的情况中，所谓称情立
文，并不是具体的恩情亲疏，而是宗法中应有的情感。因
此，前母继母，不是因为她们实际的恩养之情制服，而是因
为她们作为"如母"的名分；儿子也不是因为与如母的实际
感情服丧，而是因为"为子"的名分。母子的名分，首先来
自父亲，而不是母子之间的恩养交接之情。

何琦和刘子翙都主张，不能仅仅从直接的恩养角度考
虑是否有服。但这一理论并不能区分嫡母与否。何琦和刘子
翙以名分取代了恩养之情。在刘子翙所讨论的李公孝之事
中，究竟谁是嫡母，已经不再重要。他们完全抛弃了地绝
论，结果就很容易变成二嫡论。这已经大大破坏了干宝那里
三论平衡的结构。

明代邵宝在评论刘子翙之论时就认为，刘子翙以王昌
之事证明李公孝该为继母服丧，是有问题的："毖有妻在吴，
则魏娶者为妾；吴母死而魏母之子居重解官，庶子为嫡母服
也。子翙以此证子外继后继母之丧，无乃非义类乎？"[2]在

---

〔1〕 刘子翙引文均见《隋书》卷七十一《列传第三十六·诚节》。
〔2〕 邵宝《学史》卷十一，《景印文渊阁四库全书·史部·史评类》第688
　　册，第428页。

邵宝看来，前母服的根本问题，还是嫡庶之制，但刘子翙以
王昌之前母服证明不曾见面之继母应该有服，其论完全失去
了不二嫡之旨。张闻远先生在谈到此事时更明确指出，刘子
翙将继母如母的亲亲原则说成名服，是错误的。[1]

四　清儒的讨论

到了清代，随着礼学昌盛，对王昌前母服问题的讨论
重新回到了礼学家的视野，而且论者逐渐脱离了何琦、刘子
翙等从名服立论的传统，回到不二嫡的礼意。比起一千多年
前的晋代，此时的宗法制度更加衰微，嫡庶之别更不重要，
但清儒对不二嫡之意的强调，却比前人更甚。在这样的状况
下，重新以不二嫡之礼意讨论王昌的问题，到底还有什么意
义呢？在这一部分，我们首先从清儒对继嫡母问题的一个梳
理出发，然后看他们在新的语境下对王昌问题的讨论。

1　继嫡母

前文谈道，即使在古文经学中，对不二嫡也有两种理
解：一派认为，无论天子、诸侯，还是大夫、士、庶人，都
应该不仅生前不能有二嫡妻，而且不能有继嫡；另一派认
为，仅天子诸侯如此，大夫以下是可以娶继室再立嫡的。长
期以来，第二种理解占了上风，质疑士大夫再立嫡的情况并

---

〔1〕　张锡恭《丧服郑氏学》，第 452 页。

不多，连天子都在违背不二嫡的礼制原则。[1]

而在律礼传统中，从唐代《开元礼》、宋代《政和礼》、朱子《家礼》，到明代《孝慈录》《明会典》，都将《通典》中车胤等关于继嫡母之服的说法确定了下来，到了清代反而缺少具体规定。[2]

不过，继嫡母与前母究竟是何关系，还是常常出现一些怀疑和犹豫的声音。比如，唐龙朔二年，因同文正卿萧嗣业继嫡母改嫁后又身亡，高宗曾下敕议其服："虽云嫡母，终是继母，据理缘情，须有定制，付所司议定奏闻。"由于萧嗣业的情况也很复杂，议者莫衷一是。或以为，正嫡与继嫡应该有所不同；或以为，"嫡继慈养"，都应该以名服为制；或以为，虽然嫡继母不应无服，但嫡继母再嫁，则不应解官丁忧。最终诏令不必解官。[3]

明代关于封赠的规定，也常常涉及前嫡与继嫡的关系。一般的通则，是前母与继嫡母所受封赠相同。[4]但历朝诏制，有时会稍加调整，以显示正嫡与继嫡之别，比如隆庆二年规定："今后封赠，止许嫡母一人，生母一人，继嫡母不得概

---

[1] 赵克生《明朝后妃与国家礼制兴革》，《东北师大学报（哲学社会科学版）》，2007年第5期，第50—56页。

[2] 徐乾学《读礼通考》卷十三，《景印文渊阁四库全书·经部·礼类》第112册，第324—343页。

[3] 王溥《唐会要》卷三十七，《景印文渊阁四库全书·史部·政书类》第606册，第500页。

[4] 如"万历二十九年十月三十日诏""万历四十八年九月初六日诏"，见孔贞运辑《皇明诏制》卷九、卷十，《四库禁毁书丛刊·史部》第57册，北京出版社，2000年版，第27、76页。

封。"〔1〕

　　到了清代，无论官方还是民间，对继嫡母的辨析都更多更细了。清初的刘榛首先质疑了"前母"之名："曰：继母之子于嫡称'前母'，礼欤？曰：非礼也。八母无前母之名，继以言乎继嫡也。不以为嫡，何继焉？前于继，亦犹然乎其嫡也。"〔2〕在刘榛看来，所谓"继母"，是继嫡而来。如果仅称为"前母"，就是不承认其嫡母的身份。因此，必须维护嫡母与继母之间的差别，即后妻之子必须以嫡母对待前妻。刘榛虽然没有直接谈继母是否可以为嫡，但他这里非常明确地指出，嫡母和继母之间的地位，是不能相同的。以此立论，刘子翙的说法就不成立了。

　　乾隆间的汪绂，又详细谈了古今嫡庶之制。程子曾经说，祔祭应该仅用正妻一人，朱子不同意，认为："程先生此说恐误。《唐会要》中有论：凡是嫡母，无先后，皆当并祔合祭，与古诸侯之礼不同。"可见，朱子不仅主张可以有继嫡母，而且认为前嫡与继嫡是可以不分先后的。针对朱子的这段话，汪绂说：

　　　　古者天子诸侯不再娶，后夫人死，则后夫人之次娣主内政，谓之继室。以天子后宫百余人，诸侯亦一

────────────

〔1〕　申时行等修、赵用贤等纂《大明会典》卷六《吏部五》，《续修四库全书·史部·政书类》第789册，第115—116页。

〔2〕　刘榛《虚直堂文集》卷十三《答问》，康熙二十七年刻本；又收入《清经世文编》卷六十二《礼政九》，中华书局，1992年版，第1571页。

娶九女，是以不必再娶。后夫人无子，则后夫人之娣之子为后夫人之后；又无，则次娣之子；又无，则庶子，或以长，或择贤，凡继父后者，即为嫡母后，故一庙只一配，而生母只可祭于别宫。春秋时，此礼已乱矣，然其义百世不可易也。大夫士，则有再娶。如己有子，则亦不宜再娶；又或庶子不堪承后，如孔子之兄孟皮；或内政不可无主，如宗子虽七十无主妇，则又不得不再娶。如前嫡已有子，则继娶之嫡只是支子，一主仍只当一嫡，继嫡则其子祀之私室，不当并祔合祭。然前嫡之子既尝事之为继母，则其情自不得恝然，或为之祭之亦可也。若前嫡无子，而继娶之嫡有子以承父后，则必不可废其生母以奉前母，又不可竟弃前嫡而惟私己母，此则并祔合祭，如《唐会要》所云：于人情为顺，于礼亦不背，不得拘一主只一配之制也。大要宗子之法是礼义之大纲，宗子之法不讲，如有网无纲，礼制亦无从下手。天下国家，只是一理，不得谓立嫡立后只是国家之法，而士庶可无问也。[1]

周代宗法制中为什么不能有二嫡，汪绂给了一个历史的解释。由于诸侯一娶九女，所以一旦嫡妻死，就可以由其娣主政，但她只是摄其职事，不能继嫡；由于最开始已有这

---

〔1〕 汪绂《参读礼志疑》卷上，《景印文渊阁四库全书·经部·礼类》第129册，第620页。

年龄不等的九女，若嫡妻死，其中总会有人相继，也总会有人生子，因此就没有再娶的必要；九女之间的关系也是确定的，只能有一个嫡妻。嫡子未必是嫡妻的亲生儿子，但必须以嫡母为母。因此，诸侯只能有一个嫡妻祔祭。如若没有了一娶九女之制，就很难再有相应的不再娶的规定，春秋时的诸侯已经不能守此礼，而士庶人从一开始就不可能完全不再娶。

不过，汪绂又说："然其义百世不可易也。"天子诸侯不二嫡之义，是永不可变的；士庶人虽然可以再娶，但其所守的不二嫡之义也是相同的。不能认为立嫡仅是天子诸侯之事，与士庶无关。汪绂虽承认，若士庶之前嫡死，继室亦可谓嫡，但是继嫡的地位永远低于前嫡。前嫡若有子，则前嫡祔祭，继嫡不祔祭；但若前嫡无子，而继嫡有子，则继嫡之子既不可抑生母，亦不可弃前母，当以二母并祔合葬。这就是王昌的情况。在汪绂看来，王昌应该以同样的礼对待前母、生母。

稍后的赵佑在《读春秋存稿》卷首的辨析，进一步阐发了汪绂的意思。《春秋》开篇的"惠公仲子"条，一向是讨论不二嫡之礼意的重要经文依据。鲁惠公元妃为孟子，无子而卒；继室以声子，生隐公；后又娶郑武公之女仲子，生桓公。惠公两次再娶，显然已与汪绂说的一娶九女不再娶之古礼不合；如果说因孟子无子而娶声子还有个理由，声子生子后再娶仲子，就毫无道理了。所以赵佑说："古者诸侯不再娶，故一娶九女。而惠公再娶者，晚周之变礼也。"[1]赵佑认为，惠公再娶的夫人，不算媵妾，但也不该算嫡妻，今文经学家何休注《公羊传》时说是"右媵"，是不对的："盖仲子实处非媵非嫡之间，为古礼所未有，而惠公始变之，平王从而成之，是圣经之所讥也。"按照一娶九女不再娶之制，虽然嫡妻死会有其娣主政，但是不会出现二嫡的现象，更不会出现介于嫡妻与媵妾之间的尴尬地位。可是惠公变礼，已经威胁到了不二嫡之制，而周平王又进一步肯定了仲子的夫人地位。《春秋》不以嫡夫人对待仲子，乃是讥其非礼之义。这正是对汪绂说的"春秋时，此礼已乱"的一个有力注脚。到后来晏婴请齐君再娶，则使这种变礼更加流行起来。

赵佑也进一步指出，舜有后母，闵子骞也有后母，可见，士庶人与天子诸侯不同，是可以再娶的。既然可以再娶，那么继室就有可能也成为嫡妻。但就像汪绂所讲的，这也并不意味着士庶人二嫡妻的地位可以完全相同。士庶人与天子诸侯的婚制不同，恰恰表明他们在宗法体制中的位置不同。从历史制度的角度来理解这一问题，反而有助于说明，士庶人之间即使有继嫡，也应该仍然维护其宗法体制。

清代这些古今礼意的辨析，基本确定了这样的原则：首先，不可有继嫡，只是就天子诸侯而言的，大夫以下可以有继嫡；但是，前嫡和继嫡并不是完全相等的地位，而要有先后之别。因此，大夫以下可以有继嫡，并不意味着他们可

---

[1] 赵佑《读春秋存稿》卷一，乾隆四十六年刻清献堂全编本，页1—2。

以破坏不二嫡之制，而只是要求不似天子诸侯那么严格而已。

2　清人服议

徐乾学在《读礼通考》中两次谈到了王昌之事。一处是在卷一百七，谈到后妻之子为前母之服时，具录《晋书》和《通典》中王昌、陈诜之事。徐乾学评论说：

> 乾学案：后母之子而服前母，世不经见，故礼文无之。然遭时仳离，如王昌、陈诜，比者往往而有，则宜制服与否，亦不可以不辩，故备列《通典》诸说，使人子处此变礼者，有所考镜焉。[1]

徐乾学虽未明言，但他主张有服，还是可以看出来的。

另一处是在卷十三，谈到外祖父母之服时，因前母党之事，徐乾学录下了蔡谟《答王蒙书》与何琦《前母服议》，然后评论说：

> 乾学案：外祖父母之名，总之则一，分之则有十三。子为母之父母，一也；前母子为后母之父母，二也；后母子为前母之父母，三也；庶子为嫡母之父母，

---

[1]　徐乾学《读礼通考》卷一百七，《景印文渊阁四库全书·经部·礼类》第 114 册，第 511 页。

四也；庶子为继嫡母之父母，五也；庶子为生母之父母，六也；为人后者为所后母之父母，七也；为人后者为所生母之父母，八也；庶女之子为母之嫡母，九也；女之子为母之生母，十也；慈母之子为慈母之父母，十一也；出妻之子为母之父母，十二也；嫁母之子为母之父母，十三也。凡若此者，其在于古，有服有不服，今则无有不服。所不服者，惟庶子为生母之父母而已。独怪后母之子于前母之家，犹已外家也，乃以为恩不相及而不服，甚至满武秋为曹彦真前母之兄，而相见如路人，不亦可异之甚乎？蔡谟、江思悛之论，可谓当矣。[1]

徐乾学将外祖父母分为十三种，基于十三种母子关系，认为除了庶子不能为生母之父母服丧，其他都应该有服。这是对诸母问题的一个重要总结，其中可论之处甚多，值得另外专门研究。但我们只能集中于其中的嫡庶问题，特别是前母服问题，则相关者至少有第二条的前母子为后母服，第三条的后母子为前母服，第四条、第五条的庶子为前后嫡母之服等。徐乾学肯定意识到，在这十三条中，争议最多的仍然是前母与后母的问题。他的处理方式是，区分出两种基本的情况：一、前母子对待后母，与后母子对待前母；二、庶子对待前母与继嫡母。

---

[1] 徐乾学《读礼通考》卷十三，《景印文渊阁四库全书·经部·礼类》第112册，第326—327页。

先看第二种情况。先不论前母后母关系如何，这一条所体现的，已经是嫡庶之别。虽然徐乾学统一诸母服的做法，特别是对出母、嫁母的限制的取消，已然与经典之制非常不同，但他所保留的最后一条限制，即庶子不得为生母之父母服衰，仍然在强调嫡庶之别。而庶子为嫡母与继嫡母之党均应服衰，其礼意是，对于庶子而言，前嫡继嫡均为嫡，不该有区别。其实，《通典》中车胤等人讨论的，本来也只是庶子对继嫡母的服制。

但是，对于前母与后母之子，又该怎么处理呢？一如前文汪绂、赵佑所论，继室是处于嫡与媵妾之间的一个尴尬位置。虽然士庶人与天子诸侯不同，但这种尴尬位置仍然会对族内的稳定带来巨大威胁，就像在贾充家发生的那样。徐乾学认为前母子与后母子当交互为服，并未说清楚他们之间是否有区别。

嵇璜、刘墉等于乾隆年间奉敕编纂的《续通典》在讨论到继嫡母党之服时，进一步发挥了徐乾学的说法：

> 臣等谨案：礼有嫡母，无继嫡母之文。盖自前母之子视之，则为继母；自庶子视之，则正继皆为嫡也。故《开元礼》《政和礼》《家礼》《孝慈录》《明会典》俱统于"庶子为嫡母之父母、兄弟、姊妹"条内，小功五月，嫡母亡则不服。[1]

---

〔1〕《续通典》卷八十一，浙江古籍出版社，2000年版，第1624页。

纂修诸臣和徐乾学一样，区分了前后母之子与庶子两种情况。他们关于庶子的说法，可以看作对徐乾学之说的阐释和运用：对于庶子而言，正继都是嫡母。所以，继嫡母及其党之服，只是就庶子说的。因此，二嫡只是对庶子而言，但庶子那里没有区分的必要，因此也就并未真正违背不二嫡的原则。

而对于前母、后母，他们更明确地认为，仍然应该有正继之别。因此，对前母之子而言，继母算不上嫡母，虽然也不算庶母，就可以按照《丧服》中"继母如母"条服丧。

纂修诸臣之议，既发挥了徐乾学的主张，也继承了古礼辨析的成果，在承认已有的继嫡现象的同时，明嫡庶，别正继，试图将它重新纳入宗法体制的规范之中。

闻远先生在《丧服郑氏学》中录下了《通典》中的王昌前母服议，并对诸家之论给出了评价。他认为，许猛的三绝之说，礼经所无，而虞溥之论较许猛更加武断，至于程咸给出的各服其母之议，则是"最缪"。许衡、陈寿之说得礼之正，其议最善。而秦秀之议也甚善，但以慈母之例比附二嫡母为误。最后的结论是："继母所以如母者，以配父，与因母同。前母非被出者，其配父亦与因母同，则服之亦当如母，明矣。王昌行服，谢衡、陈寿等议皆得礼意者也。以其配父而非因母，与继母同。"[1]

闻远先生的理由很简单，前母和继母一样，均因配父，

〔1〕 张锡恭《丧服郑氏学》卷四，第 276 页。

故当服以三年之丧，与亲母同。他并未深入讨论不二嫡问题，但从他比附继母与前母来看，应该也是同意继嫡说的。他否定了许猛、虞溥的三绝论，也否定了程咸各服其母之说，和秦秀比附慈母之说，应该也是不同意名服论的。

3 实践中的前母服议

但是，清代的实际情况已经和晋代完全不同。虽然礼学回归郑学，但人们在处理现实问题中，却并未一味复古。清代前期的冯景和清末民初的陈作霖都曾针对现实中的情况，谈及王昌之事。

冯景是康熙年间的学者，他的一位朋友家里有过与王昌家类似的事情。这位友人是其父的原配所生，但父亲后来又在别处娶了另外一房妻室，并且生了两个儿子。两妻始终未能明确嫡庶地位。后来前妻去世了，后妻的两个儿子都为她服了三年之丧。现在后妻又去世了，前妻之子不愿意为她服丧三年。官府判决，让他以慈母之礼，为后母服丧三年，但他不愿意，于是致书冯景，请他评论此事。于是，冯景写了一封回信，谈论前母、后母的服制问题。

冯景在信里频频引用东平议礼诸臣的观点，很多词句是从程咸、刘卞、干宝等人那里直接拿过来的。他还引述了张华论程琼之事的假定与诸臣之议，是很明确的有服派。冯景首先认为，礼无二嫡，此事为父亲当年的失礼所致："《礼》曰：'一与之齐，终身不改。'顾使二嫡专堂，两妇执物，莫能两大而内竟并后也。有是礼乎？"冯景强调"一与之齐，终身不改"，似乎是像虞溥那样，在讲不可有继嫡。但就事论事，他却并未这么讲。当时事已至此，父亲又已去世，就不该拘于不二嫡之制，而要找一个大家都能接受的解决办法。

冯景引述了张华的假定，然后说，郑冲所说的"礼疑从重"是一个解决办法，那就是让友人以三年之丧服之，但友人似乎不愿意这样；而若是坚持不二嫡，则该按照先后顺序，前母为嫡，后母为庶，这是第二说，但友人的两个异母弟应该不会愿意；第三说，就是官府所断的，以慈母之礼服丧，而这正是秦秀在东平议礼中提出的主张。冯景认为，第三说或许可以接受："不得已姑依官断，足下之情亦平，而两弟之讼可息矣。如欲终讼，则非仆之所知也。"他认为，前母之子在不明确承认后母为嫡的前提下，以慈母之礼服丧，是对大家都能交代的一个解决办法。

到了清末民初，学者陈作霖也遇到了一件类似的事。时有乡人某甲，曾娶乙为妻，后因战乱，与乙失散，久不得音问，又准备娶丙，还未娶时，乙回来了，丙也不肯离去。于是，甲将乙和丙并以为妻。有人问陈作霖此事如何，他和冯景一样，也认为是非礼的，因为"名不正"，但事已至此，就必须给出一个折中的解决方法。于是陈作霖根据干宝之议，认为二妻应该根据前后为顺序，"是隐其嫡妾之名，而为是调停之说，甲事固当以此为断。"如果一定要把乙算作嫡，把丙算作妾，那也过于严厉了，不合于人情。二妻一旦去世，二人之子该服什么丧服呢？陈作霖认为：

然则乙丙氏设有不讳，甲之子将何以为服？曰：《穀梁传》云："一人有子，三人缓带。"共以为子，即共以为母可矣。乙氏子以乙为嫡母，以丙为慈母，不得谓为庶母也；丙氏子亦以乙为嫡母，而以丙为亲母，不得谓为生母也。其制服皆以三年，庶几泯家庭之隙，酌时俗之宜，而亦无戾于古礼也与！[1]

陈作霖延续了继嫡派的精神，试图在不承认二嫡的情况下，又使各方都能满意；他不仅不承认二嫡，而且也不明确嫡庶之别，正是比附继嫡的意思。在他的这套解决方案中，乙是嫡母这一点是没有疑问的，但丙并不是明确的庶妻，因而不是乙子的庶母，也不是丙子的生母，而是以"慈母"和"亲母"之名，模糊了嫡庶的界限。"慈母"之名，我们在讨论秦秀之议时已经看到，本为庶妻与另一庶妻之子而设，严格说来是没有嫡妻为慈母的；"亲母"之名，在丧服研究传统中，多为"所生母"的同义词，而"生母"又是庶子之母的专称。陈作霖所设的这两种称呼，在一定程度上模糊了庶母之名，照顾了二母之情，但又没有违背不二嫡之礼。

冯景和陈作霖遇到的情况，和前述的继嫡母问题并不完全一样。继嫡母，是在正嫡母死后，是否可以有二嫡的问题；但冯、陈所论，都是生前有二妻的情况。生前二妻而不为二嫡，相对而言是更容易解决的，因而古今在礼法上都有

<hr>

[1] 陈作霖《可园文存》，台北文海出版社，1968年版，第12—13页。

更明确的说法；嫡死继室是否为嫡，却自春秋时即已混乱，再加上天子诸侯与士庶人的不同，历代以来更加难辨。但冯、陈所遇到的情况，都和王昌之事类似，即它本来是两个夫人生前的关系问题，但由于没有分出明确的嫡庶，结果反而类似于前妻死后继嫡的情况。冯景和陈作霖都明确反对二嫡，但由于两例都是事已如此，难以强分嫡庶，就只能依准继嫡母的情况裁定，于是采取了秦秀相互为慈母的办法。因此，他们的做法，也就与徐乾学、《续通典》以来论继嫡母之意相通，在不明确分出嫡庶的情况下，以先后之节裁定顺序，达到一个双方都能满意，但又没有违背不二嫡之古礼的结果。

陈作霖的最后主张，和干宝是类似的，但他并没有绝妻论、继嫡论、名服论三论制衡的讲法，而只是细细辨析不二嫡与继嫡母之礼意，仅在继嫡论当中权衡得失与秩序，给出一个稳妥的裁断。

结　语

王昌前母服问题，自太康元年东平议礼开始，绵延不绝，一直到清末民初，可以说贯穿了西晋以后丧服学的整个历史。王昌之事之所以引起礼学家们这样强烈的关注，当然和此事本身的复杂性有关。但是，自从刘子翙之后，很多议王昌事者不是为了分析王昌之服本身，而是援引王昌的前母服事，以讨论其他的服制，而且常常是关于后母之服的。这表明，围绕王昌前母服的争论，触及了丧服制度中极为重要的核心问题。

在对王昌一事的讨论史上，有两条重要线索：第一，是对不二嫡等经学观念的澄清；第二，是在现实的诸种情况中如何尽可能地缘情制礼。两条线索相互交融，却又不尽相同。东平议礼本身，既是围绕东平相王昌本人的现实问题的大讨论，也是西晋经学史上的一个重要事例，从中可以窥见魏晋丧服学繁荣的盛况。东平议礼的参与者既要努力借此问题思考嫡庶问题，也要尽可能为王昌的现实处境考虑，而晋武帝最后的裁断，更是出于魏晋帝统合法性的考虑。至干宝之时，虽然已经距离王昌很遥远，但干宝仍然尽可能从现实出发，找到一种最恰当的解决方式。干宝在经学理论上不无错误，但他将三论说结合平衡的努力，却在尽可能体会人情，使丧服制度能发挥教化民心的作用，可以说很好地体会了丧服之礼意。

待到蔡谟、何琦，虽有感于王昌之议不利于世道人心，其说却过度集中于理论辨析。他们对齐王关于追服之理解的驳斥非常有力，但何琦的名服说却愈走愈远，在经学上已经立不住脚了。刘子翔的经学理论继承了何琦的名服论，但他面对的却是又一个实践问题。

到了清代，我们首先看到的是一系列理论上的澄清。春秋学和礼学上的努力都并未迎合现实，而是努力回到经学本身的义理，澄清了不二嫡说的含义，并给继嫡母一个恰当的位置。因而，闻远先生能以寥寥数语批评绝妻论和名服论的错误所在。

冯景和陈作霖在面对现实问题的时候，一方面继承了清儒的这些理论辨析，另一方面却并未拘执于此，而是很为当事人的处境考虑，试图给出既符合基本礼意，又最能让人接受的解决方案。

无论是王昌所处的时代，干宝议礼的环境，还是冯景、陈作霖讨论的处境，周代的封建之制都已不复存在，嫡庶之制与现实生活都有相当大的距离。历代礼学家在努力体会礼经之意的同时，都要从中找到一条最符合当时人情现状的解决方案。干宝和陈作霖的礼学根据并不一样，却得出类似的结论。魏晋和清代均为礼学大繁荣的时期，对丧服礼意的辨析都有很多讨论。尚书八座和干宝以并不正确的名服讲出了非常恰当的礼意，并不意味着人们可以随便丢掉礼经而任意诠释；清人对礼学本义的苛刻求索，也并不意味着他们就不能面对现实中的各种情况。礼经本意与人情现实之间的这个度，应该正是礼学的力量所在。

若子与降等

——论为人后丧服的两个方面

为人后之服是丧服礼制当中非常重要的一项，涉及对整个丧服制度乃至宗法制度的理解，不仅历代礼学家讨论极多，且往往关系到君位传承的大问题，经常成为国家礼制的讨论焦点，至明代大礼议达到了顶峰。到了清代，礼学昌明，大家辈出，对为人后之礼的讨论也非常热烈，水平远远超过了明代。如毛奇龄、程瑶田、褚寅亮、段玉裁、胡培翚、夏炘等多有新见。到清末，黄以周先生对先儒诸说做了精练但有力的批判，张闻远与曹叔彦两先生发扬师说，对先儒诸说做了系统的总结与澄清。张先生有《读胡氏〈仪礼正义〉二》《宋濮议论》《汉庙制论》《亲死不得为人后议》等文章讨论相关问题，曹先生则在《礼经校释》中备述为人后之礼。后曹先生在《礼经学》中，张先生在《丧服郑氏学》中，都对此做了系统的概括。二先生发前人所未发，解决了礼学中聚讼纷纭的一个关键问题，对濮议、大礼议等礼制难题的讨论也做出了极大的贡献。

《仪礼·丧服》中关于为人后的有这样几条服制[1]：

---

〔1〕 历代为人后丧服之争论，均围绕此七条展开。下文谈及此上七条，均以以上标号指代。

一、《斩衰章》："为人后者"，传："为所后者之祖父母、妻、妻之父母、昆弟、昆弟之子、若子。"

二、《不杖期章》："为人后者为其父母，报"，传："何以期也？不贰斩也。何以不贰斩也？持重于大宗者，降其小宗。为人后者孰后？后大宗也。曷为后大宗？大宗者，尊之统也。禽兽知母而不知父。野人曰：父母何算焉？都邑之士则知尊祢矣。大夫及学士则知尊祖矣。诸侯及其大祖，天子及其始祖之所自出。尊者尊统上，卑者尊统下。大宗者，尊之统也。大宗者，收族者也，不可以绝。故族人以支子后大宗也。嫡子不得后大宗。"

三、《大功章》："为人后者为其昆弟。"

四、《殇小功章》："为人后者为其昆弟、从父昆弟之长殇"。

五、《小功章》："为人后者为其姊妹适人者。"

六、《记》："为人后者于兄弟降一等，报。于所为后之兄弟之子，若子。"

七、《礼记·丧服小记》中又有相关的一条："夫为人后者，其妻为舅姑大功。"

为人后之丧服头绪甚繁。看上去，争论似乎往往集中于前两条，即为人后者为所后者与本生父母当如何对待，但若要说清楚这个问题，就不能仅在这两条上做文章，其关节点反而在对第五、第六条的讨论上。第六条里道出了为人后之服的两个关键词：降等、若子。为人后之服的症结，即在于如何理解这两个词。

要之，为人后之丧服所争，不过降等与若子两端。为本生父母降等，为所后父若子，这就是前两条的服制。若子，因重所后之大宗，由尊尊之义而来；降等，是因尊尊而抑亲亲，故不得不降本生父母，其意了然。此理虽明，而如明世宗、张璁等不行此礼，以为世宗入承大统非为人后之礼，以致以亲亲害尊尊。欲知世宗非礼之处，须明宗法体制中，并非仅为所后父母若子，也并非仅为本生父母降等。降等者有昆弟、姊妹等，若子有所为后之兄弟之子，此经记中所见。为人后之礼，《仪礼》《礼记》中虽有七条之多，却仍有很多未能言及之人，比如为祖父母、叔父母等。对这些人当服何服，就成为历代争论的焦点。张闻远先生在评论胡培翚《仪礼正义》时，即以胡氏对第六条的解释进入，批评自敖继公至胡培翚对为人后之亲服的理解。其后，曹叔彦先生进一步发明其义，将为人后之亲服说得更加明晰，由此而有了对为人后丧服之制，以至宋明议礼的一个系统总结。

一　亲服三说

为人后之亲服，礼学中大抵有三派主张。

第一派是郑君的说法。前述第五条"为人后者为其姊妹适人者"，言姊妹而不言姑，与《丧服》中"姑姊妹"往往连言之通例不合，先儒疑其必有因，而有不同说法，并以此推断为人后者余亲之丧服。郑君以为："不言姑者，举其亲者而恩轻者降可知也。"[1]郑意似乎以为姑亦当降，但并非执定之辞，降不降、如何降，当视具体情况而定，但皆可由恩轻重推出。

陈铨说："姑不见者，同可知也。犹为人后者为其昆弟，而不载伯父，同降不嫌。"[2]陈说似由郑说发展出来，却失去了郑说的弹性，而执定姑必与姊妹同为降等。陈氏此说仅能解释为姑服，而不能解释余亲之服。

贾疏发明郑说，却与陈氏不同。但贾氏的意思，主要见于对第六条的疏。他疏解"为人后者于兄弟降一等，报"说，"谓支子为大宗子后，反来为族亲兄弟之类降一等"；解"于所为后之兄弟之子，若子"说，"此等服其义已见于《斩章》"。贾氏认为这两句记文完全没有问题，第一句中的"兄弟"不是指亲兄弟（因《丧服》中一律称亲兄弟为"昆弟"），第二句中的"若子"，指的是大宗之亲，同于《斩衰章》的《传》所说的"为所后者之祖父母、妻、妻之父母、昆弟、昆弟之子、若子"。从与下列两派的对比中就可看出，以第六条第一句指为本亲族兄弟降等，第二句指为大宗亲若子，就严格遵循了郑氏之说。其详细发明，见后文的黄、张、曹三先生之说。

第二派以马融为代表。马融以为："不言姑者，明降一

---

〔1〕 本文所引十三经注疏均用方向东点校本《十三经注疏》(2021年版)，下不另注。

〔2〕 杜佑《通典·礼五十二》卷九十二，第2502页。

体，不降姑也。"〔1〕若以马融此说推之，则唯有一体之亲降服，而《丧服》中所列出的为人后者亲服，包括父母、昆弟、姊妹，均为一体之亲，余亲不列，以其皆非一体之亲。此说给出了相当强的理论解释，胜过陈铨所谓"同可知也"的简单推论。〔2〕

第三派以元儒敖继公为代表。敖氏同样注意到，《丧服》经中所列为人后者之亲服仅限于一体之亲，但他的解释却和马融不同："是于本服降一等者，止于此亲尔。所以然者，以其与己为一体也。然则自此之外，凡小宗之正亲、旁亲皆以所后者之亲疏为服，不在此数矣。"〔3〕敖氏给出的也是一个相当强的理论，即认为，除去所列出的三种亲服是从本服降一等之外，余皆按照此人于所后之人的亲疏远近为服，这样就有可能降的不止一等，但也有可能根本不降。

比如图 10 所示，赵伯、赵叔为赵祖之二子，赵姑为赵伯之妹、赵叔之姊。赵伯无子，赵甲若出后为赵伯之子，为其父并己之昆弟姊妹（赵弟、赵妹）并降一等之服，而赵姑仍为其姑，不降服；同样，赵祖仍为其祖，亦不降。设如图11 所示，钱父甲为钱子乙之从祖父，钱子乙出后为钱父甲之子，若依降等之服，则为钱姑乙服小功，若依若子之服，则为钱姑乙服缌麻。

---

〔1〕 杜佑《通典·礼五十二》卷九十二，第 2502 页。
〔2〕 同上。
〔3〕 敖继公《仪礼集说》卷十一下，第 671 页。

赵祖				
赵伯	赵姑	赵叔		
无子		赵甲	赵弟	赵妹

图 10　赵氏宗亲表

钱曾祖								
钱祖甲			钱祖乙					
钱父甲	钱父乙	钱姑甲	钱父丙			钱姑乙	钱父丁	
无子	钱子甲		钱子乙	钱子丙	钱妹甲		钱子丁	钱子戊	钱妹乙

图 11　钱氏宗亲表

　　比起马融来，敖继公的考虑周详了很多，因为他意识到，因所生父与为后父同在一宗，故一个亲属可能无论从本生父母这边算，还是为后父母那边算，都在五服之内，在五服内的位置可能相同，也可能不同。马融未能考虑到这一层，故其说虽能解赵家之服，却无法解钱家之服。

　　敖氏以同样的理论来解释第六条，即《记》中的"为人后者于兄弟降一等，报。于所为后之兄弟之子，若子"。首先，他以为人后者为兄弟降一等，指的都是同父兄弟，那么，这一条就和第三条，即《大功章》"为人后者为其昆弟"相同，既然相同，为什么重出？而且如果只是为同父兄弟，则应该只有一种情况，即未出服期，出后降一等为大功，直接如《大功章》言降为大功即可，何必说"降一等"？敖氏解释下一句"于所为后之兄弟之子，若子"时，又遇到了更大的麻烦，于是他认为"之子"二字为衍文，此处说的是"于所为后之兄弟若子"，敖氏解释为"凡己所降一等之外者皆是也，其有服若无服皆如所后者亲子之为"[1]。仍以钱家为例，钱乙出后为钱父甲之子，钱父甲必无子，而钱子丙与钱妹甲俱降一等为大功，则若子者当指钱子甲、钱子丁、钱子戊、钱妹乙，为钱子甲大功，为钱子丁、钱子戊、钱妹乙小功。此虽勉强可通，但一是改了《记》文，一是认为一条之中的两个"兄弟"所指不同。

清儒段玉裁、胡培翚等人皆从敖说。胡氏于"为人后者为其姊妹适人者"一条释云："敖氏此说极是，后儒多驳之，由未明《仪礼》后大宗之义耳。"文长不具录，仅列其主要理由：古者为人后唯后于大宗。故于大宗之正亲、外亲、旁亲，服之一如亲子，服术以所后为断，不以本生为断，正如孟子所云：天之生物也，使之一本。重大宗以抑小宗，即一本之矣。唯为父母、昆弟、姊妹降一等，以其为一体之亲。

胡氏以为，马郑皆误。马融以为除一体之亲外皆不降，失其抑小宗之义，而郑君以为"举姊妹可以该姑"，似姑亦或降。陈铨之误来自郑注，而贾疏云"本宗余亲皆降一等"，更是误导后人。

胡氏又引用汪均之说，解释后人何以被误导。古者唯后大宗，而后世"无论大宗小宗，皆为置后，甚至有利其赀产，舍大宗而争为小宗后者"。出后之后，不忍为本宗无服，故纷纷增议，以本生降一等为服。[2]

---

〔1〕 敖继公《仪礼集说》卷十一下，第 688 页。
〔2〕 以上所论，具见胡培翚《仪礼正义》卷二十四，第 1532—1535 页。

于《记》之一条，胡氏却不再从敖说，而以为《记》文无误。既如此，则《记》文二句"一言其本宗服，一言其所后服，两两相应"，于本生降一等，于所后若子，似乎与前说已不同。胡氏遂又不得不将第一个"兄弟"释为"昆弟"，为同父昆弟，则与《大功章》重出，于是引段玉裁说，以为此处兼姊妹言，而《大功章》不兼姊妹，此处言报，而《大功章》不言报。而第二个"兄弟"只能是族兄弟，以出后父无他子。此说虽避免了敖氏改经之弊，却仍颇为牵强。[1]

敖氏一系的说法长期占统治地位，但也多有生疑者。如褚寅亮就指出："假使为疏属之后，则祖父母以上俱无服矣，安乎？否乎？"[2]如图12中所示李氏，李庚出后为李父甲子，按照为后之宗算，其本生祖李祖庚和曾祖李曾丁俱无

李太祖																	
李高甲									李高乙								
李曾甲					李曾乙				李曾丙			李曾丁					
李祖甲			李祖乙		李祖丙		李祖丁		李祖戊		李祖己	李祖庚					李祖辛
李父甲		李姑甲	李父乙		李父丙	李姑乙	李父丁		李父戊	李父己	无子	李父辛		李父壬	李姑丙	李父癸	李姑丁
无子	李妹甲		李甲	李乙	李丙	李姊乙	李姊丙	李丁	李戊	无子		李己	无子	李庚	李妹丁	李辛	李壬

图12　李氏宗亲表

〔1〕　见《仪礼正义》卷二十五，第1583—1585页。
〔2〕　褚寅亮《仪礼管见》卷中之五，清乾隆刻本，页17。

服，似乎于情难安。

二　黄、张辨敖说之误

对以上所列三说，黄以周先生有一个非常精当的评价："马说失之厚，敖说失之薄，郑注为长。"[1]马氏以为除一体之亲外皆不降，所以过厚；敖氏以为除一体之亲外，皆依所后大宗而为服，所以过薄。二说虽看似相反，却都以为余亲之服有一定之法，思路很类似。郑氏说当从姊妹之服推出，但陈铨以为与姊妹同服，虽从郑说而来，却失去了郑说的弹性，反而流入马氏、敖氏的思路。

黄先生进一步阐述其说云：

> 经惟见父母、昆弟、姊妹之服，余皆不见。下《记》云"为人后者于兄弟降一等"，正补言所不见者。于兄弟服降一等，是降不止一体矣。贾疏"为人后者为其昆弟"，云"本宗余亲皆降一等"是也。段懋堂、胡竹村并申敖说，不可信。《传》《记》两言若子，并谓于所后之亲若子，未尝谓于所生之亲亦以所后之子服之也。

按照"为人后者于兄弟降一等"这一条，为人后者不

---

[1]　黄以周《礼书通故》卷九，王文锦点校，中华书局，2007年版，第338页。

仅要为一体之亲降等，而且要为族兄弟降等。无论对马说还是敖说，这都是一个相当有力的反例，因为这一条若成立，就不可能除一体之亲外皆不降，更不可能除一体之亲外皆按大宗若子之服。所以敖氏、胡氏在解释这一条时都显得捉襟见肘。若如贾疏之信《记》，则既不能从马说，亦不能从敖说，更不可像陈铨那样简单地解释郑说。

黄先生以为，《记》中这一条一言降等，一言若子，与经传中之降等、若子相配合，则承郑注、贾疏之意，将为人后者之亲服分为降等、若子两类，而不是像马氏、敖氏那样，以为亲服仅有一法。

张闻远先生在《读胡氏〈仪礼正义〉》第二篇[1]中本其师说，详论胡氏为人后者亲服之误。张先生的入手点，仍然是对第六条的解释。首先，他讲明："他经昆弟亦称兄弟，惟《礼经》必别而言之。"在《仪礼》当中，同父与同祖之兄弟必称为"昆弟"，而"兄弟"指小功之族亲，这是通例。[2]敖氏、胡氏之说若通，必违此例。其次，张先生进一步指出，《记》是用来补经的。经中既然说过为人后者为昆弟之服，《记》中怎么需要再说一遍呢？段玉裁、胡培翚都以为，经中没有"报"字，《记》补上"报"字，故重出。但此说甚

---

〔1〕　光绪十二年（1886）九月，张先生完成此经学课艺，其中包括《读胡氏〈仪礼正义〉》三篇和《读焦循〈孟子正义〉》。此文后收入《南菁讲舍文集二集》《清儒学案》，亦存于《茹荼轩文集》，均可参照。本文中引文均从笔者所藏张先生手稿而来。
〔2〕　夏炘以为，经、《记》体例并不相同，经中有缌麻之亲亦称昆弟。俟考。

为牵强。张先生说:"按,《不杖期章》'为人后者为其父母,报',则其昆弟姊妹皆报,可以互明,《记》无须补言报也。"

释第六条的"兄弟"为昆弟,有不合经例、重出两大问题。但若解"兄弟"为小功以下之兄弟,就完全无此问题,但必须改变对为人后亲服的理解。张先生解云:"《记》言为兄弟降一等,言为小功者降服缌麻,推此而大功以上之皆降一等可知也,举轻以概重耳。"本亲大功以上之服皆降,这是张先生对为人后者之本亲服的基本判断,也是他对郑注"举其亲者而恩轻者降可知也"和贾疏"本宗余亲皆降一等"的阐发。

胡氏的另一重要理由,是孟子所说的"天之生物,使之一本"。为人后者必须厚大宗,抑本宗,以体现一本之意,因此必须以所后之大宗为本,本宗之亲当准此为服。但张先生指出:

> 是亦未思之故也。夫以服其本宗为二本乎?则为其父母,为其昆弟姊妹,何以不为二本也?如谓降其本服,即不为二本,则于余亲之服,郑、贾亦云降一等,非如马氏融不降之说也。且一本之义于父母为尤切,服父母不为二本,服余亲乃反为二本乎?智者千虑,必有一失,不必为胡氏掩也。

若以为仅降一等就算二本,但一体之亲皆降,难道不算二本吗?若说二本之嫌,只有马融的不降之说才有,而郑、贾都以为本宗亲仍要降服，故孟子二本之说不可如此解。

于是，黄、张两先生辨明了马说、敖说之误，重新回到了郑、贾之说，结合第六、第七两条，将为人后之服分为若子与降等两类。但究竟哪些人当服若子之服，哪些人当服降等之服，却尚未详析，有待曹叔彦先生申明。

三　曹先生论亲服

曹叔彦先生最早刻于光绪十八年（1892）的《礼经校释》，对第一、第二、第五、第六四条都有非常细致的分析，并对先儒诸说详加剖析，于为人后者为之子之说、明世宗大礼议问题，大量参考段玉裁《明世宗非礼论》，于汉代庙制、濮议，则大段征引闻远先生之说，而其最关键的部分，仍然是对第五、第六两条的辨析。他在张先生《读胡氏〈仪礼正义〉》的基础上，又进一步澄清，究竟何人当服若子之服，何人当服降等之服，后于《礼经学》的明例部分列出为人后之服例。曹先生论为人后者丧服之文长达六万多字，此处我们将以《礼经学》所列服例为纲，辅以图表，尽可能简练地讲出他的基本意思。

《礼经学》中概括说："凡为人后者于本宗降一等，报；于所为后之亲若子。"[1]此处已分别出降等与若子二服，

---

[1]　曹元弼《礼经学》卷一，《续修四库全书·经部·礼类》第94册，第560页。

是对黄、张二先生之说的继续。曹先生又云："凡持重于大宗者降其小宗。"[1]这是第二条传中的明文，故为人后者所降的是小宗，而非仅是父母或一体之亲。而其所在之小宗未必只有一个，所以曹先生又说："小宗有四，经举父宗有定者以为例，而此外凡属小宗者，皆可准之为服。"[2]父母、昆弟、姊妹确为一体之亲，但马、敖给出的理由都不对。《丧服经》之所以举出这三者，是因为为人后者必然有此一小宗，所以必有此三者之降服，却未必有其他小宗。若有其他小宗，为人后者自当降服。所以说："为人后者小宗降服多少不定，则不悉著，皆省文互见。郑君熟于互见之例，故能得降等、若子两服不相互之旨。"[3]下更详释其例。

之所以会有为人后之礼，是因为宗法体制中的大小宗之分。大宗无子，取小宗之支子后之。而小宗有四，有继祢宗，有继祖宗，有继曾祖宗，有继高祖宗，但并非人人皆备四宗。曹先生云：

> 然则别子为祖，别子之嫡子为大宗，别子之庶子皆宗之；至别子庶子之子，则以别子庶子之长子为宗，所谓继祢之宗，并大宗，是为大宗一小宗一；别子庶子之孙，则又以别子庶子长子之子为宗，所谓继祖之宗，与从兄弟为宗者也，而别子庶子之众孙，又

〔1〕 曹元弼《礼经学》卷一，第559页。
〔2〕 同上书，第575页。
〔3〕 同上书，第570页。

各以亲兄弟之长者为祢之宗，是大宗一小宗二；别子庶子之曾孙，又以其长曾孙为继曾祖之宗，是与再从昆弟为宗者；而别子庶子之众曾孙，又各以其从兄弟之长者为祖宗，以其亲兄弟之长为祢宗，是大宗一小宗三；至别子庶子之玄孙，又以其长玄孙为宗，所谓继高祖之宗，与三从兄弟为宗者，而别子庶子之众玄孙，又各以其再从兄弟之长者为曾祖宗，其从兄弟之长者为祖宗，其亲兄弟之长为祢宗，是为大宗一小宗四。故人备五宗者，须至别子庶子之玄孙。[1]

请以李家之宗法释之：李太祖有二子，李高甲，李高乙，李高甲为嫡子，持重大宗；李高乙为别子，于是别子为祖，继别为宗，李曾甲、乙为李高甲之子，仅有继祢宗，而无其他小宗，为大宗一小宗一；李祖庚、辛为李曾丁之子，既有继祢宗，又有继祖宗，为大宗一小宗二；李父癸为李祖辛之子，有继祢宗、继祖宗，也有继曾祖宗，为大宗一小宗三；至李父癸之子，则兼备四小宗，而为大宗一小宗四矣。大宗每一代之别子，如李曾乙、李祖乙、李父乙，皆另立一小宗，其子均仅有继祢宗，为大宗一小宗一，其子孙之宗，以此类推。为人后者为本亲服当何服，即取决于他有几个小宗。曹先生更详释各种情况，请仍以李氏宗族言之。（详见图12）

──────────────
〔1〕 曹元弼《礼经校释》卷十五，《续修四库全书·经部·礼类》第94册，第402页。

曹先生曰："或祖为大宗，而惟父为小宗，当降。"这指的是只有一大宗一小宗的情况，如李父甲无子，李父乙之次子李乙出后为李父甲之子，则降其本生父李父乙及其妻之服，降昆弟李甲之服，余亲皆服若子之服，而其姑李姑甲之服不变，因无论出后前后，她都是李甲之姑。（图13—15）

高甲（齐衰三月）				
曾甲（齐衰三月）	曾乙（缌麻三月）			
祖甲（齐衰不杖期）	祖乙（小功五月）	祖丙、祖丁（缌麻三月）		
父乙（斩衰三年）	父甲、姑甲（齐衰不杖期）	父丙、姑乙在室（小功五月）	父丁、父戊（缌麻三月）	
乙	甲（齐衰不杖期）	妹甲在室（大功九月）	丙（小功五月）	姊乙在室、姊丙在室、丁（缌麻三月）

图13 李乙出后前丧服表

注：凡出后者，皆假定出后时无亲子，此表亦暂不考虑后辈之服，下同。

高甲（齐衰三月）				
曾甲（齐衰三月）	曾乙（缌麻三月）			
祖甲（齐衰不杖期）	祖乙（小功五月）	祖丙、祖丁（缌麻三月）		
父甲（斩衰三年）	姑甲在室（齐衰不杖期）	父丙、姑乙在室（小功五月）	父丁、父戊（缌麻三月）	
乙	妹甲在室（齐衰不杖期）	无（大功九月）	丙（小功五月）	姊乙在室、姊丙在室、丁（缌麻三月）

图14 李乙出后后若子丧服表

父乙（齐衰不杖期）	
乙	甲（大功九月）

图 15　李乙出后后降等丧服表

高甲（齐衰三月）				
曾乙（齐衰三月）	曾乙（缌麻三月）			
祖乙（齐衰不杖期）	祖甲（齐衰三月＋小功二月）	祖丙、祖丁（缌麻三月）		
父丙（斩衰三年）	姑乙在室（齐衰不杖期）	父甲（齐衰三月＋小功二月）、姑甲在室、父乙（小功五月）	父丁、父戊（缌麻三月）	
丙	无（齐衰不杖期）	无（大功九月）	妹甲在室、甲、乙（小功五月）	姊乙在室、姊丙在室、丁（缌麻三月）

图 16　李丙出后前丧服表

高甲（齐衰三月）				
曾甲（齐衰三月）	曾乙（缌麻三月）			
祖甲（齐衰不杖期）	无（小功五月）	祖丙、祖丁（缌麻三月）		
父甲（斩衰三年）	姑甲在室、父乙（齐衰不杖期）	无（小功五月）	父丁、父戊（缌麻三月）	
丙	妹甲在室（齐衰不杖期）	甲、乙（大功九月）	无（小功五月）	姊乙在室、姊丙在室、丁（缌麻三月）

图 17　李丙出后后若子丧服表

祖乙（大功九月）	
父丙（齐衰不杖期）	姑乙在室（大功九月）
丙	无（大功九月）

图18　李丙出后降服表

"或曾祖为大宗，而祖父皆为小宗，当降。"设以李丙为李父甲之后，而李丙不仅降其父李父丙之服，且应降其祖李祖乙之服一等，亦降其姑李姑乙之服一等，余皆不降。（图16—18）

"或高祖为大宗，而曾祖祖父皆为小宗，当降。"如以李丁入继大宗，则不仅降其父李父戊，且降其叔父李父丁，其祖李祖丙，从祖李祖丁，并曾祖李曾乙，以其与大宗共高祖也。（图19—21）

高甲（齐衰三月）				
曾乙（齐衰三月）	曾甲（齐衰三月，宗子之服）			
祖丙（齐衰不杖期）	祖丁（小功五月）	祖甲（齐衰三月）、祖乙（缌麻三月）		
父戊（斩衰三年）	父丁（齐衰不杖期）	无（小功五月）	父甲（齐衰三月）、父乙、父丙、姑甲在室、姑乙在室（缌麻三月）	
丁	姊丙在室（齐衰不杖期）	姊乙在室（大功九月）	无（小功五月）	甲、乙、丙、妹甲在室（缌麻三月）

图19　李丁出后前丧服表

高甲（齐衰三月）				
曾甲（齐衰三月）	无（缌麻三月）			
祖甲（齐衰不杖期）	祖乙（小功五月）	无（缌麻三月）		
父甲（斩衰三年）	父乙、姑甲在室（齐衰不杖期）	父丙、姑乙在室（小功五月）	无（缌麻三月）	
丁	妹甲在室（齐衰不杖期）	甲、乙（大功九月）	丙（小功五月）	无（缌麻三月）

图20　李丁出后后若子丧服表

曾乙（缌麻三月）			
祖丙（大功九月）	祖丁（缌麻三月）		
父戊（齐衰不杖期）	父丁（大功九月）	无（缌麻三月）	
丁	姊丙在室（大功九月）	姊乙在室（小功五月）	无（缌麻三月）

图21　李丁出后降等丧服表

以上皆非备五宗者。

“备五宗者而为人后，则太祖之宗为大宗，而己之高曾祖父皆为小宗，当降。”[1] 如以李庚为李父甲之后，则其四小宗皆降。其正尊，父李父辛降为期服，祖李祖庚降为大功，曾祖李曾丁降为小功，高祖李高乙降为缌麻；同父兄李子己，妹李妹丁，皆与己同为继祢宗，降一等；其叔父李父壬，姑李姑丙并属己之继祖宗，亦当降一等；其从祖李祖辛，从祖叔父李父癸，从祖姑李姑丁，皆属己之继曾祖宗，

––––––––––

〔1〕　曹元弼《礼经校释》卷十六，第26页。

当降一等；李曾丙，李祖戊，李祖己，李父己，李父庚，均属己之继高祖宗，亦当降一等，余亲均为李高甲之后，并服若子之服。（图22—24）[1]

高乙（齐衰三月）				
曾丁（齐衰三月）	曾丙（缌麻三月）			
祖庚（齐衰不杖期）	祖辛（小功五月）	祖戊、祖己（缌麻三月）		
父辛（斩衰三年）	父壬、姑丙在室（齐衰不杖期）	父癸、姑丁在室（小功五月）	父己、父庚（缌麻三月）	
庚	己、妹丁在室（齐衰不杖期）	辛（大功九月）	壬（小功五月）	戊（缌麻三月）

图22　李庚出后前之本宗丧服表

高甲（齐衰三月）				
曾甲（齐衰三月）	曾乙（缌麻三月）			
祖甲（齐衰不杖期）	祖乙（小功五月）	祖丙、祖丁（缌麻三月）		
父甲（斩衰三年）	父乙、姑甲在室（齐衰不杖期）	父丙、姑乙在室（小功五月）	父丁、父戊（缌麻三月）	
庚	妹甲在室（齐衰不杖期）	甲、乙（大功九月）	丙（小功五月）	丁、姊乙在室、姊丙在室（缌麻三月）

图23　李庚出后后若子丧服表

---

[1] 黄式三先生尝述张横渠说，"五服之内不许为后"，五服之外若为人后，则必为不孝之人，孔子在《礼记·射义》中的所谓"与为人后者"，其意或即在此。

高乙（缌麻三月）				
曾丁（缌麻三月）	曾丙（无服）			
祖庚（大功九月）	祖辛（缌麻三月）	祖戊、祖己（无服）		
父辛（齐衰不杖期）	父壬、姑丙在室（大功九月）	父癸、姑丁在室（缌麻三月）	父己、父庚（无服）	
庚	己、妹丁在室（大功九月）	辛（小功五月）	壬（缌麻三月）	戊（无服）

图 24 李庚出后降等丧服表

四 为人后丧服之礼意

至此，为人后丧服终于被彻底讲清楚了，而其中的礼意在上面繁复的图表中也可以显露出来。丧服的基本礼意，不过亲亲与尊尊两端。若子之意在于重大宗以尊尊；降等之意，在于以大宗抑小宗，首重尊尊，却不可没其亲亲。诸儒之所以在为人后问题上争论不清，就在于无法平衡尊尊与亲亲的关系。

段玉裁《明世宗非礼论》立论极精。段氏指出，为人后者为之子为不易之论，明世宗入继大统，当以武宗为父，世宗与张璁之论悖礼之甚；但同时，段氏又指出，"而天子诸侯卿大夫为人后者，未有改其父称，而伯父、叔父之者也"[1]，张璁等人以亲亲害尊尊[2]，程子、杨廷和等人以尊尊没亲亲，均有不妥处。故段氏云："天性之父子不夺于受重之父子，而易其名。受重之父子不狃于天性之父子，而去其实。"然段氏仅就仲婴齐之事立论，未能讲明此中的道理。

若以曹氏为人后之服视之，则此中礼意了然。其根本问题即在于，为人后者为本生父母之服并不是为伯叔父母之服，而是降等之服。如程子、杨廷和改称之说，将本生父视同伯叔父，初看似亦可通，仅因出后者之本生父与所后父恰好为同父昆弟，如李子乙入继的情况。以此看来，程子、杨廷和之说竟以为本生父亦当按照大宗若子之服，而被称为伯叔父，以丧服学视之，竟连一体之父母均以若子之服服之，尚未达到敖继公的水平。

如李丙、李丁、李庚入继，其本生父与所后之李父甲分别为从昆弟、从祖兄弟、族兄弟，如服以若子之服，则所降不止一等，如李庚之情况，甚至于本生父无服。但为人后之子不论本生父与所后父之亲疏，均应为本生父服齐衰不杖期。

闻远先生于《宋濮议论》云："盖以不贰斩者，全所后之尊尊，而以称父母者，不没所生之亲亲也。"[3]曹先生更于

---

〔1〕 段玉裁《明世宗非礼论五》，收入《经韵楼集》卷十，上海古籍出版社，2008 年版，第 254 页。

〔2〕 张璁在奏议中，总说杨廷和等人是想让明世宗"与为人后"，有意混淆"与为人后"同"为人后"的区别，其用心可见一斑。

〔3〕 张锡恭《宋濮议论》，收入《茹荼轩文集》卷十，民国十二年封氏簀进斋刻本，第 21—22 页。

《礼经学》中明其例云："凡为人后者降其小宗之服，不改其本亲之名。"[1]

若子与降服两端明确区分，看上去极为繁复，却最好地体现了宗法与丧服制度中尊尊与亲亲二义之间的关系。以亲亲害尊尊，则大统不立；以尊尊没亲亲，则人情难安。而曹先生的最后结论，却正是回到了欧阳修在濮议中表达的观点：

> 父子之道，天性也，临之以大义，有可以降其外物；而本之于至仁，则不可绝其天性。绝人道而灭天理，此不仁者之或不为也。故圣人之于制服也，为降三年以为期，而不没其父母之名，以著于六经，曰"为人后者为其父母，报"，以见服可降，而父母之名不可没也。此所谓降而不绝者，以仁存也。[2]

---

〔1〕 曹元弼《礼经学》卷一，第 572 页。

〔2〕 欧阳修《濮议卷四》，收入《欧阳修全集》第五册，中华书局，2001 年版，第 1871 页。

论"妇人不杖"

导言 问题的提出

用杖是丧服制度中的重要组成部分。斩衰三年、齐衰三年、齐衰杖期，均应有杖。而《仪礼·丧服·斩衰章·传》曰："童子何以不杖？不能病也。妇人何以不杖？亦不能病也。"《礼记·丧服四制》云："妇人、童子不杖，不能病也。"《白虎通·丧服》亦称："礼，童子、妇人不杖者，以其不能病也。"然而若概言童子、妇人皆无杖，却有很多问题。其中童子不杖之意，有《礼记·杂记》之文可证："童子哭不偯，不踊，不杖，不菲，不庐。"郑注："未成人者不能备礼也。"但童子并非一概不杖。《礼记·问丧》云："礼曰：童子不缌，唯当室缌。缌者其免也，当室则免而杖矣。"《丧服·记》亦云："童子唯当室缌。"郑注："当室者为父后承家事者。"可见，童子若当室为丧主，亦可有杖。

相对而言，妇人不杖之说远为复杂。无杖不大可能是女子丧服的通例，其证有三：第一，《丧服》明文，女子子在室当为父斩衰三年，妻为夫斩衰三年，妾为君斩衰三年，母为长子齐衰三年，三年之丧岂可均无杖？第二，《斩衰章》释女子服之异于男子者，唯"布总、箭笄、髽、衰"而已，若不杖为妇人之服异于男子者，经文岂可不出？[1]第三，《礼记》中多处明言妇人有杖。如《丧大记》："君之丧，三日，子、夫人杖；五日既殡，授大夫、世妇杖。""大夫之丧，三日之朝既殡，主人、主妇、室老皆杖。""士之丧，二日而殡，三日之朝，主人杖，妇人皆杖。"《丧服小记》："妇人不为主而杖者，姑在为夫杖，母为长子削杖。"既然妇人于此多处均有杖，那该如何理解"妇人不杖"一语呢？古今诸家，多为此语生疑，提出种种解释。对这些解释的辨析，不仅可让我们澄清妇人用杖的具体问题，而且可以帮助我们理解丧杖的礼意所在，并进一步窥见整个丧服体制中的文化精神。[2]

一　用杖三意

　　若明妇人不杖究为何意，须先明用杖之礼意。《服传》于童子妇人不杖二句之前，已释用杖礼意。其文曰："杖者何？爵也。无爵而杖者何？担主也。非主而杖者何？辅病也。童子何以不杖？不能病也。妇人何以不杖？亦不能病

---

[1]　曹叔彦先生云："杖是丧礼之大者，妇人果或不杖，经必别著之矣。"见曹元弼《礼经校释》卷十二，《续修四库全书·经部·礼类》第94册，第332页。

[2]　参考张焕君《〈丧服〉用杖制度考论》，《中国文化研究》，2003年第1期，第140—141页。

也。"郑注:"爵,谓天子、诸侯、卿、大夫、士也。无爵,谓庶人也。担,犹假也。无爵者假之以杖,尊其为主也。非主,谓众子也。"贾疏:

> 云"杖者何? 爵也"者,自此已下,有五问五答,皆为杖起文。云"者何"者,亦是执所不知,以其吉时,五十已后乃杖,所以扶老,今为父母之丧,有杖有不杖,不知,故执而问之。云"爵",以爵答之,以其有爵之人必有德,有德则能为父母致病深,故许其以杖扶病。云"无爵而杖者何",问辞也,庶人无爵,亦得杖。云"担主也"者,答辞也,以其虽无爵无德,然以嫡子,故假取有爵之杖为之,丧主拜宾、送宾,成丧主之义也。云"非主而杖者何",问辞也;"辅病也",答辞也。郑云谓众子虽非为主,子为父母致病是同,亦为辅病也。其继而释童子、妇人不杖,俱云"不能病也"。[1]

传、注、疏层层解释,其意了然。《服传》中明确给出了用杖的三层含义:优爵、担主、辅病。郑君解此三者层层递进之意:杖本为优爵,故自天子至于士,俱当有杖,以其为有爵之人;然无爵之人亦有杖,因无爵者若为丧主,亦当有杖,此杖之意为担主;而既无爵又非丧主者亦可有杖,即

---

[1]《仪礼注疏·丧服·斩衰章·传》,第866页。

众子为父母，其意则为辅病。故在一场丧礼中，持杖者可能有三种人：有爵者，无爵而为主者，无爵又非丧主之众子。

贾疏进一步澄清郑注之意，指出这三层含义其实并不是完全分离的。首先，丧礼用杖与吉时用杖其意相承。吉时五十以后用杖，意在"扶老"。而在父母之丧中，不必50岁即可用杖，其意与吉时老人用杖并无二致。贾疏特别指出，爵者杖并非因爵者有特权，而是"以其有爵之人必有德，有德则能为父母致病深，故许其以杖扶病"。以杖扶病与以杖扶老礼意相近。以此可知，优爵与辅病并非判然二意，优爵即从辅病而来。若无爵无德，然为嫡子，为宗族之主，有主丧承重之责，则拟于有爵者，亦可执杖，"假取有爵之杖为之，丧主拜宾、送宾，成丧主之义也"。至于众子，虽无爵亦非丧主，亦当为父母致病，故亦有杖。总结贾疏，用杖之礼意当如此：吉时用杖为扶老；丧时用杖比于扶老，为辅病；以有爵者致病深故爵者有杖；为丧主者比拟于有爵者，故假之以杖；即使既无爵又非主，仍有辅病之义，故众子亦杖。

《丧服四制》释用杖之意，与《服传》一致。其文曰："杖者何也？爵也。三日授子杖，五日授大夫杖，七日授士杖。或曰担主，或曰辅病。"孔疏："言'爵也'者，杖之所设，本为扶病，而以爵者有德，其恩必深，其病必重，故杖为爵者而设。"孔氏之意，与贾氏正同。

《服传》与《丧服四制》于用杖三意，言之甚明。然三意以何者为先，论者却有不同。看二篇表面意思，似乎都以爵为先，担主与辅病为次，而孔氏、贾氏却以辅病为第一意。元敖继公以为："传意盖谓此杖初为有爵者居重丧而设，所以优贵者也。其后乃生担主、辅病之义焉。"[1]敖氏之说，盖因传先言爵，再言担主，最后言辅病，初看上去，似乎爵确实为第一意。但"杖者何"以下并非论杖之全文，其文虽多，仅是论杖的补充说明。《服传》于其前已言："苴杖，竹也。削杖，桐也。杖各齐其心，皆下本。"其文虽简，却是论杖之正文，与优爵无关，而皆为释辅病之意。故《礼记·问丧》云："或问曰：杖者以何为也？曰：孝子丧亲，哭泣无数，服勤三年，身病体羸，以杖扶病也。"《白虎通》亦云："所以必杖者，孝子失亲，悲哀哭泣，三日不食，身体羸病，故杖以扶身，明不以死伤生也。……所以杖竹、桐何？取其名也。竹者，蹙也。桐者，痛也。"[2]孔疏《丧服小记》云："苴者，黯也。……必用竹者，以其体圆性贞，履四时不改，明子为父礼中痛极，自然圆足，有终身之痛故也。"[3]杖竹杖桐、齐心下本，皆为辅病而设，论者并无异议。何以进一步解释杖意，就变成了以优爵为先？可见敖氏之说非，只要细读经传，即可明白。清人自顾亭林多不从其说。

顾氏从疏，以辅病为用杖第一意，云："古之为杖，但以辅病而已，其后以杖为主丧者之用。"[4]盛世佐曰："杖，

---

〔1〕 敖继公《仪礼集说》卷十一下，第609页。

〔2〕 陈立《白虎通疏证》卷十一《丧服》，第511、512页。

〔3〕 《礼记正义·丧服小记》，方向东点校《十三经注疏》第14册，第959页。

〔4〕 顾炎武《日知录集释》卷六"庶子不以杖即位"条，上海古籍出版社，2006年版，第363页。

所以扶病也，《传》乃以爵释之者，见其自贵者始也，《四制》云'三日授子杖，五日授大夫杖，七日授士杖。'亦可见矣。"盛氏亦以为，辅病为用杖之第一意，《传》虽以爵释之，其优贵之意亦不外于辅病，唯自贵者始授杖耳。其后夏炘更详论"辅病之义"云：

> 杖之制，本所以扶病。天子、诸侯、大夫、士，皆爵尊而德优，其居丧尽礼，鲜不创深痛巨，特设杖以扶之，所以优尊者。故曰：杖者何？爵也。然无爵而主丧，哀痛之心则一，痛甚则无不病，因亦制杖授之，故曰：无爵而杖者何？担主也。至不为主之子，悲伤之心与为主之子同，其身病体羸，亦无不同，故曰：非主而杖者何？辅病也。然则辅病之义，通于上下矣。[1]

夏氏以为，辅病为用杖之本意，优爵、担主虽出于前，其意皆由辅病而来。闻远先生更驳敖继公曰：

> 檐[2]主后于优贵，是固然矣。而辅病不后于优贵也。原杖之初，生于辅病。唯有德者为父母致病深。天下有道，小德役大德，小贤役大贤。《丧服四制》：

---

〔1〕 夏炘《学礼管释》卷十三"释妇人不杖"条，《续修四库全书·经部·礼类》第93册，咸丰十年景紫山房刻本，上海古籍出版社，1996年版，第169—170页。

〔2〕 张先生以为"檐"为本字，故改之。

"百官备，百物具，不言而事行者，扶而起；言而后事行者，杖而起；身自执事而后行者，面垢而已。"此可见，爵之尊卑，视德之大小；而德有大小，故病有浅深也。德与爵不分为二，即辅病与爵亦不可分为二，然则传先言爵，次檐主，次辅病，何也？夫有德必有爵，常也；世容有德修而未有爵者，乐正造士大夫，士嫡子，皆与嫡子者丧主也，因而丧主皆杖，故檐主次之。然有德者何常之有？故别出辅病，为无爵而非主者言之。其实爵中已含辅病之义，言爵足兼辅病，言辅病以别无爵也。[1]

经历代诸儒辨析，用杖之意已甚明晰。辅病当为第一意，然后有优爵、担主之意，而优爵、担主皆含辅病之意在内。然而，用杖三意虽由辅病一意而生，究非一意，故多有未明其别而致误者。以下更论其详。

为什么有爵者有德且为父母致病深？初读此语，颇感费解，若要真正理解用杖之礼意，尚须特别分析。《丧服四制》释用杖之意云："百官备，百物具，不言而事行者，扶而起；言而后事行者，杖而起；身自执事而后行者，面垢而已。"郑注："扶而起，谓天子、诸侯也；杖而起，谓大夫、士也；面垢而已，谓庶民也。"孔疏更释"扶而起"一句云："丧具触事委任百官，不假言而事得行，故许子病深。

---

[1] 张锡恭《丧服郑氏学》卷一，第59页。

虽有扶病之杖，亦不能起，故又须人扶乃起也。"天子诸侯因德最厚，致病最深，虽有杖，而不能以杖起，须人扶乃起，不可亲自视事，需有人管理丧事细节。释"杖而起"一句云："既无百官百物，须己言而后丧事乃行，故不许极病，所以杖而起，不用扶也。"大夫士不会致病过深，有杖即可起，亲自管理诸事。释"面垢而已"一句云："卑，无人可使，但身自执事，不可许病，故有杖不得用，但使面有尘垢之容而已也。子之于父母，贵贱情同，而病不得一，故为权制。"庶人致病不深，即使有杖也未必用，无人可使，操劳辛苦，满面尘灰。孔氏还说，子之于父母，无论贵贱，其情无有不同，杖与不杖因外在原因而定，只能算"权"。丧服体制一方面讲究德爵一致，一方面又充分照顾了自天子至于庶人相通的丧亲之情。然仅看孔疏尚不能明了此义。我们需要进一步了解丧服体制背后的礼意。

《服传》于《不杖期章》"为人后者为其父母"条释宗法之意云："大宗者，尊之统也。禽兽知母而不知父。野人曰：父母何算焉？都邑之士则知尊祢矣。大夫及学士则知尊祖矣。诸侯及其大祖，天子及其始祖之所自出。尊者尊统上，卑者尊统下。"《服传》于此处不仅解大宗小宗之义，且论及宗法、庙制与爵位的关系，是至关重要的一个段落。贾疏云："诸侯及其大祖，天子及其始祖，皆是爵尊者其德所及远之义也。"曹叔彦先生详释其义曰：

　　"禽兽"以下，言先王制尊尊之礼，因人情之自然而为之。而知有浅深，斯礼有详略轻重。盖敬宗由于立宗，立宗所以尊祖，而尊祖必先亲亲。不知尊祖者，不足与言立宗、敬宗；不知亲亲者，不足与言尊祖。故知母而不知父者，禽兽是也；知父而不知父之尊者，野人是也；至都邑之士，则知尊祢矣，是有亲亲之道者也。此三句皆就父言。至大夫及学士，则知由祢而上之尊高曾祖，又上之尊大祖矣，是其知进于都邑之士矣。至诸侯则非惟知尊大祖，且祭及于大祖。至天子则非惟祭及大祖，且祭及其始祖之所自出。是皆有尊祖之道者也。此三句皆就祖言。[1]

禽兽知母而不知父，野人知父而不尊父，唯有都邑之士方知尊祢。自都邑之士等而上之，大夫与学士知尊祖，诸侯祭及太祖，天子祭及始祖之所自出，此三者为有爵者。自禽兽至于天子，渐明亲亲之义，复由亲亲而生尊尊之义。先王本乎亲亲尊尊之人情，而制宗法、庙制、丧服等差。于是，天子七庙，可以祭及始祖之所自出；诸侯五庙，可以祭及太祖；大夫三庙，可以祭及始受爵者或及于高祖；士则仅有一庙。曹叔彦总结说："盖爵尊者识深，而孝思所格者远。位卑者识浅，而敬意所致者近。圣人缘人情以制礼，因以别上下而示民有等差也。"在宗法体制中，爵尊者更可以慎终追远，孝思远格，其于尊祖敬宗之意、尊尊亲亲之情，更能

体会，故其德更厚，为父母致病深；位卑者孝思所致者近，不可以像爵尊者那样以宗法祭祀养德，故其德薄，而为父母致病浅。故而此处所论爵、德、致病等问题紧相连属，须在宗法体制中整体理解。有爵者须有杖，并非仅因有爵者位尊权重，而更是因为他们在宗法制度中能慎终追远，以养孝德，为父母致病深。

德与爵应当一致，是中国宗法体系的重要理念。《孟子·离娄上》中说："天下有道，小德役大德，小贤役大贤。"有道之时，德与爵应该是一致的。但古人也非常清楚，有爵者未必一定有德。《告子上》中又说："有天爵者，有人爵者。仁义忠信，乐善不倦，此天爵也；公卿大夫，此人爵也。古之人修其天爵，而人爵从之。"所讲也是这一思想。但正因为天下未必有道，现实中德爵未必一致，所以优爵并不能涵盖辅病，因而还有非爵之杖。

担主之杖，仿优爵之意，然而它与辅病的关系却略有不同。究竟何人可为丧主，是另外一个复杂问题，本文不及详论。简而言之，丧主虽未必总是家中最尊贵者，却主持丧事，他不能像有爵者那样不必视事，而必须迎来送往，在丧礼中极为劳累，故担主之杖有三意：一以尊崇其地位，二以强调其与死者的至亲关系，三以慰藉其迎来送往之劳累。其根本仍是辅病。

优爵、担主虽亦由辅病而来，与辅病究非一事。有爵和担主者以杖即位，仅辅病者则杖于其次，经记之中，"不以杖即位"有时即略作"不杖"，读者不晓其意，易生淆乱。

《丧服·杖期章》"为妻"，郑注："嫡子，父在则为妻不杖，以父为之主也。《服问》曰：'君所主，夫人、妻、太子、嫡妇。'父在，子为妻以杖即位，谓庶子。"贾疏由此以为，唯庶子得申为妻杖期之服，以其父不为其妻主丧，则此章"为妻"仅限于庶子。胡培翚力辨其非[1]，以为，大夫之嫡子与庶子的区别，不在于是否有杖，而在于是否以杖即位。嫡子之妇死，其父为丧主，则嫡子不得以杖即位，但并非无杖；庶子之妇，父不必为之主丧，庶子可自己主丧，即郑注所谓"子为妻以杖即位"。所以，士之嫡子、庶子，不

---

[1] 胡氏云："经于此章，止云'妻'，无嫡子、庶子，及父在、父没之分。下《不杖章》云'大夫之嫡子为妻'，则又似专言大夫之嫡子，不以通于士。窃疑士卑，父在嫡子、庶子为妻皆得杖期；大夫尊，父在，庶子为妻大功，其嫡子为妻虽不降其期服，而降在《不杖章》。不杖则不禫，以示与父没者有别也。若父没之后，大夫之嫡子、庶子为妻皆得杖期，故于此章唯言'妻'，而于下章特言其异者，曰'大夫之嫡子为妻'，而传以'父在'释之也。大夫之庶子，父没为妻得杖期者，《大功章》'大夫之庶子为妻'条注云'言从大夫而降，则于父卒如国人'是也。又据《小记》孔疏引或问云'嫡妇之丧，长子亦得有杖，只不得即位'，然则嫡子之异于庶子者，在不以杖即位，非不杖也。又《杂记》云'为长子杖，则其子不以杖即位'，孔疏：'其子长子之子，祖在不厌孙，其孙得杖，但与祖同处，不得以杖即位。'按，此是祖主子丧，而孙亦得杖，唯不以即位，与《小记》疏所引或说合，可证士主嫡妇之丧，而其嫡子亦得杖也。如谓士之嫡子父在不杖，则经于下章当云'大夫士之嫡子为妻'，不得专言'大夫'矣。总之，经以杖期、不杖期分章，而于《不杖期章》唯言'大夫之嫡子'，则士之嫡子在《杖期章》明甚。传唯于'大夫之嫡子'发'不杖'之义，则士之嫡子为妻亦杖明甚。郑氏此注似犹欠审察耳。至《杂记》所云'为妻，父母在不杖'，孔疏以不杖专指父在言，虽无'大夫之子'之文，要自主大夫子言之。戴记杂出汉儒，文或不详，此经及传固自昭昭可据也。"见胡培翚《仪礼正义》卷二十二，第1400页。

论父在不在，皆得有杖，唯父在嫡子不得以杖即位而已。只要有杖，则当有禫，以禫杖一体也。胡氏以为郑于此未能详审，叔彦先生辨之云："嫡子，父在则为妻不杖，'杖'下脱'即位'二字。下云'父在，子为妻以杖即位'，谓庶子杖下有'即位'字，可证不以杖即位则仍有杖，故在《杖期章》。"郑注前半部说"嫡子，父在则为妻不杖"，后半部说"父在，子为妻以杖即位，谓庶子"，两句前后对言，若前者为"不杖"，后者为"以杖即位"，则所比不伦，故知郑君所辨，正是以杖即位之意。闻远先生以为，胡氏、曹氏均得其意，然郑君并非不审，亦非脱文，其"不杖"即"不以杖即位"之义，但省文耳。然此非本文主旨，故略去其辨。先生由此而有担主与辅病之辨，其论甚精，故全录于此：

凡杖，有以杖即位者，《丧服传》所谓檐主是也；有在其次杖者，《丧服传》所谓辅病是也。以杖即位者，表其为主，非主则否。《丧服小记》曰："庶子不以杖即位。"此以嫡子主丧，庶子非主故也。又曰："父在，庶子为妻以杖即位可也。"此以舅不主庶妇之丧，庶子为主故也。而《杂记》云"为长子杖"，则其子不以杖即位。《小记》又云"父不主庶子之丧"，则孙以杖即位可也。两文对举并观，益可见为主者以杖即位，不为主者不以杖即位矣。然不以杖即位者在其次，固杖也，当苴杖者苴杖，当削杖者削杖。如上所称，庶子为父母，长子之子为父，虽不以杖即位，而在其次，固杖竹杖桐也。《丧服》经故不析其人于苴杖者、削杖者，外也。又在次之杖，与菲、次相将。此章杖则疏屦，下章不杖则麻屦。《丧大记》："期居庐，终丧不御于内者，父在为母、为妻。"疏屦则菲也，居庐则次也，皆与杖相将，而此杖主言辅病者也。下《不杖麻屦章》，"大夫之嫡子为妻"，《丧服小记》世子为妻与大夫之嫡子同。《曾子问》，"女未庙见而死，婿不杖、不菲、不次"，唯此三者为妻非即位，亦不杖。自三者而外，有即位不杖，无在次不杖。……按，与禫相将者，辅病之杖亦存焉。……夫注言不杖者，以即位之时，父为主而不杖，而岂并无辅病之杖乎？辅病有杖，以致病深也。士庶子，父在得杖，是为妻致病也。冢妇将承姑祭祀之重，嫡子为妻致病，无轻于庶子之理，而谓无辅病之杖，可乎？[1]

丧主有杖，以表其人于宗法中之地位："以杖即位者，表其为主，非主则否。"而担主又为"假取有爵者之杖"，因爵与担主，均与宗法体制中尊尊之义相关，故二者皆可以杖即位。为丧主者未必皆为有爵，而于一丧之中，亦有为主之尊，故拟于有爵者。嫡子嫡妇为将传重者，其父尊宗法，故为之主以重。庶妇位卑，故其舅不为之主，庶子为妻得以杖即位，主其丧，而嫡子不得以杖即位。

---

〔1〕 张锡恭《丧服郑氏学》卷五，第323—325页。

辅病之杖与菲、次、禫相将，故《曾子问》云：女未庙见而死，其婿不杖、不菲、不次，自亦不禫。士之子，不论嫡庶，不论父在父不在，妻为至亲，死则俱应致病深，故应有杖、菲、次、禫之礼。有辅病之杖者未必以杖即位，然以杖即位者必应辅病。

综上可知，丧礼用杖，起于辅病之意，以拟五十以后扶老之杖。有德者为父母致病深，有爵者得以追远养德，故当有杖，为丧主者假以有爵者之杖，以表尊尊亲亲之义。优爵、担主之杖均含辅病之义，然无爵且不主丧者为父母夫妻亦得致病，故有于其次辅病之杖。辅病为用杖本意，优爵与担主俱为后出，故虽无优爵担主，为至亲亦可致病，故仍当有杖。《服传》之优爵、担主、辅病三意，之所以如此排列，并不是因为后二者从优爵出，而是为补充解释前面杖之正文，层层递进。三者俱从辅病出，有爵者致病深，无爵而担主者致病亦深，故当有杖，无爵且不为主者，致病深则应有杖。明此用杖三义，可以进一步考察历代释"妇人不杖"诸说。

二　凡妇人皆无杖说

历代说丧礼者，完全从字面上理解"妇人不杖"说的少之又少。今日所见，其说似始自司马光，其《书仪》照录《斩衰章》原文"童子何以不杖？不能病也。妇人何以不杖？亦不能病也"[1]，未做任何进一步的解释。单从这句话，似乎不能看出凡妇人皆无杖之意，但杨复在质疑朱子之说时，认为《家礼》中的"凡妇人皆不杖"用的是《书仪》服制。[2]杨复又说，《家礼》中的丧礼部分"本之司马氏"[3]。若从杨复说，司马光应该是主张妇人皆不杖的。《政和礼》之注则明确讲："童子、妇人不杖，不居庐，不着扉履。若嫡子虽童亦杖，不能自杖，人执之。"[4]此处更以《书仪》之意推而广之，将《杂记》中的童子之禁全部用在妇人身上。至朱子修《家礼》，竟明言"凡妇人皆不杖"[5]。

自司马光至朱子，为何以为凡妇人皆不杖，朱子门人杨复即已生疑："按《家礼》《书仪》，妇人皆不杖，与《问丧》《丧大记》《丧服小记》不同，恨未得质正。"[6]宋末车垓读至此处，大概亦以为惑，但又不肯背朱子之意，在一卷之

〔1〕 司马光《书仪》卷六，《景印文渊阁四库全书·经部·礼类》第142册，第497页。

〔2〕 胡广《性理大全书》卷二十《家礼三》，《景印文渊阁四库全书·子部·儒家类》第710册，第441页；《读礼通考》卷三十三，《景印文渊阁四库全书·经部·礼类》第112册，第689页；《续通典》卷八十，浙江古籍出版社，2000年版，第1641页。

〔3〕 马端临《文献通考》卷一百八十八，中华书局，2011年版，第九册，第5496页。

〔4〕 郑居中《政和五礼新仪》卷二百十五、卷二百十八，《景印文渊阁四库全书·史部·政书类》第647册，第881、895页。

〔5〕 朱熹《家礼》卷四《丧礼之成服》，收入《朱子全书》第七册，第909页。

〔6〕 《读礼通考》《续通典》文同。唯《性理大全书》作"《家礼》用《书仪》服制，妇人皆不杖，与《问丧》《丧大记》《丧服小记》不同，恨未得质正。"《性理大全书》中此条未系于杨复之下，但此意当为杨复所发无疑。

中，不仅于论及斩衰杖时说"《家礼》云'凡妇人皆不杖'，盖酌古准今之意，宜从之"，而且在此卷卷末又专论"凡妇人皆不杖"云："按，《礼经图》多有妇人杖文，然此乃文公参酌时宜之特笔也，门人杨复不晓师意，辄加论辩，且以未得是正为恨，何其疏也！"[1] 车氏并不认为《服传》之文就可确证礼经主妇人不杖，只是主张朱子可能根据时宜从权才说凡妇人皆无杖，回避掉了礼经中的矛盾。清代郑珍亦以为朱子从俗，其说却与车垓不同，而谓朱子"似是沿俗称嫁女为妇人，因于《仪礼》《礼记》言妇人不杖者，未细分别而误据之，杨信斋所以有不得质正之恨也。"[2] 朱子若是以为妇人皆是嫁女，则更不该以为凡妇人皆不杖，故此说仍不能释杨复之疑。

明儒郝敬亦主妇人皆不杖，其说曰："杖之始设，专为扶病；爵在则先贵者；无爵则先丧主。担，扶也。非丧主而哀，则以辅病。凡斩服皆杖，惟童子不杖，以其幼小不备礼，不能病也；妇人亦不杖，不迎送拜宾，不劳苦，亦不能病也。"[3] 依郝氏之说，斩衰之服须有杖辅病，因丧事中需要迎来送往，过于劳累，而妇人不必迎送，故不必杖。清人蔡孔炘于《经学提要》中亦称凡妇人皆不杖，并释《丧服四

---

〔1〕 参见车垓《内外服制通释》卷二"斩衰杖""凡妇人皆不杖"两条，《景印文渊阁四库全书·经部·礼类》第111册，第720、727页。
〔2〕 郑珍《仪礼私笺》卷四，收入《郑珍全集》第一册，第116页。
〔3〕 郝敬《仪礼节解》卷十一，《续修四库全书·经部·礼类》第85册，郝千秋、郝千石刻九部经解本，第692页。

制》云："盖所以用杖者，孝子哭泣无数，身体羸病，故以杖扶之。妇人弱、童子幼，皆不能病者也，故不用杖。"[1]其说近于郝敬，亦以为妇人不能病。然而妇人为何必不能病？二人之说都很牵强。清咸丰年间又有夏炘作《释妇人不杖》，可以说是将郝敬、蔡孔炘之说给出了一个最系统的表达：

　　妇人不杖，礼之正也。其所以不杖者，因其不能病也。杖之制，本所以扶病。天子、诸侯、大夫、士，皆爵尊而德优，其居丧尽礼，鲜不创深痛巨，特设杖以扶之，所以优尊者。故曰：杖者何？爵也。然无爵而主丧，哀痛之心则一，痛甚则无不病，因亦制杖授之，故曰：无爵而杖者何？担主也。至不为主之子，悲伤之心与为主之子同，其身病体羸，亦无不同，故曰：非主而杖者何？辅病也。然则辅病之义，通于上下矣。唯童子妇人不能病，授之以杖，是伪也，故传申之曰：童子何以不杖，不能病也。妇人何以不杖，亦不能病也。此二句传所以补经文之阙也。经详列成人之丧而无童子，童子之衰绖与成人同，其异者在不杖；妇人之衰绖亦与男子同，其异者亦在不杖，故斩衰苴杖唯妻为夫、妾为君、女子子在室为父、子嫁反在父之室为其父母，此四妇人不杖。疏衰三年，削

〔1〕蔡孔炘《经学提要》卷五《丧礼》，《四库未收书辑刊》第四辑，道光五年刻本，北京出版社，2000年版，第10册，第102页。

杖，唯母为长子不杖。作传者恐人见经文列服有杖，疑妇人亦与男子同，故特发传以补其阙，是乃周公所制之礼，礼之正而亦礼之最初者也。后王踵事，增益童子之当室者，则免而杖，于是杖通于童子，而《问丧》特记之。妇人亦本不杖，后假于有爵而杖之义，故《丧大记》云"君之丧，三日，子、夫人杖，五日既殡，授大夫、世妇杖"是也；又假于为主而杖之义，故《大记》又云"大夫之丧，三日之朝，既殡，主人、主妇皆杖"是也；又假于无主亦杖之义，故《小记》云"妇人不为主而杖者，姑在为夫杖。母为长子削杖。女子子在室为父母，其主丧者不杖，则子一人杖"是也。此皆后起之礼，见于记人之所述，非《丧服》最初之经，故不同如此。康成惑于《服问》《大小记》诸书妇人有杖者多，遂谓妇人之成人者杖，童子不杖，则《丧服传》为不词，而后儒轇轕纷纷之论由是以起矣。[1]

夏氏以为，按照丧杖礼意，本来只有辅病之杖，妇人不能辅病，本应无杖，此为周公制礼之正。但随着丧服体制变得越来越复杂，先是增加了优爵之杖，故妇人有爵者可杖；后来增加了担主之杖，于是妇人为主亦有杖；最后甚至还增加了无主亦可有杖之例，于是有了《丧服小记》中所谓

---

[1] 夏炘《学礼管释》卷十三，第169—170页。

的不为主而杖之例。

夏氏论用杖三意甚精，前文已引。他完全从此三意出发，以为论辅病则妇人无杖，因生出优爵、担主之杖，而有妇人之杖。但此说还是有问题。盖有爵者之所以有杖，以其慎终追远，致病易深，然未必有爵者皆能致病深，无爵者定不能致病深。担主者有杖，盖虽无爵，而尊其为丧主，担主之杖与辅病更直接相关。然担主者未必皆致病深，致病深者亦未必担主。故除有爵与担主者之外，众子与女子子均有致病之义。夏氏知"悲伤之心与为主之子同，其身病体羸，亦无不同"，则女子子为何不能致病？这是主张凡妇人皆不杖一派最难解释的地方。而且，优爵与担主之杖皆自辅病之杖出，有爵者与担主者之杖均含辅病之意，若妇人不能辅病，则何来优爵、辅病之杖？其说不可从。

主张凡妇人皆不杖的，还有一条思路，就是不在经、传、记中寻求逻辑的一致，而认为这是出自不同学派的观点。清初张尔岐首发其说，今人沈文倬亦主之。

张尔岐在《仪礼郑注句读》中谈道，虽则《礼记》诸篇有妇人杖之说，然"《礼记》杂出汉儒，当据此传为正"。[1]张尔岐也认为，《服传》中讲的"妇人不杖"，就是字面上的意思，但他不得不正视《礼记》诸篇与此矛盾之处，最后采取的策略，就是认为《礼记》中的几处说法是错

---

[1] 张尔岐《仪礼郑注句读》卷十一《丧服》，《钦定四库全书荟要》，吉林出版集团，2005 年版，第 152 页。

误的，应当从子夏传之说。

很多现代学者也继承了张尔岐的这种处理思路，认为这些矛盾是出于不同学派的观点，但采取了更加现代的学术角度。比如叔彦先生弟子沈文倬就认为，不仅子夏《服传》与《礼记》等处有矛盾，而且《服传》与《丧服》经也是矛盾的，反而和《丧服四制》成一系统。沈先生得出结论说："《服传》是从记而违经的。"[1]今人丁凌华、丁鼎均以为经传之间有矛盾，当是受沈氏之说影响。[2]

沈先生此说，是为了证明《服传》受到了《礼记》论丧服诸篇的影响，因而作于《礼记》诸篇之后。《服传》成书年代非本文所论，而沈先生证明《服传》与《礼记》诸说出于同一系统，与张尔岐之说看似相反。从《丧服》经虽能推出妇人不当一概无杖之结论，经中毕竟没有明文，而妇人有杖之说恰恰出现在《礼记》中的《丧大记》《丧服小记》《问丧》诸篇。沈氏以为，《服传》"充分参考了《礼记》的《丧服小记》《大传》《杂记》《丧大记》《问丧》《服问》《间传》《三年问》《檀弓》《丧服四制》等篇有关丧服的记载"，甚至不惜与经、记抵牾。沈先生与张尔岐之说殊途同归。他们都认为，矛盾是不同学派对经文的不同解读导致的。这一

---

〔1〕 沈文倬《汉简〈服传〉考》，见《宗周礼乐文明考论》，浙江大学出版社，2006年版，第212页。

〔2〕 丁凌华《中国丧服制度史》，上海人民出版社，2000年版，第85—86页；丁鼎、王明华《"丧无二杖"说献疑》，《民俗研究》，2002年第1期，第189—190页。

说法从礼学流派的分歧立论，确实是一种比较简洁的解决方式，且有很强的解释力量，所以今人多从之。但这种解释路线彻底放弃了在礼学内部理解"妇人不杖"的可能性，仍然不能解决杨复的疑问。

于妇人不杖一条，《服传》仅与《丧服四制》之说相合，而与《礼记》的另外几篇还是矛盾的。我以为，这还不足以证明《服传》从记违经，只能证明，《服传》似乎接受了《丧服四制》的解经方式，而忽视了《丧服小记》诸篇之说，更不足证《服传》有意违经。无论《礼记》诸篇作者还是《服传》作者，当无人有意违经，无论妇人有杖无杖，均为对《丧服》经之诠解，而非另立新说。《服传》和《礼记》诸篇作者对《丧服》经的熟悉程度绝不亚于后人，何以会有如此不同的解释？能否在经、记、传之间找到一种平衡，形成一种相对融贯的诠释，仍是值得尝试的。而对这个问题的回答，也可帮我们窥见丧服用杖之礼意所在。

总之，凡妇人皆无杖说有三条思路：第一，以为妇人本非皆无杖，但从俗权宜，使之皆无杖；第二，强解《服传》字面意思，以为妇人不能病，故不杖；第三，以为有杖说与无杖说为不同学派的观点。三者均不能令人满意。

我们且回到杨复的质疑。《文献通考》引杨复论朱子《家礼》云："愚按《家礼》一书，今之士大夫家冠婚丧祭多所遵用。然此书始成，辄复失之，先生未尝再加审订，则世或未之知也。"又特别指出："有用先儒旧义，与经传不同，未见于后来之考订议论者，若丧服辟领、妇人不杖之类是也。"〔1〕杨复也清楚，朱子《家礼》"通之以古今之宜"〔2〕，却仍以为疑，并非如车垓所说不晓师意。他在所著《仪礼图》中给出了自己的一个解释："如传所云，盖妇人不皆杖，非不杖也。"〔3〕杨复的解读成为多数礼学家解释《服传》"妇人不杖"一条的基本指向。然而妇人究竟何时有杖，《服传》与《丧服四制》中的"不杖"指哪种情况，杨氏却未能详论。《仪礼经传通解》则用孔氏、贾氏之说，以为妇人不杖谓童子妇人。〔4〕《仪礼经传通解》为朱子晚年绝笔之作，是朱子礼学之集大成者。虽丧祭部分未经朱子亲自审订，然其稿本毕竟于朱子生前已有，黄榦仅审订而已。朱子门人亲自审订之丧礼，未必不比未经朱子审订之《家礼》更加可信。

三　非主无杖说

晋人贺循与刘宋的雷次宗最早提出妇人不为主则不杖之说。孔氏于《丧服小记疏》引贺循之说，以为妇人"谓出嫁之妇人不为主，则不杖，其不为主而杖者，唯姑在为夫"。〔5〕若依此说，则"妇人不杖"仅指出嫁之妇人，在父

---

〔1〕　马端临《文献通考》卷一百八十八，第九册，第5496、5497页。

〔2〕　同上书，第5496页。

〔3〕　杨复《仪礼图》卷十一《妇人丧服制度》，《景印文渊阁四库全书·经部·礼类》第104册，第200页。

〔4〕　《仪礼经传通解·续卷第一》，收入《朱子全书》第三册，第1220页。

〔5〕　《礼记正义·丧服小记》，方向东点校《十三经注疏》第14册，第993页。

之室者不论。妇人在夫家，除《丧服小记》所言姑在为夫之外，不为主则不杖，孔疏亦然。然若以《服传》与《丧服四制》之"妇人不杖"即指此而言，孔则未从其说。

贾公彦于《斩衰章疏》引雷次宗之说，以为"妻为夫、妾为君、女子子在室为父、女子子嫁反在父之室为父，三年，如《传》所云妇人者皆不杖。《丧服小记》妇人不为主而杖者，唯著此一条，明其余不为主者皆不杖"。[1]此说较贺循之论又进一步。雷氏不再以"妇人"为既嫁之妇人，而认为，除《丧服小记》所记外，不论在夫家在父家，妇人不为主皆不杖。贾公彦驳雷次宗之说云："此说非，何者？此四等妇人皆在杖科之内，何得不杖？又《礼记》记文说妇人杖者甚众，何言无杖也？"雷氏所列四种，皆为斩衰三年之服，而雷氏竟以为均不应有杖。尤其妻为夫一条，《丧服小记》已明言"姑在为夫杖"，雷氏竟以为妻为夫不杖，其意似姑不在则不杖。而依孔氏之意，姑在妇不为主亦杖，如姑不在，更应有杖，则妻为夫无有不杖者。若雷氏以为仅母为长子为不为主亦杖之例，则于文意更加胶葛。其间或有错谬。即令仅据《丧服小记》立论，雷氏四等妇人非主皆不杖之说已破。而《丧大记》《问丧》等处妇人杖之明文甚多。若依郑注，则雷氏之四等妇人皆在杖科之内。

杜佑《通典》云："主妇亦杖，诸妇则不杖。"并注："童子及妇人不杖者，以其不能病。然而童子当室杖者，

---

[1] 《仪礼注疏·丧服·斩衰章》，第867页。

尊为丧主。"[1]杜氏从贺氏、雷氏之说，以为妇人不为主则不杖。

　　清初顾亭林、方苞皆主妇人非主不杖。顾氏《日知录》云："古之为杖，但以辅病而已，其后以杖为主丧者之用。丧无二主，则无二杖。"又云："无杖则不成丧，故女子子在室，父母死而无男昆弟，则女子杖。其曰'一人'，明无二杖也。"[2]顾氏以为，每丧必当有杖，然仅有一杖，不可有二杖，妇人有杖，无论在室出嫁，仅在其为丧主之时，因一丧不可无杖，当为变礼。此说与贺循、雷次宗、杜佑之说相近而犹过之，似不仅妇人不当有杖，男子不为丧主亦不能杖。其后，王棠《燕在阁知新录》亦用顾氏之义。[3]吴浩辨其非云："愚按，《集注》云'庶子至中门外则去之'，然则《丧服小记》盖言庶子不以杖即阼阶下哭位与嫡子同，非无杖也。"[4]吴浩之说甚是，盖不以杖即位未必无杖。顾氏之误，在于未解担主与辅病之别。[5]

　　方苞则免于顾氏之误，而谓："妇人谓众女、庶妇不主丧者。童子不能病，心无主而哀敬有时移也；妇人不能病，

---

[1] 杜佑《通典·礼九十四》卷一百三十四，中华书局，2003年版，第3437页。

[2] 顾炎武《日知录集释》卷六"庶子不以杖即位"条，第363页。

[3] 王棠《燕在阁知新录》卷十八，"丧杖"条，《续修四库全书·子部·杂家类》第1147册，康熙间燕在阁刻本，第29页。

[4] 吴浩《十三经义疑》卷五，"庶子不以杖即位"条，《景印文渊阁四库全书·经部·五经总义类》第191册，第299页。

[5] 参见丁鼎、王明华《"丧无二杖"说献疑》，刊于《民俗研究》，2002年第1期，第189—190页。

事不及而筋力未尝惫也。传者首明此义，则成人而有童心，主丧而不致毁者，宜内疚于心，而外怍于人矣。"[1]方氏认为，非主不杖者包括在室之众女与既嫁之众妾，虽然亦以为非主不杖，却将非主不杖的原因归于不能病。童子不能病，以其幼弱，而妇人非主者不能病，则以其不必迎送宾客，尚未懈怠，而不易致病，故不必有杖，其说于礼意颇有所得。更难能可贵的是，方氏由此推出，童子、妇人不杖之说有警示督促之意：成人主丧者虽已执杖，但若无哀敬之心而不能病，则当羞愧于心。

后金榜于《礼笺》中详论妇人不杖曰：

> 妇人唯为主者杖，不为主者不杖。以经校之，妻为夫、母为长子，为主而杖者也。妾为君、女子子在室为父母，不为主不杖者也。故《丧服小记》申其义曰：妇人不为主而杖者，姑在为夫杖。明他妇人不为主者不杖矣。又曰：女子子在室为父母，其主丧者不杖，则子一人杖。明主丧者杖，则女子子为父母不杖矣。《小记》之文正与《丧服传》妇人不杖义相发明。《丧大记》：士之丧，三日之朝，妇人皆杖，此谓主妇于三日之朝，皆主人而杖，不得下通众妇人。君之丧，五日世妇杖，君之世妇，尊同大夫，所谓杖者爵也，

〔1〕 方苞《仪礼析疑》卷十一，《景印文渊阁四库全书·经部·礼类》第109册，第158页。

不得下通于大夫士之妾。郑君谓妇人成人者皆杖，于《丧服传》妇人不杖，《小记》女子子一人杖，通释为童子，皆违失经意。[1]

金氏云：妻为夫、母为长子是为主而杖者，来自《丧服小记》之文："妇人不为主而杖者，姑在为夫杖。母为长子削杖。"金氏读此句与孔疏异。孔疏"为夫与长子，虽不为主亦杖"，[2]以为姑在为夫与母为长子，均是不为主而杖。而金氏读法，以为"母为长子削杖"是另外一句，不为主而杖仅姑在为夫一条。愚按，金氏读法似是，母为长子强调用削杖，而非论不为主而杖者，郑注似亦与金榜读法同。

金氏所论甚密，遍及妇人有杖的各种可能，然亦暴露出其说的致命弱点。在《丧服》中，有杖之丧本仅斩衰三年、齐衰三年、齐衰杖期三种。妇人未嫁时，有为父斩衰三年、为母齐衰三年或杖期之服，皆有杖义；既嫁后，在夫家可能有杖之丧服，仅有为夫斩衰、为长子齐衰三年，与妾为君斩衰三年三种可能。《小记》已明言，前二者俱应有杖，则贺循所谓妇人出嫁非主不杖，似仅妾为君一种可能成立。方苞已经考虑到这一点，所以指出，非主不杖者，仅有众女与庶妇。金氏承袭方氏之说，以为不仅出嫁之妇人，在室之成人女子，不为主亦不应杖，则在室女不论是否及笄，为父

---

〔1〕 金榜《礼笺》卷二"妇人不杖"条，《续修四库全书·经部·礼类》第109册，乾隆五十九年游文斋刻本，第39页。

〔2〕 《礼记正义·丧服小记》，方向东点校《十三经注疏》第14册，第1706页。

母之丧不得有杖。张焕君先生论此说云"既于人情相违，又于礼教之用心亦大为胶葛"[1]，甚是。

于是，女子子成人在室，及嫁后反在父之室，为父斩衰三年，为母齐衰三年，均应有杖；而出嫁妇人，为夫斩衰三年，为长子齐衰三年，亦应有杖。此已足破不论出嫁与否妇人非主不杖之说。而出嫁妇人非主不杖说，孔氏似亦以为然。孔疏于"妇人不为主而杖者，姑在为夫杖，母为长子削杖"条谓："姑在为夫杖者，郑义唯谓出嫁妇人礼也。若成人妇人在家为父母，虽不为主亦杖。若在夫家，唯为主乃杖。故为夫与长子，虽不为主亦杖。若余，非为主，则不为杖。"[2]出嫁妇人是否非主即不杖，仅系于妾为君一条。妾为君若当有杖，则妇人出嫁后非主不杖之说全破，因妇人出嫁后不为主之两种情况（姑在为夫、妾为君）皆有杖。金氏承雷次宗之说，明确以妾为君与女子子为父母均无杖义。而《丧大记》："士之丧，二日而殡。三日之朝，主人杖，妇人皆杖。"郑注："妇人皆杖，谓主妇，容妾为君、女子子在室者。"则郑君当主士之妾为君有杖说。孔疏："妇人是众群妇，故知容妾为君及女子子在室者也，以其皆杖故也。"[3]可见孔氏亦以为士之丧，妾为君当杖（大夫以上不同，详见后

〔1〕 张焕君《〈丧服〉用杖制度考论》，《中国文化研究》，2003 年第 1 期，第 141 页。

〔2〕 《礼记正义·丧服小记》，方向东点校《十三经注疏》第 14 册，第 1706 页。

〔3〕 《礼记正义·丧大记》，方向东点校《十三经注疏》第 14 册，中华书局，2021 年版，第 1252—1253 页。

文"妾或不杖说"节）。

孔氏既云妻为夫、母为长子、妾为君皆应杖，则出嫁妇人何时不为主而不杖？出嫁妇人为舅姑丧服为不杖期，本无杖义，余人更无有杖之理，何得谓不为主则不杖？若强为之解，则有两种可能。其一，若此处之"不杖"泛指辅病、担主之杖，则"非主不杖"非谓妇人出嫁后于本当有杖之丧不必杖，而仅是对《丧服》中关于既嫁妇人丧服的总结，即按照《丧服》的规定，妇人出嫁后，于夫党之亲，绝大多数不为主，亦无杖，除为夫、为子有杖，以及妾为君可能有杖之外，余服俱从夫降一等，不应有杖。妇人既嫁，为本族之亲亦当以出降一等，故亦降在无杖之丧。如此，则孔氏所谓妇人既嫁非主不杖，非于《丧服》之外另开变例，而仅为总结之辞。妇人按《丧服》例当杖则杖，不当杖则不杖，并无本当杖却因无主而不杖的情况。

其二，还有可能，此处之"不杖"仅指以杖即位。以杖辅病者仅于其次有杖，即位时无杖，此例甚多。前已论及，父在嫡子为妻，不以杖即位。《丧大记》云："君之丧……夫人、世妇，在其次则杖，即位则使人执之。""无杖"之说，或指不以杖即位，则妻为夫、母为长子、妾为君虽皆有辅病之杖，然于即位哭时，妻为夫、母为长子可不去其杖，而妾则当去其杖。此说后有徐灏、俞樾、黄以周等主之，详见后文"杖之常与变"。

此二说不论孰是，以非主不杖释"妇人不杖"，均非正解。故孔氏虽主妇人出嫁非主不杖，却并不认为这是《服传》"妇人不杖"之意。

胡培翚亦主非主不杖说，于《仪礼正义》云：

> 盖传层递问下。其问童子者，以男子非主皆杖，童子何以不杖；其问妇人者，以童子未成人，非主不杖，妇人已成人，非主何以不杖。此两问俱跟非主而杖说下。若童子当室而杖，妇人为主而杖，则其义已该于担主中矣，童子自包女女子在内。[1]

胡氏以为童子、妇人本就非主不杖，成人妇人亦非主不杖，而《服传》所言之妇人，当为既嫁之妇人，既嫁妇人非主不杖。其说《服传》五问五答之层递关系，以为"无爵而杖者何？担主也"之后三句并列，俱承担主而来。"非主而杖者何？辅病也"指成人男子非主而杖，因能辅病。"童子何以不杖""妇人何以不杖"并非顺承"辅病也"，而仍是承"担主也"而来，与男子非主而杖相对，意为"童子非主何以不杖"与"妇人非主何以不杖"，故"不能病"之解与"辅病也"相对照。胡氏虽亦以为非主不杖，然似并未以为非主皆不杖。童子妇人非主不杖，仅就男子非主皆杖说而言。男女为主皆杖，妇人非主有杖有不杖，不杖则因不能病，能病则杖，此说颇合礼意。后胡氏释"女子子在室为父"条又说，女子子在室皆不杖，以郑注为非，继承了方

---

〔1〕 胡培翚《仪礼正义》卷二十一，第1351页。

苞、金榜之说。

乾隆年间任启运又有一说，与出嫁妇人非主不杖之说截然相反，可借以反观此说之义。任氏云：

> 父主嫡子之丧，则父为外主，母为内主，其妻不为主矣，而必杖者，妇人从夫，必斩衰苴杖，姑不得而厌之也。父为长子，斩衰苴杖，而母为长子，止齐衰削杖者，母之为子，不得重于子之为母也。妇人受重他族，故虽在室，亦不为父母杖，唯无兄弟，而但使同姓为摄主，则女子子之长者，得一人杖，以申其哀也。按，《斩衰》条传，妇人不杖，不能病也。而《大记》有夫人杖之文，郑谓不杖者，妇人尚为童子，既笄则杖。愚谓妇人为夫、子则杖，外成也。未嫁为父母不杖，未成也，经传无未笄未许嫁为父母不杖，既笄既许嫁为父母杖之文，郑似凿。[1]

任氏以为，妇人外成，故唯有在夫家方有为夫为子之杖，在室之时反而为父母无杖，唯摄主无杖时一人杖。若依用杖之三意，此说甚谬。辅病为用杖之第一意，成人为父母当致病，无论男女皆然。若以外成立说，则女子子在室并不得有三年之丧矣。有三年之丧，则有致病之事；有致病之

---

〔1〕 任启运《礼记章句》卷六之二，《续修四库全书·经部·礼类》第99册，乾隆三十八年清芬堂刻本，第219页。

事，则可有辅病之杖。相较而言，以为出嫁妇人非主不杖者，虽亦从夫家宗法入手，然并未否认在室时之为父母致病辅病。非主不杖说虽未必正确，然其虑及辅病、担主之杖，于礼意仍有所得，非如任氏，执定内成外成之说，反以非郑。

四　童子妇人说

在诸说之中，最著名的当属孔颖达和贾公彦的童子妇人说。此说颇得礼意，流传甚广，有人以为此说亦为郑君所持。《丧服·斩衰章》贾公彦疏云：

> 又云"妇人何以不杖？亦不能病也"者，此亦谓童子妇人，若成人妇人正杖。知者，此《丧服》上陈其服，下陈其人。丧服之下，男子、妇人俱列，男子、妇人同有苴杖。又《丧大记》云："三日，子、夫人杖；五日，大夫、世妇杖。"诸经皆有"妇人杖"文，故知成人妇人正杖也。明此童子妇人，按《丧服小记》云："女子子在室为父母，其主丧者不杖，则子一人杖。"郑注云："女子子在室，亦童子也。无男昆弟，使同姓为摄主，不杖，则子一人杖，谓长女也。许嫁及二十而笄，笄为成人，成人正杖也。"是其童女为丧主，则亦杖矣。[1]

---

〔1〕《仪礼注疏·丧服·斩衰章》，第867页。

孔颖达疏《丧服四制》"妇人、童子不杖，不能病也"亦云："妇人，谓未成人之妇人。"[1]

贾公彦的主要根据，还是《丧服小记》中非常重要的这一段："妇人不为主而杖者，姑在为夫杖。母为长子削杖。女子子在室为父母，其主丧者不杖，则子一人杖。"郑注："女子子在室，亦童子也。无男昆弟，使同姓为摄主，不杖，则子一人杖，谓长女也。许嫁及二十而笄，笄为成人，成人正杖也。"

这段记文说了妇人有杖的三种情况：第一，姑在，妻为夫，虽不为丧主亦有苴杖，以"姑不厌妇"之故；第二，母为长子当有削杖；第三，即上文所谈的，童女无昆弟，且摄主者不杖，则一人有杖。郑注明言成人女子正杖，则一般情况下童女不杖。而若童女无昆弟为丧主，以族人摄主而无杖，则童女亦当杖。郑君于《斩衰》传及《丧服四制》均未注"妇人不杖"之文，此注遂成孔、贾以为他主张童子妇人不杖的主要依据。

孔氏疏此条云：

　　"姑在为夫杖"者，郑义唯谓出嫁妇人礼也。若成人妇人在家为父母，虽不为主亦杖。若在夫家，唯为主乃杖，故为夫与长子虽不为主亦杖，若余非为主，则不为杖。……所以知郑意然者，注下经"一人杖"

---

〔1〕《礼记正义·丧服四制》，方向东点校《十三经注疏》第15册，第843页。

云："女子子在室，亦童子也。成人则正杖。"又《丧大记》云："士之丧二日，妇人皆杖。"注云："妇人皆杖，谓主妇，容妾为君、女子子在室者也。"故《丧服传》云："妇人何以不杖？亦不能病也。"是为郑学者，则谓为童子妇人，不能为父母杖也。[1]

依孔疏，郑君之意为：女子子及笄，虽未出嫁，已为成人妇人，当为父母杖，此为礼之常，无可争论。[2]其他如姑在为夫及为长子，前文已述。除妾为君尚有可论外，仅余童子妇人以常理不必杖。其故当与童男一致，俱因幼弱不能致病。然若无昆弟为父母丧主，以同宗之人摄主，但此人不杖，则童女亦当杖，此与童男为丧主当杖之意同。

贾、孔释郑注之意甚明，然郑君自己从未有"童子妇人"之说。未笄之女子何得称妇人？又，《服传》于《斩衰章》即已明言童子不杖，当含男女童子，何必又出"妇人不杖"一条，以指称童子妇人？这是贾、孔之说的两大困难。

贾疏释童子妇人之说云："童子得称妇人者，按《小功章》云：'为侄、庶孙、丈夫、妇人之长殇。'是未成人称妇人也。"[3]殇则未成人，殇而称妇人，可见童子可称妇人。孔

---

〔1〕《礼记正义·丧服小记》，方向东点校《十三经注疏》第14册，第1706页。

〔2〕郑君所云"女子子在室亦童子也"，非谓女子子在室即童子，而为女子子在室且未及笄者。知者，《丧大记》"士之丧，二日而殡，三日之朝，主人杖，妇人皆杖"，郑注"妇人皆杖，谓主妇，容妾为君、女子子在室者"。可知女子子在室有不为主而杖者，非童子也。

〔3〕《仪礼注疏·丧服·斩衰章》，第867页。

疏于《丧服小记》设或问以辨二难。对于童子何得称妇人，孔氏引《小功章》同一句话为例。此外，他又辨童子、妇人并称之难曰：

> 而难郑者云：……又《丧服》传云"童子何以不杖？不能病"，乃云"妇人何以不杖？亦不能病"，明知妇人非童子也。故贺循等以为，"妇人不杖"，谓出嫁之妇人不为主则不杖。其不为主而杖者，唯姑在为夫杖，故此记特明之。郑必以为童子妇人乃不杖者，郑以此下经云"女子子在室为父母，其主丧者不杖，则子一人杖"，既云"女子子在室"，是童女可知。云"主丧者不杖"，若主丧者杖，则此童女不杖。今由主丧者不杖，则此童女一人杖。郑据此文，故知妇人谓童子之妇人也。若其成人，出嫁妇人为主皆杖，故《丧大记》云："三日子、夫人杖，五日授大夫、世妇杖。"《丧服传》"妻为夫杖"，《小记》云"母为长子杖"，是成人妇人皆杖也。[1]

孔氏并没有直接解释《服传》和《丧服四制》中童子与妇人并出的问题，而只是解释了《丧服小记》郑注以为童子之故。因《丧服小记》中称"女子子在室为父母，其主丧者不杖，则子一人杖"，指的是，女子子未及笄时，若无昆

---

〔1〕《礼记正义·丧服小记》，方向东点校《十三经注疏》第14册，第1706—1707页。

弟主丧，同姓摄主而不杖，则未及笄之女子子中一人当杖。以此可推，其他女子子俱不杖，而若非此种情况，则未及笄之女子子无一人杖，由此可知，未及笄之女子子不为父母杖。孔疏释郑君此注之意本来没有问题，但是，孔、贾均以此注来解《服传》与《丧服四制》之文，此一推论却大成问题。仅因郑君于此以女子子在室为童子且不杖，便将彼二处之"妇人不杖"解作"童子妇人不杖"，恐甚牵强。

若以"童子不杖"之"童子"含童男童女，则童女同于童男，不为丧主时正该不杖，唯无人主丧或摄主者无杖之时不得不杖。郑君释《丧服小记》之"女子子在室"为未及笄之童子，合"童子不杖"之通例，而不能以此推出，郑君认为"妇人不杖"之"妇人"即女子子之未及笄者，不然，郑君何以不在《服传》与《丧服四制》两处明确指出妇人即童子妇人？很可能是郑君认为这两处不必解释，而在《丧服小记》中，他恰恰是以"童子不杖"之意来释女子子在室之杖。若是如此，则孔、贾二疏之推论不可为据。

孔、贾之说虽未为的论，但我们还应该进一步体会二人用意之所在。孔氏之所以定要将不杖者释为童子妇人，是为了强调成人妇人当杖之意，因而具引《丧大记》《服传》《小记》之文，以证"若其成人，出嫁妇人为主皆杖"。孔氏以为，若妇人一概不杖，不仅于此诸处有碍，且于用杖之礼意不符。

孔、贾二人释杖之辅病、优爵、担主三义甚精，故其童子妇人说充分考虑到了用杖三意。以爵论，《丧大记》言"君之丧，三日子、夫人杖，五日既殡，授大夫、世妇杖"，明有爵者及其夫人俱有杖。而《丧服四制》释爵云："杖者何也？爵也。三日授子杖，五日授大夫杖，七日授士杖。"此处与《丧大记》文意相近。以担主论，不论男女，若为丧主则必杖。然则非凡妇人皆不杖可知。《服传》与《丧服四制》俱以不能病释之，孔、贾以为，当是无爵且不担主之时。童子不能病，以其幼弱无知。成人妇人在室者纵使无爵不担主，于父母之丧当无不能病之理，故孔、贾以为，唯童子妇人不能病，且郑君注《丧服小记》时已有童子妇人之说，故合而释之。孔、贾之说，乃紬绎用杖之礼意而得，是故童子妇人之说出而从者甚众。后人之不从其说者，亦须自用杖三意立说。

孔、贾之后，论者多有从常与变的角度论妇人之杖者。《丧服四制》言童子妇人不杖，本为权例。记文列八种以权制的情况，童子妇人为第一，孔疏概括童子妇人不杖为"应杖不杖，不应杖而杖"。此说粗看不易解，若对照《小记》之文，则孔疏之意当为，斩服本皆应杖，而童子、妇人不杖，此为应杖不杖；童子、妇人本不应杖，若因无用杖之丧主，则不应杖而杖。则童子、妇人之杖中，有两次权制者。常中有变，变中有常，变中复又有变。礼制中常与变的关系，实为理解妇人不杖的关键。[1]

---

〔1〕 此正凌曙所谓："其中有正例，有变例，且有变例中之正例，有正例中之变例，更有变例中之变例也。参伍错综，非比而同之，不能知也。"凌曙《礼说》卷一，《续修四库全书·经部·礼类》第110册，道光九年广东学海堂刻本，第505页。

清前期的论者多以礼之"常"与"变"解释童子妇人之说，颇得孔、贾精髓，也启发后人进行更深入的研究。乾隆年间的盛世佐与焦以恕都遵循孔、贾立说。盛氏云：

> 《传》云不杖者，礼之正也，所以然者，圣人不以成人之礼责稚弱也；其有杖者，变例也。《传》言正，《记》言变，吾见其相备，而未见其相违异也。妇人不言童子，蒙上文也。童女亦称妇人者，下经云"为侄、庶孙、丈夫、妇人之长殇"，是其征矣。此章著妻妾女子子之服异者，布緫、箭笄、髽、衰耳，其经杖之属，皆与男子同，指成人者言也。此则谓其未成人者，传又曷尝与经异哉！[1]

盛氏之说，为驳敖继公与张尔岐等谓经、《传》、《记》有异而发。盛氏谨守孔、贾童子妇人之说，而以常礼、变礼释经、《传》、《记》之不同。经之《斩衰章》言妇人丧服之异于男子者，未及经杖，盛氏以为此就成人而言，传言未成人者，故有不杖之异。则未成人之男女，俱以不杖为正，《小记》云为主而杖，则是变例。其后焦以恕复申此义云："童子妇人不杖，正也；其有杖者，则亦担主之义。不能病者，不责之以能病也。其有幼而不能执杖者若为主，则抱者

---

〔1〕 盛世佐《仪礼集编》卷二十二，《景印文渊阁四库全书·经部·礼类》第 111 册，第 45 页。

执之。"[1]

却也有许多执童子妇人之说者未能体会孔、贾所考虑的礼意。如姜兆锡就以为："有爵则杖；无爵而为主则杖；不为主而辅病则杖。皆逐层推下来，而童男童女不能病而不杖，则推不去故也。此则又推下一层，或主丧者不杖，则虽在室之童女，其长者人亦得杖耳。"[2]姜氏以为长女之杖是层层递推而来：有爵者杖，无爵担主者杖，非主致病深者杖，童女不能辅病而主丧者不杖则亦杖。此说粗看似合层层相推之义，然姜氏未解用杖三意的相互关系，不知辅病为最先，爵与主俱为后出，而童女之杖，正为担主之变例。姜氏虽从孔、贾之说，却未能得孔、贾所释用杖之意。

五　以杖即位说

晋宋人主张非主不杖说，唐人主张童子妇人说，二说从者甚众，到清代更是两个占主流地位的主张，其中又以童子妇人说最为人所重。而宋人主张的凡妇人皆不杖说，因为和朱子有含糊不清的关系，清代也有些主其说者。但清儒经过深入研究后，逐渐发现这些传统说法都有或多或少的问题。清初的汪琬即对童子妇人说提出了质疑。

---

[1] 焦以恕《仪礼汇说》卷十一，《续修四库全书·经部·礼类》第89册，乾隆三十七年研雨斋刻本，第97页。

[2] 姜兆锡《仪礼经传外编》卷一，《续修四库全书·经部·礼类》第87册，乾隆元年寅清楼刻本，第612页。

或问：妇人可以不杖乎？曰：妇人之不杖也，《传》谓其不能病故也。假令哀毁而能病，则圣人许之矣，岂遂禁其以杖即位乎？然则《传》也，《丧服小记》也，或言杖，或言不杖者，盖两相发明者也。或又问：妇人谓童女，孔颖达之说亦可信乎？曰：不然也，妇之言，服也，服事其夫也，非未嫁女子之称。[1]

汪琬感到童子妇人说不妥，因为将童子称为妇人毕竟不大稳便。而由于《传》说妇人不杖的原因是不能病，他反过来推，若妇人能病，则应该有杖，至于以杖即位，则更应许之。汪琬所论虽简，却深得用杖礼意，对清儒的进一步思考有很大的推动作用。

清中叶以后的徐灏、俞樾、黄以周都以为，"妇人不杖"指的是不以杖即位。

徐灏刊于咸丰四年的《通介堂经说》中有《妇人童子不杖》一条，就放弃了童子妇人说，而以担主之杖解"妇人不杖"：

幼专指童子言，岂谓妇人乎？然则所谓妇人童子不杖者何也？《丧大记》曰：君之丧，夫人、世妇在其次则杖，即位则使人执之。大夫之丧，内子为夫人之

---

〔1〕 汪琬《钝翁前后类稿》卷十七《文稿五经解》，收入《汪琬全集笺校》第一册，人民文学出版社，2010 年版，第 459 页。

命去杖，为世妇之命授人杖。士之丧，妇人皆杖，于君命、夫人之命，如大夫；于大夫世妇之命，如大夫。然则妇人虽杖，而有去杖之时，且既不以杖即位，则与无杖同。所以然者，正为其不能病也。又庶子皆杖，不以即位，而童子无文，若当室，则虽童子亦杖。又《丧服小记》云：女子子在室为父母，其主丧者不杖，则子一人杖。郑云：无男昆弟，使同姓为摄主不杖，则子一人杖，谓长女也，此与童子当室则杖同意。然则妇人童子之杖盖寡，而不杖者其常也。故《丧服传》曰：妇人、童子不杖，不能病也。此《记》权制有八，《正义》曰：谓应杖不杖，不应杖而杖，一也；……此皆申述记文，然以应杖而杖、不应杖而杖合为一端，非也。愚谓妇人童子不能病而不杖，一也；……[1]

徐氏先驳孔、贾童子妇人之说，以为"妇人不杖"之"不杖"乃不以杖即位之意，去杖与不杖同；如此，则《丧大记》中虽有妇人杖之例，只要不以杖即位，有去杖之时，即为"妇人不杖"之证。徐氏以为，童子当室为主则杖，与摄主不杖而长女一人杖，俱为此杖乃担主之杖之证。如此，则妇人童子不杖，乃指妇人童子少担主之杖。于是他得出结论，妇人童子为丧主的情况很少，所以说不杖为其常礼，而

---

〔1〕 徐灏《通介堂经说·礼四》卷二十七，《续修四库全书·经部·群经总义类》第177册，咸丰四年刻本，第253页。

偶有妇人童子为主之杖，则当为变礼。以不以杖即位释"妇人不杖"，也是一个非常巧妙的解释，充分照顾到了用杖三意，可以规避掉许多问题。但此说也有一个致命的缺点，即它无法解释《服传》中的"不能病也"一句。

徐氏随后又云："所以然者，正为其不能病也。"此句为徐氏担主杖之说的关键，却极为含糊。孔、贾以妇人为童子妇人，故无论童男童女，俱因幼弱不能致病而无杖。徐氏以为幼弱仅能解童子，妇人不得因幼弱不能病，然则妇人童子俱因不常为主而少担主之杖，何言"正为其不能病"？而妇人若非童女，且杖于其次，仅即位无杖，何为不能病？

徐氏又驳孔疏"应杖不杖，不应杖而杖"之说，以为妇人童子不能病而不杖为权制之一。孔疏合言应杖不杖与不应杖而杖，前文已释；而徐氏尽弃童子妇人之说，故亦废去此说。其说妇人童子因不能病而不杖为权，盖因若非妇人童子，则有为主而杖之常；今因是妇人童子，故不为主，因而不杖，乃是权制。但妇人童子通常不为主，故其不杖又为常，偶有无丧主而不得不杖，则为权。徐氏虽弃孔氏之说，其论常变颇近孔疏。

后又有俞樾作《妇人童子不杖》云：

> 《丧服四制篇》，妇人童子不杖，不能病也。《正义》曰：妇人，谓未成人之妇人；童子，谓幼少之男子。愚按，以童子为幼少是也，以妇人为未成人则不

可通。郑注无文，不知其意如何。今按《丧大记篇》夫人世妇在其次则杖，即位则使人执之。注曰：夫人、世妇次于房中，即位堂上。堂上近尸殡，使人执杖，不敢自持也。然则妇人不杖，以堂上言。方其即位堂上之时，固不杖也。[1]

俞樾之说与徐灏类似，俱以为"妇人不杖"之"杖"为堂上即位之杖，而非辅病之杖。黄以周亦从此说：

《丧服传》言杖以优爵，或以担主，此杖之可即位者也。其无爵非主而得杖者，只以扶病而已，不敢即位，故《小记》云"庶子不以杖即位"，《大记》亦云"子皆杖不以即位"，况不能病之妇人、童子，其得即位用杖乎！故《大记》言夫人世妇只得杖于其次，即位则使人执之，此其常也。若《问丧》言童子当室杖，亦以其为主而担之也。是则妇人亦有担主而杖即位者矣。《小记》又言妇人不为主而杖者三，此又其变也。天下惟通变者能守常。[2]

黄以周亦以"不以杖即位"解"不杖"之义。因童子、妇人常不为主，故不以杖即位为礼之常。而妇人偶有担主

---

〔1〕 俞樾《茶香室经说》卷十二"妇人童子不杖"条，《续修四库全书·经部·群经总义类》第177册，光绪二十五年春在堂全书本，第556页。
〔2〕 黄以周《礼书通故》第九《丧服通故五》，第432页。

者，为礼之变，更有为夫、为子、摄主者不杖之时，妇人不为主，亦以杖即位，更为礼之变者。先生随后更分别批驳雷次宗、孔贾疏、金榜、沈彤，及《政和礼》之说，以为皆为不区分以杖即位与杖于次之故。自徐灏至黄以周，发以杖即位之说，功不可没，然若以此释《服传》与《丧服四制》童子不杖之义，却不能解"不能病也"之文。黄先生后文更言："若既不为主，又不能病之童子、妇人，亦何杖之有？"此语本为批驳孔、贾童子妇人之说，以其既不为主，且不能病，其无杖之义已含在"童子不杖"之条中，故《服传》中不必单论之。如此，则妇人不杖，只因不担主而不必以杖即位，而非不能病之故，《服传》以"不能病"释之，则成蛇足。可见此说亦非的论。

六　妾或不杖说

至清代后期，三《礼》之学已经相当成熟，出现了诸多治丧服的大家。他们基于清代丧服学研究数百年的积累，或辨旧说，或立新意，取得了相当高的成就。其中一个特别重要的创建，是妾或不杖说。

前文在讨论金榜之说时曾提道，在妇人可能有杖之丧服中，妾为君一条当为解妇人不杖之关键。清人逐渐注意到这个问题，从妾为君入手讨论不杖之可能。笔者见到较早持此说者为清初的沈彤：

此"妇人"谓异姓来嫁之妇人。按《丧大记》，君之丧，夫人、世妇杖，大夫之丧，主妇杖，士之丧，妇人皆杖。然则妇人皆杖者，唯士之丧耳。若大夫之丧，则主妇而外，有不杖者矣。君之丧，则夫人、世妇而外，有不杖者矣。凡此不杖者，恩皆疏，故曰不能病。[1]

郑注《丧大记》"士之丧，妇人皆杖"曰："妇人皆杖，谓主妇，容妾为君、女子子在室者。"其中明确包括妾为君，而大夫之丧只有主妇受杖，则妾不应有杖，君之丧除夫人外，又有位高之世妇有杖，余妾似无杖，故沈氏以为，不杖之妇人应为大夫以上之妾。沈氏之说承前启后，其接贺循之说论异姓来嫁之妇人往往受人注意，而其以"妾为君"解妇人不杖之说，却常常遭到忽视，直到清末之曹元弼。

曹叔彦先生在《礼经校释》与《礼经学》中均曾详论妇人不杖之义，而且前后颇有差别。刊于光绪十八年的《礼经校释》谨守孔、贾疏义，对诸家之说一一驳斥，特别是对沈彤妾或不杖之说做了详细剖析。

曹先生以为，女子斩衰之异于男子者，仅在"布总、箭笄、髽、衰"数项而已。杖为丧之大者，若男女于杖有不同，则经必明示。三年之丧，无有不杖者。"沈氏谓成人妇

---

[1] 沈彤《仪礼小疏》卷四，《景印文渊阁四库全书·经部·礼类》第109册，第938页。

人不皆杖，金氏、胡氏谓成人妇人不为主则不杖，与本经背矣。"故《服传》与《四制》之文，必另有所指。郑君于此处无注，则关键就在于对《丧服小记》长女一人杖及郑注之理解。孔、贾童子妇人之说，即由此记文而得，后世异说，亦由此一语而来。曹氏解《小记》之文及郑注云：

> 下经云"女子子在室为父"，与《丧服小记》"女子子在室为父母"文同。郑经注云："言在室者，关已许嫁。"与《记》注云"女子子在室亦童子"异者，岂自忘其说耶？盖以经之"在室"蒙杖之文，故宜为成人。二十及十五许嫁者，皆成人也。《记》之"在室"，见不杖之意，故宜为童子，十九以下未许嫁者为童子也。……"在室"之文同，而意则异。注各探其意解之，非相违也，而相成也。关者，通也。"通已许嫁者"，谓成人而未许嫁，及已许嫁而未嫁者，皆为父服斩衰裳、苴绖杖绞带之等。明父母至尊，决无逆降也。[1]

曹氏于此处详辨《丧服经》与《小记》"女子子在室为父"郑注之异。两处文虽同而注异，非相违，而相成，盖以经文蒙杖之文，"女子子在室"指有杖之成人，《小记》文为论不杖，指童子。二文之异既明，则可知《小记》并未言女子子在室为父皆不杖，仅童女不杖。如此，则雷次宗、金

---

〔1〕　曹元弼《礼经校释》卷十二，第333页。

榜、胡培翚等以为女子子在室成人并不杖之说俱误。

曹氏又驳非主不杖说，以为此误之根源，在于误以为《服传》中童子妇人不杖之文承担主而来：

> 然寻传例，始云"杖者何？爵也"，继云"无爵而杖者何？担主也"，承"爵"字说下，继云"非主而杖者何？辅病也"，但承"主"字说下，不复承"爵"字，则继以童子、妇人二问，皆答云"不能病"，亦但承"病"字说下，不复承"主"字矣。如诸家说，则男子未成人，非主不杖，妇人已成人，非主亦不杖。传以"不能病"释不杖，将成人妇人不为主者，即"不能病"乎？何妾之无义于君，而女之无恩于父也？[1]

曹氏此处正破胡培翚非主不杖之说。《服传》原文为："无爵而杖者何？担主也。非主而杖者何？辅病也。童子何以不杖？不能病也。妇人何以不杖？亦不能病也。"如依胡氏之说，"担主也"之后三句并列为文：非主而杖以辅病，童子非主不杖，以其不能病，妇人亦然。曹氏以为，此是误读。仅童子、妇人二句为并列，前文则句句递进，无爵而杖以担主，非主而杖以辅病，童子、妇人则仅承辅病一句，与担主无关。否则，以非主释童子妇人不杖即可，何必更释以

---

[1] 曹元弼《礼经校释》卷十二，第333—334页。

不能病？此正前文所述黄以周论非主不杖之误。然则何以释《小记》孔疏所谓妇人出嫁后不为主不杖之说？曹氏以为，此因误解妻为夫杖一句所致：

> 盖"妇人不为主"节，本意对《丧服经·不杖期章》"大夫之嫡子为妻"立文。若云男子不为主则不杖者，大夫之嫡子，父在为妻不杖，士之嫡子，父在为妻不以杖即位，以父厌子，且妻卑故也。妇人不为主而亦杖者，姑在为夫杖，以姑不厌妇，且夫为妻之至尊故也。是明妻为夫，与夫为妻不同之义，非雷氏所云特著此一条明"其余不为主者皆不杖"之谓。[1]

曹氏本郑注，谓此处举姑在妻为夫杖，意在明姑不厌妇，而非谓妇人不为主则不杖，仅此条为变礼，破雷次宗之说。随后，曹氏亦辨母为长子，以为母为长子做丧主，然此处不因其为丧主而论之。

若先儒之异说皆破，则唯有童子妇人说与妾或不杖说最有力。欲从童子说，则必非妾或不杖说。曹氏深知，"妾为君"为已嫁妇人杖义之关键，故坚主妾为君皆杖，力驳沈氏之说甚详。[2]曹氏以为，妻为夫、妾为君均以至尊之义服斩，何由不能致病？曹氏前文已言："何妾之无义于君，而

---

[1] 曹元弼《礼经校释》卷十二，第 334 页。
[2] 同上书，第 334—335 页。

女之无恩于父也？"沈彤之所以以为妾为君无杖，主要因《丧大记》等处迭出受杖之人，于君、大夫二条并未说凡妾皆杖。曹氏认为，《丧大记》所列仅举例而已，并非具列全部受杖之人。他罗列《礼记》和《仪礼》中的其他例子，以为经记中所列出的往往并非全部，因此《丧大记》中于君与大夫虽未言妾皆杖，妾未必不含在其中，郑君所谓"容妾为君"并非只针对士而言，自天子至于庶人皆无二致。如此，则妾为君当杖，而已嫁妇人不为主不杖之义更破矣。然曹氏此说未必成立，虽然《礼记》中有时省文，特别是《丧服四制》仅列子、大夫、士，而未及诸妇人，但并不能由此推出《礼记》中每处列举均不列全部。

曹氏于妇人不杖一事条条细考，于先儒之误一一辩驳，其论甚精甚密，如非主不杖、女子子在室皆不杖之说，曹氏之后，当不应复出矣。

唯其坚持孔、贾童子妇人说，驳斥沈氏妾或不杖说，曹氏于《礼经校释》中以为不可易，至刊于宣统元年的《礼经学》却觉其非："今按，传层递发问，继童子言妇人，明妇人是成人。郑于此传及《四制》皆无注，以平文不待注。若以为童子妇人，当别白言之，则贾孔之说非也。"曹氏复又检讨贺循、沈彤、杨复诸说，首先否定了雷次宗以为女子子在室成人亦不杖之说，以为妇人既然能为夫病，在室亦当能为父病。曹氏将女子分为在室、未嫁、嫁者三类。在室为童子，未嫁为成人而未嫁者。《斩衰章》之"女子子在室"兼指在室与成人未嫁者，而《小记》之"女子子在室"专指在室之童子，此说与《礼经校释》中不异。

　　曹氏详审诸说，以为诸家之中，唯杨复所谓"不杖者，盖妇人不皆杖，非不杖也"为最允，而贺循所谓"妇人"指异姓来嫁之妇人亦得之："盖异姓来嫁者视父子天性创痛自有闲，但妻于夫恩深义重，故虽不为主而杖。士唯一妻一妾，故引而进之，妾为君亦杖，与女君同；大夫以上则唯世妇以爵而杖，余则否，所谓'妇人不杖不能病'者如此。"[1]曹氏亦自弃《礼经校释》中对《丧大记》文之详辨，而以为大夫以上之妾有不杖者。依曹氏新说，则成人女子在室为父母皆应杖，既嫁后，除为长子杖之外，士之妻为夫恩深义重故有杖，士之妾亦引而进之，为君有杖。大夫以上，除正妻外，唯有爵之世妇有杖，余妾虽服斩衰而无杖，以妾与君疏远不能致病，所谓"妇人不杖"正指大夫以上之妾。曹氏新说，正是沈彤之说。

　　闻远先生为曹氏好友，其《丧服郑氏学》卷一于丧服传论杖之文后具引曹氏《礼经校释》之文，并有按语云："曹氏辨诸家说详矣精矣，唯沿孔、贾之疏，以妇人为童子妇人，又谓凡妾为君皆杖，此二义未安，愚别有说。"

　　从《茹荼轩日记》看，闻远先生很早就对妇人不杖问题发生了兴趣。如光绪十三年二月七日一条，即对《服传》与《丧服四制》中的妇人不杖之说生疑。光绪十五年日记卷

─────────────

〔1〕　曹元弼《礼经学》卷五《解纷第五下》，《续修四库全书·经部·礼类》第94册，宣统元年刻本，第793—794页。

首夹一页纸，详述妇人不杖之意，以为"贾说不可易也"。光绪十七年正月十二日，先生见曹氏作《礼经校释》稿本，并未驳曹氏之说。然于光绪三十三年正月十三、十七日两条，他已不同意童子妇人说，并指出曹氏亦不复从其说。当时《礼经学》尚未刊，二先生应彼此反复质证，而有此结论，二人之说你中有我，我中有你，究竟是谁最先提出，似已不重要。[1]

后先生系统讨论妇人不杖问题，是在《释服十三》[2]，后来其文又全部收入《丧服郑氏学》中。[3]本文主要依据《丧服郑氏学》中的讨论。

在《丧服郑氏学》中，闻远先生先破敖继公以优爵为丧杖第一意之说，而以为辅病为杖之本意，优爵、担主皆由此而来，其文前已具引。既破敖氏之说，即为《释服》全文。先生详解《服传》五问五答，以为"爵""担主""辅病""童子"四者均非专据男子，皆兼男女而言，则童女已含在"童子"之中矣。"妇人何以不杖"之问答承前四问四答而来，依前逐层递进之文意，其中没有任何两句并列，胡培翚、曹叔彦之说皆非，则此妇人无爵、非主、不能病，且应不为童子。

〔1〕 所引《茹荼轩日记》材料，均见于其书稿本，光绪十一年至二十五年之间日记藏于上海市图书馆，光绪二十六年以后之日记，藏于复旦大学图书馆。
〔2〕 张锡恭《茹荼轩文集》卷五，《清代诗文集汇编》第786册，封氏箓进斋刻本影印，上海古籍出版社，2010年版，第53页。
〔3〕 张锡恭《丧服郑氏学》卷一，第59—61页，下不另注。

妇人有杖之丧唯齐斩三年之丧。成人女子在室为父母当有杖，曹氏论之甚精甚明，妻为夫斩衰、母为长子齐衰俱有杖，《小记》亦已明言，所余者唯妾为君斩衰一条。若妇人不杖非指童子，则唯在妾为君一条论之，曹、张二先生深明此意。曹氏旧说以为妾为君皆杖，于是成人妇人三年之丧无有不杖者，则只能解不杖之妇人为童子。童子妇人说的最大问题，不在于童女能否称妇人，而在于童女已含在上句"童子不杖"之中。后曹氏亦从张先生，以为童子妇人之说误，则妇人不杖必在妾为君之中。

而妾为君之关键，在于解《丧大记》"士之丧，二日而殡，三日而朝，主人杖，妇人皆杖"一句及郑注"妇人皆杖，谓主妇，容妾为君、女子子在室者"。曹氏以为郑既明言士之妾有杖，则无杖者必非士，而张先生与曹不同，以为关键在"容"字上，因"容"为不定之辞。所谓"容妾为君、女子子在室者"，并非谓妾、女子子在室必当有杖。女子子在室并非都有杖，成人则杖，童子则不杖，曹氏已详论；妾亦并非皆杖：

妾为君云"容"者，则有二义。盖士有有妾者，有无妾者。容有妾者为君，此一义也。而士之于妾，恩情不同。《小记》曰："士妾有子而为之缌，无子则已。"其为之缌者，其恩深，此妾为君当致病者也。不为之缌者，其恩浅，此妾为君未必致病者也。其能致病而杖者，所谓"容"者之又一义也。由后一义而推之，容有能病，即容有不能病。此传云"不能病者不杖"，则士妾无子者为君，其一矣。推之大夫为贵妾缌，则妾之非贵者，亦不能为君病而不杖矣。又《小记》云"与诸侯为兄弟者服斩"，则内宗外宗皆为君服斩也。其适大夫、士者，固有爵而杖矣，而所适非大夫、士，既不得以有爵而杖，而妇人居君之丧，犹臣居君之母与妻之丧，虽欲致病，而无其情也。是妇人之不杖者，又一也。

在张先生看来，士之妾为君并非皆杖，有杖者亦非引而进之而已，而是妾之有子者，恩情更深，君为之服缌，妾为君亦当致病，故有杖；妾之无子者，恩情浅，君为之无服，妾为君不能致病，故无杖。推及大夫，大夫为贵妾缌，贵妾为大夫则致病而杖；大夫为余妾无服，余妾亦不能致病而不杖。

大夫之妾有杖无杖以有爵无爵而论，然其理与士之妾有杖无杖同。盖辅病为用杖之第一意，妾为君之杖生于辅病，辅病生于恩情，有爵者德厚而致病深，士之妾无爵，仅以有子无子别之，至大夫则以有爵无爵别之。张先生以妇人之爵比于男子之爵，内宗外宗义通，故妾为君犹臣为君，其用杖之意正同也。张先生据"容"字不定之义析妇人不杖为二，一为士之妾恩浅者，二为大夫妾之无爵者，论之甚精，颇得礼意之正，正可补沈氏、曹氏未尽之意。先生更做结论曰：

《传》所以特言此者，以丈夫服斩者皆杖。……而妇人有服斩而不杖者，此则异于丈夫。《传》故特为妇人著之，而曰："亦不能病也。"且不能病者，非情不至也，礼不可也。公父文伯卒，其母戒其妾曰："无瘠色，无洵涕，无揞膺，无忧容，从礼而静，是昭吾子。"以言君不好内，则妾不致病也。此妾所由不能病也。

男子之斩衰无有不杖者，而妇人之斩衰有不杖者，此即"妇人不杖"之义，所指仅在妾中之恩情浅而不能致病者。故不杖者非谓童子妇人，非谓不为主者，非谓在室之成人女子，更非凡妇人皆不杖。因妇人不杖并不附在任何一条，即并非哪类服丧者必不杖，故不可出于经文，而《传》则特补经义，并以不能病解之，而不能病亦非情不能至。情之浅深，随人而异，若因各人之情而为礼，则无节文人情之礼矣。礼缘人情自然而制，非因各人之情而随意为之，反以节文各人之情为要。无子之妾或有情深者，无爵之妾亦有恩重者，然此不足以为致病而有杖之故。如公父文伯之例，其妾不为致病，方能昭示其君好德有礼、远离女色之善。故以礼，妾本不应为君致病深，特别是大夫以上爵尊位重者，更应以德治家，而不能沉湎于儿女私情，此亦有爵者必有德之一意。《服传》以"不能病"释妇人不杖，先儒虽多有得用杖礼意者，却多不能解此语，唯闻远先生此说可释千载之惑。至"不能病"一语得解，则"妇人不杖"之意自明。

先生于《炳烛随笔》中又有一长段论沈彤之说。[1]其于妾或不杖之说，充分肯定沈彤，与《丧服郑氏学》无异。而沈彤又谓，郑注"容妾为君、女子子在室者"，不仅妾有不杖者，女子子在室为父亦有不杖者，并进而以为，除《丧服小记》中所说无昆弟主丧的情况外，女子子在室均不杖。闻远先生以为，此说不然：

> 夫女子子为父岂恩疏者乎？郑君《小记》注明云"女子子在室亦童子也"。推郑君之意，一则以女子子在室多在童年，则以童蒙寡知，故不能致病，是以下文即云"成人正杖也"。沈氏敢违郑注，独不顾己恩疏之说乎？夫《丧服传》与《小记》不同，传所言，意指恩疏者也，《小记》注言女子子，则非恩疏者矣。贾氏据《小记》注，谓传亦童子妇人，非也。沈氏据传非童子妇人，概之《小记》之女子子，亦非也。[2]

童女在室固不杖，然成人女子在室为父则无不杖之礼，故郑云"成人正杖也"。《服传》云妇人不杖据成人说，《小记》注据童子说。二处不同，沈彤之混淆，无异于贾疏之混淆，而其误更甚于贾氏。

---

〔1〕 据《茹荼轩日记》，此条作于宣统二年七月二十一日，而《释服十三》作于同年十月二十八日。

〔2〕 张锡恭《炳烛随笔》，附于《茹荼轩续集》后，收入《云间两征君集》，1949年铅印本，第4—5页。

故妇人当杖而不杖者，仅士大夫之妾容或有之，其他成人妇人，当杖之服，无有不杖者。

结语　妇人不杖与丧服礼意

丧礼用杖这种区区小事，何必如此大费周章地反复争论？今人见到古人这些琐碎的讨论，常生不解之叹。而在丧服制度中，唯有为君、父、母、妻、长子等最重的丧服才会用杖，故用杖为丧服之大端。而如妇人不杖之说，《服传》与《丧服四制》一再申明，汉人于《白虎通》复又再论。可在通常的丧服体系中，却又很难给此说一个恰当的位置，所以引发了旷日持久的争论。争论的目的，不仅要给这种说法一个恰当的安置，更要以此来重新理解丧杖的礼意，而作为丧服大端的杖，理解它的礼意，就是理解丧服的礼意。

从丧礼的这一细节中，可以窥见礼乐文明精神之一二。《丧服》中说杖，有苴杖为父以竹圆象天、削杖为母以桐方象地、杖当齐心、其本在下等诸多说法，且又有优爵、担主之意，然而用杖之本意却很简单，即在辅病，所拟者，不过五十以上扶老之杖耳。老人行动不便，所以执杖以扶老，同理，遭至亲之丧者悲不自胜，形销骨立，也需要执杖以辅病。在宗法体制中，有爵者当有相应的宗族与庙制，故应当更能慎终追远以养孝德，所以有爵者德厚而致病深，更应有杖，此为优爵之杖；无爵而担主者，在家中地位尊贵，与死者关系密切，且迎来送往，十分劳累，故亦有杖。杖本为辅病而设，优爵、担主皆为引申之义，若不病而执杖，甚或以杖来炫耀身份地位，就成了方苞所讽刺的成人而心如童子了。

以杖辅病，已含节文人情、鼓励孝德、警戒身心不一之辈的意思。孝子丧亲，哀毁致病，授之以辅病之杖，一方面是对致病深的肯定，另一方面也是对毁瘠伤身的限制。不能致病者执杖，应当有愧于心；过度悲伤者执杖，自可稍减哀痛。杖之意，在于帮助孝子适度表达丧亲之情。情感表达因人而异且变动不居，是最难把握的，礼制要将情感引导到最适当的程度，就一方面必须充分考虑到情感的这种特点，另一方面又不能不加限制，而任情感肆意放纵，故何人有杖、何人无杖有明确说法，却又往往非执定之辞。礼有常则必有变，妇人不杖既非指凡妇人皆无杖，则必为变礼。对妇人不杖的讨论，关键就在于将这种变礼厘定在哪里。凡妇人皆不杖说、非主不杖说、女子子在室皆无杖说、妇人外成说、以杖即位说，都从礼意的某个角度来理解，却又无法兼顾各个方面，没能很好地以用杖三礼意来厘定常与变的关系，无法把握丧杖作为辅病之具节文人情之所在。诸说中最充分考虑到用杖之义者，唯有童子妇人说与妾或无杖说。在妇人可能有杖的几种丧服中，只有妾为君存在解释空间；若所指不是妾为君，则只能为童女之变礼。所以，讨论到了最后，就成了童子妇人说与妾或不杖说之间的较量。

童子妇人说虽在文意上并不周延，却能兼顾几方面的礼意，确为精辟之论，此说一出而后儒多从之，不为无因。而沈彤、曹叔彦、张闻远先生在精思明辨之后，以为当从妾为君考虑。沈彤之论已确定这一思考范围；曹先生在反复考虑后，还是放弃了沈彤的说法，而回到了童子妇人说，张先生最开始也接受童子妇人说；但二人经过了反复的讨论辩难之后，他们都推倒了自己以前的说法，转从沈氏之说；然闻远先生对叔彦先生的修改似乎尚不完全满意，于是又在沈氏、曹氏之说的基础上做进一步修正，使妾或不杖说以一种最可能圆满的形态呈现出来，既充分照顾到了经、《传》、《记》、注之间的平衡，又周到地考虑了宗法体制与节文人情的调适，而最重要的是，将丧杖的礼意最好地贯彻在其中。在目前可以见到的诸家说法中，闻远先生所讲的妾或不杖说最合礼意，应该是妇人不杖的正解。

先儒对妇人不杖说的讨论，伴随着一千多年礼学的兴衰起伏连续不断。魏晋南北朝议礼之风大盛，而有贺循、雷次宗之说；唐人总结六朝礼学，而有孔颖达、贾公彦之疏；宋代异说纷呈，至有凡妇人皆不杖之说，而朱子及其门人虽有精深之论，终不能挽此颓势；清代礼学复振，大家辈出，至清亡之际，而有曹、张二先生之说出。二先生往复质证、从善如流，不惜自弃成说，对历代旧说详加考辨、去伪存真，终立妾或不杖之说。方此海内鼎沸、文明隳堕之际，二先生以伛偻多病之身，挂杖于泉间林下，竟能沉潜经义，究心于这些看似早已无意义的丧服之学，将先儒的讨论推上一个更高的境界，为往圣绝学留下一星难得的续命香火，既是经学史上不可忽视的一大创见，更是近世士林中值得深思的一段佳话。

诸家之说	凡妇人皆无杖说	童子妇人说	妇人已嫁非主不杖说
主其说者	司马光、《政和礼》、朱子、郝敬、蔡孔炘、夏炘、张尔岐、沈文倬、丁凌华、丁鼎	孔颖达、贾公彦、盛世佐、焦以恕、姜兆锡、曹叔彦先生前说	贺循、张焕君
主要依据	《服传》及《丧服四制》字面意思	"女子子在室为父母，其主丧者不杖，则子一人杖。"郑注："女子子在室，亦童子也。无男昆弟，使同姓为摄主，不杖，则子一人杖，谓长女也。许嫁及二十而笄，笄为成人，成人正杖也。"(《丧服小记》)"妇人之长殇。"(《丧服·小功章》)	"妇人不为主而杖者，姑在为夫杖。"孔疏："若在夫家，唯为主则杖，故为夫与长子虽不为主亦杖，若余，非为主则不杖。"(《丧服小记》)
主要问题	1.《丧服》经有杖之丧未言；2.不能解释《礼记》各篇中妇人有杖之文字；3.不合人情与礼意。	1.童女能否称妇人；2.童子、妇人并出。	1.混淆担主之杖与辅病之杖；2.妇人嫁后不为主而杖，似仅妾可能；3.孔疏主妇人已嫁非主不杖，却以此皆"妇人不杖"。

杖"之主要解法

目人无论未嫁已嫁非主皆无杖说	妇人外成说	杖为以杖即位之杖说	妾或不杖说
雷次宗、顾炎武、王棠、方苞、金榜、胡培翚	任启运	徐灏、俞樾、黄以周	沈彤、曹叔彦先生后说、张闻远先生
妇人不为主而杖者，姑在为夫杖。""女子子在室为父母，其主丧者不杖，则子一人杖。"(《丧服小记》)	"女子子在室为父母，其主丧者不杖，则子一人杖。"(《丧服小记》)	"君之丧，夫人、世妇在其次则杖，即位则使人执之。大夫之丧，内子为夫人之命去杖，为世妇之命授人杖。"(《丧大记》) "女子子在室为父母，其主丧者不杖，则子一人杖。"(《丧服小记》)	"士之丧，妇人皆杖。"郑注："妇人皆杖，谓主妇，容妾为君、女子子在室者。"(《丧大记》)
同左之1； 同左之2； 女子子在室为父…杖，违背礼意。	1. 未明用杖三意的关系； 2. 同左之3。	不能解"不能病也"。	

说辟领

　　丧服之衣有负、适 *、衰，其形制历代多有争议。其中适又名辟领，争议犹大。今人丁凌华先生在《五服制度与传统法律》中详释辟领之制云：

　　　　丧服上衣有前、后襟，在衣领正中往下剪四寸，再向左右两侧各横剪四寸，以所剪部位麻布向外翻折覆盖于肩，即是辟领。这样，前、后襟左、右两边肩部各覆盖有一块边长四寸（适博四寸）的正方形麻布，前襟左、右肩各一，后襟左、右肩各一，共四块辟领。因裁制辟领翻折后出现的领部空缺部位，称"阙中"，又称"阔中"，前、后襟阙中各长八寸，宽四寸。另用一块长一尺六寸、宽八寸的麻布裁制"加领"，塞入阙中缝制为领口。[1]

　　他还亲自手绘图来表示辟领、阙中、加领的制作和结构：

---

　*　本文出现的"适"字为专名，音dí，为避免字义混淆，故不作简化处理。——编者注
〔1〕　丁凌华《五服制度与传统法律》，第21页。

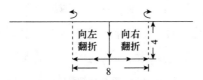

衣前、后双层布重叠裁割

→ 沿箭头裁割

---- 沿虚线向两边翻折

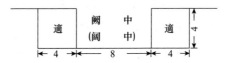

图25 辟领裁制图（丁凌华先生绘）

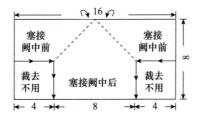

另用一块布做加领

→ 沿箭头裁去

---- 沿虚线向前翻折

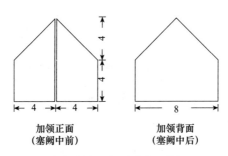

加领正面　　　　　　　加领背面
（塞阙中前）　　　　　　（塞阙中后）

图26 加领裁制图（丁凌华先生绘）

在当代学者当中，丁凌华先生对辟领的考证和描述是最清楚、最简明的。在现存历代礼学著作中，宋代杨复的《仪礼图》和明代刘绩的《三礼图》中也都绘有辟领和加领的裁制方式。丁先生的图与二书之图形制相同，却更加详尽。

不过，辟领到底是否应该是这样的，加领到底是否存在，却并非一个简单问题。丁先生所继承的理解方式，并非唯一可能的理解，甚至到清代后期遭到了很多礼学家的批评。辟领究竟应该是怎样的形制，我们还需要更详细地考证。

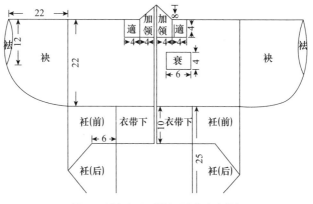

图 27　斩衰衣正面图（丁凌华先生绘）

在此图中，丁先生认为衰当心指的是在左部心脏的位置，也有争议。笔者以为，衰当心，指的是在正当中。

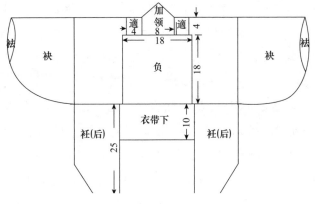

图28　斩衰衣背面图（丁凌华先生绘）

一　记、注、疏中的辟领

关于辟领的经文，见于《仪礼·丧服·记》以下数条：

记文一，"负，广出于适寸。"郑注："负，在背上者也。适，辟领也。负出于辟领外旁一寸。"

记文二，"适博四寸，出于衰。"郑注："博，广也，辟领广四寸，则与阔中八寸也，两之为尺六寸也。出于衰者，旁出衰外，不著寸数者，可知也。"

记文三，"衰长六寸，博四寸。"郑注："广袤当心也。前有衰，后有负板，左右有辟领，孝子哀戚无所不在。"

记文四，"衣二尺有二寸。"郑注："此谓袂中也。

言衣者，明与身参齐二尺二寸，其袖足以容中人之肱也。衣自领至腰皆二尺二寸，倍之，四尺四寸，加辟领八寸，而又倍之，凡衣用布，一丈四寸。"[1]

这四条记文和郑注构成了理解辟领（适）的最初文本依据。记文提供的基本信息是：衣用二尺二寸之布；长六寸、宽四寸之衰缀于衣上；适宽四寸，出于衰外；负又出于适外。郑注给出的信息是：衣前后各用布两幅，共四幅；衰在衣前当心，负在衣后，负于背上；左右皆有辟领，两个辟领中间是八寸的阔中（阙中），即挖去的部分，虽然挖去，但布还是要计算进去的，所以这些用布总共是一丈四寸。

郑君给出的一丈四寸的用布之数，成为理解丧服形制的关键信息。一丈四寸的算法是：每幅布二尺二寸，两幅布就是 $2.2 \times 2 = 4.4$，辟领是 $0.4 \times 2 = 0.8$，二者相加 $4.4 + 0.8 = 5.2$，这些都是一边用布的情况，另一边也用相同的布，于是又倍之，$5.2 \times 2 = 10.4$，得出一丈四寸。

但为什么会用布一丈四寸？按照丁先生的理解，辟领是衣上的布裁开往外翻出四寸，那么这四个四寸本来就是衣服上的布，怎么会再加四个四寸呢？而如果阙中（阔中）就是因裁开而露出的缺口部分，那就不需要另外用布，为什么也要计算出八寸布来呢？除非是把丁先生所说的"加领"用布也算进去了。但记、注都没有提到过加领。总之，按照丁

_____

[1]《仪礼注疏·丧服记》，第 1030—1032 页。

先生的理解，很难计算出一丈四寸的用布来。

可见，郑君对辟领的理解，应该和丁先生并不一样。郑注中的几点值得我们特别注意：一、辟领和衣用布统一计算，但衰、负都没有计算在一起，可见辟领与衰、负都不大一样；二、辟领单独计算，可见辟领不是衣上本有的布；三、阙中用布也要计算在内，可见阙中并不是简单的空阙处。对于历代的诠释，当以此三条为基本权衡标准。

贾疏对辟领的理解包括下面几点：

1. 在"负广出于适"下："适，辟领，即下文'适'也，出于辟领外旁一寸，总尺八寸也。"

负宽一尺八寸，这在记文和郑注中都未出现。贾疏此处提供了重要信息。

2. 在"适博四寸，出于衰"下："此辟领广四寸，据两相而言。云'出于衰'者，谓比胸前衰而言出也。"其疏郑君注云："云'博，广也'者，若言博，博是宽狭之称，上下两旁俱名为博。若言广，则唯据横阔而言。今此适四寸据横，故博为广，见此义焉。云'辟领广四寸'者，据项之两相向外各广四寸。云'则与阔中八寸也'者，谓两身当缝，中央总阔八寸，一边有四寸，并辟领四寸，为八寸。云'两之为尺六寸也'者，一相阔，与辟领八寸，故两之总一尺六寸。

云'出于衰者，旁出衰外'者，以两旁辟领，向前望衰之外也。云'不著寸数者，可知也'者，以衰广四寸，辟领横广总尺六寸，除中央四寸当衰，衰外两旁，各出衰六寸，故云不著寸数可知也。"[1]

这一段是对郑君关于阔中和辟领计算方式的解说。阔中一共八寸，从前衣中缝分开算，左右各四寸；又，辟领左右各四寸，所以两侧之辟领加半个阔中，各八寸，于是，阔中加两辟领共一尺六寸。因衰在中心，宽四寸，在两边就各二寸，所以辟领出衰，左右各六寸（8-2=6）。

　　3．在"衰长六寸，博四寸"下疏解郑注云："衰，长也，据上下而言也。缀于外衿之上，故得广长当心。云'前有衰，后有负板'者，谓负广出于适寸，及衰长六寸，博四寸。云'左右有辟领'者，谓左右各四寸。云'孝子哀戚无所不在'者，以衰之言摧，孝子有哀摧之志，负在背上者，荷负其悲哀在背也。云'适'者，以哀戚之情，指适缘于父母，不兼念余事。是其四处皆有悲痛，是无所不在也。"[2]

这里有两点值得注意：第一，说负广出于适寸。辟领左右共

〔1〕《仪礼注疏·丧服记》，第1030页。
〔2〕 同上书，第1031页。

一尺六，负左右各广出一寸，则负为一尺八寸，这里明确给出了负的尺寸；第二，说辟领称"适"之意。

4. 在"衣二尺有二寸"下疏解郑注云："'自领至腰皆二尺二寸'者，衣身有前后，今且据一相而言，故云衣二尺二寸，倍之为四尺四寸，总前后计之，故云'倍之为四尺四寸'也。云'加阔中八寸'者，阔中谓阔去中央安项处，当缝两相总阔去八寸，若去一相，正去四寸，若前后据长而言，则一相各长八寸，通前两身四尺四寸，总五尺二寸也。云'而又倍之'者，更以一相五尺二寸，并计之，故云又倍之。云'凡衣用布，一丈四寸'者，此唯计身，不计袂与祛，及负衽之等者，彼当丈尺寸自见，又有不全幅者，故皆不言也。"

这是贾疏对郑注用布的详细解说，非常重要。每幅布为二尺二寸，左右各一幅布，前后各两幅布，即四尺四寸。但贾疏说"云'加阔中八寸'者"，与郑注"加辟领八寸"已然不同。闻远先生驳之云："疏所云'阔去'，谓裁去者也。本在衣身前后四尺四寸中，与注云加不合，疏误。"[1]致误之由不得而知，或是脱文，或是讹误，应该并非原来即如此。因为后文又加上了辟领的八寸，计算是对的。[2]贾疏的计算是：先按一边算，

---

〔1〕 张锡恭《丧服郑氏学》卷十五，第 1093 页。
〔2〕 感谢黄铭帮我注意到这个问题，与他反复讨论，共同得出此一结论。

比如左边，前后共四尺四寸布，再加上辟领四寸，阙中四寸，共五尺二寸。右边也是五尺二寸，那么就一共一丈四寸了。

贾疏的算法是完全符合郑注的理解的。但要这样理解，就不能认为，辟领是翻开的，阙中是空阙，而是辟领和阙中都要用布。这样，我们就必须如此理解：辟领和阙中是一块布中的两部分。得出的结果是这样的：

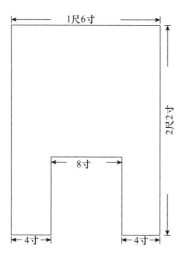

图 29　贾疏所理解的辟领（吴飞绘）

取一幅布，裁成一尺六寸宽，从前边的正中间裁去八寸见方的一块，这就是阙中，于是左右各剩下四寸，就是辟领，在前面与负相接，为衰所掩。这块布的其余部分都仍然留着，垂在身后，为负所掩。只有这样，我们才能算出一丈四寸的用布来。这里没有加领（图 29）。

二　从杜佑到杨复

丁凌华先生所接受的翻领说，据现有的数据看来，应该肇端于唐代杜佑。杜氏在《通典》中释辟领云："适，辟领也。负出于辟领外旁一寸也。今据辟领广尺六寸，负各出一寸，故知尺八寸。其开领处左右各开四寸，向外辟厌之，谓之适。经云'适博四寸，出于衰'，郑云：'适，辟领，广四寸。'则与阔中八寸也，两之为尺六寸。"[1]虽然杜佑的算法与郑注贾疏基本相同，但他第一次提出，辟领是"其开领处左右各开四寸，向外辟厌之"。他应该是认为，适之所以叫辟领，就是因为"向外辟厌之"。不过，杜佑也没有明确说，究竟是另外一块布辟厌于开领处之两侧，还是衣服上翻开两块。从前后行文来看，他似乎还不认为需要裁领翻开，只是用了"辟厌"一词而已。至于因此一词而联想到裁开翻领，并进而引入加领，则是宋儒的发明了。

宋儒之言辟领者，如聂崇义《新定三礼图》、司马光《书仪》，均从郑注贾疏。陈祥道则详释辟领之制云：

> 辟领博四寸，出于衰，则缀于两厢，各去衰二寸，以其去衰二寸，并辟领四寸，与衰四寸。此所谓与阔八寸，两之为尺六寸也。辟领及阔中尺六寸，负出于辟领外旁一寸，则负广尺八寸矣。广尺八寸而长称之，则辟领之长盖与衰齐。衰用三升布，则负与辟领之布亦三升。[2]

陈氏对辟领出于衰的长度，给出了尤其详细的算法。他也特

---

[1] 杜佑《通典·礼四十七》卷八十七，第 2395 页。
[2] 陈祥道《礼书》卷一百五十，东京大学东洋文化研究所藏宋刊元修本，页 2。

别谈到了辟领的长度："盖与衰齐。"他是由"负广八寸，长称之"推出来，辟领之长也应该与衰齐。这里的"衰"当然不可能指长六寸、宽四寸的衰布，而是上衣。负和掩在它下面辟领，都和后面的衣服一样长。下文说"衰三升"，衰布之升数，经记未言，而斩衰之升数，则云"三升，三升半"，更可证此处所言是指上衣。当然，由此推出负与辟领皆为三升，恐未必然，但陈氏仍然以为辟领是一大块布，后面掩在负之下，应该是明确的。

朱子在《答周叔谨》中谈到辟领之制，就和贾疏之说非常不同了：

> 辟领，《仪礼》注云"辟领广四寸"，则与阔中八寸也，两之为尺六寸，与来书所言不同，不知何故。详此辟领是有辟积之义。虽广四寸，须用布阔四寸、长八寸者，折其两头，令就中相接，即方四寸。而缀定上边于领之旁，以所折向里，平面向外，如今裙之有折，即所谓辟积也。温公所谓裳每幅作三𧚓者是也。如此，即是一旁用八寸，两旁共尺六寸矣。[1]

我们不清楚周叔谨来书中是怎样说的。朱子似乎不太能理解为什么阔中要算八寸的布，于是认为每块辟领都是用

---

〔1〕 朱子《答周叔谨》，《晦庵先生朱文公文集》卷五十四，《朱子全书》第二十三册，第 2553 页。

长八寸、宽四寸的布，两头各折进去二寸，这样，虽然呈现出来的是四寸，但其实用了八寸的布，两块就是一尺六寸，四块就是三尺二寸。之所以会有这样的联想，是因为朱子怀疑"辟领"之"辟"即"辟积"之"辟"，因而辟领也像辟积那样折起来。在《家礼》中，朱子也以类似的方式描述辟领之制："左右有辟领，各用布方八寸，屈其两头，相著为广四寸，缀于领下，在负版两旁各搀负版一寸。"[1]

但朱子既没有说辟领是从衣服上裁开翻出去的，也没有提到加领。在朱子的弟子中，李如圭提到了辟厌，杨复则发明了加领。

李如圭云："衣领当项处，左右各开四寸，向外辟厌之，是谓辟领。所开处则阔中也。辟领与阔中每旁合为八寸，通左右计之，则尺六寸。衰广四寸当心，辟领旁出衰外六寸，阔中或作阙中，谓阙去中央以安项也。"[2]李氏此说并不从朱子对"辟"的解释，而是接受了杜佑关于"辟厌"的说法，因而认为辟领是从上衣翻出去的，阙中就是翻出去阙出的部分。翻领说的最大问题是怎么算出一尺六寸来，李如圭无法给出一个合理的解释。

朱子的另一弟子杨复对"辟"字有一个更新的解释，进一步发展翻领说，而为了弥补翻领说无法解释一尺六寸用布的问题，又提出了加领说，就成为丁先生所理解的那种辟

〔1〕 朱熹《家礼》,《朱子全书》第七册，第908—909页。
〔2〕 李如圭《仪礼集释》卷十九,《景印文渊阁四库全书·经部·礼类》第103册，第350页。

领、加领的形制。他在《仪礼图》中说：

从一角当领处四寸下取方裁入四寸，乃记所谓適博四寸，注疏所谓辟领四寸是也。按郑注云"適，辟领也"，则两物即一物也。今记曰適，注疏又曰辟领，何为而异其名也？辟犹摄也，以衣当领，裁入四寸处反摄向外，加两肩上，故曰辟领，即疏所谓两相向外各四寸是也。左右有辟领，以明孝子哀戚无所不在，故曰適，即疏所谓"指適缘于父母，不兼念余事"是也。既辟领四寸加两肩上，以为左右適，故后之左右各有四寸，虚处当脊而相并，谓之阔中，前之左右各有四寸，虚处近胸而相对，亦谓之阔中，乃疏所谓阔中八寸是也。此则衣身所用布之数，与裁之之法也。注又云"加辟领八寸而又倍之"者，谓别用布一尺六寸，以塞前后之阔中也。布一条，纵长一尺六寸，横阔八寸，又纵折而中分之，其下一半，裁断左右两端各四寸除去不用，只留中间八寸，以加后之阔中元裁辟领各四寸处，而塞其缺，此所谓加辟领八寸是也。其上一半全一尺六寸不裁，以布之中间，从项上分左右对折，向前垂下，以加于前之阔中，与元裁断处相接，以为左右领。夫下一半加于后之阔中者，用布八寸，而上一半从项而下，以加前之阔中者，又倍之，而为一尺六寸焉，此所谓"而又倍之者"是也。此则衣领所用之布与裁之之法也。古者衣服吉凶异制，故衰服领与吉服领不同，而其制如此也。注又云"凡用布一丈四寸"者，衣身八尺八寸，衣领一尺六寸，合为一丈四寸也。然此即衣身与衣领之数。若负、衰、带下，及两衽，又在此数之外矣。但领必有袷，此布何从出乎？曰：衣领用布阔八寸而长一尺六寸。古者布幅阔二尺二寸，除衣领用布阔八寸之外，更余阔一尺四寸，而长一尺六寸，可以分作三条，施于袷而适足无余欠也。[1]

杨复将辟字训为"摄"。《说文》："摄，引持也。"《淮南子·地形训》高注："衣褶之褶或作摄，以两手摄其肩之耳也。"杨氏以"摄"训"辟"，应该正是从朱子以"辟积"之褶（即"折"，繁体"摺"）解"辟领"而来的。但朱子还是认为辟领是另外加的布，而不是翻起来的，杨复则提出了翻领之说，并认为阔中就是翻出辟领之后空出的部分。若是这样，怎样来解释用布一尺六寸呢？他干脆将郑注的"加辟领八寸"做了一个全新的理解，认为这不是加上辟领用布的八寸，而是在阔中加上的另外一块布，也就是所谓的"加领"。这个加领怎样缝缀在阔中之处，杨复又提出了一种非常复杂的解释，即用一块一尺六寸的布，中间对折，上半部不裁，下半部"从项上分左右对折，向前垂下，以加于前之阔中"，塞住了因裁开辟领而留下的阔中之处。他在《仪礼图》中给出了加辟领的详细图示。这样，就可以加上一尺六寸的布，

---

[1] 杨复《仪礼图》卷十一，《景印文渊阁四库全书·经部·礼类》第104册，第195—196页。

而郑君所谓的一丈四寸的用布总数，也就可以算出来了。

朱子、李如圭、杨复，逐渐确立了辟领、加领的解释模式。但在他们之后，这也并未得到完全的接受。比如，非常推崇朱子经学的魏了翁对辟领的解释，就仍然接受贾疏之说。[1]

但杨复之说在后世影响很大。明代刘绩《三礼图》完全沿用了加辟领的说法。张惠言《仪礼图》中没有详细谈及辟领之制，但从他的图上看，他也应该接受了杨氏的说法。丁凌华先生对加领的理解，应该就是从这个传统来的。

三　清人的澄清

清代礼学兴盛，礼学家又重新检讨辟领的问题。但多数学者仍然遵从杨复以来的说法，甚至没有看出杨说与注疏的矛盾。较早看到杨说与贾疏矛盾的，应该是段玉裁。记文"衣二尺有二寸"的郑注，传世刊本多为"加辟领八寸"，段玉裁在《阙中》一文中指出，如果这里真的是"辟领"，就不可能算出一丈四寸的布了，因而此处应该是"阙中""辟

---

〔1〕魏了翁《仪礼要义》卷三十四《负广出于适寸谓负版出辟领外》："云辟领广四寸者，据项之两相向外各广四寸云，则与阔中八寸也者，谓两身当缝中央，总阔八寸，一边有四寸，并辟领四寸为八寸。云两之为尺六寸也者，一相阔与辟领八寸，故两之总一尺六寸。云出于衰者，旁出衰外者，以两旁辟领向前，望衰之外也。云不著寸数者可知也者，以衰广四寸，辟领横广总尺六寸，除中央四寸当衰，衰外两旁各出衰六寸。"又《鹤山全集》卷一百五："注谓辟领及衰阔中尺六寸，负出于辟领外旁一寸，则辟领之长与衰齐，衰用三升布，则负与辟领之布亦三。"

领博四寸，出衰外，与衣异材，于计衣布尺寸无涉，故知作'辟领'者误也"。至于今本的"阙中"，他认为同样是错的。段氏详述其意曰：

> 阙中、辟领，非有二事。阙中者，剸去左右共八寸，成空阙也。辟领者，横剸入四寸而直处不剪断，即以左四寸折覆左肩上，右四寸折覆右肩上，谓之辟领。辟领实，而阙中虚，共成一尺六寸。故注云："辟领与阙中成八寸，合左右则成尺六寸也。"辟领非与衣异材。[1]

段氏看出杨复之说与郑注用布之数的矛盾，但他的解决方式是通过改注疏，而不是改杨说。不过，他这样的理解也给杨说提出了一定的质疑，因为"加辟领"改成"加阙中"，则所谓的加领也就无法安放了。

据笔者所见，最早全面批判杨复之说的应该是夏炘。在《学礼管释》中，夏炘作有《释適》上下两篇，全面解释辟领之制，并批评杨复以来的翻领、加领之说。其《释適上》云：

> 適之制与衣殊材。前之衰、后之负版，皆系于適。先着衣讫，乃始着適。適谓之"辟领"，辟者，偏也，谓

〔1〕 段玉裁《经韵楼集》卷二《阙中》，钟敬华校点，上海古籍出版社，2008年版，第37页。

领偏向旁开也，今世小儿衣领犹有右旁开缝者，其古适之遗制与？……[1]炘案，衣长二尺二寸，统背计之，则四尺四寸；合左右计之，则八尺八寸。此衣身用布之数也。于安项处阔去八寸，所谓阔中八寸者指此。别用布一幅，横广一尺六寸，为辟领，亦阔去中央安项处八寸，两旁各得四寸，此辟领用布之数也。衣用布八尺八寸，辟领用布八寸，兼阔中去布计之，实布一尺六寸，注所谓加阔中八寸而又倍之也。统衣布计之，凡一丈四寸，此衣与辟领用布之数也。辟领并阔中一尺六寸，衰博四寸，辟领左右去衰六寸，此辟领出衰之数也。负版出于适旁寸，则尺八寸，此负版用布之数也。适横广八寸，其纵广无明文。古者幅广二尺二寸，拟用半幅为之，除去阔中八寸，前后尚各余布寸半，后之负版、前之衰，皆缀于辟领之下，则负正当背，而衰亦当心，郑所谓衰广袤当心者是也。先着衣讫，后始着适，适自右旁开缝，如今之小儿衣领。辟之言偏，命名其以此与？[2]

夏炘这一段里有这样几个要点：

第一，"辟领"之"辟"训为偏，即向旁边所开之领。

第二，不是翻开衣领，而是另取一块布，用半幅，即一尺一寸长，一尺六寸宽。

---

〔1〕 此处引记、注原文，略去。
〔2〕 夏炘《学礼管释》卷十五《释适上》。

第三，在宽处中间裁去八寸见方的一块，即阔中，两边各余四寸。

第四，着衣之后，再戴上辟领，辟领左右前后各为四寸见方，但因为这块布总长为一尺一，两个四寸共八寸，还余三寸，则前后各一寸半。

第五，将前之衰、后之负版均缀于这一寸半的余布上，正好前当心，后在背。

夏氏并进一步认为，杨复以来无法理解用布一丈四寸的算法，因而也无法理解郑注"加辟领"之意，结果要么是妄改注文，要么是发明出加领来，均非郑义。

夏炘一改杨复以来的加领说，对礼学家重新理解辟领之制非常重要。但夏炘认为前之衰与后之负皆缀于适上，却是不对的。前之衰上面是阙中，不可能缀在辟领上；后之负广出于适，若缀于其上，则两侧无所固着。

其后又有黄以周释辟领之制云："据郑注，辟领别用布加其上，非反折而出之。阙中者，衣之开领处也。辟领者，别用布著叠之，以固其领也。"黄先生所说辟领之制，与夏炘基本相同，但他训"辟"为固，则与夏氏不同。他又引了古书中的几处来证明此解："《庄子·庚桑楚》'形之与形亦辟矣'。崔注'相著也'。《素问·调经论》'聂辟气不足'。王注'谓辟叠也'。是其义。"[1]辟领之制的难点，一在用布一丈四寸，二在"辟"字之解。夏炘理清了用布问

---

〔1〕 黄以周《礼书通故》卷九，第一册，第 397 页。

题，但在释"辟"字时还有些问题。黄先生以《庄子》《素问》之例来解"辟领"之"辟"，进一步澄清此字之义，指出："贾疏本明，杨氏以'而又倍之'专属阙中，亦巧而凿。"[1] 此外，黄先生也没有接受贾疏认为衰、负缀于辟领上的说法。

黄先生的弟子张闻远先生在《释服》诸篇中撰有《释辟领》，继续了夏氏、黄氏的辨析，并给出了关于辟领的系统看法。他的看法大体有这样几点：

第一，辟领长终幅二尺二寸。其说云："辟领并阔中广尺六寸，而用布亦尺六寸，则其长必终幅矣。《记》曰'出于衰'，则其前必承衰。又曰'负广出于适寸'，则其后必与负相掩，故其长为二尺二寸也。此辟领之广袤，见于记注可征也。"记、注中均未明言辟领之长，而夏氏以为半幅布。如果辟领长半幅布，记、注无不明言之理。既然计算用布时，郑注仅依据其宽，则其长应该就是按照普通布幅，即二尺二寸。宋儒陈祥道所谓"盖与衰齐"，庶几得之。

第二，"辟领"为"裨领"之通假，是辅弼之意。其说云："按，'辟'读为裨，《玉藻》：'天子素带，朱里，终辟。而素带，终辟。大夫素带，辟垂，士练带，率，下辟'注皆读辟如裨冕之裨，是裨与辟同部通假也。《说文》：'裨，接益也。'引申为补也，辅也，谓此适者，所以接夫中衣之领而辅之者也。此辟领之名谊也。"张先生之说与黄先生一脉

〔1〕 黄以周《礼书通故》卷九，第400页。

相承，但其训诂更加透彻清晰。黄先生以"固"训"辟"虽可通，然终较勉强。张先生以《玉藻》说服制之例以证《丧服记》注之说，并辅以《说文》之解，虽然对辟领的理解与黄先生相近，但更加圆融可通。而在将辟领解为裨领之后，则需要进一步阐明所裨之领为何，于是有了下面一点。

第三，所辅弼之领，为中衣之领。其说云：

《丧服·记》言衰制详矣，而独不言领，以领在衰内中衣故也。古者方领深衣，云曲袷如矩，以应方，则所以裨夫领者，左右前后皆有之，故广尺六寸，而长终幅也。特以前掩于衰，后掩于负，唯左右有辟领，乃指其最著者言之。此因名谊而可见制度者也。何以知领在衰内中衣也？《杂记》注云："丧之衣，衰如元端。"夫元端，上服也。古者以中衣里上服，故郑君《深衣目录》云："有表则谓之中衣。"《郊特牲》"绣黼丹朱中衣"，注云："绣黼丹朱，以为中衣领缘也。"《唐风》笺云："中衣以绡黼为领，丹朱为纯。"是吉服领在中衣也。其在《丧服》，练而受以功衰，《檀弓》有练衣黄里縓缘，注以为练中衣，疏以缘为中衣，领及褖缘是功衰，领在中衣也。又《丧服传》曰："齐衰、大功，冠其受也。缌麻、小功，冠其衰也。带缘各视其冠。"注云："缘如深衣之缘，谓凡衰皆有中衣，中衣放深衣，故云如深衣之缘也。"深衣之缘有领，《深衣》注云："唯袷广二寸。"则如之者，其缘亦有领矣。是

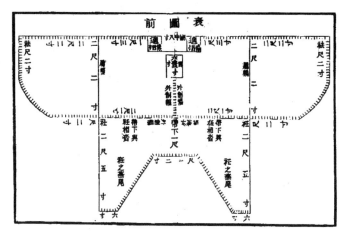

图 30　衰前图（张闻远先生绘）

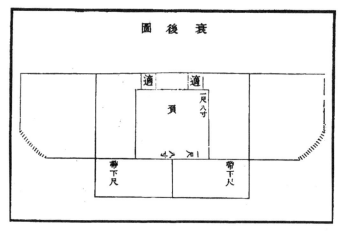

图 31　衰后图（张闻远先生绘）

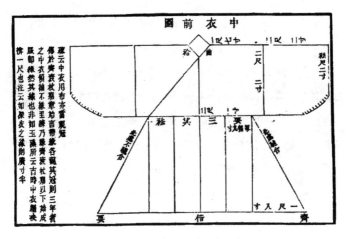

图 32　中衣前图（张闻远先生绘）

凡衰，领皆在中衣也。惟领在中衣，故外衰之遹得有辟领之名也。[1]

证明领在中衣，是张先生之说成立的一个关键之处。《丧服记》言丧服之制甚详，而无一语及领，可证丧服外衣无领。又以《深衣目录》、《郊特牲》郑注、《唐风》之郑笺证明吉服之领在中衣；再以《檀弓》、《丧服传》并郑注，证明丧服有中衣，则其领在中衣，便顺理成章了。这几条环环相扣，条分缕析，虽发前人之未发，然皆足以服人。

第四，最后的一个问题是：既然辟领、负版、衰皆与

---

〔1〕 张锡恭《茹荼轩文集》卷四《释辟领》，又见于《丧服郑氏学》卷十六，第 1075—1077 页。

衣异材，为什么计用布之数只计辟领而不及其余二者？张先生云："又，注计衣之用布，不计衰、负，而计辟领者，以衰、负别材，而别缀之以带纽，辟领虽亦别材，而连缀之以箴功。连缀之，斯并计之矣。"辟领以针功连缀于上衣，张先生并不同意其师以为负、衰缀于辟领上之说。

至此，张闻远先生令人信服地说清楚了辟领之制，使注疏的解释真正清晰了起来。当然，其说并非全无可议之处，比如"辟"字是否一定理解为"裨"之通假，负与衰究竟是否缀于辟领之上，恐怕都还可以进一步讨论。但经过夏、黄、张三位先生的逐层辨析之后，我们已经可以肯定地说，辟领不是像杨复所认为的那样，从上衣翻出去，更没有加领这回事。澄清辟领之制，回到注疏的理解上来，应该是清儒的一大贡献。

第四部分

礼学中的"汉宋兼采"

祭及高祖

——宋代理学家论大夫士庙数

　　宋代重建宗族之努力，已为学界所熟知。而于宗族重建之中，重整庙制为一重要维度，也已得到研究者的注意。[1] 无论儒家学者的礼学研究，还是官方修订的多部礼典，都力图建立适应当时社会情境的宗族和庙祭制度。对宗法制度的讨论和恢复，是正在兴起的理学中一个非常重要的课题。现代学者多从社会史和宗族制度变迁的角度理解这些讨论，而很少从礼学内部理解这种变化的学理依据；理学史的研究者则大多未能认真对待理学家在这方面的努力。一方面，宗族制度的变迁要建立在礼学讨论的基础上；另一方面，宋代理学家的思考绝不只是空疏的谈玄。重整礼乐教化，一直是他们治学的根本目的。本文即试图从礼学内部关于大夫、士庙制的规定及其礼意出发，尝试理解宋儒的思想努力。

　　理学家重整庙制的一个重要方面，是调整了礼经当中

---

[1]　如李静《论北宋的平民化宗法思潮》，《重庆师院学报（哲学社会科学版）》，2002 年第 4 期；还有常建华讨论了在这一思路影响下，明代的进一步变化，见常建华《明代宗族祠庙祭祖礼制及其演变》，《南开学报（哲学社会科学版）》，2001 年第 3 期。

关于大夫、士庙数的限制。宗法、宗庙、丧服，是宗法制度中不可或缺的几个重要方面[1]，而庙制的一个核心问题，是自天子以降的宗庙隆杀之数。其经典文本是《礼记》中《王制》和《祭法》两篇的说法。

《王制》中说：

> 天子七庙，三昭三穆，与大祖之庙而七。诸侯五庙，二昭二穆，与大祖之庙而五。大夫三庙，一昭一穆，与大祖之庙而三。士一庙。庶人祭于寝。[2]

《祭法》又云：

> 王立七庙，一坛一墠，曰考庙，曰王考庙，曰皇考庙，曰显考庙，曰祖考庙，皆月祭之。远庙为祧，有二祧，享尝乃止。去祧为坛，去坛为墠，坛、墠有祷焉，祭之无祷乃止。去墠曰鬼。诸侯立五庙，一坛一墠，曰考庙，曰王考庙，曰皇考庙，皆月祭之。显考庙、祖考庙，享尝乃止。去祖为坛，去坛为墠，坛、墠有祷焉，祭之无祷乃止。去墠为鬼。大夫立三庙二坛，曰考庙，曰王考庙，曰皇考庙，享尝乃止。显考、祖考无庙有祷焉，为坛祭之。去坛为鬼。適士二庙一坛，曰

---

〔1〕 王国维《殷周制度论》，收入《观堂集林》卷十。
〔2〕《礼记正义·王制》，方向东点校《十三经注疏》第12册，第673页。

考庙，曰王考庙，享尝乃止。显考无庙有祷焉，为坛祭之。去坛为鬼。官师一庙，曰考庙，王考无庙而祭之，去王考为鬼。庶士、庶人无庙，死曰鬼。[1]

两处于大夫士之制说法不尽相同，如《王制》说大夫三庙为太祖庙加二亲庙，《祭法》中却为三亲庙；《王制》说士有一庙，《礼法》却说適士有二庙。但二处依次降杀的原则却是基本一致的：天子七庙、诸侯五庙、大夫三庙、士一庙或二庙，庶人无庙，但可祭于寝。

宋代朝野重建宗族的努力，往往试图依照礼经制度，再根据时宜，做一定的调整，比如，宋徽宗大观二年（1108）下诏，将从三品以上官员比拟于古之诸侯，可立五庙，正八品以上的官员比拟于古之大夫，可祭三世，等等。虽然这是唐朝曾有过的办法，但宋代的这些官方努力往往归于失败，因为宋代无世爵，而无世爵，这种庙制降杀就无法延续，因而没有多大意义。[2]自张子、程子以降的理学家并不满足于这类比拟，而主张大夫士乃至庶人都应祭至高祖甚至始祖。面对没有世爵的状况，理学家的思路更合时宜，但不合于礼经旧说。经典与现实之间的张力，成为宋代庙制讨论中的一个重要问题。

---

[1]《礼记正义·祭法》，方向东点校《十三经注疏》第15册，第2223—2224页。

[2] 朱子在《答汪尚书论家庙》中已经注意到这个问题，今人李静在《论北宋的平民化宗法思潮》一文中也已经谈到这个问题。

大夫士究竟是否可以祭到高祖，古今说者多端，莫衷一是。《王制》中说大夫三庙，无高祖庙，似乎不应祭高祖；但按照《祭法》中的说法，无庙之祖可以在二坛上祭祀，即使无坛，尚可荐于鬼。所以马端临、敖继公、万斯大、秦蕙田、曹叔彦等礼学家均以为，大夫士皆可祭及高祖，虽然并无高祖庙。所以，张子、程子祭高祖之说未必违背礼经。不过，在礼经上肯定祭高祖之法，多为宋以后受到程朱影响之后的说法，而朱子本人虽然赞成实践中祭高祖，却并不认为这是礼经本义。至于张子、程子祭及始祖之说，多数礼学家不能赞同。

张子、程子的主张没有被朝廷采纳，但在学者内部影响很大，士人亦多有践行之者。到朱子，经过反复思索，数易其说，则更加系统地考索了祭及高祖乃至始祖的得与失：一方面明确指出，张子、程子的一些说法在礼经中并无根据；另一方面也肯定，祭及高祖之制充分体会了礼意，可以实行。朱子的庙制之说在他的理学思想体系中占有非常重要的位置，对后来宗祠制度的兴起起到了巨大作用。宋代朝廷官方规定的庙制在实践中失败了，但程朱一系的祠堂与祭祀制度却成为以后七百年中宗族制度的基本模式。

一　张子：礼以义起

张子率先提出重整宗法的意义："管摄天下人心，收宗族，厚风俗，使人不忘本，须是明谱系世族与立宗子法。"[1]他所说的这个宗子法似乎并非古之大宗子或小宗子法，因而就没有考虑礼经中大宗小宗之间的隆杀之别，于是他说："庶人当祭五世，以恩须当及也，然其祫也止可谓之合食。"[2]卫湜在《礼记集说》中引了张子的一段话：

> 祭先之道，其不可得而推者，则无可奈何。其可知者，无远近多少，当尽祭之。祖岂可不报？盖根本所系，虽远，乌得无报？郊祀后稷以配天，周止知后稷是己之始祖，已上不可知。天则是万物之祖，故祭天则以始祖配之。虽庶人必祭及高祖，比之天子诸侯，止有疏数耳。如《祭法》庙数，有不及祖者，是不祭祖也。以理论之，人无贵贱上下，皆须祭及高祖，以有服故也。如五世祖若在，死则岂可不为服乎？礼虽无此服，当以义起。[3]

在这一段里，张子主张只要是能够推及的祖先，不论远近，皆有祭之之义。但他还没有得出自天子至于庶人皆应祭及始祖的结论，而是说，人无论贵贱都应该祭及高祖，只要不像天子、诸侯祭得那么频繁即可。他的主要理由是，只要生及高祖，就应当制服。虽然《仪礼·丧服》中没有高祖之服，但应该以义起。

---

[1] 张载《经学理窟·宗法》，收入《张子全书（增订本）》，第55页。
[2] 张载《经学理窟·祭祀》，《张子全书（增订本）》，第87页。
[3] 卫湜《礼记集说》卷六十六引，《通志堂经解》本，页3。

《丧服》中确实没有高祖之服，仅有曾祖父母齐衰三月之服。高祖，乃至比高祖更高的祖先，若是生及，当为何服？贾公彦疏以为："此曾祖之内合有高祖可知。不言者，见其同服故也。"郑注未明说曾祖中包含高祖，但指出："服之数尽于五，则高祖宜缌麻，曾祖宜小功也。据祖期，则曾祖宜大功，高祖宜小功也。"既然曾祖并非小功，而是以尊加至齐衰三月，则高祖及以上亦当不以等杀降服，而应皆为齐衰三月之服。以后沈括、顾亭林、闻远先生等均从此说。[1]张子祭及高祖之说，即因服及高祖而起。

谈到祭祀之法时，张子又解释说：

> 夫祭者必是正统相承，然后祭礼正，有所统属。今既宗法不正，则无缘得祭祀正。故且须参酌古今，顺人情而为之。今为士者而其庙设三世几筵，士当一庙而设三世，似是只于祢庙而设祖与曾祖位也。有人又有伯祖与伯祖之子者，当如何为祭？伯祖则自当与祖为列，从父则自当与父为列。苟不如此，使死者有知，以人情言之必不安。礼于亲疏远近，则礼自有烦简，或月祭之，或享尝乃止。故拜朔之礼施于三世，伯祖之祭止可施于享尝。平日藏其位版于栈中，至祭时则取而祫之。其位则自如尊卑，只欲尊祖，岂有逆祀之礼！若使伯祖设于他所，则似不得祫祭，皆人情

---

[1] 此条讨论甚多，参见张锡恭《丧服郑氏学》卷八，第580页以下。

所不安，便使庶人亦须祭及三代。"大夫、士有大事，省于其君，干祫及其高祖。"[1]

张子应该是已经意识到了他的祭祀之法并不全合古制，不能得祭祀之正，所以要"参酌古今，顺人情而为之"。他给出了自己如何顺人情而为之的理由：如果按照《王制》中的说法，士仅一庙，但是当时的人又不愿意仅祭及父，于是就在一庙中分别祭父、祖、曾祖。一庙三世，似乎可以容纳三代了。但是，可能又有伯祖及其子，无后，当于己家之庙祭之。因张子倡导宗法收族，宗族中有无后的支脉，自可能于宗子家祭之。伯祖与祖父为一代，当为一列；其子与父为一代，当为一列。伯祖是己祖之兄，尊于祖，但较祖为疏，礼仅享尝乃止。《祭法》郑注："享尝，谓四时之祭。"己之父祖当有每月拜朔之礼。若仅在一庙之中，祭祖而不祭伯祖，则有逆祀之嫌；若将伯祖设于他所，则于人情不安。所以，张子认为，最恰当的方式，是平时将伯祖及其子之神主藏于椟中，至祫祭之时，取出合食。若如此，则即便庶人亦应祭及三世。

于上引几条中，张子两次提及祫祭。若严格按照礼经，诸侯之下无禘祫之礼。但《大传》中说："大夫、士有大事，省于其君，干祫及其高祖。"大夫士偶尔有祫礼，但是特殊情况，仅可祫祭到高祖。这种祫礼称为"干祫"，郑

----

〔1〕 张载《经学理窟·祭祀》，《张子全书（增订本）》，第85页。

注："干，犹空也，空祫谓无庙，祫祭之于坛墠。"大夫士祫祭之礼并非常例。张子引了《大传》中的这句话，但并未明确讲他对干祫的态度。由前后文的讨论可以看出，他并没有遵循《大传》中关于干祫的说法，或至少未从郑注，而似乎是将每季度的享尝就当作了祫祭，于是伯祖、从父等旁尊皆来合食。在前引的一条中，他甚至认为庶人都有祫祭之礼。

总之，张子以收族为立宗祭祖之要旨，参酌时宜，根据服术，确定祭祀当至五世。

二 程子：有服即祭

小程子在几处非常明确地指出，士庶之家均应祭及高祖。[1] 比如：

> 又问："今人不祭高祖，如何？"曰："高祖自有服，不祭甚非。某家却祭高祖。"又问："天子七庙，诸侯五，大夫三，士二，如何？"曰："此亦只是礼家如此说。"又问："今士庶家不可立庙，当如何也？""庶人祭于寝，今之正厅是也。凡礼，以义起

---

〔1〕 程子语录中有一条："虽庶人，必祭及高祖。比至天子诸侯，止有疏数耳。"《二程遗书》卷十五，《二程集》，中华书局，2004 年版，第 163 页。此语除"之"改为"至"字外，与张子之说完全一样。我们无法判定这究竟是谁的语录，故不以此为证。

之可也。如富家及士，置一影堂亦可，但祭时不可用影。"[1]

程子的主要理由是：有服则无不祭之礼，为高祖既然有齐衰三月之服，即无不祭之义。但程子弟子随后就以庙制之说提出质疑，若士仅有二庙或一庙，大夫仅有三庙，如何祭得高祖？程子却认为这是礼家之说，不可拘泥，礼只要以义起即可。但这样说毕竟有些过于随意，于是他又解释说，不必立庙亦可祭祖。即如庶人之家，本来没有庙制，但也可祭于寝，且于规制上有减杀即可。在这一条里，他还只是说庶人祭于寝。但在另外一条语录中，他就非常明确地以此来解释大夫士的祭礼：

> 自天子至于庶人，五服未尝有异，皆至高祖。服既如是，祭祀亦须如是。其疏数之节，未有可考，但其理必如此。七庙五庙，亦只是祭及高祖。大夫、士虽或三庙、二庙、一庙，或祭寝庙，则虽异亦不害祭及高祖，若止祭祢，只为知母而不知父，禽兽道也。祭祢而不及（一有"高"字）祖，非人道也。[2]

程子此条立论，亦从服制而以义起，但其详释隆杀之

---

〔1〕《二程遗书》卷二十二上，《二程集》，第286页。
〔2〕《二程遗书》卷十五，《二程集》，第167页。

制，较之张子和他自己前一条，则更为精审。自天子至于庶人，五服不异，唯庙数有异，但庙数之异，未必表明所祭不同。天子庙数，自郑君、王肃以来就争论不休。但即便按照《王制》郑注之说，周制七庙，有始祖庙一，文王、武王各一，随后有四亲庙，所祭仍为祢、祖、曾、高四世。诸侯五庙，除太祖庙外，亦为二昭二穆四亲庙，如此，天子、诸侯虽庙数不同，皆祭至高祖，与五服所及者正同。程子由此推出，大夫、士不论三庙、二庙、一庙，皆应祭及高祖。祭祖未必皆有庙，完全可以祭于寝。

程子甚至进一步说，有一庙之士若仅祭及祢，而不及祖或高祖，便如同知母而不知父的禽兽一般。此语出自《丧服传》中著名的一段话："禽兽知母而不知父，野人曰：父母何算焉？都邑之士则知尊祢矣，大夫及学士则知尊祖矣，诸侯及其大祖，天子及其始祖之所自出。尊者尊统上，卑者尊统下。"在《丧服传》中，这段话本来是用来证明尊卑不同，宗法与庙制应该有差别，程子反而用它证明，若仅知尊祢，则与禽兽无异。程子所用，自是与《丧服传》本意大相径庭，然而其说礼意，却颇有道理。按照《丧服传》的说法，在德爵一致的情况下，天子德最厚，庶人德最薄，故有等差隆杀之数，但是这并不意味着，庶人一定不可以有厚德。以尊祖之德责于位卑者，虽有僭越之嫌，却并不违背礼意。这正是程子反用此语的意义所在。

程子甚至主张大夫士庶之家祭及高祖以上。[1]他论及始祖和高祖的祭法，说：

时祭之外，更有三祭：冬至祭始祖（厥初生民之祖），立春祭先祖，季秋祭祢。他则不祭。……祭始祖，无主用祝，以妣配于庙中，正位享之（祭只一位者，夫妇同享也）。祭先祖，亦无主。先祖者，自始祖而下，高祖而上，非一人也，故设二位。（祖妣异坐，一云二位。异所者，舅妇不同享也）常祭止于高祖而下……且如豺獭皆知报本，今士大夫家多忽此，厚于奉养而薄于祖先，甚不可也。凡事死之礼，当厚于奉生者。至于尝新必荐，享后方食，人家能存得此等事数件，虽幼者渐可使知礼义。凡物，知母而不知父，走兽是也；知父而不知祖，飞鸟是也。惟人则能知祖，若不严于祭祀，殆与鸟兽无异矣。[2]

按照程子的祭法，高祖以上、始祖之下皆为先祖，应于立春祭祀，始祖则于冬至祭祀，而且都在庙中祭，这就完全违背了仅有天子诸侯可以祭及始祖的规定。他还再次

---

[1] 程子有一条语录："祭先之礼，不可得而推者，无可奈何；其可知者，无远近多少，须当尽祭之。祖又岂可不报？又岂可厌多？盖根本在彼，虽远，岂得无报？"见《二程遗书》卷十七。这也和张子的语录重出，故不以为证。

[2]《二程遗书》卷十八，《二程集》，第240页。

套用《丧服传》中的禽兽之说，以为知母而不知父即为走兽，知父而不知祖即为飞禽，此处之"祖"当指历代之祖而言，非专指祖父，这样就更明确了，祭祖乃是对所有人的要求。

程子的这几条，沿着张子之意，结合礼经本文，讲得更精更密，使高祖之祭自成一说。总括程子祭及高祖之说，大体有这么几点：第一，庙制有隆杀，自是尊卑有别；第二，庙制隆杀不等于祭法之隆杀，可以有庙外之祭；第三，所祭世数，与丧服世数相同，若为高祖有服，自当有祭高祖之义；第四，礼以义起，而不必拘泥于礼家成说，高祖之服与祭虽经无明文，但无论在服术、祭法、庙制上，皆可合于礼意之正。

北宋朝廷对于群臣士庶家庙多次给出规定，并未按照张子、程子之说而行。[1]但他们的学说在士大夫中有很大影响。

三　朱子：程子礼意

朱子对庙制的讨论，远比张子和程子都要复杂得多，而且前后也有许多变化。最初，他比较认同程子祭高祖、先祖和始祖之说，甚至亲自实行；后来，他觉得程子的说

---

[1]《宋会要辑稿·礼一二》，刘琳等校点，上海古籍出版社，2014年版；常建华《宗族志》，上海人民出版社，1998年版，第84页。

法有问题，于是不再祭始祖；但同时或稍后，他又感到程子的祭高祖之说虽然经无明文，却也很有道理，于是又认可了祭高祖的说法，但始终没有再认可祭始祖之说。这是朱子关于庙制的大体思想脉络，但他究竟于何时发生思想变化，现在难以考出精确时间。虽然根据诸种年谱以及陈来先生的《朱子书信编年考证》，我们还是尽可能摸出他思想变化的轨迹。

在李尧卿问朱子始祖之祭时，他回答说："古无此。伊川以义起，某当初也祭，后来觉得僭，遂不敢祭。"[1]我们以此推断出，朱子第一阶段是依照程子之法祭始祖的。在现存的朱子著述当中，最早论庙数之制的，一是乾道六年庚寅（1170）或七年辛卯（1171）成书的《家礼》（年四十或四十一岁）[2]，二是乾道九年癸巳（1173）的《答汪尚书论家庙》（年四十四岁）[3]。这应该体现了朱子在尊奉程子祭法阶段的思想。[4]

黄榦和杨复均指出，朱子《家礼》成后虽然世多用之，

〔1〕《朱子语类》卷九十，见《朱子全书》第十七册，第3054—3055页。
〔2〕李默的《紫阳文公先生年谱》以为在六年，戴铣的《朱子实纪年谱》以为在七年，相差不多，见《附录》，收入《朱子全书》第二十七册，第36、117页；王懋竑则以为《家礼》非朱子所作。
〔3〕陈来《朱子书信编年考证》，上海人民出版社，1989年版，第100页。
〔4〕比如明末清初的方中履即很疑惑，朱子既然不同意程子祭高祖之法，为什么在《家礼》中还存祭高祖之法。见《古今释疑》卷六"祠堂祭始祖先祖"一条，康熙十八年杨霖刻本。如果能够理清楚朱子思想变化的轨迹，即可释方氏此疑。

但是朱子后来思想有一些变化。[1]但《家礼》中设计的祠堂制度不仅是朱子家庙理论的最直接系统的表述，而且对宋代以后民间的祠堂制有深远影响。

《家礼》中规定的祭祀制度如下：其四时祭法，祭考至高祖，世各为位；冬至祭始祖，引程子"厥初生民之祖"之说以自证；立春祭先祖，也依照程子之说。[2]如果《家礼》确为朱子所作，这些地方可以证明，作《家礼》之时，朱子完全尊奉程子之祭法。

《答汪尚书论家庙》作于乾道九年，在《家礼》完成后二到三年间，仍然尊奉程子之说。此书是朱子论庙制非常重要的文献，前半部分详论至和、政和二礼庙制之得失，对朝廷以官品拟制封爵的做法提出自己的看法，也是朱子论庙制相当重要的文字，文长，现仅录其论程子庙制之文：

> 然考诸程子之言，则以为高祖有服，不可不祭，虽七庙、五庙，亦止于高祖，虽三庙、一庙，以至祭寝，亦必及于高祖，但有疏数之不同耳，疑此最为得祭祀之本意。今以《祭法》考之，虽未见祭必及高祖

---

[1] 黄榦："所辑家礼，世多用之。然其后亦多损益，未暇更定。"见《朝奉大夫华文阁待制赠宝谟阁直学士通议大夫谥文朱先生行状》，《勉斋先生黄文肃公文集》卷三十四，国家图书馆藏元刻本，页44。杨复："愚按《家礼》一书，今之士大夫家冠婚丧祭多所遵用。然此书始成，辄复失之，先生未尝再加审订，则世或未之知也。"《文献通考》卷一百八十八《经籍考十五》，第九册，第5496页。

[2] 《家礼》卷五，分别见《朱子全书》第七册，第937、941、943页。

之文，然有月祭享尝之别，则古者祭祀以远近为疏数亦可见矣。礼家又言，大夫有事，省于其君，干祫及其高祖，此则可为立三庙而祭及高祖之验，而来教所疑私家合食之文，亦因可见矣。但干祫之制，它未有可考耳。墓祭之礼，程氏亦以为古无之，但缘习俗，然不害义理，但简于四时之祭可也。……又尝因程氏之说，草其祭寝之仪，将以行于私家，而连年遭丧，未及尽试，未敢辄以拜呈，少俟其备，当即请教也。[1]

朱子于此处并未论及始祖之祭，然于程子祭高祖之说，却以为深得祭祀之本意，而且认为礼经中的干祫之制恰恰是得祭高祖之证。汪尚书的来信中，可能怀疑私家合食有僭越之嫌，因为它很像唯有天子、诸侯得行的禘祫之礼。所以朱子以干祫之法证明，大夫完全可以有祭及高祖的情况。朱子又在书末提到，他正在按照程子之说设计一套祭寝之仪。[2]可见，他此时不仅对程子祭法完全尊奉，而且意欲按照其法涉及祭仪，自己还要亲自践行之。

《语类》中有陈淳录下的两条，论及始祖之祭。在一条中，问的是冬至所祭始祖为何祖，朱子回答："或谓受姓之祖，如蔡氏，则蔡叔之类；或谓厥初生民之祖，如盘古之类。"在另一条，讨论的是祭始祖初献之事，以及始祖是否

---

〔1〕《晦庵先生朱文公文集》卷三十，《朱子全书》第二十一册，第1310页。
〔2〕 不知这是否即《家礼》中的相关部分，但今存《家礼》中的祭礼部分仅有庙祭和墓祭，并无祭寝的部分，或许这指的是另外的东西。

一姓一个始祖。陈淳所录，当为绍熙元年庚戌（1190）所闻[1]，可见当时朱子还基本遵从程子的祭法。而在绍熙二年或四年与李尧卿的对话中，朱子就开始批评程子的始祖之祭。以此推断，朱子思想的改变，或即在绍熙初的两三年间。

四　朱子：近于禘祫

朱子与李尧卿的对话是这样的：

> 尧卿问始祖之祭。曰："古无此。伊川以义起，某当初也祭，后来觉得僭，遂不敢祭。古者诸侯只得祭始封之君，以上不敢祭；大夫有大功则请于天子，得祭其高祖，然亦止得祭一番，常时不敢祭。程先生亦云，人必祭高祖，只是有疏数耳。"又问："今士庶亦有始基之祖，莫亦只祭得四代，但四代以上则可不祭否？"曰："如今祭四代已为僭，古者官师亦只得祭二代，若是始基之祖，莫亦只存得墓祭。"[2]

朱子虽然以前受程子影响，也祭始祖和高祖，但后来

---

〔1〕陈淳于绍熙元年庚戌和庆元五年乙未两次师事朱子，故所录语录必在这两年之中。

〔2〕《朱子语类》卷九十，见《朱子全书》第十七册，第3054—3055页；李唐咨，字尧卿，绍熙二年辛亥与绍熙四年癸丑师事朱子，故此条应在这两年当中的一年。

就觉得祭始祖是僭礼，不敢再祭了。他同时觉得祭高祖也是一定程度上的僭礼，不合古制，而不像以前那样理直气壮地认可，但祭高祖似乎并未中止。

干袷，是张子肯定祭及高祖的重要依据；在给汪尚书的信中，朱子也以干袷来证明可以祭到高祖。但他现在却以为，干袷之制虽然使大夫可以祭及高祖，但那只是偶一为之，并非礼之常。因而，张、程将祭及高祖当作礼之常，已经不应该。至于祭及始祖，就更是僭越了。

按照礼经，不仅大夫，就连诸侯也不可祭及始祖。唯天子可以祭及始祖，诸侯只得祭太祖，即始封之君。《丧服传》于《大功章》有云："若公子之子孙有封为国君者，则世世祖是人也，不祖公子，此自尊别于卑者也。"公子不祖诸侯，诸侯不祖天子，甚至若公子之后封为诸侯，以后应以此封君为太祖，而不得祖公子。郑注："不得祢、不得祖者，不得立其庙而祭之也。"诸侯无祭始祖之礼，大夫焉得祭始祖？

大夫士可以祭始祖，是程子一个非常极端的说法，即便在宋儒中也很少说到这个程度的。朱子否定始祖之祭，在字面上，似乎与他在《答汪尚书论家庙》中的说法并不矛盾，因为他在那封信里肯定的不是祭始祖，而是祭高祖。但在这条语录里，朱子不只认为始祖之祭是僭越，就连高祖之祭也不完全认可，所以说，"如今祭四代已为僭"。由此可见，此时的朱子，对祭法的理解已经和当年有了不小的变化。

此外，朱子在《答叶仁父》中也谈到了对程子祭始祖、先祖的批评：

> 始祖、先祖之祭，伊川方有此说，固足以尽孝子慈
> 孙之心。然尝疑其礼近于禘祫，非臣民所得用，遂不敢
> 行。德厚者流光，德薄者流卑，故古者大夫以下极于三
> 庙，而干祫可以及其高祖。今用先儒之说，通祭高祖，
> 已为过矣，其上世久远，自合迁毁，不当更祭也。[1]

比起语录中，此处说得更加清楚。朱子虽然充分肯定
了程子主张祭及始祖是为了尽孝子慈孙之心，但觉得此礼近
乎禘祫。这似乎正是当初汪尚书所持的观点。禘祫本来是天
子、诸侯才有的大祭，大夫偶尔有祫礼，但仅为干祫，且只
能及于高祖。所以大夫士即便祭及高祖已经相当过分，若更
祭高祖以上之先祖，以至始祖，就更非臣民所得有了。因而
他现在的结论是，高祖以上，就应该迁庙，不能再祭。

朱子晚年解释《祭法》之时非常明确地说："官师一
庙，止及祢，却于祢庙并祭祖。適士二庙，即祭祖，祭祢，
皆不及高、曾。大夫三庙，一昭一穆，与太祖庙而三。"[2]在

---

〔1〕《晦庵先生朱文公集》卷六十三，《朱子全书》第二十三册，第3060—
    3061页；这封信写于庆元三年丁巳，见陈来《朱子书信编年考证》，第
    436页。
〔2〕《朱子语类》卷八十七，见于《朱子全书》第十七册，第2977—2978
    页；此条为董铢所录，而董铢所录多为庆元二年丙辰（1196）以后
    所闻，见陈荣捷《朱子门人》，华东师范大学出版社，2007年版，第
    191页。

此时的朱子看来，士大夫祭高祖即为僭礼，已无疑义。

但值得注意的是，虽然无论祭及高祖、先祖，还是始祖，均为僭越，但朱子在这几处都仅仅明确否定了始祖之祭，对于高祖和先祖之祭，还在一定程度上接受了下来，且颇为认可程子以二位祭先祖之法。[1]有人问："先生祭礼，立春祭高祖而上，只设二位。若古人祫祭，须是逐位祭？"朱子回答："某只是依伊川说。"[2]他在另外一条语录里又讲：

> 伊川时祭止于高祖，高祖而上，则于立春设二位统祭之，而不用主，此说是也。却又云，祖又岂可厌多？苟其可知者，无远近多少，须当尽祭之。疑是初时未曾讨论，故有此说。[3]

张子和程子都主张，只要能推及的祖先，无论远近，须当尽祭之，这与他们主张祭及高祖的理论相一致，似乎未必是不曾讨论导致的疏忽。朱子明确否定了张子、程子的这一主张，那怎么还能肯定高祖甚至先祖之祭呢？

在上引两条里，朱子表现出很赞赏程子设二位、不用

---

〔1〕后人多以为，朱子否定了始祖和先祖之祭，仅承认了高祖之祭，如秦蕙田《五礼通考》卷一百九，第5092—5093页。但从下引两条语录看，我以为朱子并未完全废止先祖之祭。

〔2〕《朱子语类》卷九十，见于《朱子全书》第十七册，第3055—3056页。

〔3〕《朱子语类》卷九十，见于《朱子全书》第十七册，第3056页；此为杨道夫所录，当在淳熙十六年己酉（1189）之后数年间。

主祭先祖之说，但他的理解已经和先儒非常不同。程子确实主张，祭始祖、先祖均不用主，但他在讲二位之法时说："非一人也，故设二位。"始祖一位，但先祖二位，原因是始祖仅一祖一妣，但始祖至高祖间却非止一祖，以二位代之。在弟子问朱子为什么先祖要用二位时，他说："此只是以意享之而已。"[1]程子设二位，也是以二位代表了始祖至高祖之间的所有祖先，那也应该是"以意享之"。但即使是在朱子早年，他的"以意享之"也和程子讲的有些不同。他在另一条语录中谈到先祖的祭法时，说："只是一气，若影堂中各有牌子，则不可。"[2]不可各有牌子，就彻底否定了遍祭先祖的可能，为什么先祖只是一气？这涉及了朱子更复杂的理气之说，此处不能深入讨论。但朱子将理气、鬼神之说与祭祀之法联系起来，可参考另外一场讨论：

> 问："五庙、七庙递迁之制，恐是世代浸远，精爽消亡，故庙有迁毁？"曰："虽是如此，然祭者求诸阴，求诸阳，此气依旧在，如嘘吸之，则又来，若不如此，则是'之死而致死之'也。盖其子孙永绝，此

---

[1]《朱子语类》卷九十，见于《朱子全书》第十七册，第3055页；这是陈淳所录的那一条所说，虽然当时朱子仍然主张始祖之祭，但无论在始祖还是先祖的祭法上，与程子的理解都已经有所不同了。

[2]《朱子语类》卷九十，见于《朱子全书》第十七册，第3056页；此为郑可学所录，郑可学所记语录多为绍熙二年（1191）闻者，当在朱子思想改变前后。

气接续亦未绝。"[1]

朱子从气的角度理解祭祖，《语类》中在在皆是，仅再略举三条："祖宗亦只是同此一气，但有个总脑处，子孙这身在此，祖宗之气便在此，他是有个血脉贯通。所以'神不歆非类，民不祀非族'，只为这气不相关。""所谓来格，亦略有些神底意思。以我之精神感彼之精神，盖谓此也。祭祀之礼全是如此。""毕竟子孙是祖先之气。他气虽散，他根却在这里；尽其诚敬，则亦能呼召得他气聚在此。"[2]

朱子以气之聚散解释鬼神，进而解释对祖先的祭祀，其说虽亦由张子、程子之说而来，却更加精致细密。将这一理论与祭祀制度结合，就使对待先祖的态度有了更系统的理学基础。于是，在朱子这里，对高祖以上之先祖的祭祀已经不是在用一个一个的牌位，祭祀一个一个的人，而是为了贯通一气和精神。若不祭祀，便是之死而致死之；但若像张子和程子说的那样，祖先不厌其多，甚至祭到始祖，则不仅有僭越之嫌，更是之死而致生之。孔子曰："之死而致死之，不仁而不可为也；之死而致生之，不知而不可为也。"(《礼

---

[1] 《朱子语类》卷六十三，见于《朱子全书》第十六册，第2089页；此条为廖德明所录，而廖德明师事朱子较早，其所录多在乾道九年（1173）及以后。杨复将此条列于《仪礼经传通解》祭礼部分的庙制隆杀处，见《杨复再修仪礼经传通解续卷祭礼》卷七《宗庙篇上》"宗庙隆杀之制"，叶纯芳、桥本秀美编辑，台北"中央研究院"中国文哲研究所，2011年版，中册，第397页。

[2] 此三条均见于《朱子语类》卷三，《朱子全书》第十四册，第171页。

记·檀弓》）朱子的"以意享之"，正是在"之死"而"致死之"和"之死"而"致生之"之间求取一个中道，与孔子论明器之意相通。这些论鬼神之说在朱子早年即已形成，可见朱子即使在尊奉程子祭祀之法时，也已经以自己的方式理解先祖之祭，到他后来明确否定了程子的祭法，这一思想基础并未改变，使他能够重新发现程子之礼意所在。

五　朱子：孝敬追远

于是，我们看到了朱子在庙制问题上的第三个层次，即再次理解程子礼意的层次。朱子自述他的这一次转变，是在与胡叔器的一段对话中：

> 叔器问："士庶当祭几代？"曰："古时一代即有一庙，其礼甚多，今于礼制大段亏缺，而士庶皆无庙。但温公礼祭三代，伊川祭自高祖，始疑其过。要之，既无庙，又于礼煞缺，祭四代亦无害。"[1]

朱子意识到，程子祭高祖之法虽然是礼经所无，但在当时的情况下，却甚得礼意。不过，和前面的那次思想转变不同，朱子从全面否定始祖和高祖之祭，到部分肯定高祖之

---

[1]《朱子语类》卷九十，见于《朱子全书》第十七册，第3053页；胡叔器为朱子很晚的时候收的弟子，所以这段讨论应在晚年。

祭，似乎没有经过多长时间，甚至可能就没有什么时间间隔，只是理解祭礼的两个层次而已，因为他在谈祭始祖为僭越时，对祭高祖和先祖总是保留了部分的肯定。从前面所谈的"以意享之"，就可以看出，他在批评程子的祭法时，已经容纳了程子的部分做法。

在理论上，朱子在否定程子的始祖之祭时，也否定了先祖和高祖之祭。但是，他既而意识到，只要不是庙祭，可以弥补当时缺礼的问题，也没有什么大的妨碍。他与陈文蔚的一段对话也在表达同样的观点：

> 问："天子七庙，诸侯五庙，大夫三庙，士二庙，官师一庙。若只是一庙，只祭得父母，更不及祖矣，无乃不尽人情？"曰："位卑则流泽浅，其理自然如此。"文蔚曰："今虽士庶人家，亦祭三代。如此，却是违礼。"曰："虽祭三代，却无庙，亦不可谓之僭。古之所谓庙者，其体面甚大，皆是门、堂、寝、室，胜如所居之宫，非如今人但以室为之。"[1]

在这一段的第一部分，朱子先强调了礼经当中庙数规定的道理是"位卑则流泽浅"，不能随便僭越，随后指出，宋代所实行的祭法虽然不合古制，但也不算作僭越。但他不

---

[1] 《朱子语类》卷九十，见于《朱子全书》第十七册，第 3054 页；陈文蔚师事朱子时间很长（从淳熙十年到庆元九年，陈荣捷《朱子门人》，第 143 页），故不好确定这一条的时间，但也应该在朱子晚年。

再像《答汪尚书论家庙》中那样，以干祫论证大夫可以有高祖之祭的说法，而是遵循了前一条的意思，指出只要不庙祭，也不能算违礼。

晚年的朱子即使在赞赏高祖之祭的时候，也都要指出，这并不是古礼的规定，只是程子的发明。比如在杨骧记录的一条中，朱子说："伊川以高祖有服，所当祭，今见于《遗书》者甚详。此古礼所无，创自伊川，所以使人尽孝敬追远之义。"[1]

另一方面，虽然这是程子的创设，但其使人尽孝敬追远之义，在当时的情况下，却是最符合礼意的一种做法。祭及高祖之制的意义，并不在于它在礼文上与古礼是否相同，因而朱子完全放弃了以干祫来论证的努力，而是以自己的理气说来讲出新祭法的礼意，充分保留了礼经本义与现实礼学实践之间的张力。

值得注意的是，晚年朱子还与余正甫谈到过太祖之祭，这段话杨复收入了《仪礼经传通解》的祭礼部分，且为后世治祭礼者所常引。粗看其中的说法，我最初以为是早年的语录，但余正甫与朱子交往是在朱子晚年。而这些讨论与早年的说法不同，虽然肯定了太祖之祭，却并未肯定始祖之祭：

　　余正甫谓："士大夫不得祭始祖，此天子诸侯之

---

[1]《朱子语类》卷九十，《朱子全书》第十七册，第3054页；杨骧所录为淳熙十六年己酉至绍熙五年甲寅间之语录。

礼。若士大夫当祭，则自古无明文。"又云："大夫自
无太祖。"先生因举《春秋》如单氏、尹氏，王朝之大
夫，自上世至后世，皆不变其初来姓号，则必有太祖。
又如季氏之徒，世世不改其号，则亦必有太祖。"余
正甫谓："此春秋时，自是世卿不由天子，都没理会。"
先生云："非独是《春秋》时，如《诗》里说'南仲太
祖，太师皇父'，南仲是文王时人，到宣王时为太祖。
不知古者世禄不世官之说如何？又如周公之后，伯禽
已受封于鲁，而《周家世》有周公，如《春秋》云
'宰周公'，这般所在，自晓未得。"〔1〕

余正甫在这里讲了两个说法：第一个是大夫不当祭始
祖，应当就是针对程子以来祭及始祖之风而发的，朱子未置
可否；第二个观点却又进一步说大夫无太祖，应该又是针对
《王制》中所说的大夫有太祖庙而言的。两个观点并不完全
相同，但又紧密关联。或许在他看来，大夫若有太祖庙，很
可能就会祭祀始祖，有僭礼之嫌。

---

〔1〕《朱子语类》卷九十，见《朱子全书》第十七册，第3055页；《杨复再
修仪礼经传通解续卷祭礼》亦引，中册，第399页。据陈荣捷先生考
证，余正甫当为一个礼学专家，且很可能是朱子门人（见陈荣捷《朱子
门人》，第54—55页）。根据陈来先生的考证，文集中所见朱子与余正
甫的第一封书信写于绍熙五年甲寅之前（陈来《朱子书信编年考证》，
第370页），而余与朱子的书信多在这一年到庆元三年丁巳之间。若如
此，与余正甫论太祖庙制，也应该是在这几年当中，而李尧卿师事朱子
在绍熙二年和绍熙四年。故这段对话在和李尧卿的那段关键性对话之后
不久。

朱子在回答中，却一直在批评他对太祖庙的理解，并未直接批评对始祖之祭的怀疑，所以严格说来，朱子在此处应该不是在为始祖之祭做辩护，而是在讨论礼经中的太祖之庙，所以杨复才会把它收入《仪礼经传通解》讨论宗庙隆杀的部分。我们可以把朱子的态度概括为，肯定经学上关于大夫太祖庙的说法，却保留对始祖之祭的意见。

　　关于大夫之太祖庙，郑注以为："太祖，别子始爵者。《大传》曰：'别子为祖'。谓此虽非别子，始爵者亦然。"[1]大夫之太祖可以是诸侯之别子，也可以是始得爵为大夫者。朱子引单氏、尹氏、南仲、周公之例，以证大夫可以有太祖，但随即就有了一个问题，似乎若大夫有太祖，大夫就有世爵。如果大夫不世世为大夫，当其为大夫时有太祖庙，后代为士则仅有二庙或一庙，就不应复祭太祖，而若后世复以士而为大夫，则当以初为大夫者为太祖。朱子陷入了关于世卿问题的著名争论之中，本文且不深究。

　　若是证明了大夫可以祭及太祖，似乎就意味着大夫可以祭及高祖以上，不过，这并不能推出大夫可祭始祖。《王制》和《丧服传》中均明言，仅天子可以祭始祖，诸侯可以祭到太祖，即始封为诸侯者，却也不能祭始祖；大夫虽然可以祭到太祖，无论是别子还是其他始爵者，但这未必就能算祭始祖。《语类》中随后的一条，是陈淳录下的关于始祖的

―――――――――――

〔1〕《礼记正义·王制》，第673页。卢植以为，唯天子之大夫有太祖庙；王肃以为，唯别子立宗者有太祖庙。二人均认为大夫通常无太祖。

讨论，前文已经谈到，这一条较早于与余正甫的讨论。在那一条里，朱子说始祖要么是始受姓者，如蔡氏祭蔡叔，要么是厥初生民之祖，如盘古。若是始受姓者，则正是与余正甫所论之太祖，且蔡氏也是朱子举的例子。但无论在程子的语录中，还是在朱子的《家礼》中，谈到祭始祖的时候，都注出是指"厥初生民之祖"。若如此算，始受姓者只能算是先祖。朱子肯定祭太祖，只能算是肯定祭先祖，而并未肯定祭始祖。[1]

余　语

在《仪礼经传通解》的续修祭礼部分，杨复在录下了《王制》中的庙制等杀一条后，附上了程朱的语录四条，分别是：一、董铢所录朱子言官师至大夫之庙制；二、朱子与陈文蔚论于庙外祭三代不为违礼；三、程子言自家祭高祖；四、朱子与汪尚书论祭高祖之制。四条语录之详俱见前文。杨复随后加按语说："愚按，前二条谓泽有浅深，则制有隆杀，其分异也；后二条谓七庙、五庙，亦止于高祖。虽三庙、一庙以至祭寝，亦必及高祖，其理同也。"[2]

杨复的这段按语颇值得玩味。前引四条并非都承认大

<hr />

〔1〕 将"厥初生民之祖"解释成盘古，在礼学史上是极为少见的。或许陈淳的记录有问题，此处存疑。

〔2〕《杨复再修仪礼经传通解续卷祭礼》，中册，第400页；又见于《文献通考》卷一百五《宗庙考十五》，第五册，第3201页。

夫士可以祭及高祖。特别是董铢所录一条，明确说官师、嫡士不得祭及高、曾，而杨复现在录下的《王制》正文，更没有说可祭高祖。朱子与陈文蔚讨论的一条，主旨也是在讲等杀之制，批评程子之说，只是后来又说庙外祭高祖不为僭越。后二条则一为程子之语，一为朱子早年之语，都在肯定高祖之祭。

杨复当然意识到了这四条之间的张力，而他有意把它们放在《王制》论庙制隆杀之下，恰恰是给自张子以来的讨论做一个总结。正如杨复所言，前二条强调的是尊卑不同和庙制之间的差异；后二条强调的是，在庙制不同的情况下，自天子至于士，不论庙制隆杀如何，皆应祭及高祖，因为服术及于高祖。所谓"其理同"，是因为都来自亲亲尊尊的基本礼意，但在这相同的礼意之下，却仍然存在着礼经与实践之间的差异。

张子和程子学问努力的核心，都是重建礼制秩序。他们意识到宋代的社会现实已经和以前不同，因而要顺应时宜，不惜改变礼经中的庙制。朱子沿着北宋儒者的方向继续努力，建构了一个更加系统的理学体系和祠堂制度。他对现实的关怀和理解与张子、程子并无二致，却能清楚时宜与礼经之间的差别，这是其相当高明之处。一方面，他深知"礼，时为大"的道理，意识到官方的庙制等杀之法必然失败，不会削足适履地强行推行礼经中的古代庙制；另一方面，他又不会为了时宜而有意曲解礼经，因为礼意最好地保存在礼经本来的语境当中。这种张力的保持，恰恰是维护礼学生命力的谨慎态度。

大夫士必祭高祖，虽于礼经无征，又不为官方所认可，却恰恰是当时重建宗法制的必由之路。马端临在《文献通考》中录下杨复的按语后，自己也给出了一段很长的按语，详细分析了程朱祭高祖之法的礼意所在。马氏认为，程子以为有服即当祭，其说甚当。古礼之中之所以对祭祀有很多规定，并不是要限制人们的孝敬之情，而是因为有封建之法，"盖惧上僭而不敢祭，非薄其亲而不祭也。然诸侯不敢祖天子，而天子之为祖者自有天子祭之。大夫不敢祖诸侯，而诸侯之为祖者自有诸侯祭之。支子不敢祭大宗，而大宗之为祖祢者，自有宗子祭之。"[1]而当时大宗小宗之法已废，学士大夫还拘执于庙制，不祭其祖，看上去虽然守住了礼经中的庙制，实际却"是不以学士大夫自处，而孝敬之心薄矣，乌得为礼乎？"[2]。马氏这一段辨析，将程朱庙制之法的精义讲得极为清楚透彻。在没有大小宗之法的当时，恰恰是必祭高祖，方能恢复先王制礼中的礼意。

但在另一方面，朱子却又坚决否定了始祖之祭，以为那是僭礼。这一否定的意义，在当时尚未显露出来。到了三百多年后，明代嘉靖年间大礼议之际，夏言上疏，建议允许民间祭祀始祖，嘉靖十五年（1536）颁行天下，民间祠堂就突破了这个限制，祭祖设祠堂之风普及天下，越礼违制的

---

〔1〕《文献通考》卷一百五《宗庙考十五》，第五册，第 3202—3203 页。
〔2〕 同上书，第 3203 页。

现象肆意泛滥。[1]夏言的上疏中有很多字句和马端临说的非常相似，其主要理由是："三代时有五庙、三庙、二庙、一庙之制者，以其有诸侯、有公卿、有大夫，有上中下士之爵也。而今之官职既异，且无冢嫡世封之重，又无山川国邑之常，若是而窃取古人之制而为之，是诚所谓刻舟以求剑、胶柱而鼓瑟也。"[2]看上去，夏言的理由不过是马端临说法的延伸，正像程子的先祖、始祖之祭，不过是高祖之祭的延伸。但差之毫厘，谬以千里。祭高祖得以成全礼意，祭始祖却废弃了礼意。清人秦蕙田列举了许多理由来批评夏言，而其中最重要的一点是，这样实行，必然会"乱宗法"。[3]大宗小宗之法虽废，新的宗法制度仍然是建立在亲亲尊尊原则之上的，以亲亲害尊尊是明世宗大礼议的最大问题，也是夏言之议的主要问题。嘉靖改礼之后的情形，应当是程子在主张士庶祭始祖时始料未及的，而朱子坚决反对祭始祖的精义所在，也终于在三百年后显现了出来。

---

〔1〕 常建华《明代宗族祠庙祭祖礼制及其演变》，《南开学报（哲学社会科学版）》，2001 年第 3 期。
〔2〕 夏言《请定功臣配享及令臣民得祭始祖立家庙疏》，《夏桂洲先生文集》卷十一，明崇祯十一年吴氏刻本。
〔3〕《五礼通考》卷一百一十五，第 5375—5376 页。

精义之学
——程瑶田之义理学、宗法学与丧服学

在礼学传统中，丧服学立人伦之本，故向称显学。自魏晋之后，法律制度准五服以治罪，对丧服的细密讨论为礼学、律学构建了理论基础，此于《通典》中记载的诸多服议尤可见之。到了清代，丧服学的地位更加重要，且呈现出礼学核心的倾向。徐乾学《读礼通考》为清代礼学开山之作，虽名为《读礼通考》，全书却都在谈丧礼丧服。其后治礼学者亦多重于丧服。如凌廷堪《礼经校释》，以《封建尊尊服制考》尤为突出，胡培翚《仪礼正义》、郑珍《仪礼私笺》、凌曙《礼说》、黄以周先生《礼书通故》，曹叔彦先生《礼经校释》《礼经学》，皆尤用力于丧服。丧服学如何，成为评价清人礼学成就的基本标准。此外，又有多部丧服学之专门著作，如崔述《五服异同汇考》、吴嘉宾《丧服会通说》等，意在以亲亲原则释丧服。程瑶田《仪礼丧服文足征记》、夏炘《三纲制服尊尊述义》、夏燮《五服释例》则将丧服学理论推向一个更高的水平。张闻远先生的《释服》《修礼刍议》，特别是晚年的两部巨著《丧服郑氏学》《丧礼郑氏学》，专治丧礼，以窥礼学大义。由这几部著作，可知清代丧服学

的独特之处，重在理论建构，不在议礼，与《通典》中所载魏晋六朝丧服学大盛之时，旨趣颇异。对丧服学的深入研究，当可揭示出清代经学与礼学研究的基本取向。而于丧服学诸家中，程瑶田又为一尤其突出之人物。[1]

歙人程瑶田先生，为一代通儒，乾嘉学派的卓越代表。程氏将自己的主要著作编为《通艺录》，考据严谨精详，多有创获，解决历代难题，许多观点至今仍为定论，无论在当时还是后世，均备受推崇。其中最能标明程氏学旨的，当属《通艺录》前四篇：《论学小记》《论学外篇》《宗法小记》《仪礼丧服文足征记》。[2]这四篇构成一个整体，不仅是了解程氏思想的钥匙，也是研究清代丧服礼学的重要门径。以前的论者，多从《宗法小记》与《仪礼丧服文足征记》看程氏的礼学考据成就。自钱穆先生以降，特别是张寿安先生以来，又颇有学者从《论学小记》与《论学外篇》看他的义理学思想，对程氏思想的研究有很大进展。但还是很少有学者能沟通这两方面著作的，因而也就难以窥见程氏礼学思想的全貌。本文即尝试从总体上研究这四部著作，以期对程氏礼学有一个更全面的把握。

---

〔1〕 关于清代丧服学的总体面貌，可参考邓声国《清代"五服"文献概论》，北京大学出版社，2005年版。

〔2〕 张寿安《以礼代理——凌廷堪与清中叶儒学思想之转变》，河北教育出版社，2001年版，第231页。

一　程氏之心性学

程瑶田与戴震年龄相当，交往密切，于戴震对宋明理学的攻击应该非常清楚。但较之戴震，程氏更懂得韬光养晦，不会直接攻击程朱，其《通艺录》于戴震卒后很久方刊刻，应该经过了非常慎重的考虑与权衡，故其义理学对戴震之学既是修正，也是发展。

程瑶田精心写就的《论学小记》是对《大学》的重新诠释，构成其心性学的主体，而其中又处处透露出对"礼"的强调。首篇《志学篇》言："学也者，学为人子，学为人臣，学为人弟，学为人友之道也。"[1]大学之道，归于五伦，这种对礼的重视与汉儒颇不同："圣教安归乎？归于自治而已矣。今有能纯乎喻义而绝不喻利之人，处人伦如此，酬世务如此，夙兴夜寐举如此，尔室屋漏中如此，稠人广众中复如此，志气清明时如此，梦寐惶惑时无不如此。此其人，不亦可以立于天地间乎？"[2]程氏所讲的人伦礼制重点不在制度架构，而在修身之道，因而依赖于心性结构。但这与宋学的修身之法也不同，因为他重视的是在人伦日用中的修身，而不是静坐体悟。《论学外篇》的《颜子不改其乐述》阐释颜子之乐说："假使于人伦之中，如父不慈，子不孝，愧怍之无地，乐于何有？故曰：实事求是而能行之，此为其乐筑

---

〔1〕　程瑶田《论学小记》，《程瑶田全集》第一册，陈冠明等校点，黄山书社，2008年版，第13页。

〔2〕　程瑶田《通艺录自叙》，《程瑶田全集》第一册，第9页。

固灵株也。"[1]

　　程瑶田不把心性重点放在理欲之间，而是落实在具体事务中的诚意上，所以，"其立乎世也，必有以接乎其人也。人也者，父子、兄弟、夫妇，苟在家，毋相离也。朋友，则出而日相见者也。至于能仕，则事之者吾君也"[2]。学，就是在这各种人伦关系上做到无过无不及，也就是视、听、言、动皆不失乎礼。学的目的是立世接人，方法是博文与慎独，而无论博文还是慎独，都要通过礼才能完成，所以孔子说："不学礼，无以立。"所以《志学篇》之后是《博文篇》《慎独篇》《立礼篇》。

　　在《立礼篇》，程瑶田就人伦阐释礼义："礼之于人大矣！以求之其子者而事父，以求之其臣者而事君，以求之其弟者而事兄，以求之其友者而先施，礼也。"[3]贤者之过，在过于礼，不肖者不及，也在于不及乎礼。要做到人伦之礼的恰到好处，就要"视不以邪色接乎目，听不以淫声受于耳，言不以游辞出诸口，动不以畸行加诸身，礼也"。在这些方面，智者之过，是过乎礼，愚者之不及，也是不及乎礼。所以，学者要以礼自立。

　　所谓以礼自立，虽然要通过在与人相接的各个方面做到，但最终的落实却是内在之德，所以《立礼篇》随后是《进德篇》释"恕"，《主让篇》释"让"，《以厚篇》释

_____

[1]　程瑶田《论学外篇》，《程瑶田全集》第一册，第 131 页。
[2]　程瑶田《论学小记》，《程瑶田全集》第一册，第 13 页。
[3]　同上书，第 17 页。

"厚"，《贵和篇》释"和"。他以为，仁是人之德，而恕是行仁之方，尧舜之仁不过终身行恕道。让之所以重要，因为它是争之反、任之对。做到不争夺，不任性，自然是礼之真意。而程瑶田以为，凡人之获令名、膺遐福，都是因为厚。最后，礼之用以和为贵，无论治己治人，都是和气招祥。这四德是程瑶田所理解的礼意所在，所以他特别重视。这是程氏祠堂障壁上写的四件事，程瑶田曾作《祠堂障壁四事书呈宗老垂示后生》以教其同族子弟。他又作《擘窠书四字说》《和厚让恕四德贯通说》两篇，来阐述这四德之义，而其晚年所号让堂，即从此中来，均收入《论学外篇》。

述四德之后，程瑶田又作《大器篇》，强调有容乃大的道理。随后是《游艺篇》。因为程瑶田特别强调要在实事中体认礼意，所以尽职尽伦都必须有所落实，"夫德之能据也，仁之能依也，皆于艺乎得之"[1]。以上为《论学小记》前十篇，是程瑶田论学之大纲，皆以礼为归。随后则进入全书的核心篇章《诚意义述》，因程氏以为《大学》之要在诚意。再后面就是对其学说之关键概念的阐释，即"诸述篇"，包括《述性》四篇、《述诚》二篇、《述情》三篇、《述命》《述公》《述敬》《述己》《述义利》各一篇、《述名》二篇、《述术》《述真》各一篇、《述俭》四篇、《述心》二篇、《述梦》二篇、《述玄妙》《述静》各一篇。

最后一篇《论学约指》，综述全书主旨，再度阐发学与

---

〔1〕 程瑶田《论学小记》，《程瑶田全集》第一册，第25页。

人伦的关系，特别指出："人之类，有出于君臣、父子、夫妇、昆弟、朋友之外者乎？是故五伦者，百行之本也。"[1]

由此可以看出，《论学小记》虽然不像他的考据学著作那样受重视，却是一部精心安排的著作，其思想关键在于否定宋儒理欲二分之说，阐发性善论，特别以诚意为工夫论的核心，而所有这些讨论都落实到人伦实践上，他所强调的恕、让、厚、和四德，都是礼学上强调接人待物之法的德性。《论学外篇》收入的是相关的一些散论，可以帮助我们更好地理解《论学小记》。而这正是《宗法小记》和《仪礼丧服文足征记》的用意所在。

1　理与则

与戴震一样，程瑶田首先要面对宋儒所言之理。在《论学小记》中，程瑶田很少直接讨论"理"的问题。在《论学外篇》中，他在数处辨析了自己为什么不喜欢言"理"。在《擘窠书四字说》中，他说："事必有理，俗谓之'理路'，若大路然。今不曰理而书'让'字者，理但可以绳己，自己见得理路一定如此。自达其心，岂故有违？若将理绳人，则人必有诡词曲说，用相取胜，是先启争端也。今吾以一让应之，彼虽有褊心，不自知何以变为豁达之度。"[2]程瑶田晚年自号让堂，此一段就在解释为什么选"让"字，而

---

[1]　程瑶田《论学小记》，《程瑶田全集》第一册，第85页。
[2]　程瑶田《论学外篇》，《程瑶田全集》第一册，第94页。

不选"理"字。在程瑶田看来，作为理路之理并不错，但仅可用来律己，而非待人接物之原则。在《让堂卮言》中，程瑶田又更全面地阐释了他对"理"的看法："窃以谓礼之本出于理，而理亦有所难通，据理而执一，不以礼权之，亦不可通也。人之言曰：'天下止有一理。'余以为此亦一是非，彼亦一是非，乌在其为一理也？"[1]此处所说的"人之言"，当即宋儒论理之言。从程瑶田这段话看，他似乎在原则上并不否定礼出于理，但认为若只是从理的角度出发，就会导致人们各执一是非，争论不休。比如在性的问题上，孟子、荀子、杨子就都有不同看法，即使在武王伐纣这样的大事上，也还有伯夷、叔齐来争论。因此，"各是其是，是人各有其理也，安见人之理必是，我之理必非也？而于是乎必争，争则持其理而助之以气"[2]。程瑶田进一步说，孟子可以养浩然之气，不动其气，但这是圣贤才能做到的，一般人在争理的时候做不到这一点，而往往会动气，导致更加激烈的争论。既然言理只能导致争斗，程瑶田就导向了情，说："故言理者，必缘情以通之；情也者，出于理而妙于理者也。情通则彼执一之理自屈，而吾之理伸矣；情不通，则吾之理转成其为执一，是吾以理启人之争矣。"[3]程瑶田并作楹联以言其意："直任理来终惹气，曲通情处渐能和。"程瑶田的这一态度，代表了清儒批评理学的共同倾向。戴震批评宋儒以理杀

---

〔1〕 程瑶田《论学外篇》，《程瑶田全集》第一册，第 97 页。
〔2〕 同上书，第 97—98 页。
〔3〕 同上书，第 98 页。

人为以意见杀人，亦与此颇类似。过多执着于理，自然会导致很多争端，因此要达致中庸和乐的儒家理想，需要更多体会人情，尚让而非尚争，而人情与让正是礼的核心含义。不过，这种对理的批评似乎还只是从相当外围的角度进行的，即其所反对的乃是过于执着于理，却并没有反对理本身。因而程瑶田自己也承认，礼出于理，情出于理。但仅如此笼统论理与情，尚不能窥见程瑶田义理学的全貌。

要理解程瑶田论理更复杂的层面，我们尚需细究其所谓"礼出于理"为何意。《论学小记》的核心篇章是《诚意义述》，程瑶田于其中全面展示了他的义理学体系。其中释《大学》八条目说："格者，举其物而欲贯通乎其理，致知者，能贯通乎物之理矣。而于是诚意，使吾造意之时务不违乎物之理，而因之正心，使吾心常宅乎物之理；而因之修身，使万物皆备之身，始终无愧怍乎其物；而驯致乎家之齐、国之治，亦唯不外乎顺物之情、尽物之性，使天下无一物不得其所，而《大学》之能事毕矣。"[1]无论格物、致知、诚意，还是正心，皆就物理而言，而修齐治平之礼亦皆由此来，这就是程瑶田所谓的礼出于理之意。初看上去，这似乎与朱子所谓"礼也者，天理之节文也"并无大异。但需要注意的是，程瑶田谈的是物理，而非天理，这不是一个可有可无的小差别。他在下文又说："不知循物，寂守其心，此异学之所以歧也。吾学则不然，'慎独'者，慎其意之接于

---

〔1〕 程瑶田《论学小记》，《程瑶田全集》第一册，第30页。

物。"[1] 寂守其心，是程瑶田对佛老二氏的批评，也是对宋儒的暗中批评。故程瑶田论理，必在物上言，而不会蹈空谈天理。在这一点上，程瑶田与戴震实无二致，唯戴震之辞激切，程瑶田之言婉转，戴震直指宋儒要害，程瑶田批评宋儒之实质，却从不直标所批评者之名姓。

在《论学小记》诸篇当中，并无专门论理的题目。但对于如此重要的问题，程瑶田不会避而不谈。或许因为戴震对理的批评激起了相当热烈的讨论，程瑶田尽可能回避对理的直接讨论，但他在很多地方其实就是在谈论理。还是在《诚意义述》中，程瑶田写下非常重要的一段：

> 天分以与人而限之于天者，谓之命。人受天之所命而成之于己者，谓之性。此限于天而成于己者，及其见于事为，则又有无过、无不及之分以为之则。是则也，以德之极地言之，谓之"中庸"；以圣人本诸人之四德之性，缘于人情而制以与人遵守者言之，谓之威仪之礼。盖即其限于天、成于己者之所不待学而知，不待习而可能者也，亦即其限于天、成于己者之所学焉而愈知，习焉而愈能者也。是之谓"性善"。《诗》曰："天生烝民，有物有则。民之秉彝，好是懿德。"孔子释之曰："有物必有则，民之秉彝也，故好是懿德。"增"必"字、"也"字、"故"字，而"性善"之

---

[1] 程瑶田《论学小记》,《程瑶田全集》第一册，第30页。

义见矣。"性"、"命"二字，必合言之，而治性之学斯备。五官百骸，五常百行，无物无则。性、命相通，合一于则，性乃治矣。

此一段中备述程瑶田对性、命、礼、则的理解，乃是其义理学之总纲。若要理解程瑶田之义理学体系，需要细细辨析这几个概念的关系。张寿安以为，四个字同源异名[1]，未免粗疏。若是四者完全同源，程瑶田也就不会强调，必须性命合一于则方可治性。天给人的是命，人得自天而自成的是性，这当然是对"天命之谓性"的演绎。命与性虽然很难分开，但命是就天而言，性是就己而言，性命在具体事情上，就体现为每个事物的理则，"则"恰到好处时就是中庸，而其外在表现出来，就是礼。性命都是不学而知、不习而能的，但若有学习之功，则可以愈知愈能，所以说人是性善的。程瑶田强调性、命必须合一言，即必须看到人性来自于天，而天命必成于人性，天命、人性之成，则在于则，按照则制定具体的行为规定，就是礼。程瑶田在解释礼时，又说本四德、缘人情，因四德、人情皆是天命之性。可见，程瑶田所谓的则，就是天命之性的条理、规则，那么，这个"则"字，正是理的另外一个说法，物之理即物之则。

程瑶田随后举了《孟子》中的两段话来说明性、命、则的关系。孟子说："口之于味也，目之于色也，耳之于声

---

[1] 张寿安《以礼代理——凌廷堪与清中叶儒学思想之转变》，第 257 页。

也，鼻之于臭也，四肢之于安佚也，性也，有命焉，君子不谓之性也。"人们生下来就会有对这五者的喜爱，因而这是"与生俱生之性"，但是，人们并不是总能满足这些欲望，也并不应该不知餍足地满足它们，因而，"其不能必遂者，命之限于天者也"。在这五者上面，"遂己所成之性恒易，而顺天所限之命恒难"[1]，因而性和命并不总是一致的。由于性易遂，所以"必过乎其则"；而由于命难顺，也使得"不能使不过乎其则"。因而，必须"节之以命而不畏其难顺，斯不过乎其则矣"[2]。在《述性三》中，程瑶田解释"性也，有命焉"说："命即则之所从生也。"[3]如果过乎其则，就成为恶。

孟子又有另外一段话："仁之于父子也，义之于君臣也，礼之于宾主也，智之于贤者也，圣人之于天道也，命也，有性焉，君子不谓命也。"这五者也是与生俱生之性，但因为命限于天，也并非总能做到。但是对于这五种大节，却是"遂己所成之性恒难，而顺天所限之命恒易"。[4]因为性难遂，所以人们经常做得不够，"必不及乎则"；命易顺，也总是"任其不及乎则"。所以在这五者之上，就必须要"勉之以性而不畏其难遂，斯必及乎其则矣"[5]。对比这两段话，我们就可以明白程瑶田综合性、命、则的考虑所在。无

---

〔1〕 程瑶田《论学小记》，《程瑶田全集》第一册，第37页。
〔2〕 同上。
〔3〕 同上书，第42页。
〔4〕 同上书，第37页。
〔5〕 同上书，第38页。

论是人身体中最一般的欲望，还是德性大义，都有性、命、则的维度，只是表现不同而已。

2　论性、诚、敬

由此，我们也就可以理解程瑶田在《述性一》开篇所言的："有天地，然后有天地之性；有人，然后有人之性；有物，然后有物之性。"[1]万物之性来自天之所命，但万物之性各自不同，其理则也各自不同。因而程瑶田与戴震一样，认为并不存在一个独立的天理，理不过是万物之理则，正如性不过是万物之所自成于己者。程瑶田没有明确批评宋儒的天理说，却明确批评了宋儒的性论："使以性为超乎质、形、气之上，则未有天地之先，先有此性。是性生天地，天地又具此性以生人、物。"[2]程瑶田认为，一定要追求一个超乎形质之上的性，是"后世惑于释氏之说，遂欲超乎形、质、气以言性，而不知唯形、质、气之成于人者，始无不善之性也"[3]。人与禽兽之性之所以有差异，就是因为形、质、气有差异，而不是在相同的形、质、气上面又有不同的性。

既然认为没有独立的天理，也没有天地之性，程瑶田也和戴震一样，否定宋儒对天地之性与气质之性的二分。他说：

---

〔1〕　程瑶田《论学小记》，《程瑶田全集》第一册，第38页。
〔2〕　同上。
〔3〕　同上书，第39页。

夫人之生也，乌得有二性哉！譬之水，其清也，质、形、气之清也，是即其性也；譬之镜，其明也，质、形、气之明也，是即其性也。水清镜明能鉴物，及其浊与暗时，则不能鉴物。是即人之知愚所由分也。极浊不清，而清自在其中；极暗不明，而明自在其中。是即"下愚不移"者，其性之善自若也。知愚以知觉言，全在禀气清浊上见。性则不论清浊，不加损于知觉，但禀气具质而为人之形，即有至善之性。其清，人性善者之清；其浊，亦人性善者之浊也。其知其愚，人性善者之知愚也，此之谓"性相近"也，断乎其不相远也。[1]

既然性是天命所成于己，则每个事物有怎样的形、质、气，就有怎样的性。万物皆各有一性，正如水之性即为清，镜之性即为明。若水不清，镜不明，并不是因为另外一个性，而是因为性被遮蔽了。同样，人也不会有二性。人性本善，无论智愚清浊，皆不改其至善之性。因此，程瑶田认为性皆就气质而言，没有气质之外的性。人性之所以与禽兽不同，是因为人的气质就与禽兽不同，这正是孟子所谓"人之异于禽兽者几希"之处。孟子又说："庶民去之，君子存之。"庶民之所以去之，不是因为有另外一种性，也不是因为性有不善，而是因为它遮蔽了本性，就如同水变浊了、镜

---

〔1〕 程瑶田《论学小记》，《程瑶田全集》第一册，第39页。

变脏了。

程瑶田深知，宋儒之所以会有二性之分，是因为"无解于气质之有善恶，恐其有累于性善之旨"，因别之曰有气质之性，有理义之性。[1]但对性的二分，不仅无助于性善之说，反而有很大问题。因为，"无气质则无人，无人则无心，性具于心，无心安得有性之善？"[2]宋儒受佛老影响，将人性追溯到人未生之前，说那是天地之性；但程瑶田指出，天地也自有其形质，因而才有天地之性，即天道。生生不穷是天道，天所赋予万物者为天命，人之禀赋为人性，无论禀赋，都要从气质上说，"岂块然赋之以气质，而必先谆然命之以性乎？"[3]如果一定要说性是脱离于气质之外的，则人与禽兽之性就有可能是一样的了。就气质论性，而不区分二性，程瑶田与戴震非常相似。

但人性之善是不可见的，所以要通过情来看性善。他说："性不可见，于情见之。情于何见？见于心之起念耳。人只有一心，亦只有一念。善念转于恶念，恶念转于善念，只此一念耳。性从人之气质而定，念从人之气质而有。若有两念，便可分性有善恶；今只此一念，善者必居其先，恶则从善而转之耳。"[4]程瑶田坚信人性皆善，体现在心之发念皆出于善，只因外在原因转而为恶，但恶念一转即可为善。程

---

〔1〕 程瑶田《论学小记》，《程瑶田全集》第一册，第40页。
〔2〕 同上。
〔3〕 同上。
〔4〕 同上书，第41页。

瑶田举盗贼的例子说，盗贼最初的念头，其实都是为了谋生，这不是恶念，而谋生的手段本来也很多，完全可以择其善者而为之，但是这个人若是没有机会选择，又有一两个盗贼引诱，结果一切不顾，甘做盗贼，就陷入了恶念。程瑶田以为，下愚之人之所以纵欲败度，根本上还是因为善念过乎其则。下愚之人不仅一般地过乎其则，而且积重难返，大大远于其则，变得下愚不移。但即便是这种下愚不移之人，他的善性也尚未消失，只不过是被遮蔽得太深，几乎看不到，也很难回归到原来的样子了。但这样的人偶尔也会改变，显现出善性。

谈到下愚不移的问题，程瑶田对历史上一个著名的问题，即孔子论性与孟子论性是否不同的问题，给出了自己的诠释。由于孔子说上智下愚不移，而孟子说性善，所以经常有人以为，孔、孟的性论不同。程瑶田认为，孟子之言恰恰可以证明孔子的说法。在他看来，孟子说的性善，正是孔子所谓的"性相近"，人人从天获得的禀赋是相同的，因而人性都是同样至善的，不存在善恶的差别。之所以人们会有行为善恶的不同，是因为外在的影响所致。孟子说："富岁子弟多赖，凶岁子弟多暴，非天之降才尔殊也，其所以陷溺其心者然也。"陷溺其心的不同，而导致人们的善恶之差，正是孔子之所谓"习相远"。恶，多为长时间陷溺习惯而来，而不是因为人性有什么不同。孔子所谓的下愚不移之人，并不是天性上就与别人有什么不同，而是因为长时间陷溺于恶，积重难返，遂为恶人，而且难以改变。程瑶田又强调：

"孔孟言性，并主实有者言之。如溯'性'于未有气质之前，此所以终日而言诚，茫然不解诚之所谓也。"[1]

以万物之则来解释理，以气质之性来看人性，程氏对其他问题的讨论都来自这两点。他于《述诚》云："诚者，实有焉而已矣。"[2] 天地人皆实有之物，故人性之德皆实有之德，性善即实有其善，此即"诚者"；"诚之者"，即能实有此性之善。"自明诚，谓之教"，指的就是通过教育，使人做到实有其善，这就是"成己"，从而实有各种德性。若是不实有人之气质，就无法实有其性，实有其性之善。而二氏从空、无上谈诚，便不是实有之诚。所谓在实有上求诚，求性善与德性，就是要尽伦尽职，而不能通过主静之类的方式去做。他说："吾学之道在有，释氏之道在无。有父子，有君臣，有夫妇，有长幼，有朋友。父子则有亲，君臣则有义，夫妇则有别，长幼则有序，朋友则有信。以有伦，故尽伦；以有职，故尽职。"[3] 实有之诚，便是在人伦当中求善。他因此进一步批评释老从静坐、空无的角度谈诚。程瑶田对佛学有相当精深的研究，所批评皆能切中要害。他说，释氏虽然言无，但若不在实上用功，无亦为无，其道便不能自立。因而，释氏之诚就是如《心经》所说的"无无明，亦无无明尽，乃至无老死，亦无老死尽"。释氏所无的，是万万不可能无的明与老死。二氏之诚，亦从实处求，但是实有其

---

〔1〕 程瑶田《论学小记》，《程瑶田全集》第一册，第44页。

〔2〕 同上。

〔3〕 同上书，第46页。

"无"，儒家之诚，是从有处，求实有其有。因此，程瑶田以为，释氏实无之说，袭儒学实有之说而来，所以并不出儒学之范围。虽然他们宣扬形如槁木，但形毕竟不是槁木，所以还是要从实有之事上做，一定还是要实有其形、实有其心，才能主静主无。程瑶田此说既是为辨析儒佛之别，暗暗也是在批评宋儒因袭佛老主静之说。

又有《述敬》一篇，可与《述诚》对观。程瑶田于篇中强调，敬亦主动言，因而敬之全功必在日用之间的具体事情上，而不能是一个悬空的敬。"人于日用之间，无时无地之非事，即无时无地之非动。"[1]因而，导国家言"敬事"，事君言"敬其事"，论仁言"执事敬"，论君子言"事思敬"，还有"事上敬""交久敬""行笃敬""敬鬼神""祭思敬"等，经文中的敬，皆就具体事上说。程瑶田又以为，人生在世，动时多、静时少，动时皆须敬，即使偶有静时，也需要用敬来连属，即静处之敬皆为辅助性的，都以动处之敬为目的，因而绝不能把敬全部归为静处之涵养。孔子让颜回省察其视听言动，都是先看清其礼，然后再去视听言动，而不能如释氏一般寂守其心。此处显然是在暗指宋儒之说。但程瑶田又不愿意显驳程朱，所以下文就辩驳说："程子为人不知收放心，故单说一个'敬'字，为收放心之第一法。其吃紧为人，实具一片苦心。"[2]至于其弟子上蔡所谓"敬是常惺惺

---

〔1〕 程瑶田《论学小记》，《程瑶田全集》第一册，第55页。
〔2〕 同上书，第56页。

法"，是主静涵养，程瑶田并不认可。程瑶田煞费苦心，从程朱言论中找出与自己相合之处，但这一思路也开启了清代后期汉宋兼采的一个方向。

3　情与意

无论诚还是敬，在程瑶田的思想体系中，都是为诚意之讨论做准备。而其诚意说的一个出发点，在于对情与意的区分。

前文谈道，程瑶田礼学的一个核心关切，是辨析理与情，因为他认为，情虽出于理，却妙于理，而礼正是本于情。前文既已辨析了理和相关的各个问题，现在再来看程瑶田论情的文字。程瑶田在《述性三》中言："性不可见，于情见之。"[1] 情是性的表现，性是情之根源，性善所以情亦然。这便是程瑶田《述情》的主要观点：

> 性善，情无不善也。情之有不善者，不诚意之过也。由吾性自然而出之谓情，由吾心有所经营而出之之谓意。心统性情，性发为情，情根于性。是故喜怒哀乐，情也。故曰："喜怒哀乐之未发谓之中，发而皆中节谓之和。"其中节也，情也；其未发也，情之未发也；其中也，情之含于性者也；其和也，性之发为情者也。是故"心统性情"。情者，感物以写其性情者

---

〔1〕　程瑶田《论学小记》，《程瑶田全集》第一册，第41页。

也，无为而无不为，自然而出，发若机括，有善而已矣。〔1〕

性情关系本来就是宋明理学中非常根本的一对关系，心统性情亦为程朱的核心命题。而今程瑶田在许多说法上都与宋儒相似，但也有相当大的不同。朱子论心统性情，以性为未发，情为已发，性皆为善，情则有善有不善，以至朱子陷入了一个矛盾。〔2〕而程瑶田则明确讲情无不善，情若不善，则归结于不诚意。诚意一节，在程瑶田的工夫论中至关重要，故其作长文《诚意义述》以发明此旨。前文所引《述性三》中所说"情于何见？见于心之起念耳"，说的正是意的问题，意念之转换，即为善恶之变化。所以他在《述情》中也有对意非常重要的讨论。意究竟怎样导致不善呢？程瑶田非常细致地分析了意的产生和转变：

　　自夫心之有所作为也，而意萌焉。其初萌也，固未有不善者也。何也？意为心之所发，而心则统乎性情，故意萌于心，实关乎其性情，则安得而不善？然而意之萌也，未有不因乎事者也。事之乘我也，有吉有凶；而人之趋事也，有利有害。吉凶天降之，利害人权之，君子于此，亦未有不思就利而务去害也。主

〔1〕　程瑶田《论学小记》，《程瑶田全集》第一册，第47页。
〔2〕　陈来《朱子哲学研究》，华东师范大学出版社，2000年版，第211页。

张之者，意而已矣。于是经营焉，曰：必如是，然后有利而无害也。然而善从此而亡矣。曰：苟如是，则必得利而远害也。然而不善从此而积矣。[1]

意是心的发动作为，最初也都是善的。因为心统性情，性情无不善，心无不善，意之始发亦无不善。但意都是就某事而发的，就有可能脱离本来的心性。具体的事情有吉凶利害之别，面对这些事情时的权衡经营就是意。如果意唯利是图，就有利而无害，这就是恶意的出现。如果人之意总是这样做，恶意越积越多，善意越来越少，不慎其独，自欺欺人，终于无法诚意。程瑶田总结说："岂其意之萌也，果遂不善乎？经营之巧习于中，利害之途炫于外，故事触于情，而喜怒哀乐不转念而应，情交于利害，而取舍疑惑，一转念而涵。慎之又慎，在持其情于独焉。即事察义，以诚其意而已矣。"[2]即事察义，是程瑶田解诚意的关键，也正是慎独的意义所在。若是能够于人所不见不知之事都能做好，即在隐微之处持其情之正，而不失其本心之善，就会将情之四端发现于外。

程瑶田认为，孟子所说的"端"，就是"情之初出于性，即连乎意之始萌于心者也"[3]。此中既有意之初萌，也有情之初出。就四端问题，程瑶田可以进一步辨析情与意的关

----

〔1〕 程瑶田《论学小记》，《程瑶田全集》第一册，第48页。
〔2〕 同上。
〔3〕 同上书，第49页。

系。心统性情，而心之动就是意之萌，"故情与意同居而异用。事触于性，而自然而出之谓情；事感于心，而经营而出之谓意"[1]。四端初发，其意与情皆为善，只是情是性的自然流露，情即性之用，性即情之体。而意却要经营，善恶之转，就是在这经营中来的。若是发动了恶意，"于是心不能察，而性亦退听焉而已矣。唯加以慎独之功，而毋自欺其初萌之意，随事察义，以条理其本然之情，而归根于其有生之性，于是乎性得其养而心以存。能存其心以见之于事，而身有不修者乎？"[2]心、性虽善，对恶意却无能为力，只能靠慎独之功，条理其情，归根于善性，才能够存心养性以修身。在根本上，这仍然是意中的较量，即善意依靠情的力量对恶意的驱赶，而心性则是被动地被存养。

因此，程瑶田给意赋予了极大的重要性，使诚意成为善恶转换的关键。他特别细密地辨析心、意、性、情的关系，以为心统性情，情出于性，而意则是心之动。情与意似不同源，但又皆具于心。既然都出于心，则不仅性、情有善无恶，意亦无恶，但由于心与外部的接触要通过意，意的经营会导致恶的产生，而意又主张于情，因而意变恶，会影响到情，乃至丧失良心，而此皆为不诚意之害。意与情的区别在于，"盖情之发于性也，直达之而已；意之主张乎情者，有所经营，不能直达"[3]。所谓诚意，就是使已经不能直达的

---

[1] 程瑶田《论学小记》，《程瑶田全集》第一册，第49页。

[2] 同上。

[3] 同上书，第50页。

情重新成为可以直达本性的情。

4 诚意

这样，我们才能理解程瑶田作《诚意义述》的用意。他把诚意定义为"真好真恶之情发于性者"。情是"好恶之出于不容己者"，意是"好恶之情动于中而欲有所作为者"，即情是一种自然的好恶流露，但意则是欲做某事的念头。如果人的自然之情非常喜欢某个东西，但是此人却不想做这件事；非常讨厌某个东西，却要去做，就不能真的做到为善去恶，这就是不诚意。"发于情之好恶，是真好恶也；发于情而即欲好之恶之，是其意已自知其当好当恶也。"但是如果不能按照这个好恶之情去做，就是自欺。"'毋自欺'者，知其当然而即无丝毫之不然，是能充实其为善拒恶之意，而能不负其出于不容己之情，夫是之谓诚其意也。"[1]

诚意之功的关键在于慎独。如何理解《大学》《中庸》里面的"慎独"，自宋以后就是一个大问题，清儒争论尤多。郑君对"慎独"的理解非常朴素，以为即"慎其闲居之所为"；朱子认为，所慎的乃是"人所不知而己所独知之地"，即人欲将萌未萌之时，仅自己知道的状态，因而慎独就是去除人欲最细微的萌芽。程瑶田则综合了郑、朱两说，以为，"独者，内外相交之际，而慎则专在内也"[2]。所谓独，是对

---

〔1〕 程瑶田《论学小记》，《程瑶田全集》第一册，第 26 页。
〔2〕 同上书，第 29 页。

他人而言的，所以独是他人所不见处。他在几处讨论慎独时都举了《后汉书》中王密见杨震的事："所举荆州茂才王密为昌邑令，谒见，至夜，怀金十斤以遗震，震曰：故人知君，君不知故人，何也？密曰：暮夜无知者。震曰：天知，神知，我知，子知，何谓无知？密愧而出。"这便是二人独处时，王密自欺以欺人，私意而不诚。这样的例子，显然更符合郑君闲居的理解，所以程瑶田不同意宋儒"专在内"理解慎独的思路。他发挥郑注，认为古人所说的"出门如见大宾""独立不惭影，独寝不愧衾"，说的都是慎独。[1] 慎独是内外相交之际，之所以强调其外，是因为其总要在耳、目、口、鼻的视、听、言、动上面，即随时行事的合礼与不合礼。但慎又必须专在内言。仅仅按照合礼去做事还不够，还要"如好好色，如恶恶臭"。见到好色，本来是非礼的，也知道不应该去做，却仍然心里喜欢，那就是尚未做到慎独，意还不够诚。见到自己不喜欢的东西，虽然知道应该做才合礼，却不能如好好色，心里还是有一些厌恶，那也是没有做到诚意。

在对"恶恶臭"的理解上，程瑶田体现出与宋儒相当大的不同：

> 诚意者之"恶恶"也，非专指恶已有之而后去之务尽之谓也，谓不使丝毫之恶有以乘于吾之身也。故

---

〔1〕 程瑶田《论学小记》，《程瑶田全集》第一册，第16页。

曰：夫子言"恶不仁者，其为仁矣，不使不仁者加乎其身"，说恶字最精妙也。若不善乘于吾身，此所谓"恶念"也。不可误认为吾欲诚之意，其治之之功谓之"去恶"，谓之"改过"，亦不得以"诚意"二字统言之，而此去恶改过之皇皇焉不容缓者，此之谓"恶恶"之意也，此之谓"内自讼"也，此之谓"独"之当慎者也，此之谓"毋自欺"以诚其意也。[1]

对"如恶恶臭"的理解，是宋儒区分天理、人欲的一个要害，戴震已经有所辨析。而程瑶田于此处尤加措意，以孔子之言证明，诚意并非去除已有之人欲和恶意，而是努力做到不使恶念加乎其身。所谓"去恶""改过"当然很重要，但并不是"诚意""如恶恶臭"的本意，因为所恶的并非自己的人欲，而是外在的诱惑。他随后详细说道：

吾之恶之也，虽猝值之而几于不能避，然卒无有肯受之者，何也？其恶之意诚也。夫天下之可恶如此"恶臭"者多矣。今即以"好色"例之，色虽好，而视之即为非礼之视，由君子观之，其为可恶何异于"恶臭"！而人之见者，往往不能不视之也。此其恶之之意不能"如恶恶臭"之诚也，此即"独"之不"慎"也。[2]

―――――――――

〔1〕 程瑶田《论学小记》，《程瑶田全集》第一册，第28—29页。
〔2〕 同上书，第29页。

在宋儒二性的框架下，修身最重要的是"存天理，灭人欲"，因而其工夫论的核心在于遏制人欲，所以朱子对《大学》《中庸》里面的"慎独"，都强调遏制人欲。戴震与程瑶田对这个问题的辨析是从他们以气质之性为善的人性论推出的必然结论。这个看似微小的差别，遂成为清学之工夫论区别于宋学的关窍所在。

程瑶田对《中庸》里"莫现乎隐，莫显乎微"的解释是："隐为黑暗之地，非无其处，而视之不能见也；微为细小之物，未尝不可见，而见之不能显也。此真如视听言动之接于吾，而吾欲视之、听之、言之、动之之时也。此时心中即以礼权之，如其非礼则勿视、勿听、勿言、勿动也。此慎独之事也。"[1] 内在的修养也一定要落实在具体的事情上，而不是对人欲的内在斗争，所以隐和微并不是指自己的内心深处，而是黑暗之地、细小之物，即使在黑暗之处的小事上面也以礼权之，视听言动无不合礼，自觉地以好好色之心态对待应行之礼，以恶恶臭的心态对待不当行之事，就是做到了慎独。如曾子三省其身之说，所针对的都是自己的行事。"盖行事不疚，乃吾之志即好善恶恶之意也。好恶之不诚，以自欺其意，是见恶于其志矣。能于内外相交之际，断乎不蹈于非礼，则是于人之所不见时而能慎独，以无恶于志矣。"[2]

---

〔1〕 程瑶田《论学小记》，《程瑶田全集》第一册，第29—30页。
〔2〕 同上书，第30页。

宋儒对理与欲的区分导致二性之说，从而呈现出丰富的内在自我。戴震、程瑶田将这些地方都理解为实事，是否就取消了内在自我的丰富性呢？戴震和程瑶田虽然不再区分内在的二性，但对内在修养的强调并不弱于宋儒，同样有相当复杂的人性结构。正是这一点，使清儒在讲汉学的时候，与完全强调礼制的郑君并不一样。他们在更细密地阐释孟子性善说的基础上，重新重视礼学建构。因此，程瑶田既然不承认二性说，就必须构造一个新的心性论体系。所以，无论是对性情还是对诚意、慎独的讨论中，他都反对从理欲二分的角度讨论问题，他所理解的修身也不是静坐内省式的修身，而一定要落实到具体的事情上。在修身的具体理解上，他更强调正面的修养，而反对遏制欲望。他特别严厉地批评了以遏制欲望为核心的工夫论：

> 今之言学者动曰"去私""去蔽"。余以为，"道问学"其第一义不在"去私"，致知之第一义亦非"去蔽"。盖本不知者，非有物以蔽之；本未行者，非必有所私也。若五金然，其性有光，能鉴物，是"明德"也；铄之，煎之，锻之，范之，镶之，厉之，是"明明德"也。鉴受尘则拭之，有垢则磨之，是"去蔽""去私"之事也。是故崇德，"明明德"之事也；"道问学"以"尊德性"，所以"明明德"也。修慝，去蔽、去私之谓也；诚意者，崇德、修慝兼而有之者也。"好善恶不善"，非修慝也；"毋自欺"，亦非修慝

也。自欺则愿也，反其不诚以几于诚，是之谓修愿也。问学之事，崇德一大端，大之大者也；修愿亦一大端，所以辅其崇德，大之次者也。今之言学者但知修愿为大端，认修愿为即以崇德，其根由于不知性善之精义，遂以未治之身为丛尤集慾之身，虽亦颇疑于性善，及其著于录也，不能不与荀子《性恶篇》相为表里。此说之不能无歧也。[1]

张寿安认为，程瑶田在此所批评的"今之言学者"指的就是戴震。此说相当敏锐。戴震虽然也反对理欲二分，但还是强调"去私""去蔽"。如在《原善下》中，他说："人之不尽其材，患二：曰私，曰蔽。私也者，其生于心为溺，发于政为愿，见于事为悖为欺，其究为私也。蔽也者，其生于心为惑，发于政为偏，成于行为谬，见于事为凿为愚，其究为蔽已……不惑于心，不疑于德行，夫然后乐循理，乐循理者，不蔽不私者也。得乎生生者仁，反于是而害仁之谓私。得乎条理者智，隔于是而病智之谓蔽。"[2]在《孟子字义疏证》中，戴震也说："智也者，言乎其不蔽也；仁也者，言乎其不私也；勇也者，言乎其自强也。非不蔽不私加以自强，不可语于智仁勇。"[3]

---

〔1〕 程瑶田《论学小记》，《程瑶田全集》第一册，第31—32页。

〔2〕 戴震《原善下》，收入《孟子字义疏证》，何文光点校，中华书局，2008年版，第72页。

〔3〕 戴震《孟子字义疏证》，第51页。

在程瑶田看来，这些地方就是戴震对宋儒批评得还不够彻底的地方。所以他在许多地方都反复强调，修身的核心不在于去私、去蔽、修慝之类，而在于更积极地崇德好善，从而使外界之恶无法侵入。虽然程瑶田很少直截了当地批评宋儒，但在这个问题上，他比戴震更严厉。

由于对诚意的极端重视，程瑶田对大学诸条目的理解也与宋儒非常不同。朱子对《大学》诸条目的理解中，格物致知是首位的，诚意则相对次要。这在《朱子语类》的好几条中都非常明显。他说："致知、格物是源头上工夫。看来知至便自心正，不用'诚意'两字也得。然无此又不得，譬如过水相似，无桥则过不得。意有未诚，也须着力。不应道知已至，不用力。""知若至，则意无不诚。若知之至，欲着此物亦留不住，东西南北中央皆着不得。若是不诚之人，亦不肯尽去，亦要留些子在。""致知者，诚意之本也；慎独者，诚意之助也。致知，则意已诚七八分了，只是犹恐隐微独处尚有些子未诚实处，故其要在慎独。"[1]因为有理欲二分之说，所以朱子认为最重要的是认识天理，格物致知就是认识天理的功夫，等到有了真知，诚意就不难了，甚至会认为，致知之后自然就可以诚意。

程瑶田正是针对朱子的这个观点，说："说者只为诚意工夫是致知之后、正心之前夹缝中事，故必说在发念之

---

〔1〕 三条分别见于《朱子语类》卷十五、十六，《朱子全书》第十四册，第483、522页。

初，方能不侵界限。不知此意也，以一事言，则一事之始终该之。故意之发端在一念，而诚意之功，则非一念之可毕也。"[1]程瑶田既然否定理欲二分，也就不认为认识理则最重要，而认为是否真心好善恶恶才是关键，因为这是善恶之间的分界。程瑶田与朱子一样，在原则上同意，致知、诚意、正心、修身虽然界限有四段，但四段的工夫不能截然分开，而"诚意之功，以一事言，则贯乎其事之始终；以一身言，则贯乎终身"。[2]在这个意义上，程瑶田更强调不间断的修身。而对于致知与诚意的关系，他更正面的表述是："当其致知时，既知'仁为己任''死而后已'矣，此时便有好仁之意，日日好之，事事好之，所谓诚也。心即由此而正矣，身即由此而修矣，其诚意之功未尝间断也。"[3]

程瑶田也并没有因为特别突出诚意而忽视致知，而是仍然强调致知在诚意之前。他说："诚意为明明德之要，而必先之以致知。知非空致，在于格物。物者何？意、身、心、家、国、天下也。"[4]他不仅同样强调致知，而且是以求理的目的来求知，但所求的并非天理，而是物之理，以便可以顺物之情，尽物之性。他批评佛教"不知循物，寂守其心，此异学之所以歧也"，这也正是宋学的问题。由于程瑶田从物则的角度理解理，致知以求物理，这就构成了诚意的

---

〔1〕 程瑶田《论学小记》,《程瑶田全集》第一册, 第 27 页。
〔2〕 同上书, 第 28 页。
〔3〕 同上。
〔4〕 同上书, 第 30 页。

基础，通过诚意来顺其情，尽其性，从而使天下万物各得其所，这正是程瑶田心性论的基础所在。前文也已经谈道，他认为情出于理而妙于理，缘情制礼，使得礼也出于理，但却并不认定死理，而是曲通于情以制礼。

二　程瑶田的宗法学与丧服学

程氏之宗法与丧服学，自《通艺录》刊刻之时，即受到广泛重视。焦循代阮元作《仪礼丧服文足征记叙》称其："精确不刊，海内深于学术者，宗之久矣。"但随着清代丧服学的展开，对此书的批评也越来越多。张履著《仪礼丧服文足征记辨误》，虽其书不传，张氏之论多有为胡培翚《仪礼正义》所引者，亦有见于张履所著《积石文稿》中者。至张闻远先生《丧服郑氏学》，更是指责程瑶田触处成病。自晚清以来，程瑶田丧服学的主要说法多已被否定。但其《宗法小记》中对宗法制度的考订，的确当得起"精确不刊"四字，不仅程瑶田之前少有人能如此清晰地描述宗法制度，自程瑶田至今，仍然可以说：海内言宗法者"宗之久矣"。

但若要理解程瑶田礼学之全貌，我以为当将此二书合观。其价值并不在于所考证的制度有多么正确，而在于开启了清代丧服学理论化的研究倾向，而这也正是其心性之学的一个结果。虽然他关于丧服的说法有很多问题，但后面那些批评他的学者和他一样，以人伦为礼学之核心，从而展开对宗法、丧服的思考。本文余下的部分即试图归纳出程瑶田宗法丧服的义例体系。[1]

1　精义之学

《仪礼丧服文足征记》名篇之故，见于《丧服无逸文述》。在程氏看来，今本《丧服经传》是足本，无逸文失误。表面看上去，这是一个文献学问题，但实际上却涉及对《丧服》义例的理解。

程氏无逸文说主要针对孔颖达："孔冲远之疏《丧服小记》也，至曾孙之下，疑《丧服》之有逸文，于从父昆弟之子、昆弟之孙二人小功服外，又补出'从父昆弟之孙缌麻'及'昆弟之曾孙缌麻'二条。"[2]而孔疏原文为："同堂兄弟之孙既疏，为之理自缌麻，其外无服矣。曾祖为曾孙三月，为兄弟曾孙以无尊降之，故亦为三月。"[3]孔氏丝毫未言《丧服》有逸文，只是按照他所理解的降杀原则，推出了《丧服经传》未有的两条。[4]可见，程氏与孔氏真正的差别并不是《丧服》文本是否有逸文，而是，是否可以根据《丧服》已

---

〔1〕　对程瑶田丧服学的全面研究，可参考冯茜《论程瑶田的丧服学》，《儒家典籍与思想研究》，总第4辑，北京大学出版社，2012年版；金玲《程瑶田〈仪礼丧服文足征记〉再研究：以服叙问题为中心》，中山大学出版社，2016年版。

〔2〕　程瑶田《仪礼丧服文足征记·丧服无逸文述》，《程瑶田全集》第一册，第265页。

〔3〕　《礼记正义·丧服小记》，方向东点校《十三经注疏》第14册，第1652页。

〔4〕　参考金玲《程瑶田〈仪礼丧服文足征记〉再研究：以服叙问题为中心》，第80页。

言的丧服，推出未言的丧服。

按照郑注，《丧服》中没有列出的许多丧服，是可以根据服例类推的。因而历代礼书与律书中，都根据这个原则画出了全部的九族五服图（参见本书图 1）。但《丧服》中明确列出的本宗正服只有如下数种（不包括臣为君、为人后、尊降、宗子等服）：

斩衰：子女为父，妻妾为夫，父为长子；

齐衰三年：父卒为母，母为长子；

齐衰杖期：父在为母，妻；

齐衰不杖期：祖父母，世父母，叔父母，昆弟，众子，世叔父母为昆弟之子，嫡孙；

齐衰三月：曾祖父母

大功九月：姑姊妹女子子适人者，从父昆弟，庶孙，嫡妇，侄；

小功五月：从祖祖父母（报），从祖父母（报），从祖昆弟，从父姊妹、孙适人者，庶妇；

缌麻三月：族曾祖父母，族祖父母，族父母，族昆弟，庶孙妇，从祖姊妹适人者（报），从祖昆弟之子，曾孙，父之姑。

将这些丧服都画在丧服图中，会是图 33 中的情况。这幅图中对丧服的理解是颠覆性的，在这几个方面都与传统的理解不同：第一，高祖、玄孙无服；第二，姑姊妹女子子无

			曾祖父母齐衰三月	族曾祖父母缌麻			
		父之姑小功	祖父母齐衰期	从祖祖父母小功	族祖父母缌麻		
	从祖姑适人小功	姑适人大功	父斩衰	世叔父母期	从祖父母小功	族父缌麻	
	从父姊妹适人小功	姊妹适人大功	己身	昆弟期服	从父昆弟大功	从祖昆弟小功	族兄弟缌麻
		女子子适人大功	长子斩衰，众子期，嫡妇大功，众妇小功	昆弟之子期	从父昆弟之子小功	从祖昆弟之子缌麻	
		孙适人小功	嫡孙期，庶孙大功，庶孙妇缌麻	昆弟之孙小功			
			曾孙缌麻三月				

图 33 《仪礼·丧服》所见丧服图示

在室之服，只有适人之服；第三，丧服图只有右上半扇是全的，左上半扇只有姑、从祖姑、父之姑三人，右下半扇只有昆弟之子、从父昆弟之子、从祖昆弟之子、昆弟之孙四人，左下半扇只有女子子与孙适人者，其余均阙。

应该怎样来理解程氏丧服学的这条思路呢？或以为程瑶田在丧服学上是不从郑的，因其除认为《丧服经传》无逸文外，又认为其中无讹误，郑氏对子夏传的批评都是错误的，所以程氏以后的郑学派都反对他。但我以为这只是一个结果，而非原因。在他考据学的很多地方，程氏是从郑的，即使在丧服学中，他也并非一味反郑，在许多具体问题上，他都尊郑，甚至对郑君给以极高的评价，如在谈兄弟服的时候说："郑君思通乎微，往往得之……其义精矣。"我以为，对于自己的丧服学思路，他在《论缌麻旁杀应报不制报服之义》一篇里说得很清楚："人恒有言曰：天下止此一理。此非精义之学也。义主于断，通乎理之歧途而权之，于行乎不能行之时而止之以不得而不止，断之于义而已矣。彼谓天下止一理者，是知其一说而不知其又有一说也。"这里所说的道理，与《让堂卮言》中如出一辙。前文谈道，他批评天下一理之说，对朱子构成了挑战，而今以同样的理由，他对郑学也构成了批评（朱子的丧服学也是尊郑的，且画出了现存最早的丧服图）。郑氏之学确实是根据《丧服》中制服的情况总结出义例，然后根据其例推衍，将经传记中没有明言的丧服补全，因而形成了我们所见的丧服架构，此即"比例推经"之法[1]在丧服学上的运用。程瑶田认为，这就是持一理之说所致。比如在丧服图中，按照旁杀之例，从父昆弟之孙与昆弟之曾孙都应该服缌麻；按照报服之例，昆弟之曾孙为族曾祖父服缌麻，而族曾祖父母也应该报昆弟之曾孙缌麻，从父昆弟之孙为族祖父母服缌麻，族祖父母也应该报从父昆弟之孙缌麻。从这两个义例推，昆弟之曾孙与从父昆弟之孙皆为缌麻。程瑶田清楚郑君的这个道理："而经皆不制服者，持以天下止一理之说则曰此必《丧服》经之有逸文者也，于是妄议增补。"但程瑶田以为，除去上面的两个义例之外，还有一个义例，就是为曾孙已经服缌麻，若按照旁杀之义，此二人之服必应轻于曾孙，所以不为制服。因而，在这二人是否应该制服的问题上，有不同的理都在起作用，"伸于此，不得不屈于彼，裁制之宜，于是乎出。所谓义也，应报未始非义，而旁杀之义足以夺之。大哉权乎！权之，而义之分始定，此之谓精义之学也。夫惟精义，乃可与议礼；可议礼，乃可以制服"[2]。程瑶田称礼学为"精义之学"，在许多地方都强调这一点。精义之学就不是执一理之学，因而必须在不同的义例之间权衡，体会制礼的精微之义。但在权衡之时，又当以哪一条为重？为什么旁杀就胜过了报服之理？程瑶田

---

[1] 有学者认为，程氏自己用的就是"比例推经"之法（见金玲，前引书，第157页），但其"精义之学"之说与"比例推经"是相悖的，我们只能说，程氏无意中也使用了"比例推经"之法，而这恰恰是他自相矛盾之处。

[2] 程瑶田《仪礼丧服文足征记·论缌麻旁杀应报不制报服之义》，《程瑶田全集》第一册，第368页。

不免还要诉诸更根本的礼意。

2 宗者兄道

程瑶田丧服学的一个重要特点，是将宗法原理与丧服制度结合起来研究，而其《宗法小记》的核心命题有两个：一、是尊祖故敬宗。这一点历代宗法理论都比较强调，但我们必须结合第二点，才能看到程瑶田的独特理解。二、宗者兄道，是程氏非常独特的思想。他的表述是："宗之道，兄道也，大夫士之家，以兄统弟而以弟事兄之道也。"要理解其丧服礼学的特点，我们需要结合这两点，先看程瑶田的宗法学。

宗者兄道的思路，此前毛奇龄在《大小宗通绎》中已然讲过："立宗为兄弟而设。""宗为诸兄弟立族共宗之义。"〔1〕程瑶田对大小宗的理解与毛氏并不一样，但对于"宗者兄道"这一点，却完全继承了下来。于是，程瑶田以宗者兄道为核心，来理解《丧服小记》与《大传》中所说的宗法制度说：

> 别子为祖，祖，始也，为后世子孙所共尊之，以为吾家始于是人也。继别为宗，宗，主也，继别者一人，而为群弟之所主者也。由是继别者，与其群弟皆各为其

─────────────────

〔1〕 毛奇龄《大小宗通绎》，《丛书集成初编》本，中华书局，1985 年版，第4页。

子之祢，而其子则各有一人为嫡，继其祢以各为其庶弟
之所宗，是之谓小宗。而诸继祢之宗，其为继别子之所
自出者，犹是继别之宗也。众小宗各率其弟而宗之，世
世皆然。盖继别为宗，百世不迁之宗也。[1]

在这个意义上，宗法虽起于某代之祖，但在现实中都
表现为兄弟之间的关系，继祢之宗就是同父之嫡兄，继祖之
宗就是同祖之嫡兄，继曾祖之宗就是同曾祖之嫡兄，继高祖
之宗就是同高祖之嫡兄。而大宗子，就是继别一族之人共
尊之嫡兄。因而，"尊祖故敬宗"的意思，就是因为某个嫡
兄是先祖的正体，由尊这位先祖，所以把这位嫡兄当宗子来
敬。但如果先祖的这位正体做了天子、诸侯，一方面，君仍
然有合族之道，但另一方面，族人应该以君礼事之，而不能
以兄礼事之，因为族人不敢以其戚戚君，天子诸侯绝宗。

《大传》中又说："有小宗而无大宗者，有大宗而无小
宗者，有无宗亦莫之宗者，公子是也。"这几句话颇费解。
郑君以为，这里说的大宗、小宗与百世不迁的大宗和五世
则迁的小宗并不一样，而只是如同后者，在同代公子之间
设立的拟宗法制，因而公子中的一个嫡子，群兄弟宗之，
即为大宗，是有大宗而无小宗者。若无嫡兄弟，则由一位
庶兄弟为宗子，其他庶兄弟宗之，是为有小宗而无大宗者。
若仅有公子一人，无人宗之，亦不以他人为宗，是为无宗

---

[1] 程瑶田《宗法小记·宗法表》，《程瑶田全集》第一册，第137页。

亦莫之宗者。主张宗者兄道的毛奇龄不同意郑君的解释。他认为，公子之间的大宗就是以后的大宗，公子之间的小宗也就是以后的小宗，并没有如大宗与正大宗、如小宗与正小宗的区别。[1]

程瑶田虽然同意毛氏宗者兄道的理解，但在这个问题上却完全遵从郑注，以为宗子之宗道是如同后世之宗法，但仅在公子一世如此，其后则每个宗子都是其所开之宗之祖，而成宗法。

由于坚持宗者兄道，程瑶田与郑君发生了很大的分歧。《丧服传·不杖麻屦章》"世父母、叔父母"下云："父子一体也，夫妻一体也，昆弟一体也。故父子首足也，夫妻胖合也，昆弟四体也，故昆弟之义无分。然而有分者，则辟子之私。子不私其父，则不成为子，故有东宫、有西宫、有南宫、有北宫，异居而同财，有余则归之宗，不足则资之宗。"这是《丧服传》中非常重要的一段话，也是程瑶田宗者兄道思想的重要依据。郑注："宗者，世父为小宗典宗事者。"郑君之所以这样注，是因为这段话是在解释为世叔父母不杖期的丧服。程瑶田却批评说："以小宗属之世父，与上文'昆弟无分'之旨大相龃龉，而于吾所谓'宗之道，兄之道'者，扞格而不通矣。"[2]

《尔雅》："父之昆弟，先生为世父，后生为叔父世。"

---

〔1〕 毛奇龄《大小宗通绎》，第 13—14 页。
〔2〕 程瑶田《宗法小记·宗法表补义》，《程瑶田全集》第一册，第 182 页。

郭璞注："有为嫡者，嗣世统故也。"〔1〕父之兄称"世父"，而不称"伯父"，就是因为他很可能是宗子。当然，父之兄未必都是宗子，盛世佐说："父之先生者不皆世嫡，而为祖后者亦存焉，故谓之'世'，此亦论其常耳。"〔2〕父之兄未必是世嫡，所以世父未必就是宗子。但在通常情况下，父若有兄，则宗子应为其兄中的一位，故称世父。郑君此注，是论其常。细细体会《丧服传》此条所说的情况，昆弟无分，本指父与其昆弟之间无分，但必须有分，指的是昆弟各自有子，子必私其父，而不可能在父、世父、叔父之间不做区分，所以导致昆弟之间分别居于东西南北宫，但仍然同财，财产有余则归之宗，不足则资之宗，而这个宗就应该由典宗事的宗子管理，很可能就是世父。此处很生动地描绘出了小宗生活的情况。对父而言，其嫡兄弟为典宗事之继祢宗，对子而言，世父就是自己的继祖宗的宗子。相对郑注的理解，程瑶田坚持宗者兄道，一定要把这位宗子释为兄，就与《丧服经传》这一条的上下文大相龃龉，反而不如郑注贴切。其后程瑶田也设问说："同祢众兄弟，容有先继祢之宗而卒者，其子得不以世父为典宗事者乎？"程氏的回答是："此随时变义，事所必至，理有固然，不可为典要。"〔3〕这一回答是很牵强的。即使父亲尚在，其嫡昆

---

〔1〕《尔雅正义·释亲》，方向东点校《十三经注疏》第 24 册，第 214 页。

〔2〕 盛世佐《仪礼集编》卷二十三，《景印文渊阁四库全书·经部·礼类》第 111 册，第 98 页。

〔3〕 程瑶田《宗法小记·宗法表补义》，《程瑶田全集》第一册，第 183 页。

弟亦在，自当以世父为继祖小宗之宗子，而不能以其子为宗子。宗法当中，确实在很多关键环节与昆弟有关，如继祢宗作为小宗之法确立的第一步，必然从昆弟而分（前引《丧服传》就在说这种分宗），每个环节的分宗都是因嫡庶兄弟之分而产生的，但宗法一旦确立，就已经超出了以兄统弟的兄道。

在《仪礼丧服文足征记》中，程瑶田又有《旁治昆弟亲属述》一篇，可以看作其以宗者兄道为核心的宗法理论与丧服理论之间的桥梁。其言曰："上治祖祢，服至于曾祖；下治子孙，服至于曾孙。尊尊亲亲，其义尚矣。旁治昆弟奈何？有己之昆弟焉，有父之昆弟焉，有祖之昆弟焉，有曾祖之昆弟焉。凡四亲属，以四昆弟统之。"此所谓四亲属，就是四小宗。而四小宗的宗法，就首先体现在丧服中的旁杀。所以，在程瑶田看来，宗法与丧服的关节点，在于看是什么辈分的昆弟。己之昆弟为同父，与己同属继祢宗，而又有昆弟之子、昆弟之孙，昆弟曾孙无服。父之昆弟是己之从父，其子是己身的同祖昆弟，与己同属继祖宗，由此又有从父昆弟之子，从父昆弟之孙则无服。祖之昆弟是己之从祖父，其孙为从祖昆弟，与己同属继曾祖宗，其子无服。曾孙之昆弟是己之族曾祖父，其曾孙为己之族昆弟，同属继高祖宗。各宗皆由昆弟旁杀而立，因而除正尊之外，同代旁杀之服为其他各服之本，所以程瑶田说："是故旁治昆弟之法，由己之昆弟、父之昆弟、祖之昆弟而至于曾祖之昆弟，四亲之属服见于《丧服》经传者章章矣。"这一思路构成了程瑶田丧服学的基础。[1]

3　庶子不祭明宗

前述两条原则结合在一起，是程瑶田理解宗法丧服制度的出发点。其很多不同前人的说法多是从这两条推衍出来的。

程瑶田以宗者兄道诠释宗子、庶子之间的关系，时常有精彩见解。他说："宗子者，庶子之所宗者也。庶子者，别于宗子者也。苟无庶子以宗之，则何有于宗子之名哉！故欲明其宗之为祭主，以庶子之不祭明之；欲明其宗之继祖祢，以庶子之不继祖祢明之。"所以，对于继高祖宗，凡是继曾祖、继祖、继祢而不继高祖者皆为庶子；对于继曾祖宗，凡是继祖、继祢而不继曾祖者为庶子；对于继祖宗，继祢而不继祖者为庶子；对于继祢宗，宗子之昆弟皆不得祭祢而为庶子。可以庶子不祭来明其宗，程瑶田印证了郑注所说的："凡正体乎上者，谓下正犹为庶也。"

程氏以为，"明其宗"就是确定谁是宗子，是哪个宗的宗子，以及宗子需要做什么。宗子要传重、祭祖，因而可以为长子斩，庶子不是宗子，既不可以祭祖传重，也不可以为长子斩。宗子既明，则尊祖敬宗有所安措。

程瑶田释宗庶之别、庶子不为长子斩之义甚精，故解立庙之制也非常详悉。如宗子为士，庶子为大夫，庶子供

---

[1] 程瑶田《仪礼丧服文足征记·旁治昆弟亲属述》，《程瑶田全集》第一册，第279页。

牲，宗子主祭："故'大宗收族'以统于上，群小宗别其庶姓以分统于下，旁治昆弟，家家而修之，族族而理之，周公之所以造周者，用是道也。"[1] 程瑶田并详列庶子不祭表，分析各种情况，虽然其后仍遭到一些批评，但对于这个问题，迄今并未见到比程瑶田更好的理解。

由于上面所述宗庶之别，对于历代所争论的庶子不为长子斩的问题，就可以有一个非常清晰的解决了。《丧服·斩衰章》："父为长子。"《传》曰："庶子不得为长子三年，不继祖也。"《丧服小记》："庶子不为长子斩，不继祖与祢故也。"对照两处，究竟怎样的情况下可以为长子斩，历代有很多争论，分为五世说、四世说、三世说三派。汉戴圣、闻人通汉、马融皆持五世说，即认为到了第五代之嫡子，其父方得为之斩衰三年[2]；贾疏持四世说，以为只要到了第四世的嫡子，其父可为长子斩衰三年；郑君则持三世说，以为只要父是继祢之嫡子，其子是继祖之嫡子，即第三代，父即可为长子斩。[3] 三派互争，纷纷扰扰，莫衷一是。程瑶田以宗法与丧服相结合解之，直截了当，使千年悬案涣然冰释。这个问题的关键，就在于理解为什么庶子不为长子斩。关键还是宗、庶不同，庶子不继祖故不为长子斩，宗子继祖即为长子斩。继祢之宗子就是宗子，既可传重，亦可为

---

[1] 程瑶田《宗法小记·庶子不祭明宗说》，《程瑶田全集》第一册，第 160 页。
[2] 其说见《通典》卷八十八。
[3] 贾疏误会郑意，以为郑主四世说，而郑君实持三世说，详见张锡恭《丧服郑氏学》卷二，第 124—125 页。

长子斩。故程氏曰:"庶子不为长子三年,以父庶为断也。《大传》《丧服小记》皆曰:'继祢者为小宗。'小宗,宗子也,非庶子也。我为小宗,乃祢之正体,长子与我为一体,是正体于上,将来即为继祖之宗,是'又乃将以传重'也。承'传重'言,而曰庶子不为长子三年。"[1]四世、五世之说,其误皆在于不明小宗宗子之意。程氏申明:"人道亲亲,自小宗始。小宗有四,自继祢之宗始。亲亲之杀,则继祢者为隆。由是而继祖,而继曾祖,而继高祖,则其所渐杀焉者也。"[2]亲亲始于小宗,小宗始于继祢宗,在程瑶田宗者兄道的体系中,兄道始于同父昆弟,故可说之明而辨之精。然而对于其他一些丧服问题,却并不像此处这么明晰了。

4 高祖与玄孙

在程瑶田几条非常独特的丧服学观点当中,争议最大的应该就是他对高祖、玄孙服的理解。《丧服·齐衰三月章》有为曾祖服,《缌麻三月章》有为曾孙服,而《丧服》全篇无高祖、玄孙服。为何如此,历代有许多争论。郑君于"曾祖"条下注:"高祖、曾祖皆有小功之差,则曾孙、玄孙为之服同也。"[3]"曾孙"条下,郑君无注,贾疏云:"不言玄孙者,此亦如《齐衰三月章》直见曾祖,不见高祖,以其曾

---

〔1〕《庶子不为长子三年述》一篇,并见于《宗法小记》《仪礼丧服文足征记》,《程瑶田全集》第一册,第169、270页。

〔2〕同上篇,《程瑶田全集》第一册,第170、272页。

〔3〕《仪礼注疏·丧服·齐衰三月章》,第943页。

孙、玄孙为曾、高同，曾、高亦为曾孙、玄孙同，故二章皆略，不言高祖、玄孙也。"[1]宋代沈括在《梦溪笔谈》中说："《丧服》但有曾祖齐衰三月、曾孙缌麻三月，而无高祖、玄孙服，先儒皆以谓服同曾祖、曾孙，故不言，可推而知。或曰：经之所不言则不服。皆不然也。曾，重也，由祖而上者皆曾祖也，由孙而下者皆曾孙也，虽百世可也。苟有相逮者，则必为服丧三月，故虽成王之于后稷，亦称曾孙，而祭礼祝文无远近皆曰曾孙。"[2]

但程瑶田坚持认为《丧服》无逸文，所以经传记中既然都没有高祖玄孙之服，那么高祖玄孙就是无服的，仅服袒免。而为了证明高祖、玄孙无服，程瑶田对宗法与丧服中的很多问题都有新的理解。《仪礼丧服文足征记》中最先出现此说是在《丧服经传考定原本》中的"族曾祖父母、族祖父母、族父母、族昆弟"条。这一条所列诸人，分别为高祖之子、孙、曾孙、玄孙，按照传统的丧服结构和丧服图画法，如果出自高祖的这些人都有缌麻之服，那么高祖就应该是有服的。因而此条下郑注云："族祖父者亦高祖之孙，则高祖有服明矣。"程氏驳郑云："经不为高祖制服，故亦不为玄孙制服，《大传》曰'五世袒免'是也。所以然者，以曾祖至尊，不敢服以小功兄弟之服，故制齐衰三月以服之。准

---

〔1〕《仪礼注疏·丧服·缌麻三月章》，方向东点校《十三经注疏》第11册，第996—997页。

〔2〕沈括《梦溪笔谈》卷三《辩证一》，金良年点校，中华书局，2015年版，第18页。

曾祖之服而制曾孙之服，则亦不得过三月而服小功，故其服止于缌麻，于是玄孙但为之袒免。此高祖与玄孙不制服之精义。"[1] 此处推出高祖、玄孙无服的理由主要是：按照上杀下杀的通常逻辑，曾祖应该是小功五月，但小功是兄弟之服，不可以服曾祖这样的至尊，所以改为尊服齐衰三月，既然曾祖是齐衰三月，当曾祖报曾孙时，亦不可报以小功五月之服，而只能同样报以三月之服，那就只能服缌麻三月了。再上杀，高祖必须低于曾祖的齐衰三月，玄孙也必须低于曾孙的缌麻三月，所以只能是无服而袒免。程瑶田最后说："若云高祖不得无服，宜同曾祖齐衰三月，似亦精义，而非《丧服》经文之义也。"[2] 他虽然承认郑君以来的服制也可以算精义之学，但认为这毕竟不是经文本意。

在《丧服无逸文述》中，程瑶田更加详细地申明了自己的主张。他在篇首就说："丧服，与宗法继高祖以下四小宗通一无二者也。"丧服与宗法对观，宗法四小宗有继祢宗、继祖宗、继曾祖宗、继高祖宗，为什么丧服中反而没有高祖之服呢？程瑶田细细辨析了继高祖之宗与相应的服制，也对族曾祖父有服而高祖无服的情况给出了自己的解释：

> 得见曾祖，则得见族曾祖，由齐衰三月旁杀之而服缌。是缌也，实由小功之差而杀之也。故《缌麻章》

---

〔1〕　程瑶田《仪礼丧服文足征记·丧服经传考定原本下》，《程瑶田全集》第一册，第220页。
〔2〕　同上。

曰："族曾祖父母，族祖父母，族父母，族昆弟。"由上治而旁杀之，四人皆缌。故《大传》曰："四世而缌，服之穷也。"谓下杀至于曾孙四世，而又旁杀之至于族昆弟以上之四人亦皆缌。自我数之，五世矣，此继高祖之宗法所由起也。其宗子，或即吾之曾祖传重焉以至于吾，而为群族昆弟之所宗。吾故曰："宗之道，兄道也。"过此以往，则高祖与其昆弟各统其子孙而为庶姓别于上。而其子孙，则视其上之所别，各亲其亲而戚单于下矣。是故族昆弟之子无服，此人与我遂为姓别戚单之始。盖族昆弟之子，自吾曾祖视之，为昆弟之玄孙"五世袒免"者也，自吾高祖视之，则"六世亲属竭"焉者也。而吾子诸昆弟与其从父昆弟、从祖昆弟、族昆弟与之相序焉，皆出四小宗之外，而各宗其所继之宗，不相联属。[1]

由于宗者兄道观念的主导，程瑶田非常看重丧服中的旁杀。通常的丧服理论认为，族曾祖父、族祖父、族父、族昆弟之所以服缌麻，是因为他们分别是高祖的子、孙、曾孙、玄孙。按照上杀，高祖本服缌（但加隆为齐衰三月），所以他的这四个后代均应服缌。但程瑶田却认为，这四个人的缌麻不是由高祖来的，而是直接由旁杀来的。为曾祖父本服小

---

[1] 程瑶田《仪礼丧服文足征记·丧服无逸文述》，《程瑶田全集》第一册，第264页。

功（但加隆为齐衰三月），所以曾祖父之昆弟，即族曾祖父，遂降一等而为缌麻，为祖父本服大功（加隆为期），为祖父之昆弟降一等为小功，而族祖父为其从父昆弟，再降一等，遂为缌麻。因此，程瑶田说："由上治而旁杀之，四人皆缌。"他由此解释《大传》"四世而缌，服之穷也"，认为就是指下杀至曾孙，共四世，然后每一代都又旁杀，各代至缌麻。但对于作为玄孙的己身而言，这就已经是五世了。所以己身就是继高祖宗，但己身的高祖并没有做过这一宗的宗子，而是从己身的曾祖做继祢宗宗子，己身的祖父做继祖宗宗子，己身的父做继曾祖宗宗子，传重到己身，族昆弟要以己身为继高祖的宗子。再到下一代，族昆弟之子就与己身无服，因为祖易于上，戚单于下。己身的族昆弟之子，其高祖就是己身之族曾祖，因而己身的曾祖视之，即为昆弟之玄孙，属于"五世祖免"的范围，己身之子就与他没有兄弟关系，不在同一小宗之内了。相对于己身的高祖而言，他就属于"六世亲属竭矣"的范围，己身的后代与之的关系，更是完全在四小宗之外了。

这里涉及对世数的理解，程瑶田亦与郑君以来的算法非常不同。《大传》："四世而缌，服之穷也；五世祖免，杀同姓也；六世亲属竭矣。"郑注："四世共高祖，五世高祖昆弟，六世以外亲尽无属名。"郑君此处的理解，将己身之父算第一代，祖父是第二代，曾祖是第三代，高祖是第四代祖。所以，所谓"四世而缌"，指的就是出自高祖的祖曾祖、族祖父、族父、族昆弟，皆为缌麻。过此以往，第五代祖为高祖之父，其子为高祖之昆弟，其后代皆为高祖昆弟之后代，就只能是祖免之亲，再一代是无服之亲。郑君由己身向上经父、祖至高祖，遵循的是"等而上之至于祖"的算法。

在《宗法小记》中，程瑶田作《世次顺数说》一篇，反驳郑君的世数算法："意盖谓顺而下之，但可言四世之孙、五世之孙，而不知等而上之以倒次其祖者之大谬不然也。"[1]程瑶田以为，经文中的世数都是从上往下数的，而不能从下往上数，因而曾祖为第一世，祖父为第二世（第一世之子），父为第三世（第一世之孙），己身就是第四世（第一世之曾孙），因此，所谓"四世而缌"，指的就是曾祖和曾孙之间的服，而不涉及旁杀的问题，因为旁杀是根据另外的原则。

为证明高祖玄孙无服，程瑶田还说："曾孙得见曾祖者鲜，则得见高祖绝无矣，故经无宁空其文不制服也。万有一然，则玄孙承重者，且服斩衰三年矣，于庶玄孙恩益杀矣，当事则祖免行之；夫其不承重也，亦惟祖免而已矣。不然，玄孙之父曾孙也，曾孙齐衰三月矣，玄孙之服亦可同于其父乎？然则经之空其文也，其旨深远矣。"[2]这段里又说了高祖玄孙不制服的两个理由：第一，高祖、玄孙是很少能见到面的，所以《丧服》宁空其文，不为制服。第二，若是高祖玄孙万一见面，则玄孙之父曾孙已服齐衰三月，玄孙不应该与父同服。但这两条理由都很成问题。说因为高祖玄孙不相见而不制服，显然不是一个充分的理由，而且程氏自己也讨

〔1〕 程瑶田《宗法小记·世次顺数说》，《程瑶田全集》第一册，第 157 页。
〔2〕 程瑶田《仪礼丧服文足征记·丧服无逸文述》，《程瑶田全集》第一册，第 263—264 页。

论了万一相见的情况下该怎么办。至于说父子不同服，其实在《丧服》中，父子同服的情况很多。比如父在为母杖期，而夫为妻亦杖期，父子同服；昆弟之间服期，为世叔父亦服期，则父子为父之昆弟皆服期，又是非常明显的同服情况。

总结程瑶田论高祖、玄孙无服的理由，大致有这么几点：第一，曾祖、高祖上杀，不应同服；相应地，曾孙、玄孙也同样不得同服；第二，族曾祖父母、族祖父、族叔父、族昆弟虽为高祖之后，其服并非来自高祖，而是由小功旁杀而来；第三，世数应由上向下顺数，而不能由下向上数；第四，高祖、玄孙难以见面。

5　旁亲卑属之服

正是基于对高祖、玄孙无服的理解，程氏才有了关于几种旁亲的丧服的理论。首先，族昆弟之子无服，与郑学同，高祖之子、孙、曾孙、玄孙皆有缌麻之服，但高祖之来孙（即族昆弟之子）无服[1]。程瑶田说，此人无服，是因为其姓已别，他没有进一步解释。若按照他的宗者兄道的旁杀理论，可以较好地解释这一点：高祖之来孙不能从我算，也不能从我族昆弟算，而应从我之子算，对于我之子，他是六世祖之后代，故无服，但我的儿子对他无服，我对他为什么就也无服？按照丧服报服的原理，所有旁系卑属之服皆为报服。我之所以对高祖之来孙无服，是因为他不必服我，我也

---

[1]　丧服中的这种情况，详见本书《丧服图考论》一文。

就不必报他。对于他而言，我是他的六世祖之玄孙，即其高祖之昆弟之曾孙，故无服。

而从祖昆弟之子缌麻，《缌麻章》有明文，程瑶田释之为，其姓犹未别，因在四小宗之内。"夫从祖昆弟之子缌麻，则从父昆弟之子当小功，而从父昆弟之孙杀之，当缌麻，经乃空之不见其服；从父昆弟之子小功，则昆弟之孙亦小功，而昆弟之曾孙杀之亦当缌麻，经亦空之不见其服。"从父昆弟之孙小功与昆弟之孙小功，经未明言，但由从祖祖父母与从祖父母二条之报文可推；至于从父昆弟之孙和昆弟之曾孙，在郑学及以后历代的丧服图中亦均有缌麻之服，而程瑶田以为，经既空其文，则应无服。"所以然者，以曾孙止于缌麻，而旁杀之，不能更服昆弟之曾孙缌麻，又杀之，亦不能服从父昆弟之孙缌麻矣。礼穷则变，空之者，所以通其穷也。"因曾孙缌麻，故旁杀于昆弟之曾孙应袒免，前文已经谈及，又是因为宗者兄道的原则，程瑶田将旁杀之服看得很重。但从父昆弟之曾孙何以亦无服，却颇奇怪了。段玉裁曾致书程瑶田讨论这一问题，程瑶田在复书中更申其意曰："服从父昆弟之孙亦如己之曾孙，其何以处昆弟曾孙，转不为之服乎？然则经文之所以不为此二人制服者，实断以旁杀之义也。"[1]因为曾孙缌麻，故为昆弟曾孙与从父昆弟之孙均无服，程瑶田以此为丧服精义之学，在数篇当中一再重复。

---

〔1〕 程瑶田《仪礼丧服文足征记·答段若膺大令论为人后者服其本生亲降一等书》，《程瑶田全集》第一册，第409页。

此处程瑶田固然考虑相当周全，但所述理由实未免牵强。

由上所述丧服若干，程瑶田丧服图之大致情况已经隐然可见。正尊九族之中，高祖、玄孙无服，卑属中，昆弟之曾孙、从父昆弟之孙无服。在《丧服小记上下旁杀亲毕记》中，程瑶田分别叙述了上杀、下杀、旁杀在丧服中的运用，其间特别强调旁杀，这正是从对宗者兄道的理解中来的。因而，卑属而无服者，皆因在旁杀上有问题而空其服，至于下杀与报服的原则，就被忽略不计了。

笔者曾讨论旁杀问题，以为，旁杀与上下杀不同。[1]按照宗枝图来画，旁杀乃是不同兄弟之间的旁杀，而按照元人龚端礼在《五服图解》中给的鸡笼图来理解，旁杀实是每枝之间的旁杀。程瑶田对旁杀的过分倚重，会掩盖丧服中的很多问题。而又仅从丧服本文来推断，空其文者即无服，其所谓的精义之学反而变成了牵强固执之学。

6 女子之降服

在对女子之服的理解上，程瑶田与郑学也有相当大的不同。《丧服·不杖期章》有世叔父，郑注："为姑姊妹在室亦如之。"有昆弟，郑注："为姊妹在室亦如之。"有众子，郑注："女子子在室亦如之。"郑注并云："凡言子者，可以兼男女。"郑君认为很多没有明言的丧服是可以例求的，而这恰恰是程瑶田所反对的。那么，姑姊妹女子子之服皆未明

---

[1]　参见本书《丧服图考论》一文。

言，则不为之制服乎？《殇大功章》有姑、姊妹、女子子之长殇，程瑶田说："此可见省文者，属文之法，而略于成人服，又必详于殇服。若曰殇服如此，成人可知，使后之人不得议其成人服之从略，更不得因其略于成人而疑其成人有出道而妄生逆降之说。"[1]由于殇服中有姑姊妹女子子等之服，由殇服即可推知正服，程瑶田并不反对女子子与子、姑与世叔父、姊妹与昆弟同服，但他反对郑君的推求方式，不认为男服中可兼女服。而在女子的丧服上，程瑶田又有两个与郑君非常不同的服制。第一，女子子适人为父母之期服非降服；第二，女子子无逆降之服。

先来看女子子出降之服。程瑶田以为，为人后者为父母、女子子出降旁亲皆为出降，但女子子于正尊却无出降之理，因为女子子适人后为宗子和祖父母之服不降："降其旁亲而不降其小宗何也？以妇人必有归宗也。宗者，继祖祢者也。不降其宗，故不降其祖。不降其祖，岂降其祢乎？不降其为父后者，岂降其父乎？其为父母期者，犹父在为母期也。盖'夫者妻之天'，妇人不贰尊，故为父母服屈服也，而非降也。"[2]为昆弟之为父后者在《不杖期章》，传曰："为昆弟之为父后者何以亦期也？妇人虽在外，必有归宗，曰小宗，故服期也。"又，《齐衰三月章》有丈夫、妇人为宗子，郑注："妇人，女子子在室及嫁归宗者也。宗子，继别之后，

〔1〕 程瑶田《仪礼丧服文足征记·据经文决无逆降之例述》，《程瑶田全集》第一册，第286—287页。
〔2〕 程瑶田《仪礼丧服文足征记·降服说》，《程瑶田全集》第一册，第286页。

百世不迁，所谓大宗也。"《不杖期章》有"女子子为祖父母"，传曰："何以期也？不敢降其祖也。"郑注："经似在室，传似已嫁，明虽有出道犹不降。"《齐衰三月章》又有："女子子嫁者、未嫁者为曾祖父母。"据此四条，女子子为小宗子、大宗子、祖父母、曾祖父母，无论在室、适人，其服皆不殊，为何为父母之服独异？然而《不杖期章》明确女子子适人者为父母服期，程瑶田又无法否定。因而，程瑶田只是对适人女子子之期服的解释与郑君不同，认为这不是降服，而是屈厌之服。程瑶田的理由有两个：第一，因为宗是继祖祢者，女子子不因适人而降其宗，故亦不可降其祖；既然不降其祖，自然不可降其父。第二，继祢之小宗子是为父后者，不降为父后者，自然也就不降父。这两条理由的关键都是不降宗子，尤其是小宗子。而两条理由归结起来就是一条，即因不降小宗子，故不降宗子所自出之祖祢。因此，程瑶田此说的关键仍然是他的宗法理论。程瑶田不仅认为，尊祖故敬宗是宗法得以成立的前提，而且也是正尊丧服的唯一原则。由尊祖敬宗可以推出，宗子服与祖之服是一致的，那么也就可以推出，祢之服与继祢宗子之服也应当是一致的，因此，女子子适人者为父无降服之理。故为父母期不是降服，而是厌屈于夫之服。程瑶田此论最大的问题在于，除了尊祖敬宗、宗者兄道的宗法理论之外，他无法理解丧服中的其他原则。这恰恰违背了精义之学的核心精神。

　　但在女子之服上，程瑶田前后之说并不一致。在一些地方，他也把女子子适人之服说成出降之服。如在《兄弟服例表》中，他就说"适人又降一等"[1]。特别是在《仪礼丧服文足征记》较后面的《姑姊妹女子子服述》中，他又重新考察了女子子在室、殇服、适人之服的关系。或许他感到此前的说法还是与自己的"丧服无逸文"说不够契合，经过反复思考之后，修正了先前的说法，认为经中不出姑姊妹女子子在室正服，并不仅仅是为了省文，而是别有深意。他现在的解释是："女子子年十九犹在长殇之限，年二十则适人矣，故其人虽皆齐衰之亲，有为服齐衰正服之理，而无服之年限。与其虚制服名，不若空之以存其理。经不制服，是其例也。"[2]这一说法是对前说的补充，使他丧服无逸文的理论更加圆满，但也更加牵强，反不如省文之说更妥帖。

再看关于逆降的讨论。《大功章》："女子子嫁者未嫁者为世父母、叔父母、姑姊妹。"郑注于此条不同意传的理解："女子子成人者有出道，降旁亲及将出者，明当及时也。"疏以为："是逆降世父已下旁亲也。"[3]而程瑶田除了为了维护《丧服经传》无逸文、无讹误的基本原则之外，还提出一个反驳："况余检《大功章》，女子子适人者为众昆弟侄，而继之曰丈夫妇人。及妇人者，明以众昆弟兼在室之姊妹，以侄兼在室之昆弟之女子子，经于大功之成人妇人不逆

---

[1] 程瑶田《仪礼丧服文足征记·兄弟服例表》，《程瑶田全集》第一册，第371、373页。
[2] 程瑶田《仪礼丧服文足征记·姑姊妹女子子服述》，《程瑶田全集》第一册，第396页。
[3] 《仪礼注疏·丧服·大功章》，方向东点校《十三经注疏》第11册，第964—965页。

514　礼以义起：传统礼学的义理探询

降，而谓逆降期亲之成人妇人，当不其然。"[1] 程氏根据姑与侄相互之服大功，知大功无逆降之说，以为期亲当亦无逆降。然贾疏说的很清楚，只有旁期逆降："谓女子子年十九，后年二月冠子娶妻之月，其女当嫁，今年遭此世父已下之丧，若依本服期者，过后二月不得及时，逆降在大功，大功之末可以嫁子，则于二月得及时而嫁，是以云'明当及时'也。"[2] 大功之末可以嫁子，故大功不必逆降，唯期亲逆降。此说非常明确，足破程氏之惑。而程氏为全其无逆降之说，对妾服又有种种破郑注之说，此不详述。

7　兄弟服

在程瑶田诸多不同意郑学的地方，还有一点非常重要，就是对兄弟服的理解。之所以为曾祖之服不是小功五月，而是齐衰三月，就是因为小功为兄弟服，《丧服记》郑注："兄弟犹言族亲。"《丧服传》云："小功以下为兄弟。"《丧服记》中又有"君之所为兄弟服""夫之所为兄弟服"两条。综合此数条，兄弟服的含义应该很清楚，就是小功以下之服。小功以下为相当疏远的族亲，所以即使不是同辈，亦可称为兄弟。按照上杀的原则，曾祖应服小功，但不可以兄弟之服服至尊，所以改为齐衰三月。这本来是理解正尊之服、高曾之

---

[1]　程瑶田《仪礼丧服文足征记·据经文决无逆降之例述》，《程瑶田全集》第一册，第287页。

[2]　《仪礼注疏·丧服·大功章》，方向东点校《十三经注疏》第11册，第965页。

服非常重要的一点。但程氏却不像郑君那样理解兄弟服。

程氏的解释是："兄弟服云者，如兄如弟，平等往来，施则必报之义。"这一定义，是为了把兄弟服与尊服区别开。他说："大凡服之重来而轻往者，率皆以尊临之，以至亲属之，不以平等相视，故不报，亦不得名之曰兄弟服也。"按照这个原则，父尊子卑，子为父斩衰，而父为子服期，非兄弟服；夫尊妻卑，妻为夫斩衰，而夫为妻齐衰期，亦非兄弟服。而同父昆弟之间，彼此互相服期，岂不就应该是兄弟服吗？但程瑶田说："至于昆弟，虽不分尊卑而同服期，然亦一体至亲也，可谓之兄弟服乎？"[1]可见，兄弟服不仅应该是无尊卑之差的平等之服，而且还不能是至亲之服。这一原则颇不易理解，但若结合其宗法理论，也可以找到线索。程氏云："亲亲，自小宗始也。"由于程氏非常重视宗者兄道，小宗之法在他这里就尤其重要。尊祖祢是尊服的依据，敬宗便是同辈亲亲的依据，而继祢小宗是第一个小宗，昆弟至亲，正是继祢小宗的关系。同父昆弟之间并没有因为嫡庶而分出尊卑，但同样非兄弟服，程瑶田以至亲释之，其实就是以继祢宗释之。自父等而上之皆为尊服，非兄弟服，而自同父昆弟旁杀，则由亲及疏，遂为兄弟服。

程瑶田以为，世叔父与昆弟之子之间就是兄弟服了，传言"旁尊不足以加尊"，就是兄弟服之意。因此，期、大

<hr>

[1] 程瑶田《仪礼丧服文足征记·兄弟服说》，《程瑶田全集》第一册，第369—370页。

功中皆有兄弟服。程氏并不认为自己在与郑君立异，而认为郑君所理解的就是他的意思，所以说"兄弟犹言族亲"。那么，为什么还说小功以下为兄弟服呢？他说："盖小功以下率皆兄弟服，故得专兄弟之名。"在他看来，兄弟服除了必须是相互平等之服外，又要相对疏远。究其根本，仍与他的宗法理论密切相关。

8　殇服

程氏与郑学立异，讨论相当多的一个问题是殇服。《丧服·殇小功章》："为人后者为其昆弟从父昆弟之为长殇。《传》曰：问者曰？中殇何以不见也？大功之殇中从上，小功之殇中从下。"郑注："问者，据从父昆弟之下殇在《缌麻》也。大功、小功皆谓服其成人也。大功之殇中从上，则齐衰之殇亦中从上也。此主谓丈夫之为殇服者也，凡不见者，以此求之也。"[1]又《缌麻章》："为夫之从父昆弟之妻。《传》曰：何以缌也？以为相与同室，则生缌之亲焉。长殇、中殇降一等，下殇降二等。齐衰之殇中从上，大功之殇中从下。"郑注："同室者不如居室之亲也。齐衰、大功皆服其成人也。大功之殇中从下，则小功之殇亦中从下也。此主谓妻为夫之亲服也。凡不见者以此求之。"[2]《丧服传》两处言上、

---

[1]　《仪礼注疏·丧服·殇小功章》，方向东点校《十三经注疏》第 11 册，第 975 页。
[2]　《仪礼注疏·丧服·缌麻章》，方向东点校《十三经注疏》第 11 册，第 1002 页。

中、下三殇之例不同，确为一个棘手问题，郑君的处理方式是，《殇小功章》所说，据男子而言，《缌麻章》所说，据妇人为夫之亲而言。另有《缌麻章》"庶孙之中殇"条，郑注以为误，"中"当为"下"。

明人郝敬即已对此生疑[1]，程瑶田更于多处论殇服，发扬其说，谓《殇小功章》所言，"以其殇服名之"，《缌麻章》所言，"以成人本服名殇服"，且为经文，并非传文。这样，两处所言是相同的，"庶孙之中殇"亦不必改字。程氏之说，清儒驳之甚详。然而程氏究竟为何执着于此，却需要略加辨析。

程氏认为，《丧服》经传无逸文、无讹误，凡未言之丧服，皆不可以例推求，故郑君之"凡不见者，以此求之"，为程氏所不许。而于殇服，却颇有打破此例之嫌。"惟昆弟之子、女子子之长中殇未见《大功殇服章》。此亦如《大功殇服章》见子之长中殇，而其下殇不见于《小功章》。盖两章互见可知也。""且已见长殇，今不见者盖省文，亦如《大功殇服章》见公与大夫为嫡子之长中殇，而其下殇不见于《小功殇服章》中同一例也。且亦以两《殇服章》中错互

─────────────

〔1〕 郝敬《仪礼节解》卷十一，于《殇小功章》下按语云："按，三殇之等，分疏烦琐，故《传》融会其旨。此章以殇服权其中，《缌麻章》又以成人服权其重。此言大、小功，缌麻亦可推矣。盖以小功律大功，则小功之中殇从下；如以缌麻律小功，则小功之中殇又从上；以大功律齐衰，则大功之中殇又从下。情重者升，情轻者降，意自通融，而郑注固执作解，所谓惟肥之类不能方者，其郑康成之于礼乎！"《续修四库全书·经部·礼类》第85册，影印郝千秋、郝千石刻九部经解本，第711页。

相足，其不可省者靡弗见，其可不必见者即其显然有脉可循。"[1]
"两章互见""省文""错互相足"等说法，不正是郑君的以
例推求之法吗？冒着自违其例的危险，程瑶田为什么一定要
坚持这样的殇服说？除去辨析文字与经例外，关键还是程氏
的宗法与丧服理论。其首要的一点是，程氏认为，殇服初为
齐衰之亲而设：

　　抑余更即圣人制殇服之意而绎之：其初似专为齐
衰长、中殇而制也，盖此齐衰之亲，所谓"亲以期断"
者，其恸悼实逾于常情，而其殇之年又在十九岁以内，
其去成人不远矣，然而降杀之节又限于情理之必然，于
是斟酌焉而制为大功殇服，以服其长殇，而其中殇亦渐
成童，故又定为中从上之制，亦服其大功七升布之衰，
惟减九月而为七月，于从隆之中以示降杀之节也。然则
制礼之初心，固起于大功殇服。而小功殇服之制，则所
谓顺而摭之者，盖亦犹是为齐衰之亲而制之也，然而其
情又杀矣。故《服问》曰："殇长、中变三年之葛，下
殇则否。"以下殇之亲其情又杀也。故曰，小功殇服之
制，则顺而摭之。然亦犹是为齐衰之亲，重于大功之亲
也。若大功之亲，长殇降服小功，其情更杀，似可不必
专为制服，故其中、下殇之不制缌麻殇服，亦微示以长

―――――――――――――

〔1〕 程瑶田《仪礼丧服文足征记·殇服经传中从上下异名同实述》,《程瑶田
全集》第一册，第311—313页。

殇本不必专为制服之意，而在《小功殇服章》者，实以相因而制，亦所谓顺而摅之者也。[1]

程氏坚持认为，《殇小功章》与《缌麻章》两言殇服例，皆为言齐衰之人殇降为大功，中从上，大功之人殇降在小功，中从下。而今他讲出这个道理：由于"至亲以期断"，齐衰期之人非常重要，因而特为齐衰而殇死者制殇服，长、中殇同之，下殇稍杀，而本服大功之人，则情又杀，故其殇服中从下。

检诸《仪礼丧服文足征记》，言"至亲以期断"者仅两处，另一处为述夫妻之服。[2]在程氏的丧服体系中，"至亲以期断"并非很核心的理论，其核心理论仍是"宗者兄道"与"尊祖敬宗"。故其所言"至亲以期断"，并非如《三年问》的理论，以之为差序格局向外推展的中心环节。斩衰、齐衰皆为重服，齐衰期是最常见的重服，故程氏所理解的齐衰期服，其实是一个标定宗法的重服标准。但此说已隐含了相当大的问题。《殇小功章》所言"大功之殇中从上"，若是指的所服殇服为大功，其本服当有斩衰、齐衰两种，而程氏又不同意郑注举轻以包重的原则，所以他认为此处的"大功之殇"就是《缌麻章》的"齐衰之殇"。则斩衰之殇（即长

---

[1] 程瑶田《仪礼丧服文足征记·再论两殇服章制礼之由》，《程瑶田全集》第一册，第306—307页。

[2] 程瑶田《仪礼丧服文足征记·异姓主名述》，《程瑶田全集》第一册，第408页。"妻之服杖期，齐我而体我，至亲以期断，故以重服服之。"

子之殇）放在何处？

程氏还有进一步的说法：

> 殇服有长殇、中殇服大功，而下殇服小功者，下
> 治起于子，由子而旁治，起于昆弟之子，子与昆弟之
> 子成人服同，殇服亦同也。经于子见长、中殇之大功，
> 而不见下殇之小功，于昆弟之子见下殇之小功，而不
> 见长、中殇之大功，盖经之互文也，非文有所脱也。
> （敖继公以为有脱文）有长殇服小功，而中殇、下殇服
> 缌麻者，下治起于庶孙，旁治起于从父昆弟，成人服
> 同，殇服亦同也。经于庶孙见长殇之小功与中殇之缌
> 麻，而不见下殇之缌麻，于从父昆弟见长殇之小功与
> 下殇之缌麻，而不见中殇之缌麻，亦经之互文也，非
> 字有所误也。[1]

首先，此处论经之互文，以成人服同推殇服亦同，是
典型的"比例推经"，已然与其"精义"之说颇有抵牾。而
此中所言下治、旁治之说，则来自其宗法理论："吾论旁治
昆弟之穷杀，必根于上下治之穷杀。"[2]故所谓"下治起于
子，由子而旁治，起于昆弟之子"，二殇服之所以可以互文

---

〔1〕 程瑶田《仪礼丧服文足征记·殇服中从上中从下辨》，《程瑶田全集》第
　　　一册，第307页。
〔2〕 程瑶田《仪礼丧服文足征记·上杀下杀旁杀数世本末源流表》，《程瑶田
　　　全集》第一册，第435页。

见义，隐含了"宗者兄道"的宗法理论。"下治起于庶孙，旁治起于从父昆弟"，二人殇服同，亦可互文，亦是由其宗法理论进一步推展出来的。

由于程氏以"宗者兄道"立其宗法理论，且以高祖玄孙无服，所以他非常坚持"四世而缌，服之穷也"的理论，既不认为高祖、玄孙有服，更不认为袒免虽不属五服，亦可算作由缌麻而杀的一等亲属，故曰："如谓'小功之殇中从下'为成人之小功，夫成人之小功，其长殇缌麻也，若从祖父、从祖昆弟皆小功之亲，经并见长殇之缌麻服，安得复有下殇之服，而为中殇之所从乎？"此说闻远先生已驳之云："下殇无服，则从之者从其无服也，安在中殇之无所从也？《传》所以言此者，以三殇为二等之服，则中殇必有所从，言此以定所从之等也。大功与小功，小功与缌麻，固为二等，而降一等在缌麻者，降二等即无服。是无服与缌麻对言，亦为二等也。既无服对缌麻为二等，则无服亦所从之一科也。"[1]

由此可见，程氏殇服之说虽然并非直接论宗法问题，表面看只是解经字句上与郑君立异，但其背后仍然是"宗者兄道"的丧服理论。程氏虽亦言"上杀下杀旁杀"，然而上下之杀皆归于旁杀，虽偶亦言"至亲以期断"，然并不看重差序格局由上、下、旁的层层外推，他认为丧服就是按照四小宗制订的，不会有比四小宗更远的丧服，因而并不会看到，缌麻、袒免、吊服同样为层层外推的三个环节。程氏重

---

〔1〕 张锡恭《丧服郑氏学》卷十二，第 762 页。

视"至亲以期断",是因为齐衰是宗法中的重服,而非差序格局。

基于对理学的继承与反弹,程氏"精义之学"既有强烈的理论诉求,又时时警惕不可陷入执一之理,然而既然有理论,有一贯原则,又如何不陷入执一之理?程氏自己以宗者兄道解释丧服等差和上杀下杀与旁杀,反而时时陷入执一之理,经不起仔细推敲,自相矛盾、触处成病。郑君之学虽不乏疑经、改经之处,字面上看似牵强,却能满足宗法、丧服更大的理论体系。其一定将"庶孙之中殇"改为"庶孙之下殇",是因为中殇既然要么中从上,要么中从下,岂会有独立的条目?

郑君之所以坚持认为中从上、中从下之别在大功、小功之间,其背后的丧服理论有两点是程氏所缺的。首先,《丧服小记》:"亲亲以三为五,以五为九,上杀下杀旁杀而亲毕矣。"郑注:"己上亲父,下亲子,三也;以父亲祖,以祖亲孙,五也;以祖亲高祖,以孙亲玄孙,九也。"闻远先生解释说:"故祖之上、孙之下,有大节级焉;祖之父祖、孙之子孙,无大等杀焉。为祖父母齐衰期,而曾祖父母齐衰三月,为孙大功,而曾孙缌麻,以其历以五为九之节级也,则祖之父祖,孙之子孙,同是由祖而亲之,何不可同服乎?"[1]根据由至亲以期断而推出的本服图(参见图2),这个大节级,正是断在大功处。虽同为五服之内,大功以上之

---

〔1〕 张锡恭《丧服郑氏学》卷八,第588页。

亲，情更深，义更重。[1]程瑶田自己的宗法理论也已显示，三代方成宗，故庶子不为长子斩；因而，大功以下，曾祖、高祖同服，曾孙、玄孙同服，也就没有什么可怪的了。

程氏所缺的另一点，是举轻以包重。大功之殇中从上，并不只是大功之殇中从上，而是大功以上，包括斩衰、齐衰之殇皆中从上，小功之殇中从下，并不只是小功之殇中从下，而是小功、缌麻之殇皆中从下。

结合这两点可知，郑学以为本宗之服大功之殇中从上，小功之殇中从下，乃是断在大节级之间。齐衰之殇中从上，大功之殇中从下则谓来嫁妇人之服，自不必以大节级分之。

在乾嘉学者当中，戴震、凌廷堪、阮元、焦循等，都试图在心性学上修正宋学，并由此立新的经学体系。其中，程瑶田经学体系当数最为系统的之一。其《论学小记》中重解《大学》，对执一之理的批评，和发端于诚意而入精义礼学的讨论，相当精彩，其对宗法学的建构也卓然成家，但在丧服学上虽然下了很大力气，但终究又难脱执一之理之嫌。贯通之理未必是执一之理，《易》《礼》《春秋》为经学中的理论来源，其经义皆在"比例推经"。程氏既要建立理论体系，就难免回到经例的研究上来。关键不在于对贯通之理的反对，而在于将缘情制礼、以时为大的精义之学纳入贯通之理当中。程氏于此做出了可贵的尝试，其得其失，都值得后人尊崇。

---

[1] 周飞舟《慈孝一体：论差序格局的"核心层"》，《学海》，2019 年第 2 期。

礼学即理学
——定海黄氏父子的思想脉络

近些年来，随着对清代学术研究的展开，以为清代
"只有学术，没有思想"的论调已经逐渐被否定了。[1]而清
代思想的一个焦点问题，就是礼理之辨。但究竟该如何看待
礼理之辨，却还是一个亟待研究的领域。笔者认为，黄式
三、黄以周两先生在思想史上的意义，就在于他们把对这个
问题的讨论推向了一个新的高度。

一　清代学术中的礼理之辨

儒家思想离不开对人伦礼学的讨论。在汉代经学中，
郑君以《周官》统摄三《礼》，又以三《礼》统摄诸经，
构成了一个庞大的经学体系；程朱理学的学术用力点虽集
中在性理问题上，但人伦孝悌仍然是他们所有学问的最终
归依，朱子晚年倾力于《仪礼经传通解》，可见礼学在他
的体系中的重要地位；明代王学虽更集中地谈心性问题，
但阳明同样处处不忘人伦孝悌之义。舍去对人伦问题的关

---

[1]　可参考张寿安《以礼代理——凌廷堪与清中叶儒学思想之转变》。

心，中国思想史将是没有灵魂的。但自从宋明儒者依靠天理心性来谈人伦，他们就不得不面对一个重要的理论问题：天理与人伦究竟何者更根本？这就是礼理之辨的思想实质。

清初诸儒反思明代王学之失，不约而同地指向了这个问题。王船山、顾亭林、黄梨洲、颜习斋、李恕谷都多少有些这样的倾向。在顾亭林的影响下，清儒转向了考证训诂的汉学功夫，汉宋之争也由此而起。但在清代前期，汉宋之争似乎只是学问方法上的争论，即究竟是谈性理还是考文字的区别，虽然差别很大，却并非不能兼容。故汉学大师江永还能为宋学著作《近思录》作集释，两者完全可以并行不悖。直到戴震，才将汉宋之争推向了义理层面。

戴氏的《原善》《孟子字义疏证》等书，为清代的汉学实践提供了理论上的支撑，使汉宋之争走向了一个新的时代。程瑶田的《论学小记》、凌廷堪的《复礼》三篇、焦循的《孟子正义》、许宗彦的《礼说》、阮元的《论语论仁论》《性命古训》等，形成一股强劲的思想潮流。面对这股潮流，宋学派有姚鼐、翁方纲、方东树等人撰文批驳，夏炘与其弟夏炯幼时亲聆凌廷堪之论，及长归于程朱，均长篇累牍，反驳汉学不遗余力。又有张惠言之子张成孙，其与方履籛三书被当作礼理之辨的重要文献。张成孙论学虽略偏汉学，却颇能跳出门户之见辨析礼、理之义。他又有《原气》二篇，论调却很接近宋学一路。乾嘉之后，礼理之辨实为学术思想第一大问题。

以上诸公之书之文，皆值得另外专门研究[1]，此处仅尝试揭出争论中几个比较集中的问题，作为后文讨论的背景。

第一，治学之法，究竟是考据还是性理。汉宋之争的产生，首先在于学问路径之不同。汉学重考据，宋学言性理，这是最直观的分歧所在，也是争论中常常提到的问题。戴震更将此一问题明确阐释为："故训明则古经明，古经明则贤人之理义明，而我心之所同然者，乃因之而明。"[2]这一说法更多是清初诸儒针对明人不读书的毛病而提倡朴学之风，以此批评朱子，多少并不公允，因为朱子不仅精于训诂，而且很重读书，在许多文字训诂上且是尊郑的。因而，争论双方对此并无特别根本的分歧。汉学家多并不认为不需要讲求义理，而是认为不能仅有不读书的凿空之学，那样讲的性理就流于空疏怪诞了；宋学家批评说，"汉儒只能解其字义，考其篇章句读，其于道茫乎未闻也"[3]。夏炘以为，汉学之失与明儒相差无几。争论的结果，大家多认为应该通过扎实的学问来探究更根本的义理，这在前引戴震的那段话里已经可以清楚地看出来。在这个问题上，汉宋之间的融合是没有太大障碍的。所以，夏炘的反驳主要集中于此，窃以为

---

〔1〕 钱穆先生在《中国近三百年学术史》中，对这些讨论颇有揭露，可惜钱先生对汉学有偏见，未能深入汉宋之争的思想实质。张寿安先生《以礼代理——凌廷堪与清中叶儒学思想之转变》则对礼理之辨给出了非常清晰的脉络，笔者受益良多。

〔2〕 戴震《戴氏杂录·题惠定宇先生授经图》，见《戴震全书》第六册，黄山书社，2010年版，第498页。

〔3〕 夏炘《书戴氏遗书后》，《夏仲子集》卷三，咸丰五年当涂陈氏铅印本。

未得要领。而翁方纲精于考据，却依然批评戴震之说，说明考据与性理完全可以并行不悖，如江永就是这样的学问路径，但汉宋之争的实质，在学问方法之外，却有更深的理论根源。

第二，天理，究竟是"如有物焉，得于天而具于心"，还是"察之而几微必区以别之名"。自从戴震提出这一问题，它就成为汉宋之争在理论上的真正焦点。宋儒论天理之处极多，程朱天理论均有相当丰富的内涵，不可一概而论。但其许多说法似有将天理当作单独之物的倾向。朱子有言："且如万一山河大地都陷了，毕竟理却只在这里。"[1]但朱子之后，天理的实体化倾向越来越得到纠正。[2]早在清初，亭林、船山、习斋、恕谷等皆强调理当为条理，后惠栋亦有相应的说法。戴震最系统地表达了这一观点，批驳云："理者，察之而几微必区以别之名也，是故谓之分理；在物之质，曰肌理，曰腠理，曰文理。得其分则有条而不紊，谓之条理。"戴震特别强调，"非事物之外别有理义也"[3]。他以为，宋儒之所以将天理当作独立之物，是因为受到了释老"真宰""真空"思想的影响。由于将天理当作独立之物，明人进一步将心之意见当作天理，因而导致以天理之名，强加一己之意见，而有"以理杀人"的著名说法。戴震进一步说："礼者，

---

〔1〕 朱熹《朱子语类第一》，《朱子全书》第十四册，第 116 页。
〔2〕 陈来《元明理学的"去实体化"转向及其理论后果》，收入氏著《从思想世界到历史世界》，北京大学出版社，2015 年版，第 313—317 页。
〔3〕 戴震《孟子字义疏证》卷上"理"字条，第 7 页。

天地之条理也。"〔1〕此一分疏，是对宋儒最有力的批评。

方东树、翁方纲、夏炘都意识到了这是双方争论的关节点，因而都有认真响应。方东树以为："然戴氏非能有老庄玄解，不过欲坚与程朱立异，故其说唯取庄周言'寻其腠理而析之'、'节者有间'等语，解'理'字为'腠理'，以辟程朱无欲为理之说，则亦仍不出训诂小学伎俩。不知言各有当，执一以解经，此汉学所以不通之膏肓痼疾。"〔2〕方氏指斥戴震之说出自庄子，却也未能申明天理之义。相对而言，夏炘的反驳最精到，但他最后的结论却是："如有物焉，乃老庄之说，加于得天、具心之上，张冠李戴，不亦诬乎！"〔3〕其实，夏炘对理的理解与戴氏并无太大不同，他只是认为戴氏对程朱的批评是错误的，程朱并没有这一观点。翁方纲通过对两条材料的理解来反驳东原。一处是《易》之"易简而天下之理得矣，天下之理得，而成位乎其中矣"。他以为，此处之"理"当即性道统挈之谓，而非条理、腠理之谓。另一条是《乐记》中的"天理灭矣"一句，对人欲而言，则天理正是天之性。不过，翁氏也并未完全否定戴氏对条理的理解，他如此界定"理"字："夫理者，彻上彻下之谓，性道统挈之理，即密察条析之理，无二义也。义理之

---

〔1〕 戴震《孟子字义疏证》卷下"仁义礼智"字条，第49页。

〔2〕 方东树《汉学商兑》卷中之上，漆永祥汇校，北京联合出版公司，2017年版，第64页。

〔3〕 夏炘《与友人论〈孟子字义疏证〉书》，《述朱质疑》卷十，咸丰壬子景紫山房版。

理，即文理、肌理、腠理之理，无二义也。其见于事，治玉治骨角之理，即理官理狱之理，无二义也。事理之理即析理整理之理，无二义也。"[1]翁方纲找到的这两条是对戴震的最好回应，但他还是不能说戴震全错，而只能说，戴震从条理的角度理解理字，本与宋儒从性道统摄的角度理解没有实质的区别。

由此可见，戴震对理的重新界说相当有力，宋学派的响应要么说戴震对宋儒的理解是错误的，要么说条理之理与宋儒的理解本无二致，很少人可以明确否定东原对理字的理解。正是因为戴震在这一方面的攻击确实非常有力，汉学诸公多接受了他的理解。凌廷堪作《复礼》三篇，则将戴震之说发挥到极致，把理字彻底否定："圣人不求诸理，而求诸礼，盖求诸理必至于师心，求诸礼始可以复性也。""后儒之学本出于释氏，故谓其言之弥近理而大乱真。"[2]对理的理解是汉宋之间理论争论的症结所在。戴震对理字的解释几乎已经立于不败之地，其实质是，作为事物条理之理，不能脱离事物而独立存在。但在凌廷堪更极端的阐发之后，礼理之辨的问题进一步变成了，在人伦日用的礼之外，是否需要一个理论的抽象？如果需要，它与人伦日用之礼是什么关系？宋学家批评汉学家的背后，实质上正是这个问题。张成孙云：

---

〔1〕 翁方纲《理说驳戴震作》，《复初斋文集》卷七，《清代诗文集汇编》第382 册，李彦章校刻本影印，上海古籍出版社，2010 年版，第 80 页。
〔2〕 凌廷堪《复礼下》，《礼经释例》卷首，《凌廷堪全集》第一册，黄山书社，2009 年版，第 19 页。

"盖理者，事之条理，有所必然，凡事莫不各具其理。圣人制礼，必揆于事之所必然者，而后著以为经，使可举焉。则理者，儒者不可不知也，而非众人以下所能喻也。吾故曰：言礼即具理，理之充即是礼也。然则，由礼之说，可为中人以下言之；由理之说，可为中人以上言之。"[1]此说比凌氏之论更持平，以为礼、理不可分。而宋学家亦多有继承朱子之说，以为："礼者，天理之节文也。"[2]

第三，关于性善，有无天地之性与气质之性的两分。虽然天理问题是双方讨论的集矢所在，但在人性论上更可看出汉宋之间的水火不容。如前所述，宋学派对汉学派论"理"的反驳，多强调朱子并未忽视"密察"之理，或者密察之理已在朱子视野之下。但戴震对"理"的理解，会得出关于人性的结论，即理既然不是外在于人伦日用的，就应该在人伦日用中去寻求，这样，宋儒关于天地之性与气质之性的区别就成问题了。自孟子言性善，荀子言性恶，扬子言性善恶混，韩子言性三品，都是对人性问题的不同回答。宋儒继承了前人的诸多思考，一方面接受了孟子的性善说，另一方面也要面对现实中的恶，因而有了天地之性与气质之性的分别。朱子言："论天地之性，则专指理言；论气质之性，

---

〔1〕 张成孙《答方彦闻书第三》，《端虚勉一居文集》卷一，北京大学图书馆藏钞本。

〔2〕 朱熹《朱子语类》卷六、卷二十五、卷三十六、卷四十一、卷四十二等处，分见《朱子全书》第十四册，第239、880页；第十五册，第1340、1452、1494页。

则以理与气杂而言之。"[1]二性之分与理气之说一脉相承，以为天地之性为全善之理，气质之性却有人欲存焉，故必穷天理、灭人欲。

戴震既然重新厘定了理的定义，人性之说自然也要有相应的变化。他以为，理乃是"情之不爽失也"[2]，天理在人情之中，亦在人欲当中。"情得其平，是为好恶之节，是为依乎天理。"[3]"欲，其物；理，其则也。"[4]理并非外在于人情人欲，而是情、欲之正，因而，"圣人治天下，体民之情，遂民之欲，而王道备"[5]。戴震批评宋儒将理与欲对立的说法，认为那是荀子和释老之说的杂糅："程子、朱子尊理而以为天与我，犹荀子尊礼义以为圣人与我也；谓理为形气所污坏，是圣人而下形气皆大不美，即荀子性恶之说也；而其所谓理，别为凑泊附着之一物，犹老、庄、释氏所谓'真宰''真空'之凑泊附着于形体也。理既完全自足，难于言学以明理，故不得不分理、气为二本而咎形气。盖其说杂糅傅合而成，令学者眩惑其中。"[6]其后，孙星衍作《原性》，梳理历代性论之说，以为："故圣人贵实而恶虚，言有不言无，贵刚而贱柔，则儒家之异于道家，三代之学之异于宋

---

[1] 朱熹《朱子语类》卷四，《朱子全书》第十四册，第 196 页。
[2] 戴震《孟子字义疏证》卷上"理"字条，第 1 页。
[3] 同上书，第 2 页。
[4] 同上书，第 8 页。
[5] 同上书，第 9—10 页。
[6] 同上书，第 15 页。

学也。"[1]汉学家批评宋儒理气二分，天地之性与气质之性二分，不仅杂糅了释老之说，而且暗中引入了荀子的性恶之论，这一批评无疑是非常具有攻击力的。

对于这一攻击，宋学派也有一些反驳。方东树坚持二性之区分和对人欲的否定，他说："苟不为之品节政刑，以义理教之，则私妄炽，而骄奢淫泆，犯上作乱，争夺之祸起焉。圣人知其然，故养欲给求，以遂其生。又继之治教政刑，以节其性。司徒之命，修道之教，学校之设，所以明民者，惟义理之用为急。"[2]方氏所说，是直接道出了二性之分所面对的人性现实，也正是前人在性善之外必须处理恶的问题的症结所在。他还说："若谓人皆无欲心，则《记》所称'易慢之心''非僻之心''鄙诈之心'，果何心也？试令夫人自扪其心，果皆仁而无欲乎？使人心皆仁而无欲，古今圣人为学与教，又何忧乎有不仁也？惟夫人心本仁，而易堕于人欲之危，是以圣人既自精择，而守之以执其中，又推以为教于天下万世，千言万语，欲使同归于仁而已。"[3]方东树以现实中人欲的存在来反驳戴震理在人情、人欲的说法，夏炘的反驳则将这一理解提升到一个更高的层次："程朱之以理诠性善，与孔孟合无间，岂仅人之血气心知能进于善之谓乎？至于性从心从生，既生之于心，即不离乎气质，所以昏

---

〔1〕 孙星衍《原性篇》，收入《问字堂集》卷一，《丛书集成新编》第 77 册，第 673 页。

〔2〕 方东树《汉学商兑》卷中之上，第 63 页。

〔3〕 同上书，第 42 页。

明强弱，纷纷不齐，告子及荀杨韩诸儒不得其说，是以各为之解。自程、张论性不论气不备之说出，而后拨云雾而见青天，张子气质之性君子有弗性焉者，即孟子'性也有命焉，君子不谓之性'也。《疏证》独取先儒之不以为性者，而必辗转以申其说，不知已落佛氏之窠臼。"[1]相对而言，这一响应不仅相当有力，而且点出了问题的实质，使双方的争论达到一个更高的层次。由于这个问题涉及两派相当实质的差异，宋学派对人性的辩驳比对天理的辩驳要更深入、更有力。

第四，工夫论，究竟是体认天理，还是读书习礼。由于对天理和人性的看法不同，汉、宋两派在工夫论上也有相当大的差异。戴震批评宋儒区别天理与人欲，正如同释老之"内其神而外形体"。他说："宋儒程子、朱子，易老、庄、释氏之所私者而贵理，易彼之外形体者而咎气质；其所谓理，依然'如有物焉宅于心'，于是辨乎理欲之分，谓'不出于理则出于欲，不出于欲则出于理'，虽视人之饥寒号呼，男女哀怨，以至垂死冀生，无非人欲，空指一绝情欲之感者为天理之本然，存之于心。"[2]宋儒之所以把穷天理、灭人欲当作最重要的修养所在，根本上是因为他们把天理和人欲对立起来。其后的汉学家进一步阐发此义。阮元于《论语论仁论》中释"克己复礼为仁"，以为宋儒将"克"解为"胜"，

---

〔1〕 夏炘《与友人论〈孟子字义疏证〉书》，《述朱质疑》卷十。
〔2〕 戴震《孟子字义疏证》卷下"权"字条，第53页。

将"己"解为私欲，"克己"就成为灭人欲的意思。但他以为，"克己复礼"为当时成语，《左传》昭公十二年，孔子说："古也，有志克己复礼，仁也。"而《论语》在"克己复礼"一条下即有"为仁由己"一语，"己"字显然不是私欲。因而，"克者，约也，抑也；己者，自也，何尝有己身私欲重烦战胜之说？"下文所说"非礼勿视，非礼勿听，非礼勿言，非礼勿动"，正是"克己复礼"的诠释，"勿即克之谓也，视、听、言、动，专就己身而言"〔1〕。克己复礼，就是约束自己，在每件事上都要依礼而行，这就是汉学家的工夫论。对"克己复礼"的重新解释，成为清代汉学家阐发其工夫论的重要人手点，臧庸、凌廷堪等也都有类似的辨析。〔2〕阮元又说："为性理之学易，为考据之学难。"汉学家批评宋学空言性理，转而注重读书考据，夏炘说："古之人学无不鞭辟近里，由博返约，以期有体有用。若徒劳精敝神，穷搜幽讨，撰述虽富，不异木札蔗皮，于道德经济有何关涉？"〔3〕方东树的许多批评也是从这个角度谈的。在他们看来，汉学家否定宋学空疏，但自己却转而考证文字，于经济气节均无补益。这一批评是有一定道理的。但是，对于汉学家转向这种学问的理论依据，他们多无力反驳。方东树、夏炘均讨论

〔1〕　阮元《论语论仁论》，《研经室一集》卷八，道光扬州阮氏文选楼刻本。
〔2〕　臧庸《克己复礼解》，《拜经文集》卷一，收入《皇清经解》卷一一七八；凌廷堪《与阮中丞论克己书》，《校礼堂文集》卷二十五，《凌廷堪全集》第三册，第229—231页。
〔3〕　夏炘《书仪征阮氏各种后》，《夏仲子集》卷三。

过阮元对"克己复礼"的解释，但也都没有有力的反驳。

汉、宋之间的争论愈来愈激烈，所触及的问题也越来越深入。夏炘、张成孙等人的讨论都已经相当深刻，夏炘虽然自称坚守程朱正统，但面对汉学家的强大攻势，却必须以非常不同的方式重新思考天理、人欲等问题，而且其研究朱子和理学的路径本身，正是非常接近乾嘉学术的。清代中叶以后，汉宋兼采渐成主流，但对宋学的重新肯定，已经是在非常不同的思路之上了。而其中最卓越的思想家，当属夏炘的同时代人定海黄式三先生。

二　黄式三的礼理之辨

张寿安先生说，黄式三是第一个正面面对凌廷堪《复礼》三书的人。[1]在近年的清代学术研究中，黄氏父子的礼理之辨也已经越来越受到关注。[2]可以说，黄式三的主要思考都是在重新厘定礼理问题的基础上进行的。

1　黄式三辨汉宋之学

黄式三多处论及汉宋之学的异同，认为二者完全是相

---

〔1〕　张寿安《以礼代理——凌廷堪与清中叶儒学思想之转变》，第146页。

〔2〕　韩岚、张涅《黄式三〈论语后案〉以"礼"为本的思想及其意义》，《孔子研究》，2009年第2期；黄海啸《礼理之辨与黄式三、以周父子对清代礼学的总结》，《兰州大学学报（社会科学版）》，2006年第5期；林存阳《黄式三、以周父子"礼学即理学"思想析论》，《浙江社会科学》，2001年第5期。

通的。其《汉宋学辨》云："汉之儒有善发经义者，从其长而取之；宋之儒有善发经义者，从其长而取之。各用所长，以补所短。经学既明，圣道自著。经无汉宋，曷为学分汉宋也乎！"[1] 这段话表明了他治学的最基本态度。但这种不分门户的治学态度还不能真正说明问题，因为实质的问题是，在汉宋之学存在尖锐矛盾、非此即彼的时候怎么办？特别是对于戴震以来的批评，应该是怎样的态度？窃以为，在对很多重大问题的理解上，黄式三还是接受了戴震的说法；但他也像一些宋学家那样，认为戴氏的一些观点，朱子其实已经讲过。总体来看，我以为可以把他的思想路径称为"以礼释理"[2]，具体说就是，接受戴震关于理与性的说法，从礼的角度重新理解朱子的思想，坚决排斥王学。

我们先来看黄式三对戴学的态度。夏炘曾致书黄式三，对黄式三在《论语后案》中采用戴震等人之说颇不满。[3] 黄式三于复书中指出，戴氏之说"指斥过当，亦所未安。然则经说之有异于程朱者，有所疑于中而不敢隐耳。间或援引戴说，择其粹者而取之"。他特别强调，戴氏此说与程朱并无不同："程朱二子以性之善者为理，以不善之宜变化者归之气质，大端岂遂迥殊？"但在他看来，宋明后学"申此者语

---

〔1〕 黄式三《汉宋学辨》，《儆居集一·经说三》，收入《黄式三黄以周合集》第五册，第 73 页。

〔2〕 张寿安先生则概括为"以礼求理"。

〔3〕 夏炘《与定海王薇香式三明经书》，《景紫堂文集》卷十，咸丰壬子年版，并收入《述朱质疑》卷十。夏炘误以薇香姓氏为王，不知何故。

多玄眇，流弊之极不忍尽言"[1]。

黄式三作《申戴氏"气"说》《申戴氏"理"说》《申戴氏"性"说》三篇，详辨戴氏之学。

《申戴氏"理"说》绅绎出戴氏论理与宋明理学的七点不同，但又指出，程朱及其后学其实都谈过与戴氏相同的观点。其目曰：一、"天理指人心中天然之分理，非阴阳而上别有所谓天理"，而程朱都曾经强调一阴一阳即是道。二、理即条理，明代理学家薛瑄、罗钦顺也都有过类似的表述。[2] 三、天理是人心之所同然，而非个人之意见，张履祥等亦有类似言论，反对以私心为理。四、性善即于形气见之而非坏于形气。五、求理不在血气心知之外。六、圣智贵于扩充，非复其初。此三者放在一起谈，都强调理不在气质之性以外，这似乎是与程朱论性最不相容的，批驳戴氏者亦以为："得无使逞欲者之借口乎？"但指出，孔孟从未完全反欲望，程朱也并不完全反对，"其援'无欲'之说以附于程朱者，谓人欲净尽即天理流行，故援异端之所谓'真宰'、'真空'者即全乎圣智，即全乎理，主于去情欲以勿害之，不复以学问扩充之，是尤不可不辨"。七、节欲使无过情、无不及情，即合乎天理。朱子、薛瑄、罗钦顺皆不以禁欲为

---

[1] 黄式三《答夏韬甫书》，《儆居集五·杂著四上》，收入《黄式三黄以周合集》第五册，第472页。

[2] 今按，朱子本人亦有许多类似表述，如《朱子语类》："道便是路，理是那文理。""理者有条理。""理是有条理，有文路子。""理如一把线相似，有条理，如这竹篮子相似。"《朱子全书》第十四册，第236—237页。

天理。[1]

此论理七目，其实后面四目皆言气质与情欲，可以归纳为一点。黄式三的基本观点是，戴氏所言，程朱一派均已言过，此论与夏炘颇近似，但与夏炘的立场又很不同：既然戴氏所说皆在程朱体系之内，就不必对戴氏有什么惊诧和批判了。这一立场毫无疑问是站在戴震一边的。朱子之学确为相当丰富，而且朱子总是刻意避免过于极端的说法，总会在辩证中处理理气关系，因而在朱子的论述中找到与戴氏说类似之处并非难事，但这绝不意味着，戴氏与朱子的思想体系是完全相同的。

《申戴氏"理"说》颇有调和汉宋之意，但到最后，他却只能说，戴氏之说在根本精神上仍然与程朱之学相通，却不能说，戴氏之学与程朱之学完全一致。这一点在《申戴氏"性"说》中体现得更为明显。《申戴氏"性"说》以相似的方式来分析戴震对性的讨论，也举出了七点，但与前一篇不同的是，他不仅罗列了戴震的观点，而且也罗列了朱子针锋相对的观点，到后面才又说，朱子不仅有与戴氏完全相反的说法，却也有与他相同的说法。其目如下：一、朱子言人与物之气同，戴氏言人与物不只是气同，其共有知觉运动，只是因殊其性而有异。二、朱子言人与物共有气质之恶，戴氏以为，《中庸》所谓"天命之谓性"，命为限制之名，人物生

〔1〕 黄式三《申戴氏"理"说》，《儆居集一·经说三》，收入《黄式三黄以周合集》第五册，第60—65页。

而限于天，故曰天命。三、朱子以为孟子性善之说非气质之性，戴氏以为，孟子不说气质为恶。四、朱子言性善在于天理，在人物未生时，戴氏以为，孟子言性善，皆就既生之后的气质之性而言。五、朱子以为孔子言"性相近"为气质之性，孟子言天命之性，并不相同。戴氏以为，《论语》、孟子言性无异，皆从气质上言。六、朱子斥荀子言气质，与孟子言义理不同。戴氏以为，二子俱言气质，荀子以气质为恶，孟子以气质为善。七、朱子分理气，谓才有善有不善，孟子之论未密。戴氏以为，据其限于所分而谓之命，据其为人物之本始而谓之性，据其体质而谓之才，性善则才亦善。[1]

此文虽亦列七目，然此七目之间层层推进，逻辑非常严密。其中朱子之说是，人与物气质之性同，而气质中有恶，故人之性善必非气质之性，而来自天理，孟子论性善则应指天命之性，而非气质之性，性善来自天理，在人物未生之前，孔子言性相近则就气质而言，荀子言性恶亦就气质言，而孟子未区分命、性、才，其说不密。戴氏之说是，人、物知觉运动皆为气质之性，但知觉运动有不同，就会有性之不同，其性各有限制，即为天命，孟子言性皆就气质上面言，形气本于天，无所谓恶，性善皆就既生之后言，无所谓未生之前，孔子、孟子言性并无不同，荀子言性恶亦就气质上言，孟子以气质无不善，才亦无不善，性陷溺枯亡时方

---

[1] 黄式三《申戴氏"性"说》,《儆居集一·经说三》, 收入《黄式三黄以周合集》第五册，第65—68页。

为不善。

　　经黄式三如此梳理，戴震与朱子的思想差别已经非常明显，恐怕是不可能调和的了。所以他随后的写法也与《申戴氏"性"说》中有些不同。他已无法找出程朱论说中同于戴氏的语句，但仍然说："此非戴氏之创说也。"他引程、朱后学的一些说法，来证明恪守程朱理学者也未必不会有与戴震类似的说法。但这仍然不能调和戴震和朱子的差异。于是他说："读经有所得，虽异于程朱二子而不敢自隐耳。"他又设问说："理气之辨，道统之大纲也，此说果误，后学何取法焉？"然后回答："后儒志力行，当于经训之灿著者寻绎之，以求无背于朱子，而必哓哓然自申其不可穷诘之说乎？朱子见人之气质多粗驳，因谓气之善者理实主宰之意，亦欲人扩充此善端也。"可见，在理气问题上，黄式三还是同意戴震的，只是认为，朱子强分气质之性与天命之性不可从字面上理解，而必须看到朱子的用意也是为了让人扩充善端，在这层精神实质上，戴氏与朱子并不相悖。可见，黄式三其实并不认为理气之分是道统之大纲，他只是在相当抽象的层面上认为朱、戴一致。

　　《申戴氏"气"说》的写法则相当不同，所以我们放在最后来谈。此文比较短，不再对比戴氏与朱子各方面的异同，而是直接阐发戴氏气学。其核心观点是，理在气中，不可离气言理。他就天地人三才之气言：天道"即天气之推行者是也"，地理"即地气之推行有条理者也"，"人为万物之灵，其气能以仁义相感通也"，最后总结说，"凡天地人之气，推行各有其条理，而非气外别有一理，求理于气之先者二之，则不是"。此文立论，显然皆据戴氏之说，但于文末小注云，"理气无先后，二之不是，本朱子旧说，薛氏、罗氏、刘氏申之，似无待辨。然诸注皆是分为二，何邪？此文是作是述，明眼人自知之。以申戴为异者，眼孔太小"。此小注相当于前两文中对照程朱派类似说法的功能，指出理气不二本是朱子与其后理学家之说，但朱子自己在注中又常常分为二，自己的文章虽然是申戴氏之说，却也是在述朱子之精神实质。[1]

2　黄式三的礼学

综观申戴氏三篇，无论言理、言性，还是言气，黄式三均认可戴震之说，却又以为这与朱子之学一脉相承。与此前的汉学派一样，他也认为，礼是学问的核心。因此，他又有论礼三篇《约礼说》《复礼说》《崇礼说》，详述其礼学主张，与申戴氏三篇相互补充。

其《约礼说》详述理、礼之关系，自注云，此为纠正凌氏《复礼》下篇而作。《复礼》下篇言："圣学礼也，不云理也。"因其对朱子攻击太过，阮元在刊刻《皇清经解》时竟从《校礼堂文集》中删去了下篇。黄式三亦以为此说矫枉过正，故作此篇，目的是对凌氏之作"驳而存之"。此篇数

---

〔1〕　黄式三《申戴氏"气"说》，《儆居集一·经说三》，收入《黄式三黄以周合集》第五册，第59—60页。

易其稿，可见，他非常看重此文，俞正燮亦有高度评价："约礼学微，心理教起，今日不可无此文。"作者自称是为矫正凌氏对理学的过激批评而写，文章却全针对阳明的《博约说》而发，且对阳明的批评相当严厉。黄式三所谓的矫正，就是将批评矛头从朱子转向阳明。《博约说》是阳明言礼相当清楚的一篇短论，其中说："夫礼也者，天理也。""天理之条目谓之礼。""求尽其条理节目焉者，博文也；求尽吾心之天理焉者，约礼也。"[1]阳明在这里也很强调条理，也很重视礼文，黄式三为什么反对他呢？关键在于，阳明以为，约礼就是尽心中之天理，所以他说："夫明心见性之学，以心为礼，自以为是者也。"他以为，博文就是"博学于古人之文"。在博学之后，发现自己与圣人的差距，"必约以先王之礼，所行或不及，礼以文之，所行或太过，礼以节之，博约如此其难，庶几不畔于理矣"[2]。阳明对理与礼关系的理解，实由朱子"礼者，天理之节文也"而来，而更强调其内心化。阳明以为，外在周旋进退的，是显的礼文，而以内心微而难见之理约之，则是内在之礼。黄式三批评他"礼，一也，分显微而二之；文与礼，二也，以礼之显者为文而一之"。他又以《礼器》中"义理，礼之文也"及《乐记》"礼也者，理之不可易者也"来阐释自己的理解："礼之

---

〔1〕 王守仁《博约说》，《王阳明全集》，上海古籍出版社，1992年版，第266页。

〔2〕 黄式三《约礼说》，《儆居集一·经说一》，收入《黄式三黄以周合集》第五册，第23页。

三百三千，先王所条分缕析，灿然显著，别仁义，明是非，君子不敢紊而畔之者，此理也。"此处的辨析更深地揭示出黄式三与理学传统的实质差异。朱子以礼为天理之节文，阳明以礼文为心中之理之显者，但黄式三却以理为礼之文。节文为礼的主要作用，但朱子以礼为天理之节文，便是天理之显著者。黄式三以为，礼之节文作用，实在于对不及之处的文与对过礼之节。礼之理是一个相对客观的标准，后人在学习先王之礼时，体会这个标准，然后裁量自己的行为，这便是节文。他虽是在批评阳明，其实根本改变了宋明儒学对礼、理关系的理解。他与凌次仲不同的地方，在于他并没有否定理的概念，而是重新厘定了礼、理之间的关系。[1]

若是礼不在人心之中，如何谈得性善？礼岂不是外在之物？黄式三又作《复礼说》，以申其义。此篇本于《复礼》三篇，针对苏洵《礼论》所谓"人生之初，不知君，不知父，不知兄，圣人为礼以耻之"而作[2]，其弟租生以为，"此篇本凌驳苏，而浑厚胜苏，简直胜凌"。其核心观点是："礼也者，制之圣人而秩之自天，当民之初生，礼仪未备，而本于性之所自然，发于情之不容已，礼遂行于其间。"礼虽然不是来自独立的或在心中的天理，却是本于天性自然，在圣人没有制定礼文仪节之时，就已经存在了，圣人制礼，是顺应自然的恭敬辞让之性，并没有改变人性或强加什么东西，

---

〔1〕 黄式三《约礼说》，《儆居集一·经说一》，收入《黄式三黄以周合集》第五册，第23—24页。
〔2〕 苏洵《嘉祐集》卷六，上海市图书馆藏宋刊本。

"溯而上之，天之生人也，阴阳相继以成性，此礼之所由变化，邃古圣人即因而略定之"，"所以古今之礼虽异，而由质而文，其本则一"。圣人制礼的基本原则是"顺性而立制"，苏洵的错误在于"外礼于性"。[1]

第三篇《崇礼说》继续申明此义，阐发《中庸》之崇礼、议礼诸章。黄式三以为，崇礼与致中和相呼应，崇礼即致中和之大者。他以为，"礼义三百"（而非"礼仪三百"）即礼之大经，"威仪三千"方为礼之细小仪文。黄式三特别分析了礼与德的关系，以为礼与德可分言，如《曲礼》中的"道德仁义，非礼不成"和《论语》中的"道之以德，齐之以礼"，但亦有以礼为德者，即言仁、义、礼、智、信五德之处。"五德即是五性，故礼即为德性。"而《中庸》中的崇礼，当就礼作为德性而言："君子崇礼以凝道者也，知礼之为德性也而尊之，知礼之宜问学也而道之。道问学，所以尊德性也，其育物之道广大，不外礼之精微，尽精微所以致广大也。敦厚以崇礼者，烀温前世之古礼，考求后王之新礼，遵而行之，不偏古，不偏今，崇之必敦厚也。"将礼当作德性，就不只是纠缠于具体的礼文制度，而是在礼文制度中寻求礼意。这就要求有两种功夫：第一是对先王之礼的研究，具体就落实在汉学家的考据之学中；第二也要考求后王所定之礼，特别是现实中的礼，以求在礼仪实践中体会礼意。宋

---

[1] 黄式三《复礼说》，《儆居集一·经说一》，收入《黄式三黄以周合集》第五册，第24—25页。

儒之失就在于，"外礼而内德性，所尊或入于虚无；去礼而滥问学，所道或流于支离，此未知崇礼之为要也"[1]。

综合论礼三篇，黄式三的礼学观也已相当清晰。他反对阳明理在人心的说法，而认为礼是一个不以主观意见为转移的客观标准，但这并不意味着礼是外在于人性的，而是来自于人的天性自然，在根本上是一种内在德性，威仪三千才是作为德性的礼意的外在表现。

既然与戴震、凌廷堪之说如此接近，黄式三在什么意义上谈汉宋兼采，又是在什么意义上为朱子辩护呢？我们若细看《论语后案》，在一些关键地方与朱子立异之处亦自不少（如解"克己复礼"，接续阮元等之说，释"子罕言命"以"罕"为"显"）。既然他既不同意朱子的天理、人性说，也不同意朱子对几个重要概念的解释，难道他对朱子的认同，仅仅是一个抽象的精神吗？时人似亦并不清楚他的取向。夏炘批评他偶有取于戴氏之说[2]，严可均则批评他说经多回护朱子，他回书说："式三观古来著作，必尊让前贤，虽有辩驳，往往留有余不尽之意，是以未敢苛求。"按此说法，似乎他对朱子只是尊让前贤、不敢苛求之意，其实并不认同他的说法。在《〈汉学师承记〉跋》中，黄式三又对汉宋经学给出了自己的一个谱系，认为元明以降不读宋以前之书的风气，其实恰恰违背了朱子的学问宗旨。到了清代，

---

〔1〕 黄式三《崇礼说》，《儆居集一·经说一》，收入《黄式三黄以周合集》第五册，第25—26页。
〔2〕 夏炘《与定海王薇香式三明经书》，《景紫堂文集》卷十。

"幸得阎氏百诗、江氏慎修、钱氏竹汀、戴氏东原、段氏懋堂诸公心耻斯习，不纠缠朱子所已言，乃搜辑古今遗说，析所可疑，补所未备，其心诚，其论明，其学实，能合汉、宋所长，彻其藩篱，通其沟浍，而尽扫经外之浮言，则经学得汉、宋之注，十阐六七，加今大儒之实事求是，庶几十阐八九欤？"[1]在他看来，元明之儒固守朱子之说，是囿于门户之见，而他所列举的这些清代汉学家之功在于打破门户之见，通合汉宋之长，反而有补于汉宋之学，对经学的理解有所推进，而江藩《汉学师承记》"宗师惠、余，拦阎、江诸公为汉学，必分宋学而二之，适以增后人之惑也"。他将清代门户之见的根由归给江藩等人，认为他们才是强分汉宋，导致了门户隔膜的局面。这样一种学术观非常奇特，与此前的各方都颇不同。至于戴震等人，却认为他们的书"于汉师郑君之说有不能墨通者，与宋儒之说多同"[2]。此说可与他申戴氏诸说时的态度相印证。他并不认为戴震等对朱子的攻击是多么严重的事，也不认为性理诸说是朱子学最核心的内容，因而甚至可以在完全否定了程朱天理说的情况下，仍然认同朱子。

朱子学说远远不止天理而已。我们若从更宏观的角度来看，黄式三乃至清代汉学一脉合于朱子者，尚远远多于他

---

〔1〕 黄式三《〈汉学师承记〉跋》，《儆居集五·杂著一》，收入《黄式三黄以周合集》第五册，第382—383页。
〔2〕 黄式三《汉宋学辨》，《儆居集一·经说三》，收入《黄式三黄以周合集》第五册，第74页。

们所明白讲出来的。比如，郑君以《孝经》为六艺之总汇，而朱子颇以为《孝经》非圣人之言，而以《大学》为学问之总纲，清人辨析《大学》非常激烈，但大多认同朱子以《大学》为总纲的说法。郑君注三《礼》，是以《周礼》为总纲的，大大影响了后来的学术和政治，隋唐确立的六部制，就是《周礼》六官的架构，历代《礼典》的五礼架构，亦来自《周礼》。以《周礼》总汇众礼的传统，至王安石变法为最后一个形态，朱子治礼学，却不再以《周礼》为纲，而名为《仪礼经传通解》，其家礼、乡礼、学礼、邦国礼、王朝礼、丧礼、祭礼的架构，却隐含着《大学》的次第（更何况，朱子本就把《大学集注》和《中庸集注》重新编在了《仪礼经传通解》最中心的学礼部分）。清人治礼学，如徐乾学《读礼通考》、秦蕙田《五礼通考》、江永《礼书纲目》虽然仍以五礼为基本架构，却也深受朱子礼学之影响，无论怎样标举汉代郑氏学，却不可能再以《周礼》六官来言礼学。黄式三对礼学和《大学》的理解，亦有朱子学的深刻影响。在清代纷纷质疑朱子《大学》改本的情况下，他却认为朱子所定之八条目不可混。他又以为，"《大学》一篇本礼书"，"格物不外于穷理，穷理不外于学礼，学吉、嘉、宾礼而知喜乐之等次，学丧、荒诸礼而知哀之等次，学兵、刑诸礼而知怒之等次"[1]。这段话概括了他申戴氏三篇与论礼三篇中的主要思

---

〔1〕 黄式三《絜矩说》，《儆居集一·经说二》，收入《黄式三黄以周合集》第五册，第40页。

想，却又皆归之于朱子的《大学》，由此可见，黄式三之汉宋兼采，绝非虚言。

又有对仁的理解，黄式三虽从阮元之辨析，却也颇能体会朱子之意。程子论仁，多有仁、孝脱离的倾向。其解"孝悌其为仁之本欤"曰："盖孝悌是仁之一事，谓之行仁之本则可，谓之是仁之本则不可。盖仁是性也，孝悌是用也，性中只有仁、义、礼、智四者，几曾有孝悌来？仁主于爱，爱孰大于爱亲？故曰：孝悌也者，其为仁之本欤？"又曰："孟子曰：恻隐之心，仁也。后人遂以爱为仁。恻隐固是爱也，爱自是情，仁自是性，岂可专以爱为仁？"程氏弟子由此推之，至有"谓爱非仁""孝悌非仁"之论。朱子作《仁说》，不愿显驳程子，借程子后学之误，申明仁与爱之关系，以为："程子之所诃，以爱之发而名仁者也，吾之所论，以爱之理而名仁者也。盖所谓情、性者，虽其分域之不同，然其脉络之通，各有攸属者，则曷尝判然离绝，而不相管哉？"黄式三作《朱子"仁说"说》一文，详细梳理了朱子作此文之意，在于斥"离爱言仁"之弊。程门后学离爱言仁之弊，正是空言天理所致，朱子虽言天理，却时时落在实处，所以能避免这一问题。[1]而这正是戴、凌、阮以来最关心的问题。在这个意义上，黄式三说戴震不悖于朱子之学，也确有所据。

---

[1] 黄式三《朱子"仁说"说》，《儆居集一·经说五》，收入《黄式三黄以周合集》第五册，第123—124页。

三　黄以周的学说

黄以周先生传其父之家学，后又将此学统传南菁诸弟子。在几乎所有重要的理论问题上，他与父亲都是一致的，至于《礼书通故》等礼学研究，则是黄以周对这套理论的具体实践。

1　《经训比义》中的思想体系

汉学与宋学的关系，是这一时期清代学者很难回避的问题，黄以周更要直接面对。黄体芳初建南菁书院时，即以汉宋兼采为基本宗旨，并祀郑君、朱子之神主。黄以周不遗余力地宣扬汉宋兼采的治学原则，但又反对以调停的态度对待汉宋之学。他在《南菁书院立主议》中说："今之调停汉宋者有二术，一曰两通之，一曰两分之。夫郑、朱之说，自有大相径庭者，欲执此而通彼，瞀儒不学之说也。郑注之义理，时有长于朱子；朱子之训诂，亦有胜于郑君。必谓训诂宗汉，理义宗宋，分为两戒，亦俗儒一孔之见也。兹奉郑君、朱子二主为圭臬，令学者各取其所长，互补其所短，以求合于圣经贤传，此古所谓实事求是之学，与调停正相反。"[1]"实事求是，莫做调人"，是黄以周为南菁课生立下的规矩。他不主张仅以考据取汉、义理取宋的方式来兼采汉

---

[1]　黄以周《南菁书院立主议》，《儆季杂著五·文钞六》，收入《黄式三黄以周合集》第十五册，第661—662页。

宋，那到底怎样兼采呢？

黄以周少作《经训比义》，颇能代表其以训诂治义理之思路，亦可视为其义理思想之大纲。在此书中，针对每个义理关键词，他从经典中选取了重要的条目，详细比对其文中含义，以求义理之真。黄以周自称，此书是受阮元《性命古训》影响而作，且又与《北溪字义》《孟子字义疏证》相呼应。他对弟子说："是书之作，条析字义，而读陈北溪书者，将谓我违异师说；读东原《疏证》者，将谓我调停宋儒。大道多歧，孰能是正？"黄以周还是自认朱子一系为先师，因书中多有与此一系不同之处，故唯恐宋学家攻击他违异师说。而戴震一系之汉学家，又可能觉得此书对宋儒妥协过多。而他在南菁书院的弟子则以为："仲尼殁，微言将绝。读是书，炳如日月矣。可以发陈氏之墨守，可以砭戴氏之狂嚣，诚有功于先圣，大有益于后学。"[1]南菁诸弟子并不认为此书调停汉宋，而是对陈淳与戴震皆有纠正。镇海刘芬曾于同治元年为是书作《序》，言及《北溪字义》之作云："抑复有疑者，陈氏墨守师说，不敢有出入，如论性、论才，因师之有异于孟子，遂驳斥孟子以申一家之说。"此盖黄以周"违异师说"及诸生"发陈氏之墨守"说所本。刘氏又论戴震曰："近戴氏东原《字义疏证》，乃据孟子以与宋儒诘难，即宋儒说之足申孟子者，亦鄙弃之，如放郑声，惟恐

---

〔1〕 黄以周《经训比义·弁言》，收入《黄式三黄以周合集》第十一册，第2247页。

其不远。"此盖黄以周"调停宋儒"及诸生"砭戴氏之狂嚣"
之言所本。综合几处所述，可知黄以周之发陈氏墨守，即虽
于字义不尽同程朱，似违异宋儒师说，却欲寻其大义；其针
砭戴氏，是指虽颇认同其学，却不因此而贬斥宋儒，盖亦其
父驳而存之之义。[1] 书中除引诸经外，对战国至清的大儒之
说，无不援引。除其父之语外，所引朱子、二程、北溪之说
尤多[2]，可见他对程朱学脉的重视程度。

黄以周与黄式三一样，其学问可谓修正版的戴氏之学，
亦可谓修正版的程朱之学。《经训比义》共分上、中、下三卷，
凡二十四目。卷上：命、性、才、情、欲、心、意。卷中：
道、理、仁、礼、智、义、信。卷下：忠、恕、静、敬、刚、
中、权、诚、圣、鬼神。顺序与《北溪字义》类似，与《孟
子字义疏证》颇不同，因而有比戴震更系统的义理结构体系，
以呼应宋儒。但陈淳皆在朱子学说的框架中诠释各个概念，
黄以周却皆就各条经文诠释。在自序中，他非常清楚地讲出
了自己对这些概念的理解。《经训比义》一书的义理结构，是
需要专门研究的，笔者此处仅举大者数端，以窥其思想脉络。

黄以周论道，严厉批驳了宋儒的一些说法："或谓大极
无称之称，大极无也，不知孔子明言大极，安得以无言邪？

---

〔1〕 唐文治后来回忆元同对戴氏的评价："戴东原先生《孟子字义疏证》立
　　　说俱是，而近于毁骂。"参见赵统《南菁书院志》，上海书店出版社，
　　　2015 年版，第 234 页。可见，黄先生认同戴氏观点，却不认同他对宋儒
　　　过于激烈的批评态度。
〔2〕 参考《经训比义》点校说明，见《黄式三黄以周合集》第十一册，第
　　　2243 页。

有大极，是生两仪，无则安能生哉？或谓大极天地未生以前混一之气，两仪谓天地已分，不知天地以前，圣人所弗论也。或谓大极，理也，形而上也，阴阳，气也，形而下也，大极生两仪，理生气也，不知阴阳虽有气而无形，大极乃元气浑伦之称，未始非气也。"[1] 此中所反驳的三种说法，皆为宋儒所言无极而太极、理气二元等观念。黄以周以为，太极即天，因天地人为三极，天为其中最大一极，故称太极，"天之元气浑伦，分之则为阴阳。"两仪即为阴阳。

有了对宇宙观的澄清，我们可以看黄以周对理的理解。他说：

> 理者，分也（郑君《礼·乐记》注。又贾子《道德说》："理，分状也。"），意亦相同。谓道之分明者也，故理以"有别"言，此古训也。理可以分，故曰分理。（《说文》曰："知分理之可相别异也。"）肌之可分者曰肌理，膝之可分者曰膝理，文之可分者曰文理，亦犹是也。事物各有自然之则，条分缕析，无所紊乱，是谓"条理"，是谓"足以有别"。后儒求理于空阔之处，不曰"有别"，而曰"浑全"，显悖古训。任翼圣曰：理乃玉文细密之名。孟子言"始终条理"，子思言"文理密察"，孔子言"穷理尽性以至于命"，皆就分别细密处言之，非大

---

〔1〕 黄以周《经训比义》卷中，"道"字条，《黄式三黄以周合集》第十一册，第 2314 页。

本大原之名也。朱子言天即理、性即理，言浑然中即具此秩然之理耳，或乃谓先有此理乃有是天，谬之谬矣。[1]

黄以周完全接受了戴震与黄式三对理的理解，认为应该把它当作条理，而不能把它当作一个独立的形而上学实体。在这一段里，他也试图调和朱子与戴震，认为朱子言天即理、性即理之时，目的是强调浑然之中即有此理；但若过于强调朱子天理之说，甚至强调理在天之前，就是完全荒谬的。此处黄以周亦有为朱子避讳之意，而不肯直接挑明，此即朱子之说。他进一步说："理与义析言之，理者，圣心所分之条理，义者，圣心所断之事宜也。"圣人之所以是圣人，在于他能够比别人更早地得理得义，一般人虽然不能同样获知理义，却无不悦圣人之理义，然后通过自身的努力，"而性之善乃充"，至于那些以自己的意见为理的人，则是以一人之私心为理，而非人心之所同然。

黄以周虽接受戴氏理义之说，于朱子却也并非调停。他虽不认可理气二分、理在气先，却非常强调朱子理学的浑然之意。如于释"命"之时引朱子"天命者天所赋之正理也"，并说"理与数浑然无间，乃合'命'字古训"。

在对"性"的理解上，黄以周与其父一样，直言不讳地反对朱子二性之说：

---

〔1〕 黄以周《经训比义》卷中，"理"字条，《黄式三黄以周合集》第十一册，第2320页。

后儒视性与欲如冰炭之不入，必使绝欲而后全其虚静之体，不知性出于天，欲根于性。"未发之中"能静涵而无失，此性乃为"天之性"，已发而好恶中乎节，其欲亦为"性之欲"。"知诱于外"，性斯离乎天矣；"好恶无节于内"，欲斯远乎性矣。外诱可绝，内欲不可绝，绝其欲则伤性，伤性则失天，亦惟节之而已矣。朱子谓："人生而静以上，人物未生，只可谓之理，未可名为性，所谓在天曰命；方说性时即是人生以后，此理已堕在形气中，不是性之本体，所谓在人曰性。"驳之者曰：如朱子说，是孟子乃追溯人物未生未可名性之时而曰性善；若就名性之时，已在人生以后，已堕入形气中，不得断之曰善。由是言之，惟上圣不失性之本体，其下皆失性之本体。直是人无有不恶，不得如孟子言人无有不善。[1]

黄以周坚持孟子性善之说，因为性根于天，性中之欲亦来自天，所以不可以人欲为恶，只可节性节欲，而不可以绝欲，因为那就会伤性失天。如果像朱子那样，认为人生而后就堕入气质之恶当中，则人无有不恶，已经违背了孟子性善之说。朱子说"知觉运动人与物同"，黄以周认为这与《孟子》文本有冲突。孟子问告子，犬、牛、人之性是否相同，而告

---

[1] 黄以周《经训比义》卷上，"性"字条，《黄式三黄以周合集》第十一册，第2268页。

子语塞，就是因为人与物的知觉运动不能强同。再如《中庸》"天命之谓性，率性之谓道"节，"朱子注亦以人物兼言，是直合人物以言理之一矣，宜其弟子刘氏惑滋甚也"[1]。后黄以周作《子思子辑解》，于此句下注云："天以是气赋于人，而理即具于其中。《烝民》诗所谓'有物有则'，初无理气之可分也。"[2]

于性与欲之间，黄以周继承了黄式三之说，却又考之精而辨之详。其于理气二分等处，固不肯同于朱子，而于"欲"字之意，虽亦承戴震、阮元之说，却又以为戴震有矫枉过正之弊。其释《乐记》"性之欲也"云：

> 此经明云"性之欲"也，欲非离性而自成为欲也。窃释氏之言者，以性中无情无欲而必拒之，其如与《礼记》《孟子》之言不合何？近儒知其说之非而矫之者，则竟认欲为性，不知欲不尽恶，亦未尽善，故经传中有节欲、寡欲之说。而性则专以善者言，其欲之不尽善者，君子不谓之性，故《乐记》不以感物而动为性，而特别之曰"性之欲"也。此间差以毫厘，谬以千里，要在善学者默会之。[3]

〔1〕 黄以周《经训比义》卷上，"性"字条，《黄式三黄以周合集》第十一册，第2279页。
〔2〕 黄以周《子思子辑解》，《黄式三黄以周合集》第十四册，第52页。
〔3〕 黄以周《经训比义》卷上，"欲"字条，《黄式三黄以周合集》第十一册，第2290页。

黄以周既不赞同宋儒以人欲全为恶之说，亦不赞同戴震以欲全为善之说，而以为欲介乎善恶之间，是相对比较中性的，因而不可将欲等同于善，欲只是性之动。诸经中既有完全正面说的欲，如《论语》中的"富与贵是人之所欲也"，《礼运》中的"人之大欲存焉"，《孟子》中的"鱼我所欲也"等，乃至《大学》中的六欲，"尤为正大而不可无者"。也有完全从负面说的欲，如《论语》中的"克伐怨欲"、《曲礼》中的"欲不可从"、《乐记》中的"小人乐得其欲"等，黄以周称之为"专恣之欲"，应该节之、寡之，却不能尽绝之，后儒所讲的去人欲而存天理，乃是释氏之说。且即便尽去其欲，未必即可存天理，"仁可以治天下，无欲只可为家老"。元同强调，目之好色，耳之好音，心之好理义，都是欲，"欲，即其官也"。如果完全尽绝欲望，官即为废官，心没有欲，就谈不上立心，更谈不上存心和养心。因此必须靠欲之大者，即对理义的欲来立心，然后其他的欲就会寡，于是可以做到存心和养心，即以心来统率诸欲，而不是完全不要诸欲，因而孔子的最高境界不是绝欲，而是"从心所欲不逾矩"。所以黄以周以为，"言绝欲者，禅学也；言从欲者，圣学也。禅不可学，圣不易学。学者宜谨守节欲、寡欲之说"。

　　对于礼的态度，黄以周也和黄式三一样，接受了乾嘉诸老的说法，并稍有修正。段玉裁、阮元以仁为相人耦之义，犹言尔我亲密之辞，黄以周以为不确，应据《中庸》中"仁者人也"和《左传》中"参和为仁"，将"耦"释为"参和"，而非"尔我"："以人待人，意相参和，是有亲爱之心而为生生之理也。"

以此释仁，仁与人伦之礼便极密切。为解《礼器》中的"忠信，礼之本也，义理，礼之文也"，以及"忠信之人可以学礼"等，黄以周说："礼中自有忠信，无忠信则礼不虚行，故君子贵得人也，礼兼忠信、仪文言。后之人嫥指仪文言礼，以礼为忠信之薄，且谓未有礼先有理。如其说，则忠信，理也，本也，礼，文也，末也，与《礼器》之言不大背乎？"[1]朱子对礼的著名定义是："礼者，天理之节文也。"但黄氏父子都坚持《礼器》中的这个说法，反以义理为礼之节文，此段中说得最清楚。在他们看来，礼并非仅仅是礼文仪节，而是礼意，比理处在更根本的位置。他又阐释仁、义、礼的关系说："仁者人也，义者宜也，仁义之等杀即礼也。"[2]他释"克己复礼为仁"说："为仁之道，以礼为质，敬以行之，恕以出之。"[3]

对于礼、理关系，黄以周及其弟子看重的除了《礼器》中的那段话之外，还有《乐记》中的"礼也者，天理之不可易者也"，与朱子以礼为理之节文的定义相差几希，却不

---

〔1〕 本为论礼之文，黄以周却纳入"仁"字条下来解，这种安排大有深意。在他看来，这几句所谈的是"义、礼、信之互相成也"。在仁义礼智信诸德中，以仁为首，但五者却不可分，故他在"仁"字条目下广解五德关系。而《礼器》中的此条表面看来无关乎仁，其要旨却仍在"仁"字。见黄以周《经训比义》卷中，"仁"字条，《黄式三黄以周合集》第十一册，第2329页。

〔2〕 黄以周《经训比义》卷中，"仁"字条，《黄式三黄以周合集》第十一册，第2328页。

〔3〕 同上书，第2337页。

可混淆。若以礼为理之节文，则理为体，礼为用；若以礼为理之不变者，所讲的礼亦是礼意，是理之核心，理反而是比较次要的。在"礼"字条中，黄以周非常充分地展示了这一点。《礼器》中说："礼也者，犹体也。"郑君："礼者，体也，履也。"黄以周以为："礼者，体之于心而践履之也。"然后释"礼也者，理之不可易者也"说："礼者，秩然之理也，此礼之正诂也。后儒舍礼而好言理，礼必征实往古，理可空谈任臆也。近时讲学欲救斯失，往往又失之琐碎而不知大体，一问以先王之典制拤舌莫能对，与性理家之空疏又何异？欲挽汉宋学之流弊，其唯礼学乎？有子曰：'先王之道，斯为美。'"与其父一样，黄以周在谈礼时，特别强调的是礼意和礼德，而不只是礼文。黄式三已经辨析的"礼义"与"礼仪"，元同做了更加细致的考证，形成"礼"字下最长的一条。他说："义从我，谓己之礼义。""仪，从人，谓人耦两相度，我借人以自度。""自汉初，'仁谊'字借'义'为之，而'礼义'之本义失，汉季以'仁谊'字尽作'义'，而'礼义'字尽改为'仪'，而'义'、'仪'之两义愈淆。""'礼义'者，礼之大义，义本而仪末。女叔齐、子太叔有是仪非礼之辨，即'义'、'仪'之所由别也。"[1]由此辨析，黄以周分出了礼的义理层面与仪节层面："礼以辨上下，在礼义，亦在威仪。义质而仪文。"[2]礼意也可以说成是

---

〔1〕 黄以周《经训比义》卷中，"礼"字条，《黄式三黄以周合集》第十一册，第2346—2347页。

〔2〕 同上书，第2348页。

礼之理，然若但言理，就难免失于空疏臆断，所以必须把它与先王之礼结合起来看："先王体天地之序以制礼，学者体先王之礼以治德性。体之于心，知其理之不可易而出自性之乌可已也。理不可易，故曰秩，性乌可已，故曰天。礼秩于天，故礼为德性。《易传》曰：'穷理尽性以至于命。'穷理者，穷究先王之典礼也。能穷典礼，则能尽其德性；能尽德性，则能顺天受命，而惇庸秩叙矣。"[1] 所引《易传》中的这句话，本来是被宋儒用来言性理的，现在却被黄以周用来言礼，穷理就被解释成了穷究先王之典礼，尽性被解释成尽其德性，以至于命，则被理解成顺受天命、惇庸秩叙。黄氏父子的工作，就是接续戴震以来的传统，重新界定理、礼关系，然后以这个框架阐释宋儒所重视的几个重要概念和命题。

随后，黄以周详细阐发了其父的崇礼说。《中庸》中的"敦厚以崇礼"，本来就是黄式三崇礼说的经典来源，而黄以周释此句更能体现出他对汉宋之学的理解。他说："此言圣人能制礼，君子能崇礼也。礼必以问学而始明，而崇礼尤由德性之敦厚，是谓'至德'，是谓'凝至道'。'道'指礼言，'凝'谓其敦厚也。后世讲学，德性、问学分为两途，互相攻击，皆由礼学之未深也。"由于礼意俱在先王之典礼中，故崇礼包括两个方面：通过问学研究先王典礼，由德性之敦厚以体会礼意。汉学、宋学两分，正是因为没能理解礼学的

---

〔1〕 黄以周《经训比义》卷中，"礼"字条，《黄式三黄以周合集》第十一册，第 2342 页。

实质，而若要真正做到敦厚以崇礼，就必须两个方面都要用力，这一点，乃是黄以周汉宋兼采的理论基础。若是不能两方面同时用力，就会导致只博学而不能约礼的情况。博学近杂，就会泛滥而无归，是过重汉学所致；博学似华，就会浮伪而无实，就是宋学末流的问题。[1]"礼岂为我辈设""六经皆我脚注"则是乱天下之言[2]，必约之以礼而后正。

再后，黄以周从四个方面来谈君子所以崇礼：礼以定命，礼以节性，礼可治躬，礼可与酬酢。礼以定命，从礼作为天地之命的角度来谈，因为"礼为天地之中而民受之以生"。因礼为民生之本，所以有礼义，有威仪，威仪以定命，定命莫如敬。他又一次强调，威仪并非如俗见以为的仅是末节，所以程子说"洒扫应对与尽性至命是一统事"。礼可节性，则从人性的过与不及来谈，为我即为不及，兼爱即为过情[3]，以礼节之，则发而皆中节，但若是像老庄那样主张无欲，就会绝欲而灭礼。规矩森严、度数详明，故礼可以治躬，杜非心逸志，固肌肤筋骸。最后谈到礼可与酬酢，黄以周特别强调，"礼也者，报其情也，欲报情而饰貌，貌根于心也，而浇情者往往专于饰貌，非礼之罪也"。这里触及了历代关于礼非常重要的一个争论，即情与伪的问题。缘情制礼，礼就是为了表达人与人的情感的，但有很多时候礼只是

---

〔1〕 黄以周《经训比义》卷中，"礼"字条，《黄式三黄以周合集》第十一册，第 2348 页。
〔2〕 同上书，第 2350 页。
〔3〕 同上书，第 2348 页。

一种矫饰，与真正的情相冲突。黄以周强调，错的并不是饰貌，而是矫情。《周礼》里面说，"以五礼防万民之伪，而教之中"，礼恰恰是用来防伪报情的。

定命与节性两点，是礼在宇宙论与人性论上的意义；治躬与酬酢，是礼在工夫论上的意义。在后文，黄以周又特别举了曾子、有子、子夏、林放四子，以为皆崇礼之君子。而此四子均能洞悉礼义与礼仪的异同，并兼顾之。曾子之礼学尤著，故曾子条没有举曾子的某句话，而是直接抄录《曾子问》篇，这在整部《经训比义》中非常罕见。而之所以说曾子尤其深湛于礼学，是因为曾子最精通礼之权与变的关系。有子言"礼之用，和为贵"，所以有子条强调"礼以报情，故用其和"。礼义三百，威仪三千，"无非将以和意"，所谓"知和而和"，就是只顾礼义，尽去礼仪，尽去枝叶，礼之本也就丧失了，"是因失礼而失和矣"。子夏条以"绘事后素"言礼。《论语》中绘事后素一条，是清代礼学家辨析甚多的一条经文。凌廷堪、阮元、焦循，以及黄氏父子等均有论述。他们都强调，"素"并非质，而是白采，古之画法，先设众色，然后以素分布其间，以成文章。此处的"素"强调的恰恰是文，即礼仪，所以子夏由绘事后素悟出礼后的道理。黄以周评论说："然则画绘之功成于素，忠信之质成于礼。"林放问礼之本，黄式三已引《礼器》说："忠信，礼之本也；义理，礼之文也。"[1] 黄以周则解释说："问本者，欲由本逮末也。"他

---

〔1〕 黄式三《论语后案》，《黄式三黄以周合集》第二册，第71页。

在此处再次强调，礼有本有末，但二者不可偏废，"礼之有仪，犹树之有枝叶。树去其枝，其树必伤；礼去其仪，其礼必坏。"此四子者，皆能通晓礼之经权、文质、本末，故为崇礼君子。而崇礼的最高境界，则是《孟子》中说的"动容周旋中礼者，盛德之至也"。黄以周说："威仪为定命之则，从容有中道之诚，此即孔子所谓无体之礼也。崇礼至此，可谓至德。"

《经训比义》，特别是其中的"礼"字条，结构安排极为精巧，自始至终在强调礼义与礼仪的关系。元同以此扩展了其父崇礼说的内容，也确立了南菁弟子礼学研究的总纲。他在《南菁讲舍论学记》中也说："礼可以定命，可以节性，可以淑身，可以理家，可以治国，可以位天地，可以和神人。"[1]也正是《经训比义》中说法的发挥。

2 《礼书通故》中的礼学

黄以周礼学的最重要著作，无疑当数《礼书通故》，这部厚重的礼书向称难读，但若将《经训比义》与《礼书通故》对照，我们就可以找到更多线索。《礼书通故》所做的，正是黄氏父子所倡导的由先王之礼制以达礼意的工作。黄以周从兄以恭为《经训比义》写的跋语中提道："今元同又著《礼书通故》，于古礼之至纤至悉，剖之极详，一若考据中有义理存焉。以恭就而问其故，元同答曰：小德川流，大德敦

---

〔1〕 黄以周《南菁讲舍论学记》,《儆季杂著五·文钞六》,《黄式三黄以周合集》第十五册，第653页。

化，其谓大德既厚，小德自通与？抑谓小德如川之流，脉络分明，而后大德之化愈出不穷与？礼者理也，考礼即穷理也。优优大哉，赞道之无小非大也。"因而《经训比义》中的许多说法，可以在此书中得到印证。

在清代的通礼著作中，《读礼通考》以丧礼为主，《五礼通考》按照吉礼、嘉礼、宾礼、军礼、凶礼五礼次序，《礼书纲目》虽亦以五礼结构安排，却按照嘉礼、宾礼、凶礼、吉礼、军礼的顺序，其后又有若干通礼，已经受到朱子影响，结合了《周礼》五礼与《仪礼》《大学》的次序。黄以周的书自是详细参考了前辈的著作，但《礼书通故》的结构却非常独特。[1]黄以周曾言："学者索解礼文，宜先明节次，节次不明，胶葛益滋。"[2]他如此重视礼文节次，其书之结构，自是精心安排。我以为，这是《礼书通故》最大的特点，也是黄以周继承朱子礼学最值得注意的一点。他在数处谈到对《周礼》的看法，《礼书通故》的第一部分又是"礼书通故"，即对三《礼》之书的考证，也花了很大篇幅谈这个问题。他在《答周官问》一文中说，自己相信《周官》是周公致太平之书，而且此中的官制彼此维持，脉络贯注，极其严密。正因为如此，"欲行《周官》之法，必尽放其制而后可。若只取其一官一职之事，而曰此可法于后世，此有利于天下，则其

---

〔1〕 天一阁所藏稿本《五礼异义》，当为黄先生早年的写作计划，亦按照五礼架构，但他后来放弃了这一思路。感谢程继红先生传我此书稿本。
〔2〕 黄以周《礼说四·共饭不泽手》，《黄式三黄以周合集》第十五册，第116页。

法皆有弊而利不胜其害，此《周官》所以难行也"。"而谓《周官》之法可尽行诸百世，其谁敢信？"他还指出，清代经学虽盛，治《周官》者却寥寥数人，且均不得要领，"吾友孙仲容书，未得一见"[1]。黄以周若见孙诒让《周礼正义》，当或以为超出前辈，但若见《周礼政要》，则必不以为然。此番言论，不仅呈现出二人礼学相当不同的思路，而且展现在整个礼学架构上。他在安排礼书的架构时，连出自《周礼》的五礼架构都弃而不用，亦与朱子《仪礼经传通解》的考虑有类似之处。

在《礼书通故》的第一部分，黄以周详辨三《礼》之名，这与他对礼学的总体理解息息相关。[2]黄氏父子礼学的关键，在于辨明《中庸》的"礼仪三百，威仪三千"是什么，而三百、三千之说，在诸经中又有许多说法。郑注、孔疏均以为，三百指《周礼》，三千指《仪礼》，于是以《周礼》为纲，以《仪礼》为目，就成为郑学的基本架构。朱子则取臣瓒、叶梦得之说，以为，"《周礼》乃制治、立法、设官、分职之书，于天下无不该摄，礼典固在其中，而非专为礼说也"[3]。因而，朱子以《仪礼》中的冠、婚、丧、祭、燕、射、朝、聘等为礼经大目，而《曲礼》《少仪》《内则》

---

[1] 黄以周《答周官问》，《儆季杂著五·文钞》，《黄式三黄以周合集》第十五册，第591—592页。

[2] 黄以周《礼说六·周礼仪礼非古名》，《黄式三黄以周合集》第十五册，第170页。

[3] 卫湜《礼记集说·曲礼》卷一引；黄以周《礼书通故第一》，《礼书通故》，王文锦点校本，中华书局，2007年版，第1—2页；《黄式三黄以周合集》，第八册，第22页。

《玉藻》《弟子职》等微文小节为曲礼三千。黄以周用朱子之说而略变之，以为三《礼》中各自有礼义三百、曲礼三千。如《仪礼》十七篇中的大经就是礼经，而其中的细节就是曲礼；《周礼·冢宰》中的六典就是礼经，九赋、九式就是曲礼，《大宗伯》中的五礼是礼经，"大行人""司仪"所言，则为曲礼；《礼记》中的《冠义》《昏义》等篇为礼经，《少仪》《内则》等可以统名为曲礼。他既不同意孔疏所说的《周礼》为本，《仪礼》为末，也不同意贾疏所说的《仪礼》为本，《周礼》为末，二书无本末之分，但是《汉书·艺文志》以《礼经》为先，《周礼》为后，却是恰当的。

黄以周并不贬低《周礼》的地位，更不会认为它是伪书，这是他与当时的今文经学不同的地方。因而，他也并不废弃五礼的分类方法，甚至也将五礼当作礼经，只是不再以此作为全书的架构。

对三《礼》，特别是《周礼》之名的辨析，关系到对三百、三千的理解，而对三百、三千的理解又关系到对礼的文与质的理解，这正是黄以周在《礼书通故》开篇就要详辨三《礼》之名的原因。经此辨析，我们也就可以理解他安排《礼书通故》次序的理路了。三《礼》各有经礼与曲礼，但三者毕竟不是毫不相干的书，那该如何看待三《礼》之间的关系呢？在进入具体礼制的考辨之前，他对这个问题也做了深入细致的考辨。

虽说三《礼》无本末之别，但他还是更重视《仪礼》。而对于《仪礼》的篇次，他也有非常详细的考辨。相对而言，他更接受大戴对篇次的排定，即按照后仓所传，以

《冠》《昏》《相见》《士丧》《既夕》《士虞》《特牲》《乡饮》《乡射》九篇士礼居首，《少牢》、《有司彻》与《特牲》相似，所以并入，《乡饮》《乡射》兼大夫礼，《燕》《大射》以下，为诸侯天子礼，《丧服》为通礼，放在最后。

大戴将九篇士礼居首，是因为这九篇正是《王制》所说的六礼：冠、昏、丧、祭、乡、相见，即《周礼·司徒》所谓"修六礼以节民性"之"六礼"。《昏义》与《礼运》又举八礼：冠、昏、丧、祭、乡、射、朝、聘。邵懿辰谓此八礼为礼之经，恰合于大戴之《礼经》十七篇次序：一至三为冠、昏，四至九为丧、祭，十至十三为射、乡，十四至十六为朝、聘，十七为丧服，通乎上下者，故附于最后。[1] 黄以周正是根据大戴篇次与八礼之经，安排了《礼书通故》的结构。

全书第二"宫室通故"，第三"衣服通故"，第四"卜筮通故"，这三者是礼之所由起，故先述之。第五"冠礼通故"，第六"昏礼通故"，第七"见子礼通故"，第八"宗法通故"，第九"丧服通故"，第十"丧礼通故"，第十一"丧祭礼通故"，这几篇是基本按照人生次序，以冠、昏、丧、祭为经，叙述诸种家礼，在适当的地方补进见子礼和宗法。第十二"郊礼通故"，第十三"社礼通故"，第十四"群祀礼通故"，第十五"明堂礼通故"，第十六"宗庙礼通故"，第十七"肆献裸馈食礼通故"，第十八"时享礼通故"，这几篇

---

〔1〕 黄以周《礼书通故第一》,《礼书通故》, 王文锦点校本, 第4—5页;《黄式三黄以周合集》第八册, 第28—29页。

所述是各种祭礼，大多是天子诸侯之礼，因而延及第十九"改正告朔礼通故"与第二十"藉田躬桑礼通故"。随后第二十一"相见礼通故"，第二十二"食礼通故"，第二十三"饮礼通故"，第二十四"燕飨礼通故"，第二十五"投壶礼通故"，第二十六"射礼通故"，此数篇将大戴所言相见、乡饮、乡射、燕礼，以及八礼中之乡、射等礼详细辨明。随后第二十七"朝礼通故"，第二十八"聘礼通故"，第二十九"觐礼通故"，第三十"会盟礼通故"，已进入天子诸侯之朝聘之制，第三十一"即位改元号谥礼通故"述王朝大礼。第三十二"学校通故"，第三十三"选举礼通故"，第三十四"职官通故"，述教育制度。第三十五"井田通故"，第三十六"田赋通故"，第三十七"职役通故"，第三十八"钱币市籴通故"，述田制、税制、钱粮等。第三十九"封国通故"述封建。第四十"军赋通故"，第四十一"田猎通故"，第四十二"御法通故"，述兵制，即军礼部分。第四十三"六书通故"，述文字制度。第四十四"乐律通故"述乐制，第四十五"刑法通故"，述刑律。第四十六"车制通故"述车制。第四十七"名物通故"，述诸礼器。第四十八"仪节图"，第四十九"名物图"，则附录礼图。再加第五十"叙目"。

此书卷帙浩繁，然次第井然。其书体大思精，时有卓见，俞樾称其究天人之奥，通古今之宜。[1]我以为，除去各篇之创

---

〔1〕《俞樾序》，《礼书通故》，王文锦点校本，第2页；《黄式三黄以周合集》第八册，第20页。

获外,《礼书通故》的结构尤其值得重视。诸礼之安排有取于大戴与《礼记》中之八礼次序,但全书主体架构实颇受朱子之影响,首家礼,次乡礼,最后王朝礼,此为其大体结构,中有相近者,并入论述。此与朱子家礼—乡礼—邦国礼—王朝礼之架构颇为类似。朱子之架构来自《大学》齐家—治国—平天下之次序,黄以周虽用《大学》古本,其对此篇的重视亦与朱子相近,故于别去南菁诸生时讲:"《大学》之法,具在六经,能谨守其教而审行之,人才自出,国家可兴。"其《经训比义》最后之"诚"字条之相当一部分,正是对《大学》的分章诠解。在此,他实则是将大戴的《仪礼》次序与《大学》次第结合了起来。但朱子家—乡—邦国—王朝的架构,更严格依照《大学》,黄以周的结构中却没有专门的"国"之一环,而是将与封建诸侯相关之礼分为三块。宗法部分,是在丧服之前讲的,因为丧服制度以宗法为前提与依托,于是宗法成为家礼的一部分。朝聘之礼是放在射礼、投壶等部分之后的,作为从乡礼到王朝礼的过渡,或是宾礼的一部分,而真正讲分封,则是在述王朝诸制度当中的"封国通故"。此一修改表明,黄以周更进一步去除了封建宗法的影响,从礼的角度思考宗法的问题,然后是士大夫交接之道,最后是王朝治理之道。郑君是通过遍注群经来完成汉学的文明架构的;朱子是通过对三《礼》经文的重新排序和注释,来形成一个新的礼制架构的;黄以周则是通过对历代释礼之说的比对考辨,来建构他的礼学体系的。他对郑君与朱子皆有取舍,特别是这个礼制体系的架构,更是汉宋兼采的一个最终成果。

风雨难摧伏氏壁，弦歌终剩窦公音
——张闻远先生学述

张闻远先生（锡恭）（1858—1924），清末民初礼学家，黄以周先生高足，其遗著《丧服郑氏学》十六卷、《丧礼郑氏学》四十四卷，俱为鸿篇巨制，清代丧服学集大成之作。张先生著述不少，然为人耿介，国变后矢志守节，不食周粟，其学术成就多不为人所知；加以其巨著《丧礼郑氏学》又未能刊刻流布，学术地位更长期不被承认。[1]

近些年来，笔者于各处搜罗先生多种遗著，达二百多万字，准备整理付梓。张先生之学术思想，其与定海黄氏父子学统之关系，与曹君直（元忠）、叔彦（元弼）先生之切磋，对重修《大清通礼》之参与，以及其对郑氏礼学之总结，均应深入研究。本文谨以先生之生平经历为纲，梳理其主要著作与思想，以求对先生之学做一简略概述，抛砖引玉，以待更完善之研究。

---

[1] 参考邓声国《清代"五服"文献概论》第三章第五节有"张锡恭的'五服'研究"；商瑈《南菁书院与张锡恭的礼学》《经学研究论坛》（台湾清云科技大学），2012年11月第1期，第143—174页。

一　求学南菁

先生世居松江府娄县，初名锡雷，后改锡恭，字师伏，号闻远[1]，又号殷南，生于咸丰八年（1858）四月二十二日。张氏为松江望族，家于西城门外南埭，祖祠在小昆山。其本生高祖友竹公张昀，以诗画名，乾隆皇帝南巡时因献画赐锦，名其堂为赐锦堂；本生曾祖青阳公张璇华，为乾隆乙酉恩科举人，大挑二等，选授安徽池州府青阳县学教谕，有《拥书堂诗集》传世；本生祖父柳泉公张允垂，曾任杭州知府，颇有政声，有《传砚堂诗存》传世（张允垂为后于国学生寿徵公张椿；其父筱田公张绍祖，亦为国学生，工六法）；其父夬斋先生张尔耆，从桐城派姚椿受古文，弃科举业，在家勘定经史，藏书甚富，有《夬斋集》等书传世。（张尔耆又为后于德三公张允元，张允元著《读经碎锦》一卷，早卒，蔡孺人早寡守节，获颁茹荼励节额[2]，崇祀华亭节孝祠。因无子，以张尔耆为嗣以养老，先生事之甚谨。）[3]

张先生生时，太平军声势正盛，松江城两度陷落，张尔耆之妻兄席晦甫先生为太平军掳去，不知音问；其父为避

---

[1] 据张先生拔贡和乡试朱卷。然时人多字号不分，如曹叔彦先生于《纯儒张闻远征君传》和《清儒学案》均称闻远为先生之字（《徼居学案下》，徐世昌等编纂《清儒学案》卷一百五十四，中华书局，第六册，2008年版，第6008页），亦无甚大碍。

[2] 闻远先生以"茹荼轩"为号，或亦来自此额。

[3] 张氏由于数代为后，使人易生混乱。笔者据朱士彦《诰授朝议大夫杭州知府柳泉君墓志铭》（附于张允垂《传砚堂诗存》，光绪戊戌刻本）及《张伊卿行述》（上海图书馆藏光绪十五年稿本）所记及朱卷前谱系考之。

祸，携家至小昆山祖祠，小昆山亦遭围攻，幸而未陷。颠沛凄惶之中，同治元年（1862），二女先后殇逝，张先生之母席孺人亦于是年殁于小昆山，张氏父子均患大病，病愈后课儿认字。其父于日记中云："余病起后，闷坐无聊，裁寸纸作字课雷儿识认，每日得二十四字，论其质尚可十余字，然余不强也。识一千二百字后，读《三字经》《五经赞》《诗品》三种。今开《孝经》，句有长短，未能连属，姑记字数，以觇其读性如何。"[1]此为张先生读书向学之始。

自此之后，张先生随父读完《孝经》《诗经》《四书》等，又习古文法。先生尝言："不孝生四岁，府君课之认字，自此课读十余年，未学举业以前，未尝一日从师，他人之受庭训，未有若不孝之久且专者也。"[2]

光绪二年（1876），张先生会试得中，并于次年始师事陈士翘先生，从读《四书大全》等。张先生后受陈士翘影响颇深，有诗云：

古昔非无祸变寻，儒生嬗守到如今。

试看冬月重冰节，不绝梅花数点心。

风雨难摧伏氏壁，弦歌终剩窦公音。

千钧一发知谁任，函丈抠衣仰望深。[3]

---

〔1〕 张尔耆《共斋日记·课儿录》，上海图书馆藏同治二年稿本。

〔2〕 张锡恭《张伊卿行述》。

〔3〕 张锡恭《杏生师出示近作敬步原韵》，《茹荼轩续集》卷一，见严昌堉辑《云间两征君集》，1949年铅印本。

从陈氏受业者，又有华亭钱同寿，二人后为终生挚友。

光绪九年（1883），江苏学政黄体芳建南菁书院于江阴，为晚清学术与教育史上一件大事。书院甫建，黄体芳拟聘请南汇张文虎出任书院山长。[1]其时，张文虎常驻松江，与席晦甫、张央斋等均有交往。其父命张先生随之前往南菁书院求学[2]，遂为南菁书院首批课生。张文虎在南菁书院仅四月，即因足疾具书求退，回松江后即捐馆。黄体芳再聘东南大儒黄以周执掌南菁，黄以周自此执掌南菁15年，对南菁书院学风影响甚巨。[3]

张先生于南菁书院结识曹氏兄弟。叔彦先生忆其事曰：

> 先师瑞安黄公漱兰先生督学江苏，以经史实学经济气节教士，建南菁书院于江阴，以造就人才。大江南北英儒瞻闻之士、鸿笔丽藻之客，蔚然并臻。君与余均在调取中。邂逅相遇，色温神定，貌恭言从，肃然心敬，以为儒者气象。论学甚相得，以圣贤志行忠孝事业相勉。一日言及《诗·国风》郑卫诸篇《集传》用郑樵说，由与吕伯恭先生论不合而然。君曰：

---

〔1〕 赵统《南菁书院志》，第32页。

〔2〕 张锡恭《张伊卿行述》："光绪癸未，瑞安黄师建南菁书院于江阴，聘南汇张师主讲，府君遣不孝从之游。"闻远先生究竟是在此之前已随张文虎读书，还是此时方师事之，赵统先生与笔者曾讨论多次，均不得其详。可以肯定的是，闵萃祥是本来就从张文虎游，为照顾其起居，而随之前往南菁；但闻远先生是否如此，不得而知。

〔3〕 赵统《南菁书院志》，第33—34页。

"以朱子为不遵《诗序》为千虑一失可也，以为有意见存乎其间，则以常人之心诬大贤矣。"余爽然自失。[1]

此张、曹二先生订交之始也。君直先生后于叔彦先生至南菁，受黄以周影响甚深，曹元弼在南菁书院肄业时日不多；而张先生与曹氏兄弟均甚相得，常有书信往来，过苏州时，亦常造访曹家。南菁同窗日后回忆其事，对张先生往往佩服有加，如赵椿年回忆南菁同学时，将其置于首位，有"专精三礼，粹然儒者"之语。[2]今想见当日情形，张先生似更用力于读书治学，除与若干松江同乡，如闵萃祥、雷补同、雷瑨、钱同寿等，及曹氏兄弟及唐文治以外，与他人多交往颇淡，不似曹氏兄弟及唐文治般频繁应酬。张先生于课艺中尝言："夫子言晏平仲善与人交，而曰久而敬之，盖隙末之端，往往生于亵慢，唯以矜庄相持，必无开罪于人，而道义相与，亦非如拍肩执袂者，易合而易离也。"[3]此当为其自道交友之道。

南菁书院并奉郑君、朱子之栗主，以沟通汉、宋之学为治学宗旨，分经学、古学两科。张先生兼习二科，成绩

---

〔1〕 曹元弼《纯儒张闻远征君传》，《茹荼轩续集》，见严昌堉辑《云间两征君集》，1949年铅印本。
〔2〕 赵椿年《覃研斋师友小记》，《中和月刊》卷二第三期，1941年。
〔3〕 张锡恭《君子矜而不争群而不党讲义》，光绪十三年提五月经学课艺，稿本为笔者所藏。

优异，颇为师友所重。如光绪十二年（1886）课艺《读胡氏〈仪礼正义〉》三篇，详析胡培翚《仪礼正义》之得失，其订正为人后之服及论燕寝之处，为王先谦先生所激赏，课艺评为超等第一名，王先生评其文曰：

> 《读胡氏正义》详述渊源，穷搜根柢，菁华毕露，毫发灿呈，求之于古，则晁公武、陈直斋诸人未能如此精审；拟之于今，则顾千里、严铁桥、钱警石诸先生可与伯仲颉颃。阅卷至斯，喜甚佩甚。订正为人后者为本宗降服一条，是有关实用之学。杨氏补成其书，而《士昏礼》《觐礼》，记中未能述燕寝殊制之说。得此表微，胡氏亦含笑于九泉矣。[1]

黄以周又于《答张闻远书》中称："《礼经》之难读，韩退之尤苦之，贤弟覃思不辍，所造莫量。"[2]

除此篇书信外，师弟之间交往文字很少留存，《茹荼轩日记》中言及黄以周之处亦不多。师弟二人均为庄敬自持之人，除学问往还外，恐亦无甚私交。张先生被公认为黄氏弟子中之尤为特出者。孙雄曰：

---

〔1〕 张锡恭，光绪十二年九月经学课艺，此课艺中两篇后收入《南菁讲舍文集二集》《清儒学案》，三篇均收入《茹荼轩文集》，评语见于笔者所藏课艺稿本。
〔2〕 黄以周《答张闻远书》，《儆季文钞》文钞三，光绪二十年江苏南菁讲舍刻本。

自定海黄元同先生主讲南菁书院，江左俊彦亲炙门墙，达材成德不乏其人，而以娄县张闻远孝廉锡恭、丹徒陈善余明经庆年、太仓唐蔚芝侍郎文治、江阴章琴若太史际治四君，尤为高第弟子，若七十子之有颜、闵焉。[1]

　　《清儒学案》所列黄氏弟子中，张先生亦仅次于林颐山之后。张先生传黄氏衣钵，大略有二：其一，学尊郑氏；其二，沟通汉宋。

　　黄以周《礼书通故》中虽已尊崇郑氏学，然间或亦有批评郑君之处。而张、曹二先生之尊郑犹有过之。曹先生曾有《子郑子非马融弟子考》一文[2]，张先生亦有《礼乐皆东赋》辨康成非季长弟子。[3]其晚年之《丧服郑氏学》《丧礼郑氏学》更将清学尊郑之风发挥至极，处处不违郑君之说。然其说并非盲目佞郑，详辨细考，皆有理有据。

　　黄以周已有经学即理学之论，故南菁经学课艺中亦不乏理学题目。如光绪十三年提五月经学课艺，即有《释忠恕》《君子矜而不争群而不党》等理学题目。张先生后虽以三《礼》学著称，然理学却为其学问根柢。据《茹荼轩

---

[1]　孙雄《清故翰林院编修章君琴若墓表》，《旧京文存》卷八，民国二十年北平刻本。

[2]　曹元弼《子郑子非马融弟子考》，《复礼堂文集》卷七，民国六年刻本。

[3]　张锡恭《礼乐皆东赋》，光绪二十年五月下旬份古学课艺，稿本为笔者所藏。

日记》，张先生以抄录四书为日课。其南菁课艺中即有《读
〈朱子学的〉》《张子以礼教关中说》《朱子言汉儒学有补世教
说》《安定泰山徂徕开濂洛之先论》《〈伊洛渊源录〉跋》等
许多理学题目。先生云："天下学术之大端，理学、礼学而
已矣。二者一贯，本末之谓也。学于此而能兼通之者，在汉
唯郑氏，在宋唯朱子。"[1]张先生一生之学，文物考辨皆尊郑
氏，多有与朱子商榷处，然其学问宗旨却归于朱子，曹先生
始见张先生而敬其论朱子之言，盖以此也。

张先生与乃师另有一相似之处：诗赋辞章非其所长。
故于南菁课艺中，黄以周往往请他人披阅古学课卷。南菁课
艺中，多有以诗赋论学之题，张先生亦偶为此类题目。如某
篇古学课艺，中有一题为《白虎观讲五经异同赋》，张先生
选此题作赋，披阅者虽赞许其观点，却云："赋非所长，殊
可不作。"此卷仅得特等第十三名。[2]然其《山川能说赋》
《五雀六燕赋》《蔡邕十意赋》《王会赋》《礼乐皆东赋》等皆
辞精意切，列于超等。累遭家国巨变之后，闻远诗风大变，
时有佳作。

张先生于光绪九年入南菁书院，笔者所见其最后课艺
为光绪二十二年（1896）八月所作，其或于此后不久离开南
菁书院。此十三年为张先生后日之学术发展奠定坚实基础。
南菁书院课艺之优异者，借《南菁讲舍文集》刊刻，许多当

---

〔1〕 张锡恭《读魏鹤山文集》，光绪十三年古月古学课艺，稿本藏于笔者处。
〔2〕 此课艺失其年月，稿本藏于上海某君处，笔者存其图片。赵统先生以
　　 为，此篇批阅者或亦为黄先生。

时即广为传颂。[1]《清儒学案》中所收张先生著作，均为课艺；《茹荼轩文集》中半数文章亦为课艺。现先生课艺大多散佚，笔者四处搜罗，购得近百件，每件一篇至五篇文章不一，颇有佳构。

二 困衡端忧

在南菁读书期间，张先生并不常驻江阴。现存之《茹荼轩日记》始于光绪十一年（1885），从日记中可见，先生平时多在松江家中，至每月当作课艺之时，往往从雷补同处取来题目，文章完成后寄往江阴；间或乘舟往江阴应考，数日后即返回松江。先生一生，虽偶有外出，多居娄县家中。

始自光绪十一年之日记题为《爱日录》，其桃符自警词云："敬作于勤，淫生于逸，惟逊有喜，乃损其疾，志士惜阴，孝子爱日，作此自箴，凛如刑律。"[2]先生于光绪十一年选拔贡，又于光绪十四年（1888）乡试中举，意气风发，踌躇满志，以志士孝子自期，勤于读书，严于自持。其每日读书练字、交接友朋、外出游历，事无巨细，均载于日记当中。如先生每次入京应试，舟车所经之处，日记中并一一列出。

光绪十五年（1889），先生进京会试未中，回归娄县家

---

〔1〕 如鲁迅先生于《从百草园到三味书屋》中，谈及其师寿镜吾老夫子读"颠倒淋漓，千杯未醉"，即为南菁课生刘翰之古学课艺《李克用置酒三垂岗赋》中之句，此课艺为超等第六名。
〔2〕 张锡恭《茹荼轩日记》，光绪十三年正月。

中时，其父已然病重。父子均体弱，其父从14岁即患哮喘。太平军占据娄县时期，小昆山之祖祠被毁，张氏藏书尽皆星散，族中经费支绌，张尔耆主持族中事务，修复祖祠，经营义田，立义塾，置积谷，操劳日甚。有族子某人，为偿赌债，将义田中膏腴之地私自出卖，激起众怒，张尔耆却不忍绳之以法，亲自出资赎回其田。此事对张氏家族影响甚大。时当末世，本已艰难，经此重创，家道更蹶；而其父支持坏局，心力交瘁。先生会试回乡，为其父延医调治，然已无效，夬斋先生遂于是年7月25日病殁，享年75岁。[1]笔者所收南菁书院课艺，唯光绪十五年最少，盖因守父丧之故也。

先生自幼丧母，赖其父抚养成人，故父丧之时，哀毁尤甚，可于其所作《张伊卿行述》中见之。守父丧期间，其日记遂改为《致哀录》；光绪十七年（1891）释服之后，又改为《思贻录》；光绪二十年（1894），改为《困衡录》，其自序曰："孟子曰：困于心，衡于虑，而后作。此正予困衡之日也，在自求作之之道而已矣。甲午秋，锡恭识。"[2]自父丧之后，先生屡遭困厄，此时再加倭寇逞凶，国事日蹶，郁积于胸。中日战争时，《邸报》所记战况常见于日记，日记中亦有议及西学、康梁新学之处，其忧患之情，每每浮于纸上。

张之洞督湖广，建两湖书院于武昌，曹叔彦先生与其

---

〔1〕 均见张锡恭《张伊卿行述》。
〔2〕 张锡恭《茹荼轩日记》，光绪二十年八月。

事，力荐张先生为经学教习。时松江知府濮子潼方欲聘先生掌融斋精舍，先生已受关书，故初时坚辞不受武昌之邀。张之洞屡次致电曹叔彦与濮子潼，其意甚殷。[1]张先生仰慕张之洞已久。其父殁前三日，"闻香涛制军调督两湖，则曰：'朝廷锐意兴铁路，将用其干路之议矣。'"[2]于是，张先生遂启程游鄂。在鄂三年，其日记间用《楚游录》《两湖书院日记》《困衡录》之题。湖广幕府俊彦云集，先生与梁鼎芬、马贞榆等人尤相得。其间，先生继续研习礼学，作《释丧大记注句读申栾肇自牖执其手说》[3]《周礼田制征役郑义述》[4]等文。马贞榆见《周礼田制征役郑义述》，颇为叹服，云："田制征役皆治国之大经，亦《周官》之疑义。乃能精勘郑君注，使周公致太平之旨昭若发蒙。国朝三礼之学，婺源而后，又在云间矣。愚弟马贞榆拜读。"[5]

先生赴鄂后一年，其妻刘氏与子作霖亦至武昌。先生于光绪三年（1877）娶妻刘氏，刘氏贤淑，事舅甚谨，张尔耆尝言："我有佳妇，始有佳儿也。"婚后无子，以其弟锡谨之子作霖为嗣，虽非己生，夫妇爱之特甚，母子之情尤笃。

---

〔1〕《致苏州阊门内内阁曹叔彦》（光绪二十四年正月初四日）、《致苏州阊门内内阁曹叔彦》（光绪二十四年正月初七日）、《致上海递松江府濮太守》（光绪二十五年三月初五日），见于《张之洞全集·电牍》第9册，河北人民出版社，1998年版，第7471、7474、7761页。

〔2〕张锡恭《张伊卿行述》。

〔3〕收入《茹荼轩续集》。

〔4〕收入《茹荼轩文集》。

〔5〕张锡恭《茹荼轩日记》，光绪二十七年三月二十八日，稿本藏于复旦大学图书馆。

来武昌一年后，作霖遘疾，医药调治无效，遂殇逝于鄂。夫妇哀痛之极，匆匆东归，日记改为《蹇反录》。先生作《毁璧赋》三首以哭亡儿。[1]

《蹇反录》内容极少，日记中三月未著一字。待到光绪二十八年（1902）方续上，题目改为《端忧录》，自序其意曰："逼迫危虑，端忧莫齿，子山所悲，吾今值此，虽忧必端，得端以死，庶几全归，无遗恨矣。壬寅八月朔，东江眇鲽题。"[2]在此数月之间，其妻刘氏亦因哀子而亡，闻远连遭大丧，自无暇提笔。至写《端忧录》之时，已在自勉"虽忧必端"。

先生夫妇自武昌回松江后，锡谨之妇于氏亦卒。刘氏本已痛不欲生，而今"因益痛作霖之殇，心动神伤，形神日以憔悴"。先生再赴武昌辞别张之洞，返松江后，刘氏省视父兄十日，回家后旋即病，四十余日而没。人皆谓刘氏因丧子过哀而亡，先生云："余窃惟人之情感深而难遣者，惟哀为甚，而《诗》之《雎》《鸠》所以兴淑女者，毛公说其性首以挚为称。若吾妻之哀思过执，倘毛公所谓挚者，非邪？世有观过之君子，亦可因是以识其性情矣。"[3]

刘氏卒后四日，先生亦病，昼卧之时，"忽梦洞庭张帆兮，浩淼乎天之涯，有美一人盛服兮，灵修携手以相偕，谓是帝子降神兮，动朱唇以徐诏，朕本与之同姓兮，况洁青之

---

〔1〕　收入《茹荼轩续集》卷六。
〔2〕　张锡恭《茹荼轩日记》，光绪二十八年，稿本藏于复旦大学图书馆。
〔3〕　张锡恭《致曹叔彦内翰钱复初孝廉乞亡妻志传书》，《茹荼轩续集》卷四。

同调，相与游此幽宫兮，俨桂栋而兰橑。灵均迟子多岁兮，子盍命驾以速来？彼天孙与河鼓兮，讵专美于天阶"。忽欠伸四顾，却正卧于绳床之上，泪满衣襟。先生为此而作骚体《愍逝》[1]，虽本不长于辞赋，而此作情真意切，读之令人凄然动容。刘氏小祥之时，又作《亡妻小祥哀文》，仍为骚体。[2] 其后又作七律《不寐》云：

> 中宵不寐偃绳床，追忆生平泪两行。
>
> 永夜挑灯谁笑语，中秋对月倍凄凉。
>
> 峄桐半死哀音在，塞雁无归只影翔。
>
> 秋水洞庭徵旧梦，灵修倘可共徜徉？[3]

此后张先生续娶马氏为妻，此前张之洞赠以一妾，然皆不如与刘氏之刻骨铭心。

丧父、丧子、丧妻，在先生一生中至关重要，创痛甚巨。《爱日录》中意气风发之少年，遂渐渐变为《端忧录》中眉头深锁之老者。先生于丧服、丧礼读之精、解之切，或与此数次大丧不无关系。其后，先生曾收两位及门弟子，一为丁星北（逢辰），二十七岁而卒；一为赵毓芝（钟秀），不及三十而夭。先生叹曰："余无子，资二生以待老，而丁生

---

〔1〕 张锡恭《愍逝》，《茹荼轩文集》卷一。

〔2〕 张锡恭《亡妻小祥哀文》，《茹荼轩续集》卷六。

〔3〕 张锡恭《不寐》，《茹荼轩续集》卷一；又见《茹荼轩日记》，光绪三十年八月八日。

先逝，赵生继之。此又余私憾所不能释也。"[1]

自刘氏丧后，先生之日记恒为《端忧录》，或不具题目。其风格亦大变，几乎再不见记录与人交往、日常行事之处。至于先生何时入京，如何修礼，如何经历辛亥之变，如何隐居小昆山，此等大事在日记中竟全无痕迹；慈禧太后与光绪皇帝驾崩及丧事，亦丝毫未记。此后二十多年之日记极为严整，所记多为每日读书内容及其心得，以及抄录文稿、思考问题，已变为读书札记与著述草稿，盖此即其所谓"虽忧必端，得端以死"之效。此时先生虽颇为寂寞凄凉，却刻意修持，每日以读书著述自勉，屡屡自丧亲亡国之痛中苏醒过来，其日记亦其自修克己之一端。

三 修礼京师

光绪三十二年（1906），清廷预备立宪；次年，两广总督岑春煊上疏，以为，"奉行新政，必自兴学教民始。民之智能技艺，可师仿他国；独至民德，则数千年文化之渐染，风俗之遗传，必就我所自有者修而明之"。奏请开馆修礼，以为立宪之后士庶遵行。疏下礼部、学部议。礼部尚书溥良、管学大臣荣禄等深然其说，奏称：

> 疆域虽殊，而有礼则安，无礼则危，并无中外之

---

〔1〕 张锡恭《赵毓芝哀辞》，收入《茹荼轩续集》卷六。

可分，且历古今而不易。今之所谓天职，所谓公理，无非礼也。当此改定官制、锐意维新之际，臣溥良等职任礼官，责无旁贷，本拟将归并三寺事宜擘画就绪后，遴选通才，遵照《会典》《通礼》，暨《书仪》《家礼》《五礼通考》等书，斟酌损益，厘订朝野士庶通行之礼，奏请钦定颁行，冀于世道人心稍有裨益……拟由礼部附设礼学馆，详慎编纂。其学堂礼制，应由学部考定，送馆奏明办理。[1]

清廷于是年六月开礼学馆。其时，曹君直先生在京，为内阁侍读，溥良保荐君直为纂修通礼规划条例。礼学馆延聘海内礼学家为纂修官，君直遂荐林颐山、张闻远、钱复初、曹叔彦等先生。[2] 叔彦先生时正办存古学堂，未果行。[3]

此时先生丧偶已五年。数年间，蒯光典聘先生教授其子[4]，嘱其讲三《礼》，先生于教授之中，愈觉《丧服》一篇

---

〔1〕 朱寿朋《东华续录》（光绪朝）卷二百四，载王先谦、朱寿朋《东华录东华续录》，上海古籍出版社，2007年版。

〔2〕 据《申报》刊载，初拟征调纂修人员有：孙诒让、林颐山、宋育仁、曹元忠、张葆田、张锡恭、郭立山、陈衍、王葆心、张国淦等十人，并聘顾问各省共46人。见《礼学馆延聘顾问官绅、纂修人员名单》，《申报》，光绪三十三年丁未九月十九日第四版。后又有变化。

〔3〕 曹元弼《诰授通议大夫内阁侍读学士君直从兄家传》，载于曹元忠《笺经室遗集》卷首，民国三十年吴县王氏学礼斋刊本。

〔4〕 闻远先生在蒯家为西席之事，见吉城《鲁学斋日记》（光绪三十三年丁未），收入《吉城日记》第二十二集，吉家林整理，凤凰出版社，2018年版，第768—769页。

之重，与缪艺风先生书中论丧服之学云：

> 锡恭窃谓，《丧服》一篇，亲亲之杀，尊贤之等，礼之所由生。拟明年先讲此篇。而《戴记》中关涉此篇者，一同讲贯，使此篇毫无疑义，已絜礼之大纲，然后相其轻重缓急，以次递及。盖礼学非可速成，郑君之注，万世不易，然其词简古，骤难卒晓。加以王肃忌郑君盛名，务与立异，多方作伪，以售其欺，是其心出于忮。陈祥道谄附王安石，荒经蔑古，皮傅《字说》，作为《礼书》，是其心出于求。是二者皆小人儒也。宋元学者先怀蔑视汉儒之心，不求真是。敖、郝小儒，卑卑不足道，而黄勉斋、杨信斋二先生，且不免惑于王、陈之说者，是以礼家之说纷乱如麻，非数百条讲义所能了也。居常私念，倘得假以著书之岁月，将王肃伪书中凡涉典礼者，一一详辨，使不得复申其喙，王肃之谬破，则郑君之义著，然后汇辑汉唐之注疏，国朝诸老之著述，以成一书，采取其精要，乃可为学堂课本。[1]

此书中所论，正是他日《丧服郑氏学》中所作。盖申明郑注、自丧服窥见礼学大义之旨，此时已在胸中。于同书中，先生又言："锡恭丧偶五载，近续聘同邑马氏女，为廖

---

〔1〕　此书信收入《艺风堂友朋书札》，上海古籍出版社，1981年版，第978页。

织云女士之从曾孙女，明春将行婚礼。"礼学馆开时，应正在其婚后不久。

先生接到礼学馆之聘，即于光绪三十四年（1908）春日动身，先乘船至汉口，再由芦汉铁路至京师，临行赋诗云：

> 洒泪荒原日已斜，凄然别去墓犹家。
> 百年弹指留春冢，万种伤心付落花。
> 蒲柳任添新岁绿，茅蒐非复旧时牙。
> 谁言水陆兼程远，长恨无涯路有涯。[1]

此时之闻远先生，已是五旬之人，饱经人世沧桑，学术思考亦趋成熟，精治三《礼》之名天下皆知，却已是心境平和，宠辱不惊。此次赴京，学正所用，并使其得"征君"之号，然诗中却不见春风得意之态，唯凄然辞别旧坟新冢，奉旨进京而已。

先生进礼学馆，主修丧礼之部。黄以周与孙诒让为晚清礼学两大师，南菁书院亦为晚清礼学重镇。黄以周久已谢世，礼学馆虽初拟聘孙诒让，然孙氏于光绪三十四年亦捐馆。而礼学馆中南菁弟子尤多，除林颐山、钱复初、曹君直、张闻远外，又有丁传靖、胡玉缙等人。南菁诸贤一生所学，终有所用，以曹君直先生为首，于修礼之事颇劳心力。其间，曹氏撰《礼议》，钱氏撰《修凶礼议》，张先生撰《修

---

[1] 张锡恭《将之京师别新阡》，《茹荼轩文集》卷一。

礼刍议》二十一篇，并于朝廷礼制诸事，颇多争论。

清朝自入关以来，已有两部《大清通礼》。首部《通礼》定于乾隆二十一年（1756），多沿明制；道光四年（1824）修第二部《通礼》，于乾隆版《通礼》外多有增添，已极为系统完备。此时修第三部《通礼》，既因道光版《通礼》已用80余年，本"礼时为大"之意应有修订，更以立宪新政，须以新礼相配。故此次修礼，实为中国进入现代国家之际，对现代中国文化之首次系统思考与清理。清廷开宪政、法律、礼学三馆，相互配合，以成现代国家文化之自我确立，所关甚大。然宪法与礼法究为何种关系，如何配合，礼学家之间却争论纷纷，莫衷一是。孙诒让虽未能与其事，然于此思考甚多，其《周礼政要》一书，与《周礼正义》相配合，从周礼之制解立宪之意，自成一说。曹君直先生则云，宪法之名虽来自《周礼》，而《周礼》之宪法，属于刑禁，非今日所立之"宪法"。[1]宣统元年二月，内阁侍读甘大璋上疏，更挑明此一问题。其疏曰：

> 礼为根本法，宪为循用法，律为防禁法。现闻礼学馆但主纂书，不明修礼；宪政馆但知步趋日本，不识中国数千年相承伦教之重，哲学之微，与国故民风之关系；法律馆专赖所聘洋员，录其国已成之法律，

---

〔1〕 曹元忠《礼书不当与宪法合订议》，载《礼议》卷一，民国五年丙辰刘氏求恕斋刊本。

与我国伦教、官制、礼俗、民情，动多凿枘。该三馆为议法之权衡，即为立政之基础，岂可听其草率从事，又听其各不相谋，致修礼成无用之册，订律有非礼之条？即编成宪法，势必视为不能实行之具文。拟饬三馆会议，提出礼教与宪政、法律互有关系，互有出入，及所有妨碍，所当损益各条，别为议案。各据所学，引抉经心，参酌宪章，勘合律意，统归划一，始行决定，以礼为规定宪法之根据，即以律为维持礼教之大防，庶三馆会通，而立法乃并行不悖，得旨着礼部、法部会同集议后，咨商宪政编查馆，再行覆核。[1]

事下礼部、法部会议。甘氏贯通三馆之说，自是当时要务，群臣多无异议。然究竟何以贯通三者，却乃一重大理论课题，谈何容易；立宪、法律二馆之员，多以修礼者为迂阔，更无由以礼为本，遂致三馆之责，互不干涉。张先生为此作《修礼刍议三》，申贯通三者之义，可视为礼学馆修礼之总纲。

礼学、律学之贯通，闻远言："礼学与律学，原相表里。律以正刑，首服图以表义，固学者所共闻也。"礼、律相表里，本为中华传统法律之一贯思路，尤其准五服以制罪，当以丧服图为刑律之准则，故此一问题于中华传统法律

---

[1] 甘大璋奏疏全文见《清朝续文献通考》卷三百九十六。

本非难事。[1]而宪法与礼学如何沟通，却是一全新问题。先生反复思索，并未如孙诒让般从《周礼》讲宪政[2]，而主张礼学为立宪之本，立宪之本并非《周礼》制度，而为礼意，约有二条：君为臣纲、民为邦本，二者皆本乎礼。先生据《易传》言："父子者，君臣之本也，夫妇者，父子之始也。一言君为臣纲，而父为子纲，夫为妻纲，悉举于其中矣。"故此二条实为"三纲"与"民本"。

三纲为礼学之大经，"三纲既立，五礼斯著，因是以类族辨物，欢然有恩以相爱，粲然有文以相接，《礼经》十七篇，大宗伯三十六目，皆以经纶乎三纲也"。三纲本于夫妇之恩，而成于君臣之义，更是清廷立国之本，先生强调立宪时必得依据三纲，在当时自是不易之论，而能将此问题如此阐释清楚，却非易事。

另一条为"民本"，张先生虽于西学不甚熟悉，然此为沟通民主之桥梁，却同样清楚。古今论民本者多矣，今人以民本附会民主者亦多矣，而先生此处所讲之民本，尤重庶民议政之效，此一点之成立，则又在礼学。《大学》云："民之所好好之，民之所恶恶之。"《孟子》云："所欲与之聚之，所恶弗施尔也。"故若以民为本，必当知民之好恶。何以知

〔1〕 参见丁凌华《五服制度与传统法律》。
〔2〕 闻远先生虽亦有论《周礼》之文，且为马贞榆所激赏，然其礼学却不以《周礼》为纲，与孙诒让迥异。窃以为，闻远先生之礼学虽尊郑氏，然其以《仪礼》为总纲，却正是朱子学脉所传，乃黄以周之门融通汉宋之效。孙氏与黄氏之别，当为晚清礼学一关键。

民之好恶？则必询于刍荛，谋及庶人。庶人何以可谋？必使民尚德尚齿可也，而此正古者以礼化俗之效。"于斯时也，贤者帅其愚，长者帅其幼，秩然有序，无有哗嚣，故能成大询之政也。"而此尚德尚齿之俗，则又本之三纲之道：尚齿之礼，出于孝悌之道；尚德之礼，出于国之尚贤重德之道。"为政贵有秩序，必纲正而俗善，然后民可待国之大询，是政之系乎民为邦本者，亦必本乎礼学也。"[1]此篇中之理想状态，既须维护国家秩序，又须咨政于民，而欲平衡二者，则当以礼学为基，否则宪政、法律、礼学必相互隔离，不得贯通。在当时修礼论争诸人当中，此为相当持平精湛之论。

先生在京三年，正当其思想学术成熟之时，除撰《修礼刍议》二十一篇以议礼之外，并作《释服》若干篇，为《礼经郑氏学》之发轫，先论丧服，即后日之《丧服郑氏学》。[2]

然其实国本已乱，宪政既不克成，修礼亦遭种种阻挠，尤其礼学馆与另外二馆之间，分歧重重。钱同寿忆其事云：

> 律学馆修改律令，所改刑制，其意盖欲举三纲而

---

〔1〕 以上具见张锡恭《修礼刍议三》,《茹荼轩文集》卷二。

〔2〕 闻远先生在京作《释服》几篇,《丧服郑氏学》几卷, 现无由确知。其在京《与缪艺风夫子书》言在京巳二年（或在宣统二年）, 而作《修礼刍议》二十一篇,《释服》六篇,《礼经宫室图考》未成, 为《礼经郑氏学》之发轫, 可知其时之学术准备。壬子三月, 曹元忠《与张闻远书》, 言《丧服郑氏学》已成六卷。在京修礼时,《释服》若干篇已成,《丧服郑氏学》初发轫, 或亦有《礼经郑氏学》之构想。

悉去之，惟于第一纲则犹有所顾忌，而不敢发，其第二三则已昌言之无忌惮，又诋礼馆所持为迂阔而不可用。侍读力驳，著议若干条，顾尔时浮言鼎沸，一篑之土，焉障江河？总理闽县陈文忠公弢庵先生在馆时，时与侍读辈咨嗟太息而散，余与闻远先后出都，不逾年而乱作。[1]

钱氏素耿介，念时局不可为，愤然出都。闻远先生并未失望至此，其所订之丧礼部分，于宣统三年（1911）辛亥六月完成，七月告假回乡，欲于次年二月再定稿奏进。谁知回乡之后一月，辛亥革命发生，闻远先生再无回京奏进机会。[2]

四　著书昆山

先生14岁时，其父授古文，曾手书欧阳永叔撰《范文正公神道碑》并全谢山撰《顾亭林先生墓表》，问曰："尔于二人何所愿？"先生未假思索即答："亭林先生。"其父责之，出仕当效范文正，不仕应学顾亭林。[3]父子二人其时当未料及，闻远先生日后竟真如亭林般抱残守缺。

在京修礼时，闻远先生全未料即将大变；于七月回乡

---

〔1〕　钱同寿《笺经室遗集》序。
〔2〕　张锡恭《书曹君直侍读〈礼议〉后》，《茹荼轩续集》卷三。
〔3〕　张锡恭《张伊卿行述》。

后，"闻家乡人言论，大惊"。随后武昌起事，吴地不复属清，松江人亦争相剃发。先生留田产于兄弟锡谨，保留衣冠发辫，隐居小昆山。此前十年，先生曾"于先人墓侧筑庐三楹，至是遂奉栗主以居其地。古之昆山，今谓之小昆山，山荒地僻，人迹罕至，资昔年礼馆俸余，节衣缩食，尚可偷活"[1]。此山本名昆山，后昆山县治移至今日之江苏昆山，为示区别，民间称为小昆山，张氏祖祠即在小昆山东麓。

先生隐居小昆山之情形，曹君直先生曾有诗云：

> 吾爱张夫子，隐居峰泖间。
>
> 衣冠流俗讶，经籍列朝颁。
>
> 结屋依先墓，开门见故山。
>
> 有时入城市，知是买书还。[2]

此诗写闻远先生隐居之状最确。清亡之后，以遗老自居者甚众，然如闻远先生般隐居空山者却极少。众遗老以瞿鸿禨为首，聚集上海，社团林立，游手好闲，花天酒地。先生虽与不少遗老有交往，但并未结社，更未加入近在咫尺之上海遗老群体。闻远先生几经生死离别，胸中早已满溢忧患之心、孤寂之情；而今国事大变，先生目之为"不啻蹈天宝、靖康之覆辙"，然从日记中看，其读书著述，实未受很

---

[1] 张锡恭《复胡侍御思敬书》，《茹荼轩续集》卷四。

[2] 曹元忠《赠张闻远孝廉》，《笺经室遗集》卷十七。

大影响。先生虽亦满怀亡国之恨，然不愿以抨击政府、追忆旧朝为务，反要避开尘世，成其名山事业。先生之《正尊降服篇》作于辛亥年十月十四日，即辛亥之变后不久，此文论正尊卑属施降之服，发千古之未发，举重若轻，毫无悲愤怨尤之气。

先生是年赋诗《怀友》，颇可见其当时心境：

> 人惟万物灵，卓哉五大伦。
> 而我无一有，涕泣恒沾襟。
> 慈母早见背，三十为鲜民。
> 鼎湖瞻已遐，黼扆嗟蒙尘。
> 同父非曩曩，乃若亮与瑾。
> 孟梁两美合，一剑沈延津。
> 自昔同志友，寥落星侵晨。
> 曹钱三杰士，肖然鼎足存。
> 同心而离居，欲聚无缘因。
> 寄言强加餐，白水有真人。[1]

身为礼学家，先生学术之根柢本为三纲五伦。然而造化弄人，其五伦却渐次凋零：幼年丧母，壮年丧父，中年丧子丧妻；将至晚年，连君臣一伦也已断绝；仅有之生徒，英

---

[1] 张锡恭《怀友》，《茹荼轩文集》卷一。

年早逝；虽有兄弟，却因政见不同而不睦。[1]

唯有朋友一伦，尚未全绝。昔日同窗好友，凡承认民国政权者，先生一概拒之门外，毫无转圜余地。如唐文治，与曹叔彦先生换帖结拜，《茹荼轩日记》中曾称之为"唐蔚芝兄"[2]，此类称呼于日记中并不多见，应亦过从甚密。然因唐氏参与通电清帝逊位，先生遽尔断交。王先谦、沈曾同、曹叔彦等亦为此深责唐氏[3]，然皆不及闻远先生之决绝。不逾年，曹氏与唐氏恢复交好，以后又多书信来往，闻远先生却终生不复与之来往。先生肯加以青目者，唯曹君直、曹叔彦、钱复初三人而已。

在张氏族中，仍蓄发辫者，除先生外，仅族兄阆峰及其子汝舟二人。先生云："吾人三成众，犹可为族也。"后阆峰、汝舟相继去世，"余由是孑孑孤立，而自外于族矣"[4]。又有张子源，先生曾祖与子源曾祖认为本家，故称子源为族弟。先生避地昆山后，偶回城中，于城西市中见之，睹其发辫尚在，"余曰：'老弟难得。'弟曰：'欲为温和公少留场

---

〔1〕 "同父非夐夐，乃若亮与瑾"当隐晦指先生与其兄弟不睦。于日记《困衡录》之卷首，先生曾云："变莫亟于阋墙，凶莫大于争讼，事莫舛于以养人者害人。而予皆躬值之，目击之，忾郁悒乎哉！"或指其事。此时当鼎革之际，其兄弟皆已剪辫，故有"亮与瑾"之叹。

〔2〕 张锡恭《茹荼轩日记》，光绪十四年十月十二日。

〔3〕 唐文治《茹经先生自订年谱正续篇》，宣统三年八月，载沈云龙编《近代中国史料丛刊三编》第9辑，第90册，台湾文海出版社，1986年版。

〔4〕 张锡恭《祭阆峰族兄文》，《茹荼轩续集》卷六。

面耳。'"[1] 又有其亡妻刘氏之从兄刘嘉禾[2]、外甥封文权及其子封章炜[3]、其弟子赵毓芝[4] 等，尚蓄辫未剪。另有雷补同、朱运新，辛亥之后皆杜门不出，然是否蓄发，却不得而知。

张家此前已败落；居小昆山后，先生作《留穷文》，自道其境曰："天申子不仕不耕，荦洛寡偶，昆山东麓，数椽是构，木石与居，麋豕弗友，偃仰一室，与穷相守，室遗图书，厨唯菽豆，僮竖散去，家人谇诟。"先生自称天申子，盖取自"无逃待烹，天之申生"。《留穷文》仿韩愈《送穷文》而反之，追慕伯夷、叔齐、介之推、屈原、郑君、明季东林六君子之守死善道，辅弱扶微。[5] 其境虽困厄，然先生以古圣前贤自勉，读书著述，优游林下，此间虽不时亦有愤世之言，然心胸坦荡，亦是乐在其中[6]，可于其诗文见之。隐居十年之际，先生赋诗云：

> 十年斯地避嚣尘，地僻从来鲜杂宾。
>
> 清浅一湾资汲水，扶疏数树足添薪。
>
> 陆台蔓草书谁读，夏墓松楸德有邻。

---

〔1〕 张锡恭《族弟子源小传》，《茹荼轩续集》卷六。

〔2〕 张锡恭《刘嘉禾大令家传》，《茹荼轩续集》卷六。

〔3〕 张锡恭《封用晦墓志铭》，《茹荼轩续集》卷六。

〔4〕 张锡恭《赵毓芝哀辞》，《茹荼轩续集》卷六。

〔5〕 张锡恭《留穷文》，《茹荼轩文集》卷十一。闻远先生与钱同寿以无逃待烹之义相砥砺，钱氏遂名其文集曰《待烹生文集》。

〔6〕 闻远先生与二三同道时而诗酒唱和，可参考朱运新《春暮偕钱复初孝廉同寿封庸盦直刺文权方云生茂才存绪泛舟弟九峰访张闻远征君锡恭》，收入封文权辑《张泽诗征续编》，民国三十一年封氏箓进斋刻本。

凉夜倚扉间眺望，两三星火是萤磷。[1]

　　小昆山上有西晋二陆兄弟读书台，山下不远有明末夏氏父子墓。先生与夏氏父子比邻而居，以忠孝节义自勉；又与二陆为友，神交唱和。虽处困顿之中，却全无愤怼之意，凉夜之中尚有闲暇眺望。先生此时有此心境，或亦因作此诗时正是巨著《丧礼郑氏学》杀青之年。

　　于书札往还与日记之中，可窥见先生著述进度。1911年3月，君直先生于书中言，《丧服郑氏学》已成六卷。[2]先生与缪荃孙书言，已成《丧服郑氏学》十三卷，《释服》十六篇，然不知作此书之确切时日[3]；至民国五年丙辰秋，其书初成。[4]《释服》三十八篇，当亦于此前完成。《丧服郑氏学》写成之时，先生大病，君直先生来视疾，将书携至上海，交与刘承干，于1918年刊于《求恕斋丛书》中。[5]后叔彦先生为此书作序，于1923年重印，增加曹序。[6]

　　《丧服郑氏学》一书共十六卷，五十五万字，于张闻远先生所刊著述中流传最广、影响最大。范希正作《书目答问

─────────────────

〔1〕　张锡恭《十年》，《茹荼轩文集》卷一。
〔2〕　曹元忠《与张闻远孝廉书一》，《笺经室遗集》卷十五。
〔3〕　此书信收入《艺风堂友朋书札》，第977页。
〔4〕　此书各卷写作时间，《茹荼轩日记》中有详细记载。
〔5〕　张锡恭《自书覆校丧服郑氏学刊本后》，《茹荼轩续集》卷三。
〔6〕　新中国成立后，上海古籍书店、文物出版社影印《求恕斋丛书》，此书或依戊午本，或依癸亥本。《丛书集成》《续修四库全书》《民国时期经学丛书》影印此书，皆依戊午本，故无曹序。

补正》，即列入此书。张舜徽先生作《郑学丛著》，亦对此书推崇备至。其书体例，《丧服》每条必列经传注于卷首，然后全录贾疏，其后再列诸儒论述，甄别明辨，凡有重大争论者，再附己见于其末，间或录《修礼刍议》与《释服》章节于其中。刘承干言之最当："其于注也，有申而无破；其于疏也，全录而不遗；于诸儒之言，发明注谊者甄录之，与注立异者明辨之；疏亦有误会注意者，虽录其说，而必辨其非。其择之也精，守之也约，可谓治经必守家法者。"[1]

凡闻远先生申己见处，必是反复斟酌权衡之结论，精思明辨，令读者悦服。于丧服学历史上诸多争论，皆能有所发明，如对妇人不杖、父卒继母嫁从为之服、为人后、辟领、升数、大节级等[2]，常能解千年未决之悬案，更为清代丧服学之最后定论。叔彦先生曰："余以为，此书囊括大典，网罗众家，删裁繁诬，刊改漏失，精微广大，直与郑注贾疏并重，其至理名言，足以感发仁人孝子之心，杜犯上作乱之渐，有功名教纲常、世道人心至大。"[3]叔彦先生同为治三《礼》学者，早年即有《礼经校释》之作，后又著《礼经学》，然《礼经学》之后，专治他经，于礼学涉猎已少。闻远先生书中，录《礼经校释》者甚多，许多条目即以其说为定论。然亦有意见参差者，则必明辨之，叔彦先生写《礼经

---

〔1〕 刘承干《〈丧服郑氏学〉序》，见张锡恭《丧服郑氏学》，第6页。
〔2〕 本书《若子与降等》《论"妇人不杖"》《说辟领》《精义之学》四篇文章有对其中若干问题之阐释。
〔3〕 曹元弼《〈丧服郑氏学〉序》，见张锡恭《丧服郑氏学》，第1页。

学》之时，即据其说自驳数条。而于"父卒继母嫁从为之服"之解，二先生各自坚持己见。

在京师修礼之际，闻远先生与缪荃孙书信中即言，正作《礼经宫室图考》，为撰《礼经郑氏学》之发轫。《礼经郑氏学》为闻远先生最初之写作计划，后先写论丧服部分，成《丧服郑氏学》。《丧服郑氏学》完后，先生即以相同体例，完成《丧服》之外其他篇章之纂述。王欣夫先生称："又为《丧礼郑氏学》，取《士丧礼》《既夕礼》《士虞礼》暨《礼记》中说丧服、丧礼等篇，条举众说而折中之，立义精当，为例谨严，一如《丧服郑氏学》。"[1]

《丧礼郑氏学》全书三十六册，分《礼经郑氏学》《礼记郑氏学》两部分。其《礼经郑氏学》包括：《士丧礼》五卷，《既夕礼》三卷，《士虞礼》二卷，《宫室图考》一卷；《礼记郑氏学》包括：《曲礼》二卷，《王制》一卷，《礼运》一卷，《明堂位》一卷，《少仪》一卷，《坊记》一卷，《中庸》一卷，《檀弓》五卷，《曾子问》二卷，《丧服小记》一卷，《大传》一卷，《杂记》四卷，《丧大记》二卷，《奔丧》一卷，《问丧》一卷，《服问》一卷，《间传》一卷，《三年问》一卷，《丧服四制》一卷，《月令》一卷，《礼器》一卷，《玉藻》一卷。此外又有二册，分别为引用书目，及闻远先生所修《大清通礼·凶礼·丧礼》。

---

[1] 王欣夫《蛾术轩箧存善本书录》，鲍正鹄、徐鹏标点整理，上海古籍出版社，2002年版，第1433页。

如此规模，已可想见其书地位，应不下于《丧服郑氏学》。如此两书，于清代礼学著作之中，皆为翘楚。

闻远先生于1922年成此书。两年以后，1924年，江苏督军齐燮元与浙江督军卢永祥开战，史称江浙战争或齐卢战争。"江浙发生战祸，两省受创弥深，就苏论列，尤以嘉定、青浦、松江、太仓四邑为最重，或全镇被毁，或抢劫一空，或转徙流离，莫名惨状。"[1]先生虽僻居小昆山，亦为战祸所及，被迫迁离。其时，先生之甥封文权在张泽主持红十字会收容分所，安顿避难灾民。深夜当中，先生夫妇驾一叶小舟，直奔张泽避祸。先生本就多病，加以受惊奔波，至封家便一病不起，终至殁于封家。

临终前，先生遗命马氏夫人曰："昆山东麓，仰蒙锡福。三饭脱粟，五日一肉。陈箧启椟，古书可读。无子无秃，无秃无辱，傃幽瞑目，私愿已足。毋立嗣续，毋广讣告，敛以法服，渴葬必速。停棺徇俗，适贻后毒。"[2]先生虽终生治丧礼之学，临到己时，却以简朴为上。先生无子，曾命弟主兄丧，然战乱之中，亦不知是否如愿。沈其光《瓶粟斋诗话》云："时值两军对垒，市无人迹，几至无以饰终。先生无子，由红十字会为之殓焉。"封文权本在红十字会，由红十字会为之装殓，当亦可信。而钱振锽先生以诗哀之曰：

---

〔1〕 中国第二历史档案馆编《中华民国史档案资料汇编》第三辑，军事（三），江苏古籍出版社，1991年版，第222—223页。

〔2〕 曹元弼《纯儒张闻远征君传》，《茹茶轩续集》。

先生身居碧玉屏，迥然云间一曙星，终年闭户注礼经，神游三代通古灵，髡者到来不拔扃，欲往从之求典型。首阳山前战血腥，今年宣统岁甲子，月日先生赫然死，敛无棺衾拜无子，亡国遗民合如此。君不见沟壑从来属志士，安用污人红十字！

五 遗著刊刻

除《丧服郑氏学》外，闻远先生之作生前均未刊刻；然先生之道德文章，震动江南，颇有贤者抄录其遗作。严昌堉先生曾赋七绝二首云：

> 穷老昆山托采薇，遗经独抱掩岩扉。
> 礼堂写定觚觚在，世自沈沦道自肥。

> 绝学谁能张一军，云间晚有两征君。
> 遗书可待何时刻，愿得传钞也策勋。[1]

闻远先生之藏书与遗著多在封家，封文权遂于先生没后次年刊印其诗文，为《茹荼轩文集》十一卷，其中含《修礼刍议》二十一篇、《释服》三十八篇，并诸多论学之作，

〔1〕 沈其光《瓶粟斋诗话》四编上卷，见张寅彭主编《民国诗话丛编》第5册，王培军等点校，上海书店出版社，2002年版，第709页。

仅一卷诗赋。1940年，叔彦先生弟子王欣夫刊印闻远先生短作《礼学大义》于《庚辰丛编》之内。封氏又辑录先生诗文为《茹荼轩续集》，然战火频繁，未及刊刻亦谢世。后严昌埚先生于封氏哲嗣章烜处借观，遂于1949年，将《茹荼轩续集》与钱同寿之《待烹生文集》合刊为《云间两征君集》。如此数种，已大略可窥先生生平、交游、学问、志向。唯先生之巨著《丧礼郑氏学》尚未刊刻，为最大憾事。

先生没后，《丧礼郑氏学》稿藏于封文权处。至1936年，金松岑先生主持国学会，议刊前贤遗著，国学会同人皆以为当刊印此书。于是以叔彦先生为首，王欣夫、汪柏年任校字，筹资刊布，请封氏抄写一稿，欣夫检索所引原书，一一校定。方及《士丧礼》《既夕礼》《士虞礼》刊成，日寇内犯，资亦不继，遂停刊刻。所刊者亦遭毁坏，仅余一孤本，在王欣夫处。[1] 新中国成立后，王欣夫先生入复旦大学

---

〔1〕 王欣夫述所刊者散失过程云："讵知甫成《士丧礼》《既夕礼》《士虞礼》三篇，而日寇来犯，刊工星散。松岑师亦避地沪上，事遂中顿。其后虽屡谋续成，而人事乖迕，无从措手。其在苏板片，寄存于塔倪巷宝积禅寺，忽传驻兵已有斯以为薪者，亟设法抢救，移交沧浪亭图书馆，在南浔者亦并贮焉。乃主者不甚措意，捆置廊下，任其日曝雨淋，后复屡经迁徙，零落湮烂，不可复问矣。当时仅印蓝样本三分，呈复礼、松岑二师外，自留一分。暨二师逝世，皆从师母乞得，则不知何故，各阙一册，疑陈海泉并未送去，至完者只此一部而已。先是集议时，余力主用活字排印，费省而功速，乃多以为经学巨著，校勘宜审，无事促迫，且可与刘刊合并，故均主刊木。停工时，集资尚余五百金，余建议全书虽未成，而仪礼部分已告一段落，可先印数十部以传。又多谓此书终须刻成，不妨缓图，不料世变苍黄，时机一失，不可复追。仅留此孤本，他日作书林珍秘耳。"《蛾术轩箧存善本书录》，第1435—1436页。

任教授，于1966年辞世。其时"文革"已起，欣夫先生大量藏书，不准存放于原住所，捐赠给校图书馆之书，亦不被接纳，后经徐鹏先生努力，半数以上藏书始归入图书馆，其余则已散佚。[1] 长期以来，学界多以为闻远先生之遗书亦在散佚之列。[2]

2011年，笔者见复旦大学图书馆目录上仍有《丧礼郑氏学》一书，遂请复旦大学郭晓东教授代为查阅，郭教授寻得此书，并请其弟子方浩铭输入计算机，共有五册残书，含三册《檀弓》，一册《士丧礼》，一册《曾子问》，当为欣夫先生当年所藏刊印之孤本，或因"文革"而仅余此五册，然大部为《檀弓》，与欣夫所称仅《礼经》中三篇刊刻略有出入。此五册共十八万字，于中亦可见闻远先生征引之富不下于《丧服郑氏学》。

笔者遂以为《丧礼郑氏学》经日寇、"文革"，应仅有此五卷残稿尚在世上。2012年，又有孙帅赴上海，组织复旦学生抄录上海市图书馆与复旦大学图书馆所藏《茹荼轩日记》。2013年5月，孙、方二君在欣夫先生众多藏书中发现数巨函古书，熟视之，正《丧礼郑氏学》！此当为封文权先生抄录之写本，不意今日尚在人世，快何如之！孙帅复又组织复旦学生，将此书输入计算机。后又得复旦图书馆林振岳告知，欣夫先生当年所刻之版亦存，藏于扬州雕版博物馆。

---

〔1〕 李庆《〈蛾术轩箧存善本书录〉前言》。
〔2〕 商瑈《南菁书院与张锡恭的礼学》。

此著书版俱在，闻远先生著述之苦，欣夫先生刊刻之力，与封先生传抄之功，幸而未尽废！2014 年夏，笔者组织北京大学十余位学生，赴复旦大学图书馆，将《丧礼郑氏学》《茹荼轩日记》尽数抄录，而今正细细点校，期望他年能得付梓，以告慰先生之灵。

六　正尊降服[1]

闻远先生之学，具于《丧服郑氏学》《丧礼郑氏学》二书，创获甚多。而先生礼学之纲，为《正尊降服篇》之丧服理论。笔者于此略述之。

《正尊降服篇》本为《释服》诸篇之一，《丧服郑氏学》中，此篇附于《不杖期章》"适孙"条后。[2]《丧服传》解适孙之服曰："不敢降其适也。"敖继公疑有误，云："继公谓，祖于孙宜降于子一等而大功，此期者，亦异其为适加隆焉尔，非不降之谓也。"敖氏之疑，即依至亲以期断与降杀、加隆之说而生，却与《传》龃龉。据至亲期断之例，父为众子期，祖为孙当大功，然为长子三年，为适孙期者，似当为加隆，而传何以云不降？《传》或偶误，然此例非止适孙一处，如《大功章》"适妇"条："何以大功也？不降其适也。"《齐衰三年章》"母为长子"条："父之所不降，母亦不

---

〔1〕　此一部分本为笔者《点校重刊〈丧服郑氏学〉序》中的内容。
〔2〕　张锡恭《丧服郑氏学》卷六，第 402—404 页。

敢降。"三处皆以不降为说，同条共贯，必非有误。闻远先生虽多不喜敖氏之说，然此处关涉服例全体，故不得不由其说再思亲尊之服，而抽绎正尊降服之例。凡旁尊报卑属之服，皆报以所施之服，而正尊报服各异，适子适孙、众子庶孙、子妇孙妇，所施与所报皆不同。欲明其加降之例，则仍由至亲以期断始。至亲期断而上杀，则为父母当期，为祖父母当大功。以加隆，故为父母三年，为祖父母期。虽适子与众子为父母皆三年，而父母报众子期，唯为适子三年，众孙为祖父母期，适孙上传祖重，为其三年，祖父母为适孙期，为众孙皆大功。郑珍谓本服之上，以尊、重加隆，以此说推之，则子孙以尊加隆父母与祖父母，适孙以重加隆祖父母，父祖亦以重加隆适子适孙。此说粗看可通，然经何以言"不降"而非"加隆"？敖继公有此疑，难能可贵。至妇服之例，则并此加隆之说亦难通。妇从夫降一等，夫为父母三年，则妇为舅姑期。父母为适子三年，为适妇降一等，似当期；为众子期，为庶妇降一等，似当大功。同理，孙为祖父母期，孙妇为夫之祖父母当降一等大功，祖父母为适孙亦期，则为适孙妇当降一等大功，为庶孙大功，为庶孙妇当降一等小功。然考《丧服经》，妇服皆更降一等，适妇在大功，而非期，庶妇在小功，而非大功，庶孙妇在缌麻，而非小功。妇服何以较其所施之服差二等？敖继公与郑珍皆未深究。《服传》释此等服皆言不降，不言加隆，至亲期断与加隆之说虽则善矣，而不能释妇服而明传意。闻远先生熟玩此数条，而立说云："降服者，降其本服也。此为妇服之例也。"由至亲期断之例推之，子之本服为期，妇从夫降一等，本服大功，孙之本服大功，孙妇降一等小功，故妇降本服一等为小功，孙妇降一等为缌麻，此则庶妇在小功、庶孙妇在缌麻之故。舅姑为适妇大功，以不降其本服；适孙妇经中未见，盖适孙之妇若其姑尚在，则与庶孙妇同，其姑不在，则亦当不降本服，为小功。

降本服一等，非专为妇而发。妇之服本由其夫来，妇服既降本服，则子若孙之服亦降本服，众子降一等为大功，庶孙降一等为小功，然则其服为期与大功者，非不降本服，而由报其加隆。适子三年、适孙期，则既不降其本服，又报其加隆。

此说使经传之文圆融无碍，而与郑珍以尊、重加隆之说不同。若加隆皆以尊、重而加，众子、庶孙有何尊、重可言，而报其加隆？若本服为亲亲之服，适者为重，何以因适而不降本服？先生又释其意曰："是加隆之服，尊之至，由亲之至也。子孙虽卑属，其亲则一也，祖父母、父母不忍不报也。加隆者不忍不报，则所降者必其本服也。降其本服者，严父之谊；不忍不报者，爱子之仁。"先生非不许加隆之服为尊尊之服，然此尊尊之服非外于亲亲之爱，盖尊尊之敬即根亲亲之爱而生。长子众子由至亲而加隆其恩，故为父母由期加隆为三年。父母以正尊临卑属，因尊而降子之本服，却又因亲而不忍不报其加隆，则本服与加隆，皆亲亲中有尊尊、尊尊中有亲亲。为适皆不降其本服，非适亲于庶，适重于庶也，益可证本服非止亲亲之服。

制服之本，至亲以期断，以期降杀，遂有亲亲诸服，父母加隆，非因亲亲外又有尊尊，而因至亲生至尊，故因加隆其恩而加隆其服，加隆其恩自生尊尊之义，适子众子皆为父三年，盖由于此。父子互为至亲，其本服皆期，然因父尊子卑，故降本服一等，变亲亲之本服以示尊卑，此与加隆三年以成至尊，其义同而正相反。然父子骨肉，其情终胜于他亲，故又报子加隆其恩之服，而复为期。成服虽无异于本服之期，其间加降之密，曲尽人情，正先生所谓"先王制礼，仁之至，义之尽"也。舅姑之于妇，无至亲之爱，有尊卑之义。妇为舅姑之服，因从夫而来，非为至亲，本服大功，加隆至期，非加隆其恩，纯由尊尊。舅姑之为妇服，以尊临卑而降其本服一等，又不必因恩报其加隆，遂为小功之服。而于长子，父并不因重适而加隆之，以尊长无加隆卑属之义，唯因其"正体于上，又乃将所传重"，而不降其本服，即不以尊临卑而降之。于适妇，亦因重适之故而不降其本服，然因无至亲之恩而不报加隆，故为服期。

先生又有未尽之意，请试言之：祖父母为孙及孙妇之服，略不同于父母为子及子妇。盖适子众子皆为父三年，而父为长子、众子之服不同，因诸子尊父皆由至亲生至敬，本无亲亲外之尊尊义。孙之于祖，情非至亲，本服大功，加隆为期，亲不及父，敬亦稍杀。以降本服与报加隆之意，祖为孙大功，为其妇缌麻，此义同于父母而杀之。《不杖期章》"祖父母"条传曰："何以期也？至尊也。"贾疏："祖为孙止大功，孙为祖既疏，何以亦期？答云'至尊也'者，祖为孙降至大功，似父母于子降至期，祖虽非至亲，是至尊，故期。若然，不云'祖至尊'，而直云'至尊'者，以是父之至尊，非孙之至尊，故直云'至尊'也。"[1]祖之"至尊"稍异于父之"至尊"，非由至亲而生，实因为父之至尊，故孙亦尊之，亲亲外之尊尊，至此始生，此义正见于適孙为祖之服。若適子早亡，立一孙为適孙，上承祖重，由期加为三年，此適孙独为祖父母加隆之服，异于众孙，则其所加隆者，更非因至爱而生，纯为宗法尊尊之服，略同于妇为舅姑之服。以此加隆者，祖不报之，故祖不为適孙三年，仅服期也。曾孙上为曾祖后若玄孙上为高祖后，皆同此例。

亲亲、尊尊冠丧服六术之首，乃人伦之精义。爱有差等，亲亲为制服之本，而尊尊生于亲亲，尊尊又有二意，其一为根于至亲之至尊，与亲亲无二，故无论长子庶子，为父母皆应三年，以尽孝子之爱、敬，由父母上杀，其亲次之，尊亦次之，故其服递减，"自仁率亲，等而上之至于祖"，此之谓也。然由此至尊之义，而有为祖之尊，宗法之尊由此生焉，此尊尊之第二义。曾祖、高祖，上至太祖，相隔既远，其亲更疏，然以其为宗法之重所在，故其宗庙之尊犹胜父祖，所谓"自义率祖，顺而下之至于祢"是也。妇为舅姑之加隆、適孙为祖之三年、为宗子之服，亦皆由此；父、祖为適之不降，亦以此也。郑注："用恩，则父母重而祖轻；用

---

〔1〕《仪礼注疏·丧服·不杖期章》，方向东点校《十三经注疏》第11册，第908页。

义，则祖重而父母轻。恩重者为之三年，义重者为之齐衰。"即此意也。

由此抽绎丧服之亲亲、尊尊，则非复郑珍所谓至亲期断与尊、重加隆之过简，而尊尊之义，更非亲亲外之另一义，亲亲期断之为丧服本，其理更密，而丧服曲尽人情之义，其旨益明。细玩此篇，《丧服郑氏学》《丧礼郑氏学》二书之纲已在，洋洋六十卷大著，可于此窥其大略，吾故曰，《正尊降服》一篇，乃先生礼学之要旨，读者不可不察。正因此篇，是二书成清儒丧服学殿军之作。闻远先生遍读丧服学数百家，尤于清世诸师之说细加玩味，故至亲期断、加隆、宗法、封建数义，皆折中于夫子，述尊尊、亲亲之大旨，未有如此圆融精审者。一家之言，足以承前启后，而清儒近三百年丧服学之精义，具汇于此。吾故曰，正尊降服说所统摄之丧服礼学，乃清儒丧服学集大成之说。

小　结

以上为张闻远先生生平、著述、志向、学术之大略。

先生出身世族，然生于战乱之中，幼年丧母，后又相继丧父、丧子、丧妻，终至国变而无君，隐居空山，困厄已极，晚年又于战乱当中受惊奔走，客死他乡，先生之一生可谓至为不幸。

先生幼承庭训，长随名师，南菁求学，两湖讲经，京师修礼，昆山著书，承教于陈士翘、黄体芳、张文虎、黄以周、缪荃孙诸先生，受知于张之洞、梁鼎芬、蒯光典、陈宝琛诸贤，交游于曹元忠、曹元弼、钱同寿、马贞榆诸儒，终在小昆山哀遗订坠，蔚成大著，立正尊降服之说，由丧服、丧礼以窥周公制礼之精义，融汉学之精与宋学之微而为一，先生之学可谓堂堂正学、至精至大。

先生自幼以忠孝志节自勉，惜阴爱日，格物穷理，虽几经厄难，而能困衡端忧，矢志留穷，守先待后，采薇昆山，弦歌不辍，如此浩然之气，深识孔颜之乐，使其礼学得以成就，得以不朽，先生之志向操守，正所谓粹然纯儒。

先生之文章著述，早得黄以周先生刊于《南菁讲舍文集》，流布海内，而其《丧服郑氏学》赖刘承干先生之刊刻，后更有封文权、曹元弼、金松岑、王欣夫、严昌堉、郁元英诸先生，几经努力，编辑遗文。然先生非但生前不幸，死后亦迭遭日寇、"文革"之厄，残稿劫灰，零落荆榛，谁料今日竟仍能复见天日，使先生守先待后之诚，不致徒劳无功，此又先生学问之大幸，我辈之大幸！

参考文献

一、古籍

《大明会典》，《续修四库全书》影印本，上海古籍出版社，1996 年版。

《礼学馆延聘顾问官绅、纂修人员名单》，《申报》，光绪三十三年丁未九
　　月十九日第四版。

《孔子家语校注》，高尚举、张滨郑、张燕校注，中华书局，2021 年版。

《孔子家语通解》，杨朝明、宋立林主编，齐鲁书社，2013 年版。

《钦定礼记义疏》，《景印文渊阁四库全书》，台湾商务印书馆，1986 年版。

《清朝续文献通考》，重印《万有文库》本，浙江古籍出版社，2000 年版。

《十三经注疏》，阮元校刻，方向东点校，中华书局，2021 年版。

《宋文选》，《景印文渊阁四库全书》，台湾商务印书馆，1986 年版。

《续通典》，重印《万有文库》本，浙江古籍出版社，2000 年版。

敖继公《仪礼集说》，孙宝点校，上海古籍出版社，2017 年版。

班固《汉书》，中华书局点校本，1982 年版。

蔡孔炘《经学提要》，北京出版社《四库未收书辑刊》影印道光五年刻本，
　　第四辑，第 10 册，2000 年版。

曹元弼《复礼堂文集》，民国六年刻本。

曹元弼《礼经校释》，《续修四库全书》影印本，上海古籍出版社，1996 年版。

曹元弼《礼经学》，宣统元年刻本。

曹元忠《笺经室遗集》，民国三十年吴县王氏学礼斋刊本。

曹元忠《礼议》，民国五年丙辰刘氏求恕斋刊本。

车垓《内外服制通释》，《景印文渊阁四库全书》，台湾商务印书馆，1986年版。

陈澔《礼记集说》，儒藏本（精华编第55册），北京大学出版社。

陈立《白虎通疏证》，吴则虞点校，中华书局，1994年版。

陈庆镛《籀经堂类稿》，《清代诗文集汇编》第587册，上海古籍出版社，2010年版。

陈寿《三国志》，中华书局点校本，1964年版。

陈寿祺《鲁诗遗说考》，《续修四库全书》影印本，上海古籍出版社，1996年版。

陈寿祺《五经异义疏证》，中华书局，2014年版。

陈祥道《礼书》，东京大学东洋文化研究所藏宋刊元修本。

陈作霖《可园文存》，台北文海出版社，1968年版。

程颢、程颐《二程遗书》，收入王孝鱼点校《二程集》，中华书局，2004年版。

程瑶田《程瑶田全集》，陈冠明等校点，黄山书社，2008年版。

褚寅亮《仪礼管见》，清乾隆刻本。

戴震《孟子字义疏证》，何文光点校，中华书局，2008年版。

定县汉墓竹简整理组，《〈儒家者言〉释文》，《文物》，1981年第8期。

杜佑《通典》，王文锦点校，中华书局，2003年版。

段玉裁《经韵楼集》，钟敬华校点，上海古籍出版社，2008年版。

范家相《家语证伪》，《续修四库全书》影印本，上海古籍出版社，1996年版。

方苞《仪礼析疑》，《景印文渊阁四库全书》，台湾商务印书馆，1986年版。

方东树《汉学商兑》，漆永祥汇校，北京联合出版公司，2017年版。

方中履《古今释疑》，康熙十八年杨霖刻本。

房玄龄《晋书》，中华书局点校本，1974年版。

封文权辑《张泽诗征续编》，民国三十一年封氏篑进斋刻本。

龚端礼《五服图解》，《续修四库全书》影印本，上海古籍出版社，1996年版。

顾炎武《日知录集释》，黄汝成集释，栾保群、吕宗力点校，上海古籍出版社，2006年版。

杭世骏《续礼记集说》，《续修四库全书》第101—102册，上海古籍出版社，1996年版。

郝敬《仪礼节解》，《续修四库全书》影印本，上海古籍出版社，1996年版。

何楷《诗经世本古义》，《景印文渊阁四库全书》，台湾商务印书馆，1986年版。

贺长龄、魏源《清经世文编》，中华书局，1992年版。

胡广《性理大全书》，《景印文渊阁四库全书》，台湾商务印书馆。

胡培翚《仪礼正义》，段熙仲点校，江苏古籍出版社，1993年版。

黄榦《勉斋先生黄文肃公文集》，国家图书馆藏元刻本。

黄榦《仪礼经传通解续》，朱杰人等主编《朱子全书》第四册，上海古籍出版社、安徽教育出版社，2010年版。

黄式三、黄以周《黄式三黄以周合集》，上海古籍出版社，2014年版。

黄以周《儆季文钞》，光绪二十年江苏南菁讲舍刻本。

黄以周《礼书通故》，王文锦点校，中华书局，2007年版。

黄中松《诗疑辨证》，《景印文渊阁四库全书》，台湾商务印书馆，1986年版。

吉城《吉城日记》，吉家林整理，凤凰出版社，2018年版。

姜兆锡《礼记章义》，清雍正十年寅清楼刻本。

姜兆锡《仪礼经传》，《续修四库全书》影印本，上海古籍出版社，1996年版。

焦以恕《仪礼汇说》，《续修四库全书》影印本，上海古籍出版社，1996年版。

金榜《礼笺》，《续修四库全书》影印本，上海古籍出版社，1996年版。

孔贞运辑《皇明诏制》，《四库禁毁书丛刊》，北京出版社，2000年版。

李如圭《仪礼集释》，《景印文渊阁四库全书》，台湾商务印书馆，1986年版。

凌曙《礼说》，《续修四库全书》影印本，上海古籍出版社，1996年版。

凌廷堪《凌廷堪全集》，纪健生校点，黄山书社，2009年版。

刘榛《虚直堂文集》，康熙二十七年刻本。

马端临《文献通考》，中华书局点校本，2011年版。

毛奇龄《大小宗通绎》，《丛书集成初编》本，中华书局，1985年版。

毛奇龄《丧礼吾说篇》，康熙二十五年萧山书留草堂《西河合集》本。

毛奇龄《四书改错》，嘉庆十六年金孝柏学圃刻本。

毛奇龄《四书索解》，康熙二十五年萧山书留草堂《西河合集》本。

毛奇龄《四书剩言》，《景印文渊阁四库全书》第210册，台湾商务印书馆，1986年版。

毛奇龄《经问》，《景印文渊阁四库全书》第191册，台湾商务印书馆，1986年版。

缪荃孙《艺风堂友朋书札》，顾廷龙校阅，上海古籍出版社，1981年版。

欧阳修《欧阳修全集》，李逸安点校，中华书局，2001年版。

欧阳修《诗本义》，《景印文渊阁四库全书》，台湾商务印书馆，1986年版。

皮锡瑞《经学通论》，吴仰湘点校，中华书局，2018年版。

秦蕙田《五礼通考》，方向东、王锷点校，中华书局，2020年版。

任启运《礼记章句》，《续修四库全书》影印本，上海古籍出版社，1986年版。

阮元《研经室一集》，道光扬州阮氏文选楼刻本。

邵宝《学史》，《景印文渊阁四库全书》，台湾商务印书馆，1986年版。

邵懿辰《礼经通论》，《皇清经解续编》本。

沈括《梦溪笔谈》，金良年点校，中华书局，2015年版。

沈彤《仪礼小疏》，《景印文渊阁四库全书》，台湾商务印书馆，1986年版。

盛世佐《仪礼集编》，《景印文渊阁四库全书》，台湾商务印书馆，1986年版。

司马光《书仪》，《景印文渊阁四库全书》，台湾商务印书馆，1986年版。

司马迁《史记》，顾颉刚等点校，中华书局，1959年版。

苏洵《嘉祐集》，上海图书馆藏宋刊本。

苏辙《诗集传》，《续修四库全书》影印本，上海古籍出版社，1996年版。

孙希旦《礼记集解》，沈啸宸、王星贤点校，中华书局，1989年版。

孙星衍《问字堂集》，《丛书集成新编》本，台湾新文丰出版公司，2008年版。

孙雄《旧京文存》,民国二十年北平刻本。

孙诒让《墨子閒诂》,孙启治点校,中华书局,2001 年版。

孙诒让《周礼正义》,王文锦点校,中华书局,1987 年版。

孙志祖《家语疏证》,《续修四库全书》影印本,上海古籍出版社,1996
年版。

唐文治《茹经先生自订年谱正续篇》,载沈云龙编《近代中国史料丛刊三
编》第 9 辑,第 90 册,台湾文海出版社,1986 年版。

汪绂《参读礼志疑》,《景印文渊阁四库全书》,台湾商务印书馆,1986 年版。

汪琬《汪琬全集笺校》,李圣华笺校,人民文学出版社,2010 年版。

王充《论衡》,《诸子集成》,上海书店出版社影印本,1986 年版。

王夫之《礼记章句》,《船山全书》第四册,岳麓书社,2010 年版。

王念孙《读书杂志》,虞万里主编《高邮二王著作集》,徐炜君等校点,
上海古籍出版社,2015 年版。

王溥编《唐会要》,《景印文渊阁四库全书》,台湾商务印书馆,1986 年版。

王守仁《王阳明全集》,上海古籍出版社,1992 年版。

王棠《燕在阁知新录》,《续修四库全书》影印本,上海古籍出版社,1996
年版。

王先谦《诗三家义集疏》,吴格点校,中华书局,1987 年版。

王先谦《庄子集解》,沈啸寰点校,中华书局,1987 年版。

王欣夫《蛾术轩箧存善本书录》,鲍正鹄、徐鹏标点整理,上海古籍出版
社,2002 年版。

王引之《经传释词》,虞万里主编《高邮二王著作集》,李花蕾校点,上
海古籍出版社,2017 年版。

卫湜《礼记集说》,《通志堂经解》本。

魏了翁《仪礼要义》,《中华再造善本》影印本,中国国家图书馆出版社,
2003 年版。

魏征《隋书》,中华书局点校本,1997 年版。

翁方纲《复初斋文集》,《清代诗文集汇编》李彦章校刻本影印,上海古
籍出版社,2010 年版。

吴浩《十三经义疑》，《景印文渊阁四库全书》，台湾商务印书馆，1986年版。

夏炯《夏仲子集》，咸丰五年当涂陈氏铅印本。

夏炘《述朱质疑》，咸丰壬子景紫山房版。

夏炘《学礼管释》，《续修四库全书》影印本，上海古籍出版社，1996年版。

夏言《夏桂洲先生文集》卷十一，明崇祯十一年吴氏刻本。

徐灏《通介堂经说》，《续修四库全书》影印本，上海古籍出版社，1996年版。

徐乾学《读礼通考》，《景印文渊阁四库全书》，台湾商务印书馆，1986年版。

徐世昌《清儒学案》，沈芝盈等点校，中华书局，2008年版。

徐松辑《宋会要辑稿》，刘琳等校点，上海古籍出版社，2014年版。

徐彦《春秋公羊传注疏》，刁小龙点校，北京大学出版社，1999年版。

杨晨《三国会要》，《续修四库全书》影印本，上海古籍出版社。

杨复《杨复再修仪礼经传通解续卷祭礼》，叶纯芳、桥本秀美编辑，台北"中央研究院"中国文哲研究所，2011年版。

杨复《仪礼图》，《景印文渊阁四库全书》，台湾商务印书馆，1986年版。

姚鼐《惜抱轩笔记》，清同治五年省心阁刻《惜抱轩全集》本。

姚振宗《隋书经籍志考证》，《续修四库全书》影印本，上海古籍出版社。

永瑢《四库全书总目》，乾隆五十年武英殿刻本。

俞樾《茶香室经说》，《续修四库全书》影印本，上海古籍出版社。

臧庸《拜经文集》，《皇清经解》本。

张成孙《端虚勉一居文集》，北京大学图书馆藏钞本。

张尔岐《仪礼郑注句读》，《钦定四库全书荟要》影印本，吉林出版集团，2005年版。

张尔耆《夬斋日记·课儿录》，上海市图书馆藏同治二年稿本。

张锡恭《读胡氏〈仪礼正义〉》《读焦循〈孟子正义〉》，南菁书院光绪十二年九月经学课艺稿本。

张锡恭《读魏鹤山文集》，光绪十三年古月古学课艺稿本。

张锡恭《读张皋文〈仪礼图〉》，南菁书院光绪十九年提四月经学课艺稿本。

张锡恭《君子矜而不争群而不党讲义》，光绪十三年提五月经学课艺稿本。

张锡恭《礼乐皆东赋》，光绪二十年五月下旬份古学课艺稿本。

张锡恭《茹荼轩日记》，上海图书馆、复旦大学图书馆分藏稿本。

张锡恭《茹荼轩文集》，封氏簟进斋民国十二年刻本。

张锡恭《茹荼轩续集》，载严昌堉辑《云间两征君集》，1949年铅印本。

张锡恭《丧服郑氏学》，吴飞点校，上海书店出版社，2017年版。

张锡恭《丧礼郑氏学》，复旦大学图书馆藏钞本。

张锡恭《张伊卿行述》，上海图书馆藏光绪十五年稿本。

张允垂《传砚堂诗存》，光绪戊戌刻本。

张载《张子全书（增订本）》，林乐昌编校，西北大学出版社，2021年版。

张之洞《张之洞全集》，河北人民出版社，1998年版。

章学诚《文史通义校注》，叶瑛校注，中华书局，2014年版。

长孙无忌等《唐律疏议》，刘俊文点校，法律出版社，1999年版。

赵佑《读春秋存稿》，乾隆四十六年刻清献堂全编本。

郑居中《政和五礼新仪》，《景印文渊阁四库全书》，台湾商务印书馆，1986年版。

郑玄《驳五经异义》，商务印书馆《丛书集成初编》本，1936年版。

郑珍《仪礼私笺》，《郑珍全集》第一册，上海古籍出版社，2012年版。

朱寿朋《东华续录》（光绪朝），载王先谦、朱寿朋《东华录　东华续录》，上海古籍出版社影印清宣统元年上海集成图书公司铅印本，2007年版。

朱熹《晦庵先生朱文公文集》，朱杰人等主编《朱子全书》第二十三册，上海古籍出版社、安徽教育出版社，2010年版。

朱熹《家礼》，朱杰人等主编《朱子全书》第七册，上海古籍出版社、安徽教育出版社，2010年版。

朱熹《诗集传》，朱杰人等主编《朱子全书》第一册，上海古籍出版社、安徽教育出版社，2010年版。

朱熹《朱子语类》，朱杰人等主编《朱子全书》第十七册，上海古籍出版社、安徽教育出版社，2010 年版。

庄有可《周官指掌》，光绪七年正觉楼丛书本。

二、中文研究文献

埃文思－普里查德《努尔人：对尼罗河畔一个人群的生活方式和政治制
　　度的描述》，褚建芳等译，华夏出版社，2002 年版。

曹学群《马王堆汉墓〈丧服图〉简论》，《湖南考古学辑刊》，1994 年总第
　　6 辑。

查士丁尼《法学总论：法学阶梯》，张企泰译，商务印书馆，1996 年版。

常建华《宗族志》，上海人民出版社，1998 年版。

常建华《明代宗族祠庙祭祖礼制及其演变》，《南开学报（哲学社会科学
　　版）》，2001 年第 3 期。

陈壁生《经学的瓦解：从"以经为纲"到"以史为本"》，华东师范大学
　　出版社，2014 年版。

陈壁生《经史之间的郑玄》，《哲学研究》，2020 年第 1 期。

陈封雄《一个村庄之死亡礼俗》，燕京大学社会学系学位论文，1940 年。

陈鸿森《"高宗谅阴"考》，载京都大学人文科学研究所《东方学报》第
　　94 册，2019 年 12 月。

陈鸿森《汉唐经学研究》，中西书局，2021 年版。

陈来《朱子书信编年考证》，上海人民出版社，1989 年版。

陈来《朱子哲学研究》，华东师范大学出版社，2000 年版。

陈来《从思想世界到历史世界》，北京大学出版社，2015 年版。

陈荣捷《朱子门人》，华东师范大学出版社，2007 年版。

陈赟《王船山对〈礼运〉大同与小康的理解》，《船山学刊》，2015 年第
　　4 期。

陈戍国《中国礼制史·魏晋南北朝卷》，湖南教育出版社，2002 年版。

翟学伟《再论"差序格局"的贡献、局限与理论遗产》，《中国社会科
　　学》，2009 年第 3 期。

丁鼎《"三年之丧"源流考论》，《史学集刊》，2001年第1期。

丁鼎、王明华《"三年之丧"为武王创制说平议》，《华侨大学学报（人文社会科学版）》，2001年第3期。

丁鼎、王明华《丧无二杖"说献疑》，《民俗研究》，2002年第1期。

丁鼎《〈仪礼·丧服〉考论》，社会科学文献出版社，2003年版。

丁凌华《五服制度与传统法律》，商务印书馆，2013年版。

杜瑛《国内"差序格局"研究的文献综述》，《河海大学学报（哲学社会科学版）》，2006年第1期。

杜正胜《从五服论传统的族群结构及其伦理》，载李岩编《中华文化的过去现在和未来——中华书局成立八十周年纪念论文集》，台湾中华书局，1992年版。

范志军《汉代帛画和画像石中所见丧服图与行丧图》，《文博》，2006年第3期。

范志军、贾雪岚《马王堆汉墓〈丧服图〉再认识》，《中原文物》，2006年第3期。

方述鑫《"三年之丧"起源新论》，《四川大学学报（哲学社会科学版）》，2002年第2期。

费孝通《乡土中国　生育制度》，北京大学出版社，1998年版。

冯汉骥《中国亲属称谓指南》，徐志诚译，上海文艺出版社，1989年版。

冯茜《论程瑶田的丧服学》，《儒家典籍与思想研究》，总第4辑，北京大学出版社，2012年版。

傅斯年《傅斯年全集》，湖南教育出版社，2003年版。

华喆《礼是郑学：汉唐间经典诠释变迁史论稿》，生活·读书·新知三联书店，2018年版。

甘怀真《汉唐间的丧服礼与政治秩序》，收入《皇权、礼仪与经典诠释：中国古代政治史研究》，华东师范大学出版社，2008年版。

高亨《诗经今注》，上海古籍出版社，1980年版。

古朗士《古代城市：希腊罗马宗教、法律及制度研究》，吴晓群译，上海人民出版社，2012年版。

顾洪《试论"三年之丧"起源》,《齐鲁学刊》,1989 年第 3 期。

顾涛《论"六经皆礼"说及其延伸路径》,《中国哲学史》,2018 年第 2 期。

郭沫若《郭沫若全集》,人民出版社,1982 年版。

郭伟川《古"儒"新说——胡适之、傅斯年二先生论说考证》,收入氏著《中国历史若干重要学术问题考论》,国家图书馆出版社,2009 年版。

郭伟川《〈周礼〉制度渊源与成书年代新考》,国家图书馆出版社,2016 年版。

韩岚、张涅《黄式三〈论语后案〉以"礼"为本的思想及其意义》,《孔子研究》,2009 年第 2 期。

韩自强《阜阳汉简〈周易〉研究》,上海古籍出版社,2004 年版。

何丹《"三年之丧"与"周公制礼"》,《兰台世界》,2014 年第 18 期。

胡春丽《毛奇龄年谱(下)》,载彭林主编:《中国经学》第 8 辑,广西师范大学出版社,2011 年版。

胡适《胡适文集》,北京大学出版社,1998 年版。

黄海啸《礼理之辩与黄式三、以周父子对清代礼学的总结》,《兰州大学学报(社会科学版)》,2006 年第 5 期。

金玲《程瑶田〈仪礼丧服文足征记〉再研究:以服叙问题为中心》,中山大学出版社,2016 年版。

康大鹏《〈礼运〉出于荀子后学考:附论荀派在〈易传〉传承中的作用》,《北京大学研究生学刊》,1997 年第 1 期。

康有为《康有为全集》,姜义华、张荣华编校,中国人民大学出版社,2007 年版。

李白凤《东夷杂考》,河南大学出版社,2008 年版。

李洪君《周代三年之丧考》,《重庆师院学报(哲学社会科学版)》,2001 年第 1 期。

李静《论北宋的平民化宗法思潮》,《重庆师院学报(哲学社会科学版)》,2002 年第 4 期。

李霖《从〈大雅·思齐〉看郑玄解〈诗〉的原则》,载彭林主编《中国经学》第 15 辑,广西师范大学出版社,2015 年版。

李学勤《竹简〈家语〉与汉魏孔氏家学》,《孔子研究》,1987 年第 2 期。

李学勤《中国古代文明及其研究》,《齐鲁学刊》,2002 年第 4 期。

李宗侗《中国古代社会新研》,中华书局,2010 年版。

梁漱溟《东西文化及其哲学》,商务印书馆,2010 年版。

林存阳《黄式三、以周父子"礼学即理学"思想析论》,《浙江社会科学》,2001 年第 5 期。

林庆彰《顾颉刚的学术渊源》,台北万卷楼图书股份有限公司,2017 年版。

林素英《丧服制度的文化意义》,台北文津出版社,2000 年版。

卢梅《〈礼运〉篇研究》,曲阜师范大学硕士学位论文,2010 年。

吕友仁《礼记全译·孝经全译》(上下),贵州人民出版社,1998 年版。

梅因《古代法》,沈景一译,商务印书馆,2011 年版。

梅珍生《晚周礼的文质论》,湖北人民出版社,2004 年版。

牟宗三《政道与治道》,广西师范大学出版社,2006 年版。

宁镇疆《〈孔子家语〉新证》,中西书局,2017 年版。

潘光旦《〈家庭、私产与国家的起源〉译注》,收入潘乃穆、潘乃和编《潘光旦文集》第 13 卷,北京大学出版社,2000 年版。

庞朴《话说"五至三无"》,《文史哲》,2004 年第 1 期。

逄振镐《东夷文化研究》,齐鲁书社,2007 年版。

彭林编著《〈周礼〉主体思想与成书年代研究》,中国人民大学出版社,2009 年版。

钱穆《先秦诸子系年》,河北教育出版社,2002 年版。

钱穆《驳胡适之说儒》,收入《中国学术思想史论丛》卷二,安徽教育出版社,2004 年版。

乔秀岩《义疏学衰亡史论》,生活·读书·新知三联书店,2017 年版。

乔秀岩、叶纯芳《学术史读书记》,生活·读书·新知三联书店,2019 年版。

瞿同祖《中国法律与中国社会》,中华书局,1981 年版。

任铭善《礼记目录后案》,齐鲁书社,1982 年版。

商琭《南菁书院与张锡恭的礼学》,《经学研究论坛》(台湾清云科技大学），2012 年 11 月第 1 期。

沈文倬《菿闇文存——宗周礼乐文明与中国文化考论》，商务印书馆，2006 年版。

沈文倬《汉简〈服传〉考》，收入《宗周礼乐文明考论》，浙江大学出版社，2006 年版。

孙立平《转型与断裂：改革以来中国社会结构的变迁》，清华大学出版社，2004 年版。

孙庆伟《追迹三代》，上海古籍出版社，2015 年版。

孙庆伟《鼏宅禹迹：夏代信史的考古学重建》，生活·读书·新知三联书店，2018 年版。

唐文明《彝伦攸斁：中西古今张力中的儒家思想》，中国社会科学出版社，2019 年版。

王锷《〈礼记〉成书考》，中华书局，2007 年版。

王国维《殷周制度论》，收入《观堂集林》，中华书局，2004 年版。

王璇《对一个河北村庄丧葬礼俗的人类学考察》，北京大学硕士学位论文，2002 年。

汪晖《现代中国思想的兴起》，生活·读书·新知三联书店，2004 年版。

闻一多《姜嫄履大人迹考》，收入《闻一多全集》第 3 卷，湖北人民出版社，1993 年版。

吴承仕《吴承仕文录》，北京师范大学出版社，1984 年版。

吴承仕《中国古代社会研究者对于丧服应认识的几个根本观念》，收入陈其泰、郭伟川、周少川编《二十世纪中国礼学研究论集》，学苑出版社，1998 年版。

吴飞《人伦的"解体"：形质论传统中的家国焦虑》，生活·读书·新知三联书店，2017 年版。

邬可晶《〈孔子家语〉成书考》，中西书局，2015 年版。

武内义雄《〈礼运〉考》，收入内藤虎次郎等著《先秦经籍考》（上），江侠庵编译，商务印书馆 1931 年版。

徐仁甫《〈礼记·礼运篇〉的误解与错简》，《晋阳学刊》，1985 年第 2 期。

徐旭生《中国古史的传说时代》，科学出版社，1960 年版。

阎云翔《差序格局与中国文化的等级观》，《社会学研究》，2006 年第 4 期。

杨朝明《"三年之丧"应为殷代遗制说》，《史学月刊》，1995 年第 2 期。

杨朝明《〈礼运〉成篇与学派属性等问题》，《中国文化研究》，2005 年春
　　之卷。

永良《〈礼记·礼运〉首段错简应当纠正》，《西南民族学院学报》，1996
　　年第 6 期。

张富祥《东夷文化通考》，上海古籍出版社，2008 年版。

张焕君《〈丧服〉用杖制度考论》，《中国文化研究》，2003 年第 1 期。

张寿安《以礼代理：凌廷堪与清中叶儒学思想之转变》，河北教育出版
　　社，2001 年版。

章景明《先秦丧服制度考》，台湾中华书局，1971 年版。

章太炎《孔子制礼驳议》，收入《太炎文录》卷一，民国《章氏丛书》本。

赵椿年《覃研斋师友小记》，《中和月刊》，民国三十年卷二第三期。

赵克生《明朝后妃与国家礼制兴革》，《东北师大学报（哲学社会科学
　　版）》，2007 年第 5 期。

赵统《南菁书院志》，上海书店出版社，2015 年版。

郑良树《诸子著作年代考》，北京图书馆出版社，2001 年版。

中国第二历史档案馆编《中华民国史档案资料汇编》第三辑，军事
　　（三），江苏古籍出版社，1991 年版。

周丹丹、李若晖《历史社会学视域中经典概念及其研究范式之反思——
　　以"差序格局"为中心》，《史学月刊》，2019 年第 2 期。

周飞舟《慈孝一体：论差序格局的"核心层"》，《学海》，2019 年第 2 期。

滋贺秀三《中国家族法原理》，张建国、李力译，法律出版社，2003 年版。

三、西文文献

The Code of Canon Law, London: Collins Liturgical Publications, 1983.

Sutton, Donald S., "Ritual, Cultural Standardization, and Orthopraxy in China:

Reconsidering James L. Watson's Ideas," in *Modern China*, January 2007, vol. 33,1.

Feng, Han-Yi, "Chinese Kinship System", in *Harvard Journal of Asiatic Studies*, July, 1937.

Levi-Strauss, Claude, *The Elementary Structures of Kinship*, Boston: Beacon Press, 1969.

Szonyi, Michael, "Making Claims about Standardization and Orthopraxy in Late Imperial China: Rituals and Cults in the Fuzhou Region in Light of Watson's Theories," in *Modern China*, January 2007, vol. 33,1.

Watson, James, "The Structure of Chinese Funerary Rites: Elementary Forms, Ritual Sequence, and the Primary of Performance," in James Watson and Evelyn Rawski ed, *Death Ritual in Late Imperial and Modern China*, Berkeley: University of California Press, 1988.

"古典与文明"丛书

第一辑

义疏学衰亡史论　乔秀岩　著

文献学读书记　乔秀岩　叶纯芳　著

千古同文：四库总目与东亚古典学　吴国武　著

礼是郑学：汉唐间经典诠释变迁史论稿　华　喆　著

唐宋之际礼学思想的转型　冯　茜　著

中古的佛教与孝道　陈志远　著

《奥德赛》中的歌手、英雄与诸神　〔美〕查尔斯·西格尔　著

奥瑞斯提亚　〔英〕西蒙·戈德希尔　著

希罗多德的历史方法　〔美〕唐纳德·拉泰纳　著

萨卢斯特　〔新西兰〕罗纳德·塞姆　著

古典学的历史　〔德〕维拉莫威兹　著

母权论：对古代世界母权制宗教性和法权性的探究

〔瑞士〕巴霍芬　著

"古典与文明"丛书

第二辑

作与不作：早期中国对创新与技艺问题的论辩　〔美〕普　鸣　著

成神：早期中国的宇宙论、祭祀与自我神化　〔美〕普　鸣　著

海妖与圣人：古希腊和古典中国的知识与智慧

〔美〕尚冠文　杜润德　著

阅读希腊悲剧　〔英〕西蒙·戈德希尔　著

蘋蘩与歌队：先秦和古希腊的节庆、宴飨及性别关系　周轶群　著

古代中国与罗马的国家权力　〔美〕沃尔特·沙伊德尔　编

学术史读书记　乔秀岩　叶纯芳　著

两汉经师传授文本征微　虞万里　著

推何演董：董仲舒《春秋》学研究　黄　铭　著

周孔制法：古文经学与教化　陈壁生　著

《大学》的古典学阐释　孟　琢　著

参赞化育：惠栋易学考古的大道微言　谷继明　著

"古典与文明"丛书

第 三 辑

礼以义起：传统礼学的义理探询　吴　飞　著

牺牲：子学到经学时代的神话与政治　赵丙祥　著

知其所止：中国古代思想典籍绎说　潘星辉　著

从时间来到永恒：《神曲》中的奥古斯丁传统研究　朱振宇　著

"地生人"与雅典民主　颜　荻　著

希腊人与非理性　〔爱尔兰〕E. R. 多兹　著

古代创世论及其批评者　〔英〕大卫·塞德利　著

自由意志：古典思想中的起源　〔德〕迈克尔·弗雷德　著

希腊神话和仪式中的结构与历史　〔德〕瓦尔特·伯克特　著

古代思想中的地之边界：地理、探索与虚构　〔美〕詹姆斯·罗姆　著

英雄的习性：索福克勒斯悲剧研究　〔英〕伯纳德·M. W. 诺克斯　著

悲剧与文明：解读索福克勒斯　〔美〕查尔斯·西格尔　著